SERVIÇO SOCIAL DO COMÉRCIO
Administração Regional no Estado de São Paulo

Presidente do Conselho Regional
Abram Szajman
Diretor Regional
Danilo Santos de Miranda

Conselho Editorial
Ivan Giannini
Joel Naimayer Padula
Luiz Deoclécio Massaro Galina
Sérgio José Battistelli

Edições Sesc São Paulo
Gerente Marcos Lepiscopo
Gerente adjunta Isabel M. M. Alexandre
Coordenação editorial Cristianne Lameirinha, Clívia Ramiro, Francis Manzoni
Produção editorial Antonio Carlos Vilela
Coordenação gráfica Katia Verissimo
Produção gráfica Fabio Pinotti
Coordenação de comunicação Bruna Zarnoviec Daniel

LAZER DE PERTO E DE DENTRO
uma abordagem antropológica

José Guilherme Cantor Magnani
Enrico Spaggiari
(org.)

© José Guilherme Cantor Magnani e Enrico Spaggiari, 2018
© Edições Sesc São Paulo, 2018
Todos os direitos reservados

Preparação Leandro dos Santos Rodrigues
Revisão Maiara Gouveia
Projeto gráfico, diagramação e capa TUUT

DADOS INTERNACIONAIS DE CATALOGAÇÃO NA PUBLICAÇÃO (CIP)

L458
Lazer de perto e de dentro: uma abordagem antropológica / Organização de José Guilherme Cantor Magnani; Enrico Spaggiari. – São Paulo: Edições Sesc São Paulo, 2018. –
    336 p. il.

    Referências
    ISBN 978-85-9493-115-3

    1. Lazer. 2. De perto e de dentro 3. Antropologia do Lazer. 4. Cultura Lúdica. 5. Arte Educação. 6. Sesc São Paulo. I. Título. II. Magnani, José Guilherme Cantor. III. Spaggiari, Enrico. IV. Sesc – Serviço Social do Comércio.

CDD 793.390

Edições Sesc São Paulo
Rua Cantagalo, 74 – 13º/14º andar
03319-000 – São Paulo SP Brasil
Tel. 55 11 2227-6500
edicoes@edicoes.sescsp.org.br
sescsp.org.br/edicoes
🅕 🅨 🅞 🅓 /edicoessescsp

6 · Apresentação
Danilo Santos de Miranda

8 · Prefácio
Ricardo Ricci Uvinha

12 · Do mito de origem aos arranjos desestabilizadores: notas introdutórias
José Guilherme Cantor Magnani

36 · Entre a destruição e a criação: as marcas do skate na cidade
Giancarlo Marques Carraro Machado

56 · Jogar bola, rodar e tirar um lazer: amadores em São Paulo (SP) e Manaus (AM)
Enrico Spaggiari, Rodrigo Valentim Chiquetto e Raphael Piva

78 · As estrelas do espetáculo: a performance dos *considerados* nas festas de aparelhagem de Belém do Pará
Maurício Costa

100 · De formigas, sementes e boleiros. Fazeres sateré-mawé na Amazônia brasileira
Ana Letícia de Fiori e Ana Luísa Sertã

122 · Fluxos e sentidos da cidade-em-cultivo
Mariana Machini

142 · "Ocupa!": tempo, lazer e política na ocupação da reitoria da USP
Mariana Hangai, Rodrigo Valentim Chiquetto e Yuri Bassichetto Tambucci

162 · Tempos de escola: lazeres juvenis e controle disciplinar
Alexandre Barbosa Pereira

182 · Estrada afora e rio adentro: em trânsito nas viagens de barcos e caminhões
Yuri Bassichetto Tambucci e Arthur Fontgaland

204 · A praça, o estádio e o Museu do Futebol: o automóvel na pista do Pacaembu
Daniela Alfonsi e Aira Bonfim

230 · 1d6 aspectos sobre lazer nos jogos de interpretação de papéis (RPGs)
Ana Letícia de Fiori

252 · Afazeres demoníacos: espaço-tempo na cena *black metal* paulista
Lucas Lopes de Moraes

268 · Uma forma de arte: por dentro das práticas dos frequentadores do Sesc SP
Julio Cesar Talhari, Thiago Pereira dos Santos, Samara Konno e Leslie Sandes

294 · O extraordinário no cotidiano do Sesc SP
Ane Rocha

304 · Dos adjetivos aos verbos (e outras inversões praticadas): notas finais
José Guilherme Cantor Magnani

308 · Referências bibliográficas

328 · Sobre os autores

APRESENTAÇÃO

Danilo Santos de Miranda
Diretor Regional do Sesc São Paulo

Nas últimas décadas, a vitalidade dos campos de estudos que se debruçam sobre as transformações sociais vem permitindo que pesquisadores e leitores indaguem sobre o caráter do lazer na contemporaneidade, colocando em perspectiva entendimentos consolidados, como: a oposição ao trabalho e à obrigação; as formas de controle social subjacentes; o caráter lúdico e prazeroso das práticas de lazer; sua relação com a educação; entre outras questões que demonstram a importância das discussões conceituais sobre o tema.

A riqueza de definições que se sucedem e as posições distintas que continuam a insurgir das pesquisas refletem a inserção do lazer dentro do universo mais amplo da cultura, compartilhando da complexidade que acompanha outras dimensões da vida social, como o trabalho, a política, a educação, a economia e assim por diante. O lazer, portanto, não se configura como um campo isolado, mas profundamente imbricado nessas outras dimensões.

Assim, o mergulho na profusão de escritos que atravessam essa área de estudos ensina que mesmo a opção de lazer mais individual e íntima, mesmo a atividade mais singela e desinteressada, incluindo aí a opção pelo ócio, possuem um caráter social que ressalta seu valor como processo educativo voluntário e não formal para sujeitos e coletividades.

Em um ano tão importante para esse campo de investigações, quando o Sesc sedia pela segunda vez o Congresso Mundial do Lazer, realizado conjuntamente com a World Leisure Organization (WLO), o presente livro, organizado por José Guilherme Magnani e Enrico Spaggiari, propõe um enfoque que recusa que essa instância cultural se baseie apenas na passividade dos sujeitos. De cada um dos textos aqui presentes depreendem-se modos de existir que põem em circulação sentidos, inteligências, ideias e emoções.

PREFÁCIO

Ricardo Ricci Uvinha
Líder do Grupo Interdisciplinar de Estudos do Lazer
Universidade de São Paulo – USP

A Declaração Universal dos Direitos Humanos, promulgada em 1948 pela Organização das Nações Unidas, reconhece em seus artigos 24 e 27 o lazer como elemento fundamental para o desenvolvimento pessoal e social, bem como a importância de sua ocorrência para o direito de cidadania. A literatura acadêmica em estudos do lazer é unânime no reconhecimento do fato de que a cultura desempenha um papel central no entendimento dessa esfera social, seja qual for o contexto em que ela é encontrada.

Nesse sentido, as pesquisas evidenciam a contribuição do lazer para a qualidade de vida das populações em diferentes contextos. As mais distintas formas de expressão por meio de arte, dança, música, religião, vestuário, linguajar, prática esportiva e gastronomia denotam e celebram identidades individuais e coletivas.

Para além do âmbito do consumo, o lazer deveria ser entendido como um elemento fundamental para a qualidade de vida do cidadão, já que, em geral, as atividades a ele relacionadas favorecem a saúde e o bem-estar das pessoas: proporcionam, além de momentos de descontração, alegria e convívio social, o cuidado com o corpo por meio de atividades físicas.

É nesse contexto que se insere o rico material apresentado a seguir, coordenado pelo professor José Guilherme Magnani e pelos demais membros do já aclamado Núcleo de Antropologia Urbana da Universidade de São Paulo. Tendo como percurso metodológico o estudo etnográfico, são apresentadas diversas experiências ligadas ao lazer nos mais distintos contextos socioculturais.

A pluralidade de experiências apresentadas nesta obra ajuda a entender a importância do lazer em sua íntima relação com as mais diversas esferas sociais. São relatadas iniciativas ligadas à chamada indústria do entretenimento, como os jogos de RPG, onde o jogo figura como elemento central da cultura, atraindo adeptos de diferentes níveis sociais, gêneros, idades e formação. Também é rica a descrição do fenômeno das hortas urbanas no contexto urbano, que remete à necessidade de apropriação e de intervenção dos moradores das cidades no espaço público – tendo o lazer como elemento mediador nesse processo.

Esta obra também permite entender as relações entre lazer e trabalho no contexto indígena, em que os valores de convivência e de resistência são centrais para que se questione a costumeira dicotomia entre trabalho e lazer e a regulação padronizada do tempo geralmente impostas pelo capitalismo industrial.

Numa sociedade globalizada que valoriza elementos como eficiência, cálculo, previsibilidade, mercadorização e consumo, uma visão simplista sobre o lazer poderia apresentá-lo como uma mera mercadoria a ser oferecida às massas, no formato que lhes seja compreensível e que lhes possa proporcionar divertimento. Nesse âmbito, a mercantilização das atividades de lazer pode se constituir como uma intempérie ao desenvolvimento crítico de seus atores. Em diversos momentos, a presente obra questiona tal caracterização do lazer como um produto, associando a ele justamente uma possível crítica à ordem social vigente.

Seja no chamado "circuito brequeiro" de Belém do Pará, seja na busca de "picos", como no caso dos "rolês" dos skatistas, ou ainda no "tirar um lazer" de praticantes de futebol de várzea em contextos metropolitanos, as relações dos praticantes com o lazer sobrepujam as meras relações imediatistas com o consumo e assumem um significado atrelado a uma dimensão lúdica de elevada relevância para o reconhecimento da pluralidade de experiências na sociedade contemporânea.

Por meio do estudo sobre as viagens de longa duração realizadas em barcos e em caminhões, onde trabalho e obrigação se articulam de maneira flagrante com os aspectos associados ao lazer e ao prazer, ou mesmo com a análise dos deslocamentos de adeptos do *black metal*, a presente obra nos relembra o fato de que o turismo pode ser debatido não apenas como um tópico subjugado ao desenvolvimento econômico de uma nação, mas também como dimensão humana de notória importância para a busca de engajamento social.

As diversas situações descritas pelos autores presentes neste livro – em relatos muitas vezes realizados "de perto e de dentro" – remetem ao fato de que o lazer pode simbolizar uma instância fundamental para a afirmação de valores e identidades, podendo ser também um potencial elemento para a transformação social e para a redistribuição de poder e privilégios na sociedade. É o caso do movimento de ocupação da reitoria da Universidade de São Paulo em 2007: atividades ali realizadas, como futebol e cinema, revelam que, se aquele era um espaço privilegiado para se fazer política, era também para o exercício de novas regras de relacionamento e atuação entre os atores pertencentes àquele significativo momento. Também no campo da educação, a obra traz à tona a necessidade de se repensar o papel da escola como um espaço privilegiado para a experimentação da cultura juvenil – consubstanciada em atividades de lazer das mais relevantes para o alunado, como as "zoeiras", os jogos eletrônicos e as baladas, que de certa maneira se opõem ao já habitual controle de tempo e de espaço promovido pela educação formal, em uma clara oportunidade de contestação do *status quo*.

Vale ressaltar que este livro permite entender o lazer como elemento para a formação de uma rede estabelecida de pesquisa em sua faceta interdisciplinar, partindo da antropologia, mas com a possibilidade de estabelecer claro diálogo com as demais disciplinas que se propõem a constituir o chamado "estudo do lazer". Trata-se de um material absolutamente relevante, não apenas para o estudo acadêmico do lazer, mas também para a compreensão do fato de que tal dimensão social pode expressar com força uma determinada cultura, com o potencial de se tornar a parte mais importante da vida das pessoas, mesmo em uma sociedade que muitas vezes prioriza o trabalho.

Por fim, desejo a todos uma prazerosa leitura.

DO MITO DE ORIGEM AOS ARRANJOS DESESTABILIZADORES: NOTAS INTRODUTÓRIAS

José Guilherme Cantor Magnani

PRÓLOGO

Um escritor, com o projeto do novo livro em andamento, aceitou o convite para passar uma temporada no sítio de seu amigo, o que foi visto como boa oportunidade de avançar com a escrita. Uma vez lá instalado e com algumas ideias em mente, deu uma volta pelas imediações e, diante da convidativa rede na varanda, não resistiu: acomodou-se nela e logo alguns dos personagens foram tomando forma. O caseiro, que por ali passava, comentou:
— Descansando, hein, professor?
— Não. Trabalhando!
Transcorrido algum tempo, com o primeiro capítulo já estruturado, o autor resolveu dar outra volta e viu uma enxada encostada na cerca da horta: não se fez de rogado, empunhou a ferramenta e pôs-se, concentrado, mas um tanto canhestramente, a capinar no canteiro em frente. O caseiro, de volta da sua lida, arriscou, de novo:
— Trabalhando, hein, professor?
— Não. Descansando!

Essa anedota ilustra uma das controvérsias que cercam a questão do lazer, seja como atividade, seja como objeto de pesquisa ou estudo: a clássica separação entre o tempo do trabalho – sério, obrigatório – e o tempo livre – dedicado à fruição, ao descanso. E como o enfoque desta coletânea é o da antropologia, pode-se começar evocando um paralelo com o que o antropólogo norte-americano Marshall Sahlins[1] mostrou no artigo "O 'pessimismo sentimental' e a experiência etnográfica: por que a cultura não é um 'objeto' em via de extinção", justamente quando esse conceito passava por intensa discussão, sujeito a críticas e revisões por parte dos especialistas, alguns povos tradicionais apropriavam-se dele sem tais questionamentos. Em determinados casos, essa apropriação se dava no contexto de afirmação de traços identitários e forma de resistência, definição de fronteiras culturais e defesa do próprio patrimônio.

Algo similar ocorre com a noção de lazer: tendo sido construída com base na análise de múltiplas práticas e tratada como objeto de estudo em diferentes campos, foi apropriada com distintos significados, até

----

[1] Marshall Sahlins, O "pessimismo sentimental" e a experiência etnográfica: por que a cultura não é um "objeto" em via de extinção, *Mana*, 1997, n. 3 (partes 1 e 2).

conflitantes – alguns dos quais bem distantes dos debates desenvolvidos em textos acadêmicos e instituições de pesquisa.

É o que acontece, por exemplo – para tomar um caso extremo, mas bem corriqueiro – em campanhas publicitárias de empreendimentos imobiliários, em que o mais chamativo apelo para a venda de determinado imóvel é oferecer "lazer total": o apartamento pode ser minúsculo, mas as áreas comuns incluem salão de festas, *playground*, piscina, churrasqueira *gourmet*, sala de *fitness*, brinquedoteca, sauna, bar e até espaço para meditação... Ou seja, enquanto os especialistas debatem os múltiplos significados do lazer, os corretores o vendem como algo dado, sabido e reconhecido, sem maiores pruridos[2]. O mesmo ocorre em anúncios e programas de viagens, de férias, de hotéis, *resorts*, academias...

A presente coletânea, a partir do enfoque da antropologia, com a aplicação de seu método de investigação, a etnografia, e com base nos resultados de diferentes pesquisas, propõe-se a recuperar os sentidos e alcances que o termo "lazer" assume nas práticas e discursos dos atores sociais – concretizados em seus *arranjos*, no interior de *modos de vida* diferenciados, principalmente no contexto urbano.

Existiria um núcleo duro na noção de lazer? Um núcleo que se mantém ao longo do tempo e em distintas formações sociais? Mudanças estruturais nos sistemas produtivos e regimes de trabalho afetam seu significado? Teria essa noção o mesmo entendimento por parte de membros de diferentes segmentos etários e grupos sociais? Que ocorre com ela – se existe – nas chamadas sociedades tradicionais? Essas são algumas das perguntas que atravessam a questão central deste trabalho e serão objeto de discussão ao longo dos capítulos. Antes, porém, cabe uma apresentação mais geral do "estado da arte" desse tema.

❶ LAZER, A NARRATIVA CANÔNICA

É vasta a produção atual sobre o lazer, nos campos da sociologia, da história, da educação física, da pedagogia: teses, dissertações e trabalhos de conclusão defendidos em departamentos acadêmicos, artigos em revistas especializadas, *surveys* realizados por instituições, *papers* apresentados

----

2 Ver, a propósito, o artigo de Lara Padilha Carnero e Valquiria Padilha: Vendem-se ilhas de prazer: o lazer nos anúncios publicitários de apartamentos de alto padrão, *Impulso*, Piracicaba, 2005, v. 16, n. 39, pp. 69-82. Disponível em: ‹http://docplayer.com.br/6219315-Vendem-se-ilhas-de-prazer-o-lazer-nos-anuncios-publicitarios-de-apartamentos-de-alto-padrao.html›. Acesso em: 7 mar. 2018. Ver também: Nelson Carvalho Marcellino, *Estudos do lazer: uma introdução*, Campinas: Autores Associados, 2000.

em congressos. Chama a atenção o fato de que, na maioria desses textos – talvez até para ressaltar a relevância e a profundidade histórica do lazer –, geralmente a discussão começa evocando a etimologia: assim, parece que tudo começou com os gregos e sua categoria-chave, *scholè*. A expressão vai se desdobrando em outras, correlatas ou derivadas, primeiro em latim (*otium/negotium*, *trepalium/licere*), depois em suas diversas derivações nas línguas neolatinas – ócio, em espanhol; *ozio*, em italiano; *loisir*, em francês; *lazer*, em português; e, em inglês, *leisure*[3].

Daí para a genealogia é um passo: procura-se, a partir de então, articular e dar forma a uma narrativa canônica que principia na Grécia clássica, onde a referida expressão *scholè* designava a condição para o exercício de atividades tidas na mais alta conta, como a política, a filosofia, as artes, o cultivo físico, a destreza militar – privilégios dos homens livres; no Império Romano, o termo era entendido já não como a negação do trabalho, mas em contraposição a ele: *otium/nec-otium*. E assim por diante, com as devidas modificações vinculadas aos respectivos processos de trabalho e produção, a noção vai sendo pontuada ao longo da Idade Média, passando pela Renascença, *Ancien Régime*, Revolução Industrial, modernidade, era pós-industrial…. Tudo, claro, na tradição ocidental[4].

Nessa cronologia, contudo, é o contexto da Revolução Industrial que vai oferecer o quadro normalmente invocado para registrar a emergência do lazer tanto como questão social específica quanto como conceito analítico; nesse ponto da narrativa, é quase obrigatória uma referência às obras de Marx e Engels. A situação da classe operária na Inglaterra oferece o quadro das condições de trabalho vigentes, com a consequente exploração brutal da mão de obra: os momentos de interrupção das lides nas fábricas e oficinas, assim como manifestações tradicionais de entretenimento, ainda eram vistos como viciosos e prejudiciais à necessária disciplina exigida para o trabalho: precisavam ser controlados.

Outra referência nesse contexto – mas em sentido contrário – é a posição de Paul Lafargue, que, com o seu *O direito à preguiça*, introduz o aspecto político de algo que era então moralmente reprovado[5]. As lutas do movimento sindical pela diminuição da jornada de trabalho e conquista dos demais direitos dos trabalhadores terminaram consolidando os dois

---

[3] Ver, a propósito, a coletânea organizada por Adauto Novaes, *Mutações: elogio à preguiça* (São Paulo: Edições Sesc São Paulo, 2012), especialmente os textos de Olgária Matos e Marilena Chaui sobre o tema.

[4] Em alguns casos, essa busca pelas origens começa até mesmo antes, com referências a "culturas tribais", em que algumas atividades (festas, rituais, jogos etc.) seriam classificadas, ao menos embrionariamente, no que se entendia como *lazer*.

[5] *Le Droit à la Paresse*, de Paul Lafargue (genro de Karl Marx), foi publicado pela primeira vez no jornal socialista *L' Égalité*, em 1880.

polos que iriam marcar profundamente a discussão posterior sobre o tema: o tempo de trabalho obrigatório, imposto, e o tempo livre para descanso, conquistado[6].

Assim, o lazer, que fez sua aparição com dupla face nos tempos modernos – como um direito, resultado das lutas operárias, mas também como ocasião de desvio e debilitação do caráter –, será reconhecido no ponto seguinte da narrativa – aproximadamente cinquenta anos mais tarde, já no segundo pós-guerra – como uma questão social relevante. E, a partir da década de 1960, será transformado em conceito analítico, institucionalizado e legitimado como campo de estudo por uma disciplina específica, a sociologia do lazer – ou, em uma denominação posterior, mais abrangente, *Leisure Studies*[7].

❷ OS AUTORES

Aqui cabe uma rápida menção à variada lista de precursores dos estudos do lazer, que inclui economistas, filósofos, historiadores, psicólogos. Um dos primeiros é Thorstein Veblen (1852-1929). Em *The Theory of the Leisure Class* [A teoria da classe ociosa][8] ele analisa, de um ponto de vista econômico e com base na teoria da evolução darwiniana, o que denomina de instituições – determinadas rotinas de conduta, entre as quais a de uma classe de indivíduos alheios ao trabalho produtivo e voltados para o "consumo conspícuo": é a "classe ociosa" (note-se, aliás, que essa foi a tradução em português de *leisure class*. Em espanhol, o livro foi publicado também com o título de *Teoría de la clase ociosa*, o que já evidencia a intercambiabilidade entre ambos os termos, lazer e ócio, e a consequente ambiguidade que daí decorre).

Já o livro *In Praise of Idleness and Other Essays* [O elogio ao ócio], de Bertrand Russell[9] segue uma linha mais filosófica; ligados ao tema do lazer propriamente dito, merecem ser citados Johan Huizinga, com seu

....

[6] Se, na perspectiva do capital, o tempo livre (a duras penas conquistado pelas lutas operárias) era visto como necessário para repor as energias físicas e psíquicas gastas no processo de trabalho e, portanto, compatível com sua lógica, na ótica do movimento sindical, contudo, era uma oportunidade para desenvolver a sociabilidade e a "cultura de classe", com seus saraus, piqueniques, leituras, discussões e formação política.
[7] Vide Chris Rojek; Susan Shaw; A. J. Veal. *A Handbook of Leisure Studies*. New York: Macmillan Publishers, 2006.
[8] Thorstein Veblen, *The Theory of the Leisure Class*. London: Allen & Unwin, 1889.
[9] Bertrand Russell, *In Praise of Idleness and Other Essays*. London: Allen & Unwin, 1935.

Homo Ludens[10]; David Riesman, *Lonely Crowd* [A multidão solitária][11]; Charles Wright Mills, *White Collar, The American Middle Classes* [A nova classe média][12] e Georges Friedmann, *Le travail en miettes* [O trabalho em migalhas][13].

Outra importante referência é *Of Time, Work, and Leisure* [Sobre tempo, trabalho e ócio], de Sebastian De Grazia[14]. Heloísa Turini Bruhns[15] (2004) afirma que, para De Grazia, ainda que a duração da jornada seja menor e a tecnologia libere mais tempo para os trabalhadores, o lazer – no sentido pleno da palavra – praticamente inexiste: uma vez que, para ele, o lazer não se confunde com recreação, mas com uma perspectiva de contemplação, de espírito imaginativo, é encontrado na "classe ociosa" – composta não por ricos ou herdeiros, como preconizava Veblen, e sim por pensadores, artistas, músicos, boêmios, que, diferentemente do homem comum, não compram prazeres com a renda de suas ocupações[16]. Integra ainda essa lista Stanley Robert Parker – um dos fundadores da Leisure Studies Association [Associação de Estudos do Lazer] na Grã-Bretanha – com *The Future of Work and Leisure* [O futuro do trabalho e do lazer] (1971) e *The Sociology of Leisure* [A sociologia do lazer][17].

E, finalmente, Joffre Dumazedier[18]. Segundo Camargo[19], é a partir da pesquisa empreendida por Dumazedier de 1955 até 1976, em Annecy,

---

10 Johan Huizinga, *Homo Ludens*. São Paulo: Perspectiva, 1993 [edição original: 1938].
11 David Riesman, *The Lonely Crowd*. New York: Doubleday, 1950 [1948].
12 Charles Wright Mills, *White Collar, The American Middle Classes*. Londres: Oxford University Press, 1953 [1951].
13 Georges Friedmann, *Le travail en miettes*. Paris: Gallimard, 1956.
14 Sebastian De Grazia, *Of Time, Work, and Leisure*. New York: The Twentieth Century Fund, 1962.
15 Heloísa Turini Bruhns, "Explorando o lazer contemporâneo: entre a razão e a emoção". *Movimento*, maio/ago. 2004, Porto Alegre, v. 10, n. 2, pp. 93-104. Disponível em: ‹http://www.seer.ufrgs.br/Movimento/article/viewFile/2835/1448›. Acesso em: 7 mar. 2018.
16 Aproveito para registrar que, nesse artigo, Heloísa Bruhns escolheu, na pesquisa de minha orientanda Rosani Rigamonte sobre a presença dos migrantes nordestinos fixados na cidade de São Paulo, o caso do "Forró do Severino" para desenvolver seu argumento.
17 Stanley Robert Parker, *The Future of Work and Leisure*. London: MacGibbon & Kee, 1971; e *The Sociology of Leisure*. Londres: Allen & Unwin, 1979. Na verdade, a lista é muito maior. Aqui foram considerados alguns dos trabalhos mais citados. Agradeço a Ricardo Uvinha por sua atenta leitura do texto, observações e sugestões sobre os autores dessa área de estudo e pesquisa.
18 Cf. Joffre Dumazedier, *Vers une civilization du loisir?*, Paris: Ed. du Seuil, 1962; *Loisir et culture*. Paris: Ed. du Seuil, 1966; e *Sociologie empirique du loisir*. Paris: Ed. du Seuil, 1974.
19 Luiz Octávio de Lima Camargo, O legado de Joffre Dumazedier: reflexões em memória do centenário de seu nascimento, *Revista Brasileira de Estudos do Lazer*, Belo Horizonte, jan./abr. 2016, v. 3, n. 1, pp. 142-66. Disponível em: ‹https://seer.ufmg.br/index.php/rbel›. Acesso em: 7 mar. 2018.

perto dos Alpes franceses, que o lazer começa a ser considerado como um fato social autônomo e deixa de ser visto sob o prisma de recuperação das energias gastas no trabalho, ainda presente em estudos anteriores. Nessa pesquisa, ele postulou que o tempo livre – cotidiano, de fim de semana, de férias, antes e depois da vida profissional – que para a sociologia da época não passava de um fenômeno residual condicionado pelo tempo de trabalho, ou de mero descanso e divertimento – era na verdade "um tempo privilegiado, substantivo, na vida dos indivíduos". Em 1956, no 3º Congresso Internacional de Sociologia, em Amsterdã, na companhia de mais de vinte sociólogos, Dumazedier criou o Comitê de Pesquisa em Lazer.

Joffre Dumazedier também foi ativista, promotor da "animação sociocultural" na França. Preocupava-se com a educação por meio do lazer, baseada no prazer, e não na disciplina, como na escola convencional. Contudo, uma ambiguidade sobre seu pensamento permanece: ora ele considerava como lazer toda atividade praticada no tempo livre, ora só as atividades em que o intuito educativo era evidente. Já em 1972, surgiu outra crítica, vinda de uma colaboradora próxima, Marie-Françoise Lanfant: o lazer, mesmo nos resultados de sua pioneira pesquisa, mantinha-se na órbita do trabalho e, por conseguinte, na função de "espaço de consumo a serviço da dominação capitalista"[20].

Ainda assim, a influência de Dumazedier foi marcante, inclusive no Brasil, onde ele atuou como consultor no Sesc, além de professor (em alguns casos, orientador de pós-graduação) de alunos brasileiros na Sorbonne, como Luiz Octávio de Lima Camargo, Sergio Batistelli, Eliana Bertollucci, Jesus Vásquez, Newton Cunha, Erivelto Busto Garcia, Dante Silvestre Neto e Paulo de Sales Oliveira.

Exerceu também influência sobre uma importante leva de pesquisadores: Renato Requixa, Antônio Carlos Bramante, Leila Mirtes Santos de Magalhães Pinto, Heloísa Turini Bruhns, Nelson Carvalho Marcellino, Lino Castellani Filho, Paulo de Salles Oliveira – apenas para citar alguns. Em suas respectivas instituições de ensino e pesquisa, todos eles, sem dúvida, levaram em conta o legado de Dumazedier, ainda que o reformulando segundo outros quadros conceituais, de acordo com as linhas de análise e os recortes empíricos de seus próprios trabalhos.

A geração seguinte – também atuando em docência e pesquisa nas áreas de educação física, lazer, turismo e hospitalidade em instituições como USP, Unicamp, UFMG, URGS, UFPR, Anhembi-Morumbi

....

[20] *Ibidem*, p.11.

etc.[21] – diversificou mais ainda as referências teóricas: em suas bibliografias, compareçem com mais frequência autores de diferentes áreas e orientações, como Theodor W. Adorno, Walter Benjamin, Jürgen Habermas, Louis Althusser, Anthony Giddens, Michel Maffesoli, Norbert Elias. A clássica definição de lazer de Dumazedier,

> Um conjunto de ocupações às quais o indivíduo pode entregar-se de livre vontade, seja para repousar, seja para divertir-se, recrear-se e entreter-se ou ainda para desenvolver sua formação desinteressada, sua participação social voluntária ou sua livre capacidade criadora, após livrar-se ou desembaraçar-se das obrigações profissionais, familiares e sociais [...][22]

> já não dava conta do atual estado da discussão, pois então a conjuntura econômica e social já era outra: diferentemente dos processos conhecidos como taylorismo e fordismo, que marcaram o ritmo da produção em etapas subsequentes na Revolução Industrial, a flexibilização da jornada de trabalho na chamada "era pós-industrial" supõe novas modalidades de regimes e locais de trabalho: entre outras alternativas, o horário negociável, o tempo parcial, a terceirização, as propostas de compartilhamento, o banco de horas, o teletrabalho, o trabalho intermitente, o trabalho alternado, o trabalho "à chamada"[23] e o *coworking*.

Esta figura contratual, conhecida, estudada e consagrada legalmente em vários países da Europa com ordenamentos jurídicos próximos do nosso [Portugal], traduz-se, sobretudo, como veremos numa das submodalidades agora consagradas, o designado trabalho à chamada, "numa das mais flexíveis formas de emprego" que o Direito do Trabalho conhece[24].

....

[21] Ana de Pellegrin, Cleber Gonçalves Dias, Christianne Gomes, Edmur Stoppa, Fernando Mascarenhas, Gustavo Luís Gutierrez, Helder Isayama, Jocimar Daolio, Kátia Rubio, Luiz Wilson Pina, Marco Antonio Bettine, Marco Paulo Stigger, Reinaldo Pacheco, Ricardo Uvinha, Silvia Amaral, Simone Recchia, Yara Maria de Carvalho – entre outros.
[22] Joffre Dumazedier, *Lazer e cultura popular*, São Paulo: Perspectiva, 2001, p.94.
[23] Realizado sem definição prévia dos períodos de trabalho.
[24] Cf. André Almeida Martins, *O trabalho intermitente como instrumento de flexibilização da relação laboral: o regime do Código de Trabalho*. Comunicação apresentada no I Congresso Internacional de Ciências Jurídico-Empresariais, 2009. Leiria: Instituto Politécnico de Leiria – Escola Superior de Tecnologia e Gestão, 2012. Disponível em: ‹https://iconline.ipleiria.pt/handle/10400.8/772›. Acesso em: 7 mar. 2018.

Para dar conta dessa diversidade, os pesquisadores lançam mão de outros referenciais e dialogam com a produção mais atual nas áreas de sociologia, psicologia, história, educação física, pedagogia. Assim, o termo "lazer" se mantém, desde o "mito de origem" até a situação presente, com diferentes graus de consistência, em algumas situações tendo base empírica, em outras estando em contato com uma ampla e eclética lista de autores – filósofos, educadores, sociólogos, cientistas políticos, comunicólogos – acionados para a construção de novos marcos de referência.

❸ A ANTROPOLOGIA

Já os antropólogos... quase não aparecem nessa lista. Por quê? Talvez em razão da ideia corrente de que seu campo de atuação mais conhecido é o estudo de povos indígenas. É bem verdade que foi principalmente com base em estudos sobre esses povos – dedicados à caça, coleta, pastoreio e agricultura de subsistência – que a antropologia forjou suas teorias e seus métodos de pesquisa. As atividades e a divisão de tarefas nesses coletivos, também chamados de "sociedades de pequena escala", são tanto associadas à sazonalidade das estações quanto a um calendário ditado por suas cosmologias, ou, ainda aos sistemas de prestações: são outros os contextos e, por conseguinte, outros os significados para termos só aparentemente universais, como "trabalho", "não trabalho", "tempo livre", "entretenimento".

Por isso, a noção de lazer, tal como se desenvolveu no Ocidente, não se aplica nesses contextos; mas... então esta não seria justamente a oportunidade para um ponto de vista novo, inesperado?

[...] os discursos e práticas nativos devem servir, fundamentalmente, para desestabilizar nosso pensamento (e, eventualmente, também nossos sentimentos). Desestabilização que incide sobre nossas formas dominantes de pensar, permitindo, ao mesmo tempo, novas conexões com as forças minoritárias que pululam em nós mesmos[25].

Convém lançar ao menos um olhar na produção de alguns antropólogos em busca de subsídios para pensar a questão do lazer sob um novo prisma. Não se trata, é claro, de rastrear nos "povos primitivos" (em suposto contato harmônico com a natureza) ou na cultura popular, práticas "autênticas" ou

---

25 Cf. Márcio Goldman, Os tambores do antropólogo: Antropologia pós-social e etnografia, *Ponto Urbe*, 2008, ano 2, n. 3.

ainda não contaminadas, mas de recuperar pistas de como, nas sociedades estudadas por esses pesquisadores, é praticado o que por aqui se convenciona denominar *lazer*.

Assim, inicialmente, cabe trazer a contribuição de três autores que podem ajudar a estabelecer algumas alternativas para pensar essa questão. O primeiro deles é Karl Polanyi, antropólogo e economista, autor do livro *A grande transformação*[26]; o outro é Evans-Pritchard, antropólogo britânico que escreveu um clássico estudo sobre os Nuer, povo nilótico no sul do Sudão[27], e o terceiro é Philippe Descola[28], antropólogo francês que estudou os Achuar, um dos quatros grupos linguísticos dos Jívaro, que habitam o sul do Equador e o norte do Peru.

Polanyi parte da análise do sistema ocidental de mercado, no qual os bens circulam sem que os agentes precisem se encontrar, para então contrapor três formas de troca em sociedades tradicionais. Uma delas seria o que ele denomina de "regime de reciprocidade"; a outra é a redistribuição; e a terceira, a domesticidade. No regime de reciprocidade, os objetos e bens produzidos são trocados entre os agentes na forma de dádiva, que, de acordo com Marcel Mauss[29], segue a lógica do "dar/ receber/retribuir". A segunda forma, redistribuição, ocorre quando aparece a instituição da chefia: neste caso, o chefe centraliza e recebe os bens produzidos para redistribuí-los entre os membros da sociedade, segundo regras estabelecidas. No sistema da domesticidade, também conhecido como "regime aldeão", os agentes não produzem para vender, mas para o consumo das famílias extensas, e o que vai para um mercado vicinal é o que sobrou desse consumo de subsistência.

Segundo Polanyi, essas três formas de troca de bens contrastam com a modalidade dominante da sociedade ocidental, em que a produção se destina ao mercado impessoal e autorregulável no qual os agentes da troca não interagem – porque o que importa é a mercadoria em si. Naquelas formas de troca, o objeto é um ponto de contato entre os parceiros – permite que se encontrem, barganhem, estabeleçam limites, resolvam (ou produzam) conflitos, enfim, são eles próprios que se vinculam

....

[26] Karl Polanyi, *The Origins of Our Time: The Great Transformation*. New York: Farrar & Rinehart, 1944 [Ed. bras.: *A grande transformação: as origens de nossa época*. Rio de Janeiro: Editora Campus, 1980].

[27] E. E. Evans-Pritchard, *The Nuer: A Description of the Modes of Livelihood and Political Institutions of a Nilotic People*. Oxford: Clarendon Press, 1940. [Ed. bras. *Os Nuer*. São Paulo: Perspectiva, 1978].

[28] Philippe Descola, *La Nature Domestique: symbolisme et práxis dans l'ecologie dês Achuar*. Paris: Ed. de la Maison des sciences de l'homme, 1986.

[29] Marcel Mauss, *Sociología y antropología*. Madrid: Editorial Tecnos, 1971.

por meio do objeto que está sendo trocado[30]. Por fim, Polanyi ressalta que, diferentemente da suposição de que a economia seria uma instância separada, regida por leis próprias, aqueles modos de produção, circulação e distribuição que descreve estão integrados (*embedded*) na vida social.

O segundo autor é Evans-Pritchard, que descreve a rotina do povo Nuer entre o período das chuvas, quando esse povo se estabelece em aldeias, nas colinas, e o da estiagem, quando seus membros descem, levando o gado para as margens do rio. Para esse povo, o trato com o gado é central, define sua relação com o espaço, com o tempo e até fornece metáforas por meio das quais as pessoas se referem umas às outras: alguns atributos do gado são usados até como galanteios. São tarefas como a ordenha e o pastoreio que determinam sua temporalidade.

Embora eu tenha falado em tempo e unidades de tempo, os Nuer não possuem uma expressão equivalente ao "tempo" de nossa língua e, portanto, não podem, como nós podemos, falar do tempo como se fosse algo de concreto, que passa, que pode ser perdido, economizado e assim por diante. Não creio que eles jamais tenham a mesma sensação de lutar contra o tempo ou de terem de coordenar as atividades com uma passagem abstrata do tempo, porque seus pontos de referência são principalmente as próprias atividades que, em geral, têm o caráter de lazer[31].

"Os Nuer têm sorte", conclui Evans-Pritchard; "não dependem do relógio, têm uma espécie de *cattle-clock*"[32].

Descola, por sua vez, empreende um estudo de antropologia econômica, com detalhadas observações e dados sobre processos de trabalho que, de acordo com a hipótese do autor, longe de ser apenas um reflexo ou respostas adaptativas a determinações de ordem ecológica, só podem ser entendidos como referência aos aspectos simbólicos do modo de vida dos Achuar. Como a maioria das sociedades pré-capitalistas, esse povo não possui nenhuma expressão que sintetize a ideia de trabalho em geral,

[...] nem termos que designem processos de trabalho em sentido amplo, como horticultura, pesca ou artesanato, de forma que nos encontramos confrontados ao problema da inteligibilidade de categorias indígenas

....

[30] Feiras populares, "mercado de pulgas", brechós e outras modalidades que se assemelham, à margem do sistema dominante, são vistas justamente sob essa ótica.
[31] E. E. Evans-Pritchard, 1978, *op. cit.*, p. 116.
[32] *Ibidem*.

que recortam o processo de trabalho de uma forma completamente diferente da nossa [...][33].

Nada disso representa muita novidade, mas é sempre bom estabelecer o paralelo: assim, eles não consideram o trabalho como um processo de transformação sobre a natureza, mas como uma espécie de transação permanente com um mundo dominado por espíritos que é preciso seduzir, constranger ou mover à compaixão por meio de métodos simbólicos apropriados que, entretanto, não se distinguem das habilidades técnicas.

"Entre os Achuar", afirma Descola, "a intensificação do trabalho não se faz por meio do aumento de sua duração, mas da otimização das condições de realização"[34]. Eles possuem uma expressão específica para preguiça e o termo "*takat*", que significa atividade física penosa (o mais próximo da nossa noção de trabalho), aplicável às lides da roça, não é usado, por exemplo, para referir-se à caça, que é designada por termos gerais como "ir à floresta", "procurar", "passear". Descola completa:

Longe de se reduzir a prosaicos lugares provedores de comida, as florestas e os campos de cultivo são teatros de uma sociabilidade em que, dia após dia, os índios vêm agradar seres que somente a diversidade da aparência e a ausência da linguagem distinguem na verdade dos humanos[35].

Cabe a pergunta: isso pode ser bom para os Achuar, para os Nuer... porém, o que teria a ver com a dinâmica e com as exigências das modernas sociedades industriais? Na verdade, o que em primeira instância se pode concluir a partir desses casos é que não existe uma forma única e canônica de dividir o fluxo da vida, a distribuição de tarefas, o transcorrer do cotidiano – no que classificamos como dia, semana, mês, ano: há formas

....

[33] Philippe Descola, *op. cit.*, p. 367.
[34] *Ibidem*, p. 365.
[35] *Ibidem*, p. 118.

diferenciadas que, na antropologia, são enfeixadas numa categoria ampla, os "modos de vida".[36]

Tim Ingold[37], antropólogo britânico cuja pesquisa inicial foi com povos caçadores e coletores da Lapônia finlandesa, retoma essa questão e remete a uma categoria que denomina de *task orientation*: é a natureza da tarefa que organiza o cotidiano, divide o tempo e distingue habilidades, ritmos, temporalidades, escolhas, estilos e performances, que não se encaixam num tempo abstrato, mas, ao contrário, dependem da tarefa que é o que lhes dá sentido e orientação. Para exemplificar, traz uma citação de um pioneiro antropólogo sueco, nos termos da época:

Para indicar a duração do tempo, povos primitivos fazem uso de outros meios, derivados de seus afazeres diários [...] Em Madagascar, "cozinhar arroz" significa meia hora; "fritar gafanhoto", um momento. Os nativos de Cross River dizem: "o homem morreu em menos tempo do que o milho leva para assar", isto é, menos de quinze minutos; "o tempo que se gasta para cozinhar um punhado de legumes"[38].

Em seguida, retoma o paralelo sobre noções de trabalho e tempo entre a perspectiva ocidental e a de povos não industrializados. Para Ingold, nestes últimos o trabalho não está dissociado da vida social. As atividades que nós, ocidentais, classificamos como "trabalho" lá são vistas sempre em associação com relações sociais: "Ver uma atividade assim embutida em uma relação social é considerá-la como o que eu chamarei de tarefa"[39]. Isso se aplica também à noção de tempo e remete aos autores citados.

....

[36] Além dos autores já citados, cabe ainda uma referência a Marshall Sahlins, na obra *A primeira sociedade da afluência* (Em: Edgar Assis Carvalho (org.). *Antropologia econômica*. São Paulo: Livraria Editora Ciências Humanas, 1978 [1972], pp. 6-43.), ele rebate a ideia então corrente de que caçadores e coletores viviam em estado permanente de penúria; ao contrário, com uma espécie de "opção zen" (p. 8), esses povos sabem como compatibilizar suas necessidades com os recursos do meio em que vivem. Uma passagem particularmente significativa, entre outras, sobre os bosquímanos: "Em um dia, uma mulher coleta comida suficiente para alimentar a família durante três dias, e o resto do tempo gasta descansando na aldeia, fazendo enfeites, visitando outros locais ou entretendo visitantes" (p. 27). Aliás, Pierre Clastres, no livro *A sociedade contra o Estado*, assim se refere a essa obra: "Primeiras sociedades do lazer, primeiras sociedades da abundância, na justa e feliz expressão de M. Sahlins" (Pierre Clastres, *A sociedade contra o Estado*. Rio de Janeiro: Livraria Francisco Alves, 1978, p. 137). Não deixa de chamar a atenção o uso do termo "lazer" nesse contexto.
[37] Cf. Tim Ingold, *The Perception of the Environment*. London: Routledge, 2000.
[38] Nilsson, 1920, p. 42, *apud* Tim Ingold, 2000, *op. cit.*, p. 325 (tradução minha).
[39] Tim Ingold, 2000, *op. cit.*, p. 324.

De acordo com esse autor, *task-orientation* é centrada na pessoa, de forma que a experiência do tempo é intrínseca à performance das habilidades no desempenho da atividade em questão. Mas, ele prossegue, com o advento do capitalismo, a pessoa é afastada do centro para as margens do processo de trabalho e, em consequência, também o tempo inerente à experiência pessoal e à vida social é separado do tempo do trabalho ou produção.

Ingold tira daí sua conclusão sobre a diferença entre tempo livre e tempo de trabalho nas sociedades capitalistas, considerando aquele como suposto exercício de liberdade individual frente às constrições de ordem mecânicas, ditadas pelo relógio. O autor termina situando o trabalho no domínio público da produção, enquanto o lazer ficaria no domínio privado do consumo, o que, a meu ver, deixa de lado inúmeras e criativas modalidades de utilização do tempo livre, mesmo nas sociedades industrializadas contemporâneas[40].

De todo modo, ele não postula que a perspectiva à qual chama de *task orientation* tenha desaparecido nas modernas sociedades industrializadas; ela persistiria em determinadas situações identificadas como estar "em casa" (*at home*). E isso se daria de duas formas: ou em certos domínios que se mantiveram impermeáveis às relações capitalistas de produção, numa espécie de "relíquia" de economias de subsistência, ou na situação em que estar "em casa" significa uma forma de estar no mundo que ele denomina *perspective of dwelling*: é o contexto da atividade cotidiana onde "em casa" representa uma zona de familiaridade que as pessoas conhecem mais intimamente e na qual são conhecidas também de forma mais intensa: "Como tal, engloba todos os cenários da vida cotidiana: a casa, a rua, o bairro ou o local de trabalho"[41].

Não há como não reconhecer nessa formulação uma clara similaridade com a categoria de *pedaço*, que desenvolvi muito tempo antes[42], a partir de modalidades de lazer e encontro em bairros da periferia de São Paulo[43]. Com essa inesperada deixa de Ingold, e já entrando no campo da antropologia urbana propriamente dita, pode-se dar mais um

---

[40] E, como se verá mais adiante, se for para considerar o tempo livre e o lazer apenas a partir da lógica do sistema capitalista, mesmo em contraposição a formas de pensar o trabalho em sociedades regidas por outras cosmologias, realmente pouco se pode avançar além dessas polarizações.

[41] Tim Ingold, 2000, *op. cit.*, p. 330 (tradução minha).

[42] O capítulo em que apareceu essa análise de Ingold foi originalmente uma conferência apresentada em 1994 e posteriormente publicada na revista *Time and Society*, v. 4, 1995 (Tim Ingold, *op. cit.* p. xiii).

[43] Cf. J. G. C. Magnani, *Festa no pedaço: cultura popular e lazer na cidade*. São Paulo: Brasiliense, 1984.

passo nesta introdução às etnografias que compõem este livro, buscando mapear a contribuição dessa disciplina para os estudos do lazer.

4 ANTROPOLOGIA URBANA

É no momento em que a antropologia se defronta com a realidade das sociedades urbano-industriais que determinadas questões específicas da dinâmica urbana podem ser abordadas de forma mais precisa. Mas, como foi dito, os *insights* dos estudos clássicos fazem parte de seu legado; por outro lado, pesquisas de orientação antropológica sobre o fenômeno urbano não estavam muito distanciadas daqueles: remontam à década de 1920 trabalhos de pesquisadores que Ulf Hannerz[44] designou como os "etnógrafos da Escola de Chicago" para ressaltar o caráter antropológico dos métodos de trabalho por eles empregados[45].

Voltada para o estudo do impacto das levas de imigrantes europeus no processo de urbanização da cidade, tal escola, não obstante a denominação oficial "Escola Sociológica de Chicago", tornou-se uma referência para pesquisas antropológicas em contexto urbanos – ainda que o quadro interpretativo inicial tenha sido a ecologia humana e, a preocupação inicial, as "patologias sociais". Cá entre nós, desde a década de 1930, a Escola Livre de Sociologia e Política, em São Paulo – com professores provenientes daquela instituição norte-americana – desenvolvia pesquisas sobre cidades e questões urbanas.[46]

Evidentemente, não se trata de garimpar aqui e ali, em nossa sociedade, exemplos, resquícios ou "sobrevivências" de antigos costumes que supostamente se perderam no fluxo da vida moderna. O que se propõe é identificar e descrever modos de vida atuais – assim, no plural – que sustentam e supõem diferentes modalidades de organizar o que parece ter

---

[44] Cf. Ulf Hannerz, *Exploración de la ciudad*, México: Fondo de Cultura Económica, 1986, p. 20.

[45] Cabe lembrar que um clássico da literatura antropológica, *Os Argonautas do Pacífico Ocidental*, de Bronislaw Malinowski, foi publicado em 1922.

[46] Outra referência na área de estudos urbanos é a Escola de Manchester: outras foram as transformações sociais que, na década de 1950, constituíram seu temas de pesquisa. Com origem no Instituto Rhodes Livingstone, na antiga Rodésia do Norte, seu contexto histórico foi a descolonização no continente africano e, mais especificamente, o processo de "destribalização" na África Central: o objeto deslocou-se dos sistemas tradicionais para a emergência de novas nações na era pós-colonial. As mudanças sociais daí decorrentes permearam as preocupações de um grupo de antropólogos de origem sul-africana, os quais, sob a liderança de Max Gluckman, se debruçaram sobre problemas decorrentes das migrações para as cidades, habitação, trabalho assalariado etc.

um sentido unívoco: trabalho, lazer, tempo livre, tempo obrigatório. E essa é uma tarefa que os antropólogos estão acostumados a fazer, por meio do método etnográfico, tanto na aldeia como na cidade. Os pesquisadores são treinados justamente para descobrir, nos interstícios das formas dominantes e canônicas, aqueles arranjos que só são perceptíveis a um olhar que classifiquei como "de perto e de dentro"[47]. Não vou, é claro, reproduzir aqui os resultados da pesquisa, de certa forma pioneira, sobre sociabilidade, formas de lazer e entretenimento em bairros de trabalhadores que desenvolvi na periferia de São Paulo, já fartamente divulgados em inúmeras publicações. O ponto a enfatizar é que a metodologia nela empregada e algumas categorias ali formuladas revelaram-se promissoras para estender o campo da pesquisa; os títulos são sugestivos: de *Festa no pedaço*[48] a *Da periferia ao centro*[49].

Naquela primeira pesquisa, um dos desafios que se impunham no trabalho de campo era: o que perguntar? Segundo algumas orientações vigentes nos estudos do lazer, com base em determinadas leituras da crítica marxista – para as quais o lazer, funcional ao sistema, está intrinsecamente contaminado pela ideologia burguesa –, a questão sobre para que servem as atividades desenvolvidas no chamado tempo livre já estava respondida: manter o controle sobre a classe trabalhadora, ou repor as forças gastas no processo produtivo. Além do mais, estritamente falando, para a lógica do sistema, pouco importam as formas por meio das quais se desfrutava esse tempo na periferia: se o circo, a festa, o esporte, o mero descanso ou a comemoração religiosa.

Mas... e se em vez de abordar os moradores com perguntas do tipo "O que faz no tempo livre?", a estratégia fosse observar, *in loco*, como e onde o desfrutam? Tal postura representou uma mudança de perspectiva, própria da abordagem etnográfica, em relação aos habituais *surveys* sobre as condições de vida na periferia. Em lugar das lacônicas e previsíveis respostas – "dorme", "passeia", "vê televisão" "não faz nada"[50] – à costumeira e genérica pergunta do último item do questionário, o que se descortinava a partir das observações de campo era um diversificado leque de alternativas: circo-teatro, excursões de "farofeiro", torneios de futebol

....

[47] Cf. J. G. C. Magnani, De perto e de dentro: notas para uma etnografia urbana, *Revista Brasileira de Ciências Sociais*, jun. 2002, v. 17, n. 49.

[48] Cf. J. G. C. Magnani, 1984, *op. cit.*

[49] Cf. J. G. C. Magnani, *Da periferia ao centro: trajetórias de pesquisa em antropologia urbana*. São Paulo: Terceiro Nome, 2012.

[50] Como se verá adiante, esse "fazer nada", no contexto da pesquisa "Cultura e lazer: práticas de lazer e físico-esportivas dos frequentadores do Sesc em São Paulo", desenvolvida por uma equipe do Laboratório do Núcleo de Antropologia Urbana (2015), é recuperado com novo sentido.

de várzea, saídas de santo em terreiros de candomblé, ritos e procissões do chamado catolicismo rústico (Festa do Divino, Dança de São Gonçalo, Folia de Reis), baladas *gospel*, quermesses católicas etc.

Eram, evidentemente, modalidades simples e tradicionais, sem a sofisticação das últimas novidades da indústria do lazer, mas vinculadas ao modo de vida e imersas no cotidiano dessa população. E, analisando mais de perto as motivações que subjazem a essas formas de lazer, verificou-se que seu alcance ia muito além da decantada necessidade de reposição das forças despendidas durante a jornada de trabalho: representava principalmente uma oportunidade de estabelecer, revigorar e exercitar aquelas regras de reconhecimento e lealdade que sustentam uma rede básica de sociabilidade através de antigas e novas formas de entretenimento e encontro na paisagem da periferia paulistana: daí a noção de *pedaço*, a que se seguiram as demais – *trajeto*, *mancha*, *pórtico*, *circuito* –, formando a conhecida "família de categorias"[51].

Assim, essa busca do contato direto com os atores sociais, no próprio local e momento do desfrute, representou uma virada metodológica em contraposição às estratégias habituais de pesquisa da sociologia do lazer, com base apenas em *surveys* e métodos quantitativos. Mas não se trata apenas de mudança de ferramenta de investigação: adotar a etnografia significa incorporar o pressuposto de situar o lazer antes em suas inter-relações com o modo de vida e o cotidiano dos moradores na periferia do que em sua contraposição ao mundo do trabalho, simbolizado pela fábrica.

Assim, juntando aquelas rápidas alusões a povos indígenas – dos quais os Achuar e os Nuer forneceram uma amostra – com os resultados da pesquisa junto aos trabalhadores na periferia de São Paulo, é possível vislumbrar consequências metodológicas para o entendimento do lazer nas sociedades urbano-industriais contemporâneas: ainda que nelas o termo possa parecer de entendimento imediato, ou irremediavelmente amarrado na lógica do sistema, convém sempre levar em conta o que os "nativos" – usuários de alguma academia de *fitness*, boleiros de futebol de várzea, *night bikers*, *traceurs*, skatistas, frequentadores do samba da vela ou samba da laje, dos saraus na periferia, coletivos de jovens, grupos de *funk*, pichadores e grafiteiros, hortelões urbanos, protagonistas de ocupações, idosos em seus tabuleiros de damas, moradores da cracolândia... – pensam e dizem sobre suas práticas. Pois, levando-se em conta a forma como eles recortam, classificam e integram tais atividades em sua rotina e em seu modo de vida, não será pequena a surpresa quando se descobrir que não é preciso

---

[51] Cf. J. G. C. Magnani, 2012, *op. cit.*

ir à floresta amazônica ou aos pântanos e às savanas da África Oriental para deparar-se com inúmeros e inesperados sentidos para um termo que é unívoco só na aparência.

5   A PROPOSTA

Há que se reconhecer em algumas formulações recentes na área de estudos do lazer, entretanto, uma tentativa de se aprofundar na definição da natureza dessa prática, para além das dicotomias tempo de trabalho (obrigatório) *versus* tempo livre (espontâneo, de livre escolha). Uma delas é a que caracteriza o lazer "como necessidade humana e dimensão da cultura". O que se pretende é ir além das já consagradas listagens de atividades classificadas como lazer e, mais que isso, desvincular sua emergência, principalmente como tema de pesquisa, daquele período histórico, a Revolução Industrial, quando o trabalho assalariado entra na lógica capitalista. A ideia é, definindo o lazer como "necessidade humana" e, ademais, colocando-o no âmbito da cultura, ampliar o alcance do termo, enfatizando sua universalidade, tanto na distribuição – em todas partes, em todo os tempos – como na diversidade de práticas.

Tal postura, mesmo quando não há referência explícita, remete a uma obra póstuma de Bronislaw Malinowski, *A Scientific Theory of Culture and Other Essays*[52] – criticada, no debate teórico, por reduzir a cultura à função de satisfazer necessidades *básicas* (leia-se "biológicas") do ser humano e, ao fazê-lo, criar novas necessidades, as *derivadas*: artefatos, ferramentas, rituais etc.[53]

Na mesma direção de busca de universalidade, mas com viés político, estão as referências ao lazer como direito do ser humano: "Todo ser humano tem direito a repouso e lazer, inclusive a limitação razoável das horas de trabalho e férias remuneradas periódicas" (artigo XXIV da Declaração Universal dos Direitos Humanos da Assembleia Geral das Nações Unidas, 1948). Em 1959, a Declaração Universal dos Direitos das Crianças (Unicef) assegura o direito tanto à educação como ao lazer infantil.

....

52   Bronislaw Malinowski, *A Scientific Theory of Culture and Other Essays*. Chapel Hill: The University North Carolina Press, 1944.

53   [Uma teoria científica da cultura]... "Sempre citado por seus opositores para mostrar as fragilidades da abordagem funcionalista, na verdade não é este livro que representa o melhor do pensamento malinowskiano, pois sua 'teoria' está incorporada na própria etnografia e desenvolvida no decorrer das análises nos ensaios e etnografias" (Cf. J. G. C. Magnani, "Bronislaw Malinowski", Em: E Rocha.; M Frid, *Os antropólogos. De Edward Tylor a Pierre Clastres*. Petrópolis: Vozes, 2015, p. 109).

No caso brasileiro, o lazer como direito aparece na Constituição Federal de 1988, em seu Artigo 6, (emenda constitucional n. 26, 2000) e no parágrafo 3, art. 217, bem como no Estatuto da Criança e do Adolescente, criado em 1990 pela lei 8.069, no Artigo 4.

Na esteira dessa perspectiva, alinham-se as reflexões que procuram situar o lazer fora da esfera do mercado como consumo ou privilégio de classe, articulando-o tanto na esfera da cultura como, especialmente, na da educação e da saúde. São muitos os trabalhos e referências com essa orientação, não há como citá-los aqui.[54]

Em contraposição a essas propostas de ampliação do alcance do lazer por meio de sua articulação com outras esferas – cultura, no campo antropológico, educação no da pedagogia, saúde na área médica –, o que se propõe é recorrer a etnografias específicas. O mote é: *seguir, de perto e de dentro, os atores sociais envolvidos tanto nos processos costumeiramente associados ao lazer como em momentos de seu cotidiano e registrar o que dizem e o que fazem.*

Obteve-se uma pista nessa direção a partir da pesquisa no Sesc[55]: passar dos *adjetivos* aos *verbos*. Revisando a literatura sobre lazer, dos textos mais clássicos aos atuais, chama a atenção o uso de adjetivos associados ao lazer e ao tempo de seu desfrute: tempo *livre, liberado, disponível, conquistado*; lazer *sério, crítico, comprometido, contra-hegemônico, pedagógico*. Nessa linha, preserva-se o núcleo (*lazer*) inalterado, reificado, fixo, consensual, mas qualificado conforme o enquadramento teórico ou disciplinar da análise[56].

---

[54] Ver a propósito, Christianne Gomes; Rodrigo Elizalde, *Horizontes latino-americanos do lazer*. Belo Horizonte: Ed. UFMG, 2012.

[55] A pesquisa "Cultura e lazer: práticas de lazer e físico-esportivas dos frequentadores do Sesc em São Paulo", realizada pelo Sesc São Paulo, com a participação do Laboratório do Núcleo de Antropologia Urbana da Universidade de São Paulo (LabNAU-USP) e do Centro de Estudos Contemporâneos (Cedec) que, combinando metodologias quantitativas (do tipo *survey*) e qualitativas (de tipo etnográfico), traçou o perfil do público que frequenta as Unidades do Sesc em todo o estado em relação aos seus hábitos e envolvimento nas práticas de lazer. As pesquisas e ações formativas realizadas pelo Sesc São Paulo são sempre organizadas por equipes multidisciplinares. A pesquisa "Cultura e lazer: práticas de lazer e físico-esportivas dos frequentadores do Sesc em São Paulo" foi idealizada e orientada pelo Centro de Pesquisa e Formação em conjunto com a Gerência de Desenvolvimento Físico-esportivo. (N. E.)

[56] O mesmo ocorre com o conceito de ócio, nas traduções do espanhol (onde não existe o termo correspondente a lazer, *loisir, leisure*): ócio *autotélico, criativo, humanista, construtivo, valioso, positivo, estético* etc. (Manuel Cuenca. "O ócio autotélico", in *Revista do Centro de Pesquisa e Formação*, n. 02, São Paulo, SESC, maio 2016.). Note-se, mais uma vez, o paralelo com o conceito de cultura a que se fez alusão no começo deste texto; também nesse caso existe uma proliferação de adjetivos: cultura *popular, erudita, de massa, nacional, regional, híbrida, empresarial, dominante, hegemônica*, com aspas, sem aspas...

Já os *verbos* têm outro efeito: modificam, mostram a *agência* dos atores envolvidos nas diversas práticas. Exemplos: na pesquisa do Sesc, alguns dos verbos empregados pelos atores foram – *tirar* lazer, *dar* lazer, *fazer* nada, *não fazer* nada, *fazer* um monte de nada, *passar o dia, zoar, fazer* um social (frequentadores); *tropeçar* em, *ser tocado por* uma exposição ou evento (funcionários). Seguindo essa pista, pode ser revelador identificar os verbos e termos utilizados pelos atores sociais nos espaços e instituições classificados como *locus* de práticas de lazer (Sesc, quadras de esporte na periferia, pistas de skate, festas, jogos eletrônicos), mas também naqueles que entram em outras classificações: romarias religiosas, hortas urbanas, feiras, ocupações urbanas e, finalmente, nos situados entre uns e outros: viagens de barco e caminhoneiros, ciclistas, artesanato e rituais indígenas e assim por diante – como se verá nos próximos capítulos.

A agência, aqui, é dos atores e não dos especialistas; há uma mudança de ponto de vista: passa-se da generalidade para recortes empíricos variados, da interpretação dos *experts* para as categorias *nativas*. A estratégia é, seguindo o mote "de perto e de dentro", trazer a perspectiva dos usuários/frequentadores – o que buscam, como usufruem, como inventam e impõem suas próprias regras e valores em consonância/ contraposição/negociação com as normas e usos de cada instituição.

Entretanto, essa postura não implica cair na fragmentação ou descrição sem fim de detalhes; ela supõe enfeixar a multiplicidade das atividades comumente classificadas como lazer em algumas recorrências, na busca dos "arranjos" dos atores para, daí, construir categorias de análise. Conforme desenvolvi em artigo recente[57], o conhecimento que resulta dessa forma particular de aplicação do método etnográfico tem como pressuposto a ideia de que o objeto de observação e estudo tem dois lados: um, voltado para o ator social, é o que faz sentido imediato para ele, pois é sua prática; o outro é percebido pelo pesquisador, que reconhece esse sentido e o registra, nos seus termos[58]. Do ponto de vista do agente, como resultado de escolhas frente a um repertório de alternativas, é uma "unidade de sentido"; o observador o reconhece, segue-o e, no processo de investigação, relaciona-o a outros recortes, quando, então, constitui uma "unidade de análise" em outro plano.

....

[57] Cf. J. G. C. Magnani, 2015, *op. cit.*

[58] Em trabalhos anteriores (Magnani, 2012, *op. cit*, e Magnani, 2014), fiz uma aproximação com a formulação de Marc Augé, que, evocando os "lugares de memória" de Pierre Nora (*Les Lieux de Mémoire.* Paris: Éditions Gallimard, v. I, 1984), fala em "lugar antropológico": segundo seus termos, seria "simultaneamente *princípio de sentido* para aqueles que o habitam e *princípio de inteligibilidade* para quem o observa" (Marc Augé, *Não lugares: introdução a uma antropologia da supermodernidade.* Campinas: Papirus, 1994, p. 51).

Marilyn Strathern, com a expressão "momento etnográfico"[59], descreve algumas estratégias da inserção em campo e sua contrapartida na elaboração posterior. Segundo ela, a tarefa é não apenas compreender os efeitos de certas práticas e artefatos na vida das pessoas, mas recriar esses efeitos no contexto da escrita; a análise já começa em campo, mas a influência dos atores sociais (os "anfitriões" do etnógrafo, na linguagem da autora) continua sobre estes. A divisão entre tais momentos cria dois tipos de relação: a primeira separa, dando a ideia de que uma coisa é a observação e outra, a análise; mas a segunda relação os junta – esse é o "momento etnográfico".

Portanto, uma unidade consistente em termos da etnografia é aquela que, experimentada e reconhecida pelos atores sociais, é identificada pelo investigador, podendo ser trabalhada como categoria de maior alcance. Para os primeiros, é o contexto da experiência e para o segundo, um recurso descritivo, chave de inteligibilidade.

Por outro lado, reconhecendo o propósito subjacente à ideia de "lazer como necessidade humana e dimensão da cultura" – que é sair do esquema usual – e em diálogo com tal esforço, propõe-se incorporar essa acepção algo generalista em outra, intermediária: "modos de vida". Em contextos específicos na metrópole, determinadas práticas podem ser subsumidas em arranjos mais abrangentes: é possível, por exemplo, considerar o skate como uma prática lúdica ou esportiva, mas também como uma modalidade por meio da qual alguns de seus praticantes encaram a vida, seu cotidiano e seus valores; o mesmo pode ser dito do futebol de várzea, na periferia: em alguns casos envolve os familiares de seus praticantes, modifica rotinas familiares e, por meio de *trajetos*, institui *circuitos* na paisagem urbana, e assim por diante[60].

6 CONCLUSÃO

Em síntese, a proposta deste livro é reunir textos que apresentem uma alternativa aos estudos convencionais sobre o lazer, com base em pesquisas etnográficas não necessariamente dedicadas, *prima facie*, a esse tema,

---

[59] Marilyn Strathern, *O efeito etnográfico e outros ensaios*. São Paulo: Cosac Naify, 2014, p. 350.

[60] O caso do skate é amplamente analisado por Giancarlo Machado em sua tese de doutorado, *A cidade dos picos: a prática do skate e os desafios da citadinidade* (São Paulo: Faculdade de Filosofia, Letras e Ciências Humanas da Universidade de São Paulo, 2017), e o futebol de várzea, por Enrico Spaggiari, *Família joga bola: jovens futebolistas na várzea paulistana*. São Paulo: Intermeios/FAPESP, 2016. Ambos os autores estão presentes neste livro.

mas que podem trazer elementos para pensar a questão em novos termos. Assim, pretende-se deslocar o foco do lazer como determinada prática (ciclismo, futebol, skate, viagens, baladas, jogos eletrônicos) ou lugar específico dessa prática (periferia, praça, bar, rua, parque) ou em tempos e horários delimitados (noite, fins de semana, férias) para as estratégias dos atores sociais, que combinam, a seu modo, em seus criativos arranjos, todas essas variáveis, como ciclismo à noite, skate na periferia ou no centro, horta na praça, teatro na rua, RPG no intervalo da aula, Facebook no escritório.

Tais arranjos supõem ainda: onde, quando e o que os ciclistas, skatistas ou boleiros, por exemplo, fazem para viabilizar sua prática ou a forma como a desfrutam – compram acessórios, consertam o equipamento, comunicam-se com colegas, combinam saídas, estabelecem rotinas, disputam espaços, definem trajetos etc. Essa proposta tira o foco do lazer como atividade uniforme, específica e rapidamente classificável; dissolve homogeneidades e, principalmente, rompe com as costumeiras dicotomias tempo de trabalho/tempo livre, fruição/obrigação.

A questão é encarar a dupla face desse processo: se de um lado o termo "lazer" continua atual, sendo apropriado por diferentes setores e campos de conhecimento, de outro mostra sinais de obsolescência como foco de uma reflexão ainda tributária de seu tradicional enquadramento analítico – tempo obrigatório *versus* tempo livre – já ultrapassado em razão de mudanças estruturais no sistema produtivo. Além do mais, essas dicotomias (tempo obrigatório/tempo livre; trabalho/lazer) padecem do mesmo processo já apontado por Marilyn Strathern[61] com relação à ideia de "sociedade": reificada, contrapõe-se de forma antitética a outras entidades, também definidas de forma semelhante: sociedade/economia; sociedade/natureza; sociedade/mundo material; sociedade/individuo etc.

A autora critica a versão dominante segundo a qual "sociedade", entidade abstrata, produz seu contraponto "indivíduo", numa espécie de pêndulo, quando, na verdade, "[…] se quisermos produzir teorias adequadas da realidade social, então o primeiro passo é perceber que as pessoas têm potencial para se relacionar e estão, ao mesmo tempo, sempre incorporadas em uma matriz de relações com os outros"[62]. Fazendo um paralelo com o caso específico do lazer, o que importa, na realidade, é identificar as relações sociais que criam, mobilizam, transformam *arranjos* normalmente classificados *a priori* naquelas caixinhas já prontas e adjetivadas.

....

[61] Cf. Marilyn Strathern, *op. cit.*, p. 231 e ss.
[62] *Ibidem*, p. 239.

É bem verdade que muitas atividades ainda seguem o conhecido padrão habitual dumazediano; mesmo nesses casos, sua manutenção está permeada por um novo contexto, cujas particularidades só as pesquisas etnográficas podem mostrar. Trata-se, assim, de reconhecer que, se há uma permanência do conceito tradicional de lazer, tanto em seu sentido acoplado a um modo historicamente datado do sistema produtivo como naqueles ligados a um leque de usos mais variados, impõe-se a necessidade de buscar um novo enquadramento para o fenômeno: é o que se propõe com a abordagem antropológica com base no método etnográfico aplicado a diferentes contextos e práticas.

Em suma, a proposta aqui desenvolvida abdica de uma totalidade apresentada com base na suposta continuidade sugerida pelo "mito de origem" e pela genealogia que dele se segue. Não descarta os enfoques da política, da economia, da educação e da saúde presentes nas diferentes concepções de lazer, mas opta por e oferece pistas para experimentos e assim propõe multiplicar estudos empíricos para fazer avançar a discussão teórica para além da fabulação bibliográfica. Aliás, recupera a iniciativa pioneira de Dumazedier, cujas análises tinham como fundamento pesquisas empíricas, continuadas, de longa duração. A ideia é que os capítulos, com base nas respectivas etnografias (e nos autores que foram mobilizados em cada uma dessas análises), desestabilizem as costumeiras e ainda vigentes oposições trabalho *versus* lazer; tempo livre *versus* tempo obrigatório, lazer sério *versus* fruição, trazendo à tona categorias de análise embasadas nos criativos arranjos e saídas dos atores sociais envolvidos.

Termino esta introdução com o causo do início do texto, mas agora, depois de toda a discussão, numa perspectiva mais antropológica; aliás um tanto *perspectivista*... A mesma situação, do ponto de vista dos dois atores envolvidos, muda de sentido. Para o caseiro, familiarizado com determinados instrumentos de trabalho – no caso, a enxada, – com certa postura corporal, os movimentos do ato de carpir, num dos espaços onde desenvolve suas habilidades específicas, o canteiro, não há dúvida: o "professor" está trabalhando. E a situação anterior, então, é claríssima: uma rede balouçando, corpo em posição horizontal, uns livros pelo chão; já o ponto de vista do escritor é outro... Assim, nada mais ilustrativo das passagens entre categorias muitas vezes colocadas, na perspectiva *de fora e de longe*, em posições separadas e antagônicas.

ENTRE A DESTRUIÇÃO E A CRIAÇÃO: AS MARCAS DO SKATE NA CIDADE [1]

Giancarlo Marques Carraro Machado

----

[1] Este capítulo é derivado da tese de doutorado intitulada *A cidade dos picos: a prática do skate e os desafios da citadinidade*, orientada pelo Prof. Dr. José Guilherme Cantor Magnani e defendida no Programa de Pós-Graduação em Antropologia Social da Universidade de São Paulo (PPGAS/USP) no ano de 2017. A pesquisa contou com o financiamento da Fundação de Amparo à Pesquisa do Estado de São Paulo (processo Fapesp 2012/23331-0), entre março de 2013 e fevereiro de 2016.

Ande de skate e destrua

Vou explodir minha rebeldia
Através da anarquia
A rua inteira vai parar
Quando eu começar a andar
A burguesia se trancando
E eu na calçada apavorando
Pisando nessa podridão
Vou agir de skate na mão
Ande de skate e destrua.

Gritando HC, trecho da música *Ande de skate e destrua*

Inúmeras expressões são acionadas por aqueles que participam do universo do skate a fim de revelar certos sentidos para a sua prática. Dentre elas, é possível destacar ao menos uma que se apresenta um tanto contestadora, a saber, *"ande de skate e destrua!"*.[2] Tal expressão resvala não apenas nos discursos de alguns skatistas, mas também em matérias produzidas pela mídia especializada, em diversos produtos lançados pelo mercado e até no meio musical, como no título de uma música entoada por uma banda de *hardcore* paulistana. A música em questão retrata algo um tanto corriqueiro que transcorre nas ruas de muitas cidades: o cotidiano de um skatista que não se conforma com o cumprimento de certas normatizações e que, em decorrência disso, se utiliza taticamente da prática do skate como um meio para subvertê-las, ou melhor, para tentar *destruí-las* através de suas manobras.[3]

Em minha tese de doutorado[4], demonstrei diversas implicações em torno dessa *destruição* que reverberam resistências diante de tentativas de

....

[2] "Ande de skate e destrua" é uma versão nacional da expressão *"Skate and destroy"*, a qual começou a ser propagada intensamente pela revista norte-americana *Thrasher Magazine* a partir de 1982. Por meio da expressão propagada, os skatistas têm sido incentivados a adotar posicionamentos contestadores, sobretudo em relação à ocupação das cidades. Na matéria "Skate and Destroy or Multiple Choices", a revista reitera que "De fato, o skatista prospera ao usar equipamentos descartados, abandonados e geralmente desconsiderados pela sociedade em geral. Os skatistas criam sua própria diversão na periferia da cultura de massa. Esgotos, ruas, shoppings, bordas e um milhão de outras construções de concreto estão sendo utilizadas a partir de novos usos" (*Thrasher Magazine*, 2006, p. 14. Tradução minha).

[3] A noção de *destruição* também aparece com outros sentidos nos discursos dos skatistas. Por exemplo, quando um praticante acerta uma manobra considerada difícil, alguns de seus colegas espectadores podem comentar que ele *destruiu*, ou seja, fez algo surpreendente.

[4] Cf. Giancarlo Machado, 2017, *op. cit.*

imposição de regras e limitações espaciais e temporais à prática do skate de rua realizada em São Paulo[5]. Por meio de determinadas situações analisadas, evidenciei como espaços públicos e privados têm sido reivindicados por diferentes citadinos como locais de criatividade e emancipação, onde é possível se esquivar de eventuais enquadramentos que visam estimular ou impelir usos oficiais a equipamentos urbanos e restringir formas de sociabilidade a áreas previamente definidas. Desse modo, os skatistas, em suas condições de citadinos[6], ocupam e se apropriam de toda a sorte de espaços urbanos, sendo, por isso, regularmente acusados de indisciplinados por não respeitar as normas estabelecidas para a utilização desses espaços e, sobretudo, por danificar os componentes materiais de equipamentos que são encarados como obstáculos para as suas manobras (tais equipamentos são nomeados por eles de *picos*)[7]. É o que aconteceu, por exemplo, no âmbito da praça Roosevelt, imponente espaço público situado na região central de São Paulo, considerada o principal ponto de encontro dos skatistas na cidade[8]: "Parte dos danos se deve aos skatistas, segundo os frequentadores. Usados como obstáculos, bancos de madeira,

....

[5] O universo do skate é composto por várias modalidades. Contudo, as minhas análises centraram-se apenas na modalidade skate de rua (também chamada de *street skate*).

[6] Os skatistas, em suas condições de citadinos (Cf. Isaac Joseph. "A respeito do bom uso da Escola de Chicago". Em: Lícia do Prado Valladares (org.). *A Escola de Chicago: impacto de uma tradição no Brasil e na França*. Belo Horizonte/Rio de Janeiro: Ed. UFMG/IUPERJ, 2005 [1998], pp. 93-128), podem ser vistos como sujeitos de mobilidade que observam e fazem as suas respectivas leituras da cidade. Desse modo, tais citadinos atribuem novos significados aos espaços urbanos a partir de suas próprias experiências e, por meio das formas de sociabilidade que criam, contribuem para "fazer a própria cidade", sendo essa não definida *a priori*, tampouco considerada como uma coisa, mas uma cidade vivida, sentida e em processo (Cf. Michel Agier, *Antropologia da cidade: lugares, situações, movimentos*. São Paulo: Terceiro Nome, 2011).

[7] *Pico* é uma categoria nativa que, conforme mencionado, faz referência a equipamentos urbanos (como bancos, corrimãos, hidrantes, quinas, bueiros, paredes, bordas de concreto, inclinações etc.) que são avaliados pelos skatistas em função de suas texturas, inclinações e asperezas, as quais, a depender de certas condições materiais, permitem tanto realização de manobras – ou seja, de técnicas corporais realizadas com um skate – quanto a consolidação de formas de sociabilidade.

[8] A Praça Roosevelt existe desde fins da década de 1960. No entanto, foi a partir de 2012, quando de sua revitalização, que ela se tornou o principal *pico* de skate de São Paulo. Após a sua reinauguração, skatistas oriundos de todas as partes da cidade passaram a frequentá-la com diversas motivações, dentre elas, andar de skate, produzir imagens de suas manobras, encontrar amigos, promover eventos, buscar oportunidades profissionais ou, simplesmente, ficar à toa. Em razão dessa presença regular, uma série de problemas emergiu, colocando em xeque os usos que eles vinham fazendo dos equipamentos dispostos no local. Para análises mais detidas sobre tal praça, ver Giancarlo Machado, Praça Roosevelt: sociabilidade e conflitos em um pedaço skatista da cidade de São Paulo, *Perifèria*, Universität Autònoma de Barcelona, 2014b, v. 19, n. 1, pp.82-107, 2014b.

grades de corrimãos e muretas acabam danificados. O piso tátil para deficientes visuais, por exemplo, está com falhas em vários trechos"[9].

O trecho da matéria jornalística citado traz revelações evidentes. Frequento a praça Roosevelt desde a sua reinauguração, em 2012. A partir de tal período, pude constatar uma progressiva deterioração de equipamentos instalados em seu interior. Em dezembro de 2015, em uma das minhas visitas, observei inúmeros bancos, muretas, corrimãos, placas e quiosques quebrados. Somam-se a isso as demais avarias provocadas por muitos outros frequentadores, como banheiros e bebedouros estragados, placas danificadas, além de lixo acumulado e forte odor em vários espaços. Em pouco tempo, a praça adquiriu uma relativa feição negativa, logo, muitas narrativas – sobretudo as divulgadas por certos meios de comunicação – passaram a evocar que ela novamente estava padecendo por um processo de degradação[10].

Diversos interlocutores reconhecem que a prática do skate é agressiva e traz danos a equipamentos; todavia, também ponderam que tais danos – como a quebra, por exemplo – não constituem fins almejados pelos praticantes, mas uma consequência derivada da realização intermitente de técnicas corporais específicas – as manobras – sobre os materiais que compõem os obstáculos, o que causa um desgaste mais abrupto que o provocado por outras formas de uso[11]. Nessa perspectiva, portanto, sentar-se em um banco ou deslizar em suas bordas com o skate são vistos por eles como atos igualmente legítimos, embora os impactos de cada um sobre o equipamento sejam obviamente diferentes.

Apesar de pertinente, essa justificativa que tenta legitimar uma prática citadina considerada transgressiva como uma maneira específica de "fazer a cidade"[12] dificilmente ganha relevo na esfera pública. Em razão disso, os skatistas muitas vezes são considerados como agentes da degradação, sendo taxados também, via de regra, por outras alcunhas

---

[9] Giovanna Balogh. "Praça Roosevelt sofre com vandalismo 1 ano e meio após reforma em SP". Disponível em: ‹http://www1.folha.uol.com.br/cotidiano/2014/02/1410365-praca-roosevelt-sofre-com-vandalismo-1-ano-e-meio-apos-reforma-em-sp.shtml›. Acesso em: 10 mar. 2018.

[10] Segundo Daniela Palma (*A praça dos sentidos: comunicação, imaginário social e espaço público*. Tese de doutorado em Ciências da Comunicação. São Paulo: Escola de Comunicações e Artes da Universidade de São Paulo, 2010), a partir do final da década de 1970 diversos discursos passaram a evocar uma degradação da Praça Roosevelt. Além das limitações de suas condições arquitetônicas, as quais desencorajavam certos tipos de apropriações, o espaço público era ocupado por citadinos "indesejáveis", sendo estes acusados de contrariar uma relativa moralidade pública.

[11] Nessa lógica, a quebra – quando não intencionada – se deve, portanto, à qualidade material do equipamento, e não à utilização que é feita do mesmo.

[12] Cf. Michel Agier, 2011, *op. cit.*

pejorativas que associam a prática do skate nas ruas a algo repulsivo e intolerável. São frequentemente vistos como marginais, vândalos, desocupados, e também, por vezes, acusados de poluidores e vilões das paisagens urbanas[13]. É o que revela, por exemplo, a matéria intitulada "Praça Roosevelt sofre com vandalismo, drogas e sujeira", publicada pela revista *Veja São Paulo*[14]. Os skatistas – bem como moradores de rua, usuários de drogas e vendedores ambulantes – foram mencionados em tal matéria como responsáveis pelo estado deplorável da praça, a qual, mesmo após a sua reinauguração, enfrenta um relativo abandono e a depredação, além de estar pichada e infestada por ratos[15]. No sentido evocado pela revista, o skate é uma prática que estaria fora do lugar. Posto isso, a presença dos praticantes na praça Roosevelt deveria ser considerada indesejável, visto que contribui apenas para poluir o local e para contrariar uma relativa moralidade pública. Eles teriam de ser, segundo essa perspectiva, repelidos e combatidos[16].

....

[13] Segundo Sharon Zukin ("Paisagens urbanas pós-modernas: mapeando cultura e poder". Em: Antonio A. Arantes (org.). *O espaço da diferença*. Campinas: Papirus, 2000, p. 83), uma paisagem urbana pós-moderna "não apenas mapeia cultura e poder: mapeia também a oposição entre mercado – as forças econômicas que desvinculam as pessoas de instituições sociais estabelecidas – e lugar – as formas espaciais que as ancoram no mundo social, proporcionando a base para uma identidade estável". A paisagem, portanto, "dá forma material a uma assimetria entre o poder econômico e o cultural" (*Ibidem*, p. 84).

[14] "Praça Roosevelt sofre com depredações após reforma". *Revista Veja SP*. Disponível em: ‹http://vejasp.abril.com.br/materia/praca-roosevelt-depredacoes›. Acesso em: 10 mar. 2018.

[15] O caso paulistano aqui apresentado não é isolado. Diversos outros pesquisadores também demonstraram como a prática do skate é indesejável em cidades de diferentes partes do mundo por conta da poluição que provoca nos espaços urbanos. Para mais detalhes, ver Ocean Howell (The poetics of security: skateboarding, urban design, and the new public space, *Urban Action*, 2001, pp.64-86), Nicholas Nolan (The ins and outs of Skateboarding and transgression in public space in Newcastle, *Australian Geographers*, 2003, v. 34, n. 3, pp. 311-27) e John Carr (Legal Geographies – skating around the edges of the law: urban skateboarding and the role of law in determining young peoples' place in the city, *Urban Geography*, 2010, v. 31, n. 7, pp. 988-1003). Já sobre os sentidos da noção de poluição, bem como de sua associação com noções de impureza e perigo, a partir de um viés antropológico, ver Mary Douglas (*Pureza e perigo*. São Paulo: Perspectiva, 1976).

[16] As dinâmicas relacionais e as apropriações que se processam na Praça Roosevelt revelam os agenciamentos que os citadinos conduzem acerca de suas próprias práticas. Não raro, os skatistas contrariam os que tentam contê-las, regulá-las e disciplina-las. Eles continuam a inscrever na Praça Roosevelt as suas próprias lógicas de ocupação espacial. Para o incômodo de muitos outros frequentadores do local, eles afirmam cotidianamente, a partir de sociabilidades e técnicas corporais, que ali é o principal *pico* de skate da cidade de São Paulo.

Contudo, conforme já demonstrei em outras publicações[17], o combate aos skatistas que estão efetivamente nas ruas tem sido pouco eficaz. De nada tem adiantado a construção de pistas de skate, a promoção de políticas públicas e tampouco a instauração de medidas repressivas. A metrópole paulistana está em constante reformulação, sendo notadamente caracterizada por construções infindáveis em sua paisagem. Logo, é de se esperar que os *picos* estejam em todas as suas regiões (e não apenas, obviamente, nos limites da praça Roosevelt). Por consequência, os skatistas circulam por diversas partes, espraiando suas façanhas para além de suas próprias vizinhanças. Eles rompem as fronteiras entre o centro e as periferias, promovem arranjos entre seus cotidianos e suas obrigações, embaralham, outrossim, os sentidos do lazer e do trabalho ao não medir esforços para perscrutar diferentes possibilidades de manobras e demais tipos de experiências onde quer que seja.

Este capítulo pretende se deter sobre tais possibilidades e dar relevo, por meio de um *olhar de perto e de dentro*[18], a dois processos regulares que caracterizam a prática do skate de rua: a circulação pela cidade a partir dos *rolês* estabelecidos pelos skatistas e as apropriações que eles fazem dos *picos* que são encontrados na paisagem urbana. Ao apresentar as particularidades de tais processos, objetiva-se problematizar como jovens citadinos revelam as desigualdades, assimetrias e controvérsias que assolam os espaços urbanos paulistanos e, não obstante, como eles se posicionam frente aos enquadramentos institucionais que estrategicamente promovem apenas algumas das dimensões mais aceitáveis do universo do skate – como a esportiva e a de lazer – em detrimento de outras, como aquela que preza veementemente pelas vicissitudes da urbanidade.

❶ DE *ROLÊ* PELA CIDADE: CIRCULAÇÃO CITADINA

A noção de *rolê* revela uma circulação citadina guiada por uma série de perspectivas. Ela é muito evidente no cotidiano juvenil paulistano, sendo recorrentemente utilizada para designar formas de mobilidade características de certos universos pautados por ordens de consumo

----

[17] Cf. Giancarlo Machado, *De "carrinho" pela cidade: a prática do skate em São Paulo*. São Paulo: Editora Intermeios/Fapesp, 2014a; e Giancarlo Machado, 2014b, *op. cit.*
[18] Cf. J. G. C. Magnani, 2002, *op. cit.*

e lazer (*rolezinhos* em shopping centers)[19], artísticas (grafite e pichação)[20], musicais (funk ostentação, rap, punk etc.), dentre tantos outros. No caso do skate, todavia, os *rolês* são motivados por aquilo que chamo de *olhar skatista*[21], expressão que reverbera a percepção que os praticantes possuem dos espaços e equipamentos urbanos. É por meio desse olhar aguçado que eles enxergam "as ruas que lhes interessam"[22], e exprimem, com efeito, a capacidade de ler a cidade sob a ótica dos *lugares skatáveis*, isto é, dos *picos*:

[A prática do *street skate*] é tipo começar a ler um livro, onde você vai descobrindo, vai entrando cada vez mais nele e trocando ideia com a rua, vendo que tem muita coisa que você pode fazer. Na rua tem bastante opção para você ir cada vez mais procurando outros lugares.[23]

Tudo que é normal para outras pessoas, para a gente é *pico*. Todos esses passeios de carro e ônibus servem para você fazer um mapa mental de onde quer andar. Ser skatista é uma merda. Os skatistas têm essa visão, de caçar *picos*. De ter essa visão de ser dono do espaço público: "isso pode ser meu através da minha manobra!". Independente se é a casa da tiazinha ou o prédio da IBM[24].

A busca por *picos* através dos *rolês* se dá de múltiplas formas. Ela pode ser orientada pelas divulgações da mídia especializada, pelas informações compartilhadas entre os próprios skatistas em redes sociais e demais formas de sociabilidade, ou ocorrer de modo despretensioso, sem se ater a certas previsibilidades.[25] A circulação e, consequentemente, a apropriação, são, portanto, imperativos para os praticantes da modalidade

....

[19] Para uma análise etnográfica sobre o fenômeno do *rolezinho* em shopping center, ver Alexandre Barbosa Pereira, Rolezinho no shopping: aproximação etnográfica e política, *Revista Pensata*, 2014, v. 3, n. 2, pp. 8-16.
[20] Mais considerações sobre o universo da pichação paulistana, bem como a sua aproximação e distanciamento com o grafite, ver Alexandre Barbosa Pereira, *De rolê pela cidade: os pixadores em São Paulo*. Dissertação de mestrado em Antropologia Social. São Paulo: Faculdade de Filosofia, Letras e Ciências Humanas da Universidade de São Paulo, 2005.
[21] Cf. Giancarlo Machado, 2014a, *op. cit.*
[22] J. G. C. Magnani, A rua e a evolução da sociabilidade, *Cadernos de História de São Paulo*, v. 2, 1993.
[23] Rodrigo de Andrade, skatista amador e *videomaker*, entrevista em 2010. Grifos meus. Esta consideração do interlocutor Rodrigo de Andrade consta originalmente em outra publicação de minha autoria (Giancarlo Machado, 2014a, *op. cit.*).
[24] Filipe Maia, skatista amador e jornalista, entrevista em 2016.
[25] Essa última modalidade, a qual é marcada por certa imprevisibilidade, é bastante valorizada e, portanto, almejada por muitos skatistas. Descobrir um *pico* inesperado, conseguir utilizá-lo, acertar manobras no mesmo e, caso seja possível, ainda produzir imagens que comprovem os feitos são iniciativas muito comuns no universo do skate.

street skate (skate de rua). É por meio delas que as descobertas são fomentadas, tornando dinâmicas, assim, as experiências citadinas do skate. Nenhum *rolê* é igual a outro: o espaço com o qual se interage, as pessoas com as quais se encontra e as situações vivenciadas serão, evidentemente, sempre diferentes[26]. É o que consideram Filipe Maia e Marcelo Martins, skatistas amadores e interlocutores da pesquisa:

Você ser skatista de rua e não circular, você não entendeu o que é ser skatista de rua. Tem que ir para outros lugares. A circulação é uma das coisas mais legais que o skate traz: é conhecer lugares e pessoas diferentes. Não fazer isso é estar preso a uma rotina. Por isso que a gente parou de ir à Paulista: todo sábado a gente estava lá. Estava lá das 16 às 20 horas andando de skate. Aí a galera se desesperou, desesperou geral, ficou de saco cheio. Precisávamos andar em outros lugares[27].
Através do skate eu conheci o bairro onde nasci. É louco. E não só o bairro, mas muitos outros bairros, pessoas. Mas o que eu conheço da cidade, o skate tem grande parte de influência. Com o skate, você está num bairro, vai para outro bairro de outro camarada, daí falam que tem um *pico* e vai para outro bairro[28].

Os *rolês* de que participei eram variados e por meio deles foi possível conhecer melhor a própria metrópole[29]. Os skatistas de São Paulo iam para Guarulhos, Mogi das Cruzes, Suzano, Poá etc., e, em contrapartida, os de tais cidades também vinham para São Paulo. Praticantes da Freguesia do Ó (Zona Norte) eventualmente se dirigiam para Pinheiros (Zona Oeste), ao passo que alguns de Arthur Alvim (Zona Leste) se aventuravam a buscar *picos* no Morumbi (Zona Sul). Enfim, são incontáveis exemplos que denotam como a prática do skate de rua potencializa a inserção na cidade e o alargamento de redes de sociabilidade[30]. Klaus Bohms, skatista profissional entrevistado, deixou claro que, desde que começou a andar de skate, "[...] tinha na cabeça que, quanto mais a gente andasse por lugares diferentes, mais a gente iria evoluir, conhecer coisa nova, seja pista ou rua. Era isso que me motivava: o *fato de sair do meu lugar*"[31]. Em razão disso, não foi por acaso que me deparei com tantos *rolês* – alguns dos quais eu

....

[26] Aqueles que ficam confinados a espaços restritos e concebidos especialmente à prática (como as pistas) são tratados jocosamente pelos demais. São chamados de *pistoleiros*.
[27] Filipe Maia, skatista amador e jornalista, entrevista em 2016.
[28] Marcelo Martins, skatista amador e educador, entrevista em 2016.
[29] Trabalho de campo realizado entre 2013 e 2016
[30] Cf. Michel Agier, *L'Invention de la ville*. Paris: Ed. des Archives Contemporaines, 1999.
[31] Entrevista em 2014, grifos meus.

acompanhei – realizados por skatistas para regiões situadas muito longe de suas residências[32]. O profissional Elton Melônio é morador do bairro Cidade Tiradentes (extremo leste paulistano) e, assim como tantos outros de sua região, regularmente percorre longas distâncias por meio de transportes públicos apenas para frequentar espaços do centro metropolitano:

> Tem muita gente [de Cidade Tiradentes e da Zona Leste paulistana] que sempre vem para o centro, para vários *picos*. Quando eu venho para a Roosevelt, por exemplo, sempre encontro alguém, ou andando de skate, ou vindo do trabalho. Acho legal aqui, pois tem vários obstáculos[33].

Estar no rolê e *ser da rua*, para utilizar expressões nativas, são condições que trazem reconhecimento e distinção entre os skatistas. Assim, é possível considerar que as suas experiências citadinas são tão importantes quanto as suas experiências corporais, esportivas e de lazer. Eles desbravam todos os espaços da cidade: parques, praças, ruas, calçadas, prédios comerciais e residenciais, estacionamentos, estabelecimentos desativados, áreas degradadas ou enobrecidas, enfim, qualquer local que forneça mínimas condições para a realização de manobras. Os percalços encontrados se convertem em obstáculos a serem superados.

Michel de Certeau[34] já afirmara que "caminhar é ter falta de lugar". Inspirando-se nesse autor, é possível aventar que, no caso do skate de rua, andar de skate é ter falta de *picos*, é um processo indefinido e repleto de artimanhas, é não sucumbir com as longas distâncias ou diante dos aparatos de controle de uma cidade assolada por "enclaves fortificados"[35] para fazer um *rolê* à procura de um *lugar skatável*. É o que se verá a seguir.

❷ UM *PICO* E TANTAS HISTÓRIAS

O *olhar skatista* prima pelas condições materiais da paisagem urbana. É por meio das características tangíveis dos espaços, de suas tessituras, de suas asperezas, que os praticantes avaliam a possibilidade de se apropriar corporalmente daquilo que já existe *a priori*, subvertendo, pois, seus usos esperados. Seja um local grande ou pequeno, curto ou extenso, liso ou

....

[32] Muitos skatistas que frequentam diariamente a região central da cidade, por exemplo, são provenientes de regiões periféricas ou de cidades vizinhas, de outros estados e até mesmo de outros países.
[33] Elton Melônio, skatista profissional, entrevista em 2013.
[34] Cf. Michel de Certeau, 2009 (2012, 2014 [1980]), *op. cit.*, p. 170.
[35] Cf. Teresa Pires do Rio Caldeira, *Cidade de muros: crime, segregação e cidadania em São Paulo*. São Paulo: Editora 34/EdUSP, 2000.

rugoso, de mármore, granito, cimento, metal, aço, madeira ou plástico, os skatistas fundem a dimensão física da cidade às suas técnicas corporais através da utilização de uma ferramenta de interpretar espaços: o skate.

Com efeito, as agências do *pico*, do skatista e de seu respectivo skate se distribuem na medida em que a interação estabelecida produz sistemas de ações, circulações, sociabilidades, conflitos, manobras, espetáculos, aborrecimentos e cuidados com o corpo. Desse modo, os equipamentos urbanos parecem dotados de vida própria: eles ganham características humanas (podem ser suaves, agressivos, prazerosos, vertiginosos) e, da mesma forma que um espaço lapida um tipo peculiar de skatista (ao lhe possibilitar certas experiências corporais), também é construído e ganha sentido pelas ações deste.

Pico, skatista e skate se entrelaçam, obtêm um fugaz destaque no cotidiano da metrópole; adquirem relevo em discursos, imagens e representações propagadas nas redes que transpõem o universo da prática em questão. Ao acompanhar os interlocutores em seus *rolês*, pude ouvir muitos relatos sintomáticos de como certos agenciamentos de elementos heterogêneos deslocavam eventuais perspectivas reificadoras da paisagem urbana. Eram demasiadas especulações, narrativas incansáveis de uma lógica citadina que convertia os espaços e seus respectivos equipamentos em *lugares skatáveis*. É evidente, então, que há certo afeto criado entre os skatistas e a concretude da cidade, uma sensibilidade que vai além de uma percepção instrumental, política e urbanística, o que provoca, pois, impactos e redefinições nos embates pelos espaços paulistanos.

Há muitos exemplos que denotam os múltiplos agenciamentos realizados em torno da apropriação de um *pico*. Por meio das diversas situações das quais participamos, foi possível constatar os investimentos feitos pelos interlocutores para viabilizar a utilização de equipamentos urbanos e conseguir realizar manobras nos mesmos. Portanto, um simples *pico* pode revelar muitas histórias, como a que será vista a seguir.

Leo Fagundes, 29 de anos de idade, é um skatista amador oriundo da cidade de Natal (RN). Por vislumbrar possibilidades profissionais no universo do skate, ele resolveu abrir mão de sua rotina em terras potiguares para se aventurar em busca de desafios na metrópole paulistana, onde está desde 2008. Desde que chegou, vem tentando fazer todos os tipos de *correrias*[36] possíveis a fim de ganhar prestígio como praticante exímio. No entanto,

---

36   Termo polissêmico, frequentemente utilizado como gíria em São Paulo. No que se refere ao universo do skate, a *correria* exprime os agenciamentos de um skatista que peleja para alcançar certos anseios pessoais e profissionais relacionados à prática.

conforme deixou claro ao ser entrevistado, não tem sido fácil se manter em busca de seus objetivos, visto que as oportunidades são escassas[37].

Para demonstrar suas habilidades, Leo Fagundes decidiu apostar em algo que lhe trouxesse reconhecimento: resolveu produzir um vídeo promocional a partir de várias imagens que havia coletado. A produção demorou meses para ser concluída. Boa parte da demora se deve, diga-se de passagem, à dificuldade em acertar uma manobra específica em um *pico* não explorado, mas muito temido pelos skatistas. O interlocutor relatou com muito apreço a saga a que teve de se submeter para concluir seu propósito.

Em certa manhã de meados do ano 2012, Fagundes, em companhia de Filipe Ortiz (Curitiba, PR), Guilherme "Trakinas" (Curitiba, PR), Mário Hermani (Guarulhos, SP), Didi Wanks (Ubatuba, SP) e do fotógrafo paulistano Marcelo "Mug", teve a oportunidade de andar de skate em diferentes equipamentos urbanos. As sessões começaram no bairro do Pacaembu, Zona Oeste, onde os participantes puderam encarar um corrimão anexado a uma parede. Alguns skatistas conseguiram acertar manobras e diversas fotos foram feitas. O entusiasmo fez que o *rolê* prosseguisse rumo a outros *picos* disponíveis na cidade. Após certo tempo, quando já estavam cansados e com fome, os participantes resolveram almoçar no Estadão Bar & Lanches, no centro metropolitano. Com todos fartos de tanto comer, a maioria demonstrou desânimo em continuar andando de skate. Leo Fagundes, ao contrário, ainda tinha bastante energia para executar algumas manobras e teve uma ideia: convocou os demais para ir até o viaduto Nove de Julho, ali ao lado, pois, embaixo dele, havia um *pico* que poderia render boas imagens ao fotógrafo:

Aí a gente foi. Aí os caras viram que era a borda da Nove de julho. Eu tinha ido há um tempo com o Franklin, um camarada de Aracaju, e o Chopa [skatista e fotógrafo]. Eu tinha ido lá com ele, e o Franklin tinha pensado em andar, mas não andou. Eu fiquei olhando e pensando: "pô, essa borda dá para andar". Aí surgiu essa oportunidade. Eu estava na *sessão* no dia. Os caras não acreditaram. Todo mundo achou que eu não ia andar, mas eu estava louco para aproveitar o fotógrafo. Eu falei: vamos

----

[37] A demanda por patrocínios é muito alta, condição que faz com que as oportunidades remuneradas no universo do skate sejam disputadas. Em São Paulo, há demasiados skatistas de destaque e um número limitado de empresas dispostas a investir em suas carreiras. Nesse sentido, tem-se uma exacerbada concorrência, condição que influi nas técnicas corporais dos praticantes e, consequentemente, nos usos que eles fazem da cidade.

aí, vamos ver o que vai acontecer. Eu topei, mas não tinha noção do que ia acontecer[38].

O olhar do skatista tinha um foco muito claro: uma extensa borda de concreto situada ao lado de uma escada que fica embaixo do viaduto Nove de Julho. Ela é áspera, íngreme, está disposta numa paisagem pichada, geralmente suja e com cheiro de urina. Conforme percebi em outro momento, poucas pessoas circulam ao seu redor, visto que o equipamento em questão se localiza numa área considerada perigosa em razão de alguns assaltos e da presença de certos citadinos "indesejáveis" – como usuários de drogas ou moradores de rua – que eventualmente ali ocupam. Algo que chamou a atenção do skatista na borda foi o fato de ela estar "virgem", ou seja, sem nenhuma parafina, constatação que revela que ninguém havia tido a tenacidade de ao menos tentar uma manobra no *pico*.

Leo Fagundes havia estimulado a ida de vários skatistas ao local. Portanto, para não frustrá-los, resolveu que encararia o temido obstáculo. Nenhum outro presente, nem mesmo os profissionais, se dispôs a andar de skate naquele momento. Antes de qualquer movimento, ele considerou necessário analisar todas as condições materiais da paisagem. Observou o tipo de piso, os buracos e as imperfeições nele contidos; verificou a extensão da borda para detectar trincados em sua superfície; estipulou a forma mais segura de se desvencilhar do obstáculo caso a manobra saísse errada; averiguou a intensidade do trânsito na avenida situada logo à frente. O skatista avaliou que não seria nada fácil deixar sua marca naquele *pico*. A impressão era a de que, num primeiro momento, o equipamento se impunha sobre ele, mas a vontade era tanta que ele persistiu, estimulado pela expectativa dos amigos, além da presença do fotógrafo e de sua câmera. Se não houvesse aquela pequena plateia, possivelmente ele não teria a audácia de colocar o corpo em risco para enfrentar o obstáculo.

Após passar velas na borda para que ela deslizasse, Leo Fagundes efetuou as suas primeiras tentativas. Os demais presentes ficaram na parte de baixo da escada, próximo à avenida, como forma de proteger o skatista e seu skate. Se, devido à rapidez dos movimentos, eles precisassem escapulir, o fariam em direção ao asfalto. As investidas iniciais foram bastante cautelosas, pois era preciso adquirir confiança não apenas para concluir a manobra, mas também para evitar quedas desnecessárias.

O "Mug" [skatista e fotógrafo] sacou a câmera e pensou que eu ia mesmo. Aí os caras se afastaram da *borda*. Aí saiu todo mundo, ficou só

....

[38] Leo Fagundes, skatista amador, entrevista em 2014.

o "Mug", eu e a borda. Pensei: "que merda que eu fiz! Vou ter que pular! Agora vou ter que andar". Estava escurecendo. Aí bateu um desespero. Comecei a bater uns *ollies* [nome de uma manobra] para cima. Tinha muitos caras fodas. Quando os caras viram que eu estava indo para a borda, eles falavam: "vai, vai, vai!". Eu comecei a esquentar. Vim mais devargazinho somente para sentir o *ollie*. Após isso, comecei a bater o *ollie* mais embaixo, para encaixar do meio para o fim. Encaixei o primeiro 50-50 [nome de uma manobra] de verdade. Nenhum correu. Quando eu senti que encaixou mesmo... A borda era virgem, ninguém tinha andado. Não tinha vela. A vela que eu tinha, eu passei. Mas era pouca, não era suficiente. Aí eu mandei para escorregar. Nesse primeiro que eu fui, o *bagulho* correu até lá embaixo[39].

> Numa das tentativas o skate finalmente deslizou sobre a borda, mas a manobra não chegou a ser concluída. No entanto, essa oportunidade era o que faltava para que a vertigem que assolava o skatista se convertesse em valentia. Leo Fagundes se sentiu confiante e, a partir de então, deixou de considerar a possibilidade de se machucar. Ele conseguia saltar do chão para o obstáculo e deslizar por todo o concreto íngreme. O que dificultava o acerto era o fato de ele não conseguir arrancar o skate ao final da borda para novamente voltar ao chão. O skatista tentou muitas vezes o 50-50 (*fifty-fifty*, nome da manobra pretendida), mas, para a sua infelicidade, não conseguia obter êxito. Já cansado de tanto esforço, seu corpo não respondia a contento às técnicas esperadas. Em uma das tentativas o eixo do skate travou no concreto, suas pernas ficaram desequilibradas, e Leo Fagundes tomou um grande susto, caindo de costas nos degraus da escada. O tombo considerável o fez desanimar. Ele tentou se recuperar, mas seu corpo estava dormente. Não conseguia nem mesmo se abaixar e, em decorrência das dores, resolveu desistir. O *pico* havia ganhado a batalha.
>   A frustração era o sentimento que imperava após a *sessão*. A borda não saía dos pensamentos de Fagundes, que prometeu retornar ao Viaduto Nove de Julho para novamente encará-la. Após se recuperar das dores nas costas, decidiu desbravar outros *picos* da cidade, como um *gap* (barranco) situado no Jabaquara (Zona Sul). Tentou saltar sobre obstáculo, mas, ao aterrissar, devido ao impacto, suas pernas se abriram e seus joelhos estalaram. Fagundes revelou que a perversidade de certos *picos* o afastou temporariamente do skate:

....

[39] Leo Fagundes, *Ibidem*.

O *bagulho* foi feio. Eu fiquei seis meses com gelo em casa, meditando. Eu curei em casa mesmo. Eu não tenho plano de saúde, não tenho apoio, patrocínio, e eu não estava trabalhando na época. Aí o que aconteceu: fiquei meio desesperado em casa, colocando gelo de duas em duas horas, eu fiquei concentrando, meditando. Eu acredito em atrair energia positiva. Eu não tinha como ir ao médico para fazer ressonância nos dois joelhos, para depois o cara falar que eu teria que fazer cirurgia ou algo do tipo. E depois atrás de fisioterapia. Eu pensei várias vezes em voltar de vez para Natal. Foi uma fase foda. O joelho direito começou a voltar tranquilo, que é a minha base no skate. Daí a remada no skate teve seu fortalecimento natural, da remada, na panturrilha, coxa. Mas o esquerdo ficou dolorido um tempinho. Fiquei uns cinco meses sem andar. Tinha ficado muito tempo parado. Aí eu pensei em voltar e estourar o joelho de uma vez[40].

Leo Fagundes teve que redefinir seu cotidiano em razão dos usos arriscados que havia feito de alguns equipamentos da cidade. Ele morava na região da Luz e, durante o período que passou afastado do skate, começou a trabalhar nos comércios da Santa Ifigênia. Paralelo a essa rotina laboral, o skatista não deixou de cuidar do corpo, afinal, ainda tinha uma importante meta a cumprir: "a *borda* [da escada situada no viaduto Nove de Julho] era meu grande objetivo. Ficava fazendo agachamento, levantamento de peso, levantava a perna com peso no pé, fazia aquele exercício com a borrachinha", revelou. Marcelo "Mug", fotógrafo que havia acompanhado a *sessão* no *pico* em questão, novamente estimulou Leo Fagundes a acertar a manobra. Era preciso superar o obstáculo para conquistar um espaço de visibilidade na mídia especializada. Ele então resolveu mudar alguns hábitos de seu estilo de vida a fim de preparar o retorno à *borda*: continuou fazendo exercícios, parou de fumar, diminuiu o consumo de bebidas alcoólicas, virou vegetariano. Ao final do ano, conforme desabafou, "já estava maluco".

Após tanto se mobilizar em prol de um equipamento urbano qualquer disposto no centro metropolitano da cidade, eis que Leo Fagundes acordou disposto a não só encará-lo, mas também a vencê-lo por meio de uma manobra. No dia 25 de dezembro de 2012, em plena manhã de Natal, o skatista confessou aos amigos que queria voltar ao *pico*. Todos acharam que fosse uma brincadeira. Mas não era: ele reiterou que encararia a *borda* mesmo se não houvesse ninguém apoiando ou registrando imagens do feito. Renato "Zokreta", skatista e *videomaker*, ao perceber a ânsia do amigo, disse que gostaria de acompanhá-lo para filmar a ação. Além dele,

....

40   *Ibidem.*

outros praticantes – como Didi Wanks, Maikon Quaresma (de Manaus, AM) e o paulistano Vinicius dos Santos – resolveram acompanhar a *sessão*. Devido ao feriado, o local estava calmo. Havia pouca movimentação nas redondezas, inclusive na avenida Nove de Julho, e a paisagem estava propícia para a prática do skate. Após tantos meses de preparação, Leo Fagundes reencontrou seu algoz.

Fiquei vários meses parado, cuidando do joelho. Mas eu passei a pensar melhor sobre o skate, sobre o que eu iria fazer. Eu não tinha muito foco, então criei foco nesse meio tempo. E a gente foi lá. Quando chegamos à borda, os caras apoiaram, botaram pilha. Eu não queria abalar. Foi a mesma sensação: o "Zokreta" [skatista e *videomaker*] tirou a câmera, ficou preparado, os moleques lá embaixo, e eu lá. Eu falei: "fodeu de novo! E agora, o que vou fazer?"[41].

O skatista novamente analisou o *pico*. Ao final da borda havia um tranco, condição que dificultaria a realização da manobra. Tal tranco era o principal empecilho do local, visto que a partir dele o skate poderia travar na superfície áspera, o que poderia culminar em tombos com severos riscos ao corpo. Leo Fagundes declarou que estava preparado física e mentalmente para enfrentar o desafio: "eu fiquei seis meses me preparando em prol da borda, para arrancar [retirar o skate de sua superfície]. Uma das paradas mais difíceis do 50-50 era arrancar e voltar no chão, que era bem ruim".
Antes de tentar a manobra, o skatista passou diversas velas na extensão da borda. Feito isso, finalmente começou a encarar o obstáculo. As primeiras tentativas foram precavidas, a fim de sentir o skate no pé e ter o contato com a superfície de concreto. Adquirida a confiança, Fagundes passou a ser mais agressivo: "ou eu acertava ou saía na maca!", exclamou. Sua perseverança dessa vez não falhou. Após mais de dez tentativas, a tão sonhada manobra fora concluída. Ele saltou do chão para a borda íngreme situada ao lado da escada, conseguiu deslizar sobre sua superfície e, finalmente, voltou o chão. O acerto, registrado pelo *videomaker*, foi muito comemorado pelos demais presentes. De repente a calmaria de uma manhã natalina foi tomada pelos contrastantes gritos ecoados por todos. Leo Fagundes desabafou:

Na hora a ficha não caiu. Eu fiquei lá comemorando com os caras. A ficha só foi cair em casa. Eu tomei um banho, depois senti a sensação de dever cumprido. Mas não um dever cumprido para as pessoas, mas uma

....

41   Leo Fagundes, skatista amador, entrevista em 2014.

sensação de dever pessoal. Eu ficava sonhando com a parada. Ficava sonhando com a manobra, sonhando em como arrancar, sonhando na hora de voltar a manobra. Foi uma guerra psicológica. Eu não queria fazer para mostrar aos outros. Isso é a verdadeira sensação do skate. Quando você vai à missão e você consegue voltar uma manobra, seja ela difícil ou não. É o depois, quando você volta, você volta para casa com a sensação de dever cumprido. E para mim foi o 50-50. Eu sempre quis fazer essa parada. Quando eu pensei: por mais que eu não consiga nada com o skate na vida, esse 50-50 tem que ser feito[42].

> A manobra realizada pelo skatista é considerada uma das mais fáceis do universo do skate. Qualquer iniciante com pouco tempo de prática está hábil a executá-la. No entanto, apesar de não envolver muita técnica, o *pico* em que ela foi feita é muito difícil. Conforme já mencionado, nenhum outro skatista havia conseguido a proeza de utilizá-lo. Léo Fagundes se sentiu muito orgulhoso por conta de sua conquista, visto que, a partir de então, ele ganharia reconhecimento. Sua ousadia foi incorporada em seu vídeo promocional, de quase 4 minutos de duração, divulgado em um site especializado em skate. Foram filmadas diversas manobras e, por conta da notoriedade do seu "50-50 na borda da Nove de Julho", o skatista optou por deixá-lo ao final da produção, para encerrar o vídeo com "chave de ouro"[43].

Eu me orgulho de ter feito. Quando escreverem a história do skate, vai ter uma vírgula minha, o 50-50 na Nove de julho. Então eu me orgulho por ter levado um tempo, toda uma preparação. O skate é baseado nisso. É uma evolução constante. E, na mídia, é isso: sempre que aparece algo novo, supera algo que estava em vista. E o 50-50 foi algo que fez puxar o nível da galera. Foi bom que apareci na mídia já de vez, com uma manobra difícil[44].

> As situações descritas neste tópico revelaram como um simples local da metrópole ganhou vida e condicionou uma série de processos que culminaram em sua apropriação. Ainda que de forma efêmera, os usos que dele foram feitos evidenciaram uma citadinidade que leva a sério a dimensão sociotécnica da paisagem urbana, ao mesmo tempo

....

[42]   Leo Fagundes, skatista amador, entrevista em 2014.
[43]   O vídeo foi originalmente publicado no site Black Media. Disponível em: ‹http://www.blackmediaskate.com/site/?p=7346›. Acesso em: 13 mar. 2018.
[44]   Leo Fagundes, skatista amador, entrevista em 2014.

que desestabiliza seu caráter imanente[45]. A partir de sua concretude, emergiu um conjunto marcado pelo arranjo de técnicas corporais, lesões, sociabilidades, negociações, imagens, falações, além da incorporação de outros elementos, como uma simples vela utilizada como parafina, a qual contribuiu não apenas para suavizar a aspereza da borda, mas também para tornar seu significado urbanístico, bem como mais escorregadio o da paisagem ao seu redor. Enfim, é mister reiterar que o *pico* deixou marcas no skatista mas, de igual modo, também foi marcado por ele.

3 CONSIDERAÇÕES FINAIS: AS MARCAS DO SKATE

A cidade torna-se um livro aberto e inconcluso para os skatistas, a partir do qual eles podem não apenas produzir interpretações, mas também deixar suas próprias marcas sobre aquilo que já está escrito. Tais marcas são expressas de muitas maneiras, e revelam os vestígios da qualidade *skatável* de um equipamento urbano. Quanto mais escura for a camada de parafina passada nas bordas de bancos e canteiros, quanto mais sujo for o rastro de rodas nas paredes, quanto mais desgastada for a tintura dos corrimãos, maior a evidência de que a prática do skate ali já ocorreu ou ainda ocorre. São pequenos sinais que não são percebidos pela maioria dos citadinos, mas que evidenciam muitas possibilidades aos olhares dos skatistas[46].

Em razão das táticas contumazes dos skatistas, muitas propriedades vêm alterando suas paisagens a fim de coibir a prática do skate. Em certos locais onde eles conseguem se impor, sobretudo os que ficam em regiões mais centrais da cidade, é possível perceber um aumento da vigilância, com

---

[45] Segundo Luiz Henrique de Toledo (Quase lá: a Copa do Mundo no Itaquerão e os impactos de um megaevento na sociabilidade torcedora, *Horizontes Antropológicos*, 2013, ano 19, n. 40, p. 156), ao analisar os impactos de um megaevento futebolístico (Copa do Mundo 2014) na sociabilidade torcedora, um estádio de futebol, como a Arena Itaquera, "ganha *status* de pessoa ao mesmo tempo que aparece como espécie de corpo que melhor abrigará o sentimento torcedor, daí a noção de forma se sustentar como percepção imanente (e não só transcendente) do torcer". Embora as análises do autor se refiram a um estádio, pode-se considerar que as mesmas se aproximam, guardadas as devidas proporções, das percepções que os skatistas possuem de certos *picos*.

[46] Passar parafinas na *borda* é uma forma de comunicação entre os skatistas, um modo de demonstrar as potencialidades de um equipamento urbano. Para Francisco Vivoni (Waxing ledges: built environments, alternative sustainability, and the Chicago skateboarding scene, *Local Environment*, 2013, v. 18, n. 3, p. 340), que problematiza esse ato, "Passar parafina é uma prática efetiva entre os skatistas que sinaliza a apropriação criativa através de sua aplicação em superfícies irregulares. O alisamento das bordas permite velocidade e deslize, enquanto os rastros deixados na paisagem urbana comunicam a outros skatistas que ali é um espaço para manobras" (tradução minha).

a instalação de aparatos de segurança como câmeras e alarmes. Em São Paulo, também há diversos outros exemplos que denotam a implementação de uma arquitetura um tanto hostil aos usos cotidianos. São equipamentos urbanos projetados especialmente para afastar certas práticas: bancos com divisórias e assentos inclinados, quinas com espetos, grades com arames, cercas vivas defensivas, enfim, toda a sorte de dispositivos que embelezam estrategicamente certos espaços e propriedades. Atualmente, há inclusive empresas especializadas na fabricação de *skatestoppers*, ou seja, instrumentos destinados a obstruir a prática do skate em espaços urbanos[47]. Tudo isso nos leva a crer que, se por um lado os skatistas eventualmente destroem equipamentos, por outro as propriedades também se armam para destruir certas apropriações "indesejáveis" que podem ser feitas em seus limites. Eis, com efeito, diferentes níveis de destruição que estão em jogo na metrópole paulistana.

Por conta das restrições a que estão sujeitos os skatistas, as apropriações que eles fazem de um *pico* nem sempre acontecem de maneira amistosa. Há uma apreensão pela impossibilidade de saber se uma *sessão* de skate será bem ou mal sucedida. Em razão disso, eles buscam meios para minimizar possíveis dissabores, garantir a utilização de um *pico* e a realização de manobras. Cada situação requer artimanhas diferentes: alguns espaços e equipamentos são acessíveis apenas de madrugada; outros pressupõem a presença de um número mínimo de participantes; há aqueles em que é necessário desafiar seguranças ou se esquivar de policiais militares e guardas metropolitanos; sem contar, ainda, casos-limite em que certos skatistas mais corajosos se dispõem a invadir áreas de acesso particular para utilizar certos *picos* que lá estão dispostos.

Apesar de suas condutas astuciosas, é importante frisar que muitos deles também se valem de táticas que primam pelo diálogo, pela aceitação da prática, pela obtenção de permissão para utilização de um dado espaço. Os skatistas dialogam com proprietários; expõem os sentidos de suas ações com base em vieses esportivos; buscam autorizações formais para a concretização de seus anseios; comprometem-se a não causar danos aos equipamentos. Eles agenciam suas práticas em múltiplas escalas e protagonizam uma insurgência urbana sintomática das controvérsias que permeiam certas formas de citadinidade.

Portanto, a prática do skate de rua é multifacetada e está condicionada ao processo de urbanização e a dinâmicas sociotécnicas mais amplas, o que causa, via de regra, um embaralhamento em certas

---

[47] *Skatestoppers* são dispositivos materiais criados a fim de banir a prática do skate em equipamentos urbanos. O nome *skatestoppers* foi registrado por uma empresa californiana especializada na fabricação de tais dispositivos.

concepções de gerenciamento das paisagens urbanas. Em decorrência de suas características, historicamente a prática tem sido considerada um problema para as governanças urbanas paulistanas. Diante disso, conforme estudos anteriores[48], evidencia-se uma notável dificuldade por parte de diversos agentes políticos em assimilar por vias institucionais as tantas pretensões repercutidas por aqueles que fazem parte do universo do skate. Não é à toa que muito já se tentou para reduzir os conflitos que a prática acarreta no cotidiano da cidade, desde a sua proibição até a criação de projetos de lei e frentes parlamentares para regulamentar a sua realização.

Apesar de variadas tentativas, o que é comum a muitas dessas ações institucionais é a intenção de ofuscar alguns sentidos que permeiam a prática do skate, como a valorização do uso das ruas, em prol da visibilidade de outros aspectos mais desejáveis do seu universo, como a dimensão esportiva e de lazer que lhe é inerente. Trata-se, assim, de uma proposta civilizatória impulsionada por tais dimensões, uma forma de os skatistas serem adestrados espacial, corporal e moralmente com ações voltadas à disciplinarização. Esta se dá por meio do estabelecimento de regras, do incentivo à competitividade e da delimitação de espaços para a prática[49]. Consequentemente, o esporte e o lazer, não raro considerados em suas formas reificadas pelas políticas públicas, têm se tornado "modelo para ação", ou seja, segundo Geertz[50], algo que orienta demasiados discursos e práticas, dentre as quais destaco aquelas que se propõem a combater eventuais vulnerabilidades sociais a que os jovens, em especial, estão sujeitos a partir de seus contatos com as ruas. Isso recoloca novas desigualdades: se, por um lado, certas ações institucionais para skate (como a construção de pistas, espaços tidos para muitos como "adequados" para a prática) ampliam o direito ao esporte e ao lazer, por outro, elas podem limitar o direito à cidade.

Contudo, nas fissuras entre a "casa", a "rua"[51] e o "pedaço"[52], os skatistas garantem suas vontades ao se digladiar por aquilo que muitos

....

[48] Cf. Giancarlo Machado, *A cidade dos picos: a prática do skate e os desafios da citadinidade*. Tese de doutorado em Antropologia Social. São Paulo: Faculdade de Filosofia, Letras e Ciências Humanas da Universidade de São Paulo, 2017.

[49] Ao partir dos pressupostos de Norbert Elias e Eric Dunning (*A busca da excitação*. Lisboa: Difel, 1992), autores já muito discutidos e problematizados nos estudos sobre esportes, pode-se aventar que tais medidas implicam a promoção de excitações regradas e o equilíbrio das tensões decorrentes da realização da prática do skate nas ruas. Há, com efeito, estratégias que visam uma certa positivação dos usos dos espaços, do tempo e dos corpos.

[50] Cf. Clifford Geertz, *A interpretação das culturas*. Rio de Janeiro: LTC, 1989.

[51] Cf. Roberto DaMatta, *A casa e a rua: espaço, cidadania, mulher e morte no Brasil*. São Paulo: Brasiliense, 1985.

[52] Cf. J. G. C. Magnani, 2012, *op. cit.*

outros citadinos nem sempre se interessam. É pelos *picos* que a cidade é desestabilizada e reinventada. É por meio de seus *rolês* que eles ampliam as vozes da vida pública e espacializam, ainda que de maneira efêmera, uma forma de citadinidade. Através de ambos os processos, são criados arranjos entre os sentidos ambivalentes que coexistem em seu universo, a ponto de fazer do skate algo muito além de uma mera prática esportiva ou de lazer. Dessa forma, conforme revela o skatista Klaus Bohms, o skate pode ser encarado como "incategorizável":

> O skate tem tantas características, de tantas coisas misturadas, que não é vantagem a gente tentar categorizar o skate como uma coisa só. Ele é o que você quiser definir. Está lá aquele objeto, e você usa da sua maneira. E eu não vou falar quem está certo, quem está errado. Eu acho isso uma riqueza. Há uma necessidade besta de colocar tudo dentro de caixinhas, para deixar aquilo óbvio, mas a gente deixa tudo raso ao mesmo tempo. Para popularizar, para ser de fácil entendimento, você tem que deixar raso e óbvio, senão não vira. É bom que o skate *seja "incategorizável"*. Porque assim vira uma coisa mais profunda, cada um tem que pensar sobre aquilo e sentir algo daquilo e transformar no que quer que seja[53].

Enfim, entre resistências e consensos, a prática do skate de rua revela uma São Paulo marcada não apenas por muitas relações de poder e arbitrariedades, mas também por constantes negociações e arranjos cotidianos que escapam a certos enquadramentos institucionais. Os skatistas clamam pelo direito ao esporte e ao lazer, mas também reivindicam o direito à cidade, o direito de se apropriar de todas as suas partes, inclusive de ter acesso às suas centralidades em vez de se verem apenas dispersos ou confinados em seus respectivos bairros e *quebradas*.

....

[53] Klaus Bohms, skatista profissional, entrevista em 2014 (grifos meus).

JOGAR BOLA, RODAR E TIRAR UM LAZER: AMADORES EM SÃO PAULO (SP) E MANAUS (AM)

Enrico Spaggiari
Rodrigo Valentim Chiquetto
Raphael Piva

O futebol é conhecido por suas grandes equipes e jogadores, por seus lances espetaculares e jogadas inesperadas, tal como se enfatiza cotidianamente nas grandes mídias. Todos os dias fala-se sobre os acontecimentos mais recentes e importantes do mundo futebolístico, seja nos jornais, na internet ou na TV. O jogo aparece como sendo de primeira importância, na condição de produto de entretenimento para torcedores ansiosos por quaisquer informações sobre seus times e jogadores prediletos. Para aqueles – muitos – que se aventuram a jogar bola, o futebol aparece, também, como uma prática de lazer, um modo de se divertir, de se passar o tempo desfrutando de uma atividade esportiva, movendo o corpo ininterruptamente por entre as linhas do campo e submergindo neste jogo absolutamente absorvente.

No entanto, compreender o futebol como entretenimento ou como diversão não basta para que se possa explicar a multiplicidade de significados que são postos em jogo quando uma partida tem início – seja por jogadores, por torcedores, por especialistas ou por qualquer outra pessoa que tenha contato com esse universo. Cercar o jogo nessas características, que muito devem a uma definição específica do que sejam as práticas de lazer nas sociedades industriais, é certamente insuficiente.

Segundo a literatura tradicional, não é possível desvincular o esporte da noção de lazer[1]. Desde o advento de uma nova sociedade urbano-industrial, no século XIX, o lugar da prática esportiva foi o lugar do não trabalho ou do tempo livre e, portanto, do lazer. Rapazes da alta burguesia participavam de competições entre escolas e clubes de alta estirpe. Homens da classe operária jogavam futebol nos intervalos do tempo dedicado às máquinas. Hoje, o que se vê são os grandes estádios, os grandes eventos, as disputas entre torcedores, o mercado milionário de pés de obra[2], mas também o envolvimento imenso dos jogadores do futebol não profissional com seus times, seus bairros, seus companheiros. Parece que a própria definição de lazer, se aplicada de modo simples aos jogos esportivos, pode acabar empobrecendo demais a análise sobre tudo aquilo que entra em campo num jogo.

....

[1] Como bem nos lembram Norbert Elias e Eric Dunning em *Quest for Excitement: Sport and Leisure in the Civilizing Process*. Oxford: Basil Blackwell, 1986, as práticas esportivas surgem exatamente no contexto de industrialização europeia. Os esportes apareceram, segundo os autores, como versões pouco violentas e muito regradas dos antigos jogos medievais. Os clubes e ligas esportivas se espalharam pelo mundo e penetraram nos mais variados contextos, de colonizadores e colonizados, trazendo consigo a marca de uma sociedade que se queria civilizada e modernizadora.

[2] Cf. Arlei Sander Damo, *Do dom à profissão: a formação de futebolistas no Brasil e na França*. São Paulo: Hucitec/Anpocs, 2007.

O esporte – e em especial o futebol – não pode ser compreendido como uma atividade que ocupa, como afirmara Dumazedier[3], somente um "tempo social para si", assim como não pode ser compreendido somente como uma diversão ou como entretenimento. Na verdade, quando se observa o jogo "de perto e de dentro", o que se vê são relações de brincadeira, mas também de compromisso e seriedade, que mobilizam uma miríade de significados e identidades, em relações que só podem se realizar em coletivo. Falar do futebol é, antes de tudo, falar de relações de alteridade que são carregadas de sentimentos e ideias, e que servem a motivações diversas. Portanto, para se falar de futebol e lazer, é necessário que se reveja, antes de tudo, a própria noção do que seja este último, pois só assim será possível compreender com profundidade tudo aquilo que o jogo mobiliza.

Mais do que ao futebol, lazer está relacionado ao "jogar bola", uma expressão poderosa e recursiva no universo dos amadores, que encerra em si múltiplos significados, em uma lógica absorvente que catalisa a relação indissociável com o futebol. Ágil, a expressão "jogar bola" escapa de interpretações generalizantes e descortina a polissemia do fenômeno futebolístico, pois existem muitas formas de "jogar bola" que se espraiam pelos campos, torcidas e outras dinâmicas cotidianas. Ambos, jogar futebol e "jogar bola", ainda que diferentes, apresentam consonâncias: são lúdicos e agonísticos; são trabalho e lazer; seriedade e brincadeira. Trafegam do cotidiano ao espetáculo, por entre os espaços amadores e profissionais. "Jogar bola", porém, não reduz nem essencializa os vários sentidos atribuídos ao esporte, ao contrário, sintetiza o mosaico de sentidos e pontos de vista simultâneos conferidos a uma prática "dotada de uma notável multivocalidade"[4]. Portanto, mais do que um futebol não nomeado, "jogar bola" é uma forma de olhar para os entremeios e ambivalências do universo futebolístico, inclusive quando este é entendido como lazer. Neste capítulo, quando se falar de futebol, é ao "jogar bola" que se estará referindo.

Três pesquisas norteiam este texto, todas focadas no futebol amador e tendo como metodologia a abordagem etnográfica, porém em contextos diferentes. Uma delas, realizada em Manaus, teve como objeto analítico o campeonato amador chamado Peladão, que agrega anualmente mais de mil equipes, divididas em sete categorias (masculino, feminino, máster, infantil, indígena masculino, indígena feminino e interior). As outras duas abordam o universo varzeano paulistano, com recortes distintos

....

[3] Cf. Joffre Dumazedier, *A revolução cultural do tempo livre*. São Paulo: Studio Nobel/Sesc, 1994.
[4] Cf. Roberto DaMatta, Antropologia do óbvio: notas em torno do significado social do futebol, *Revista USP*, São Paulo, 1994. v. 22, p. 12.

(da produção de jovens futebolistas até o circuito do futebol varzeano). A temática do lazer perpassou as três pesquisas citadas de diferentes formas, mas apresentando algumas regularidades. Buscar-se-á aqui sistematizar algumas das questões principais que emergiram do contato entre as reflexões sobre lazer e futebol geradas pelas formas de "jogar bola" observadas em contextos tão diversos.

❶ "FUTEBOL É FUTEBOL EM QUALQUER LUGAR": CIDADE E CIRCULAÇÃO

Para que se compreenda a dinâmica do futebol na vida de boleiros e boleiras tendo em vista o debate sobre as práticas de lazer, é necessário que se observe de que modo, por meio desse jogo, os atores aqui retratados organizam seu tempo de vida. Não se está falando, aqui, meramente do tempo de jogo – aquele em que se fica absorvido pela prática em si, mediada pela bola – mas, sim, de todo o tempo que se deve dedicar à construção de um contexto social propício ao futebol.

A prática do futebol depende da elaboração e manutenção de relações sociais que devem ser tecidas e mantidas por aqueles que desejam jogar bola. Essas relações se estabelecem no campo de jogo e fora dele, nos múltiplos espaços de convivência que surgem no contexto futebolístico. Para muitos, inclusive, é a própria possibilidade de manter e criar novas relações sociais que motiva o engajamento em diversos coletivos de amigos e eventos sociais ligados ao futebol.

Ora, para que se possa entrar em contato com o outro – outras pessoas, outros espaços, outras partidas – é necessário que se circule. O movimento por diferentes lugares, o próprio ato de circular por onde se vive, é constitutivo e constituinte desse jogo. São estabelecidos, assim, *pedaços*, *trajetos* e *circuitos*[5] a partir do movimento dos diversos agentes ligados a esse universo. Nesse processo, boleiros e boleiras tornam aquilo que era diferente em algo familiar numa ação propositiva de *habitar*[6] o ambiente em que se vive.

Foi sobretudo a partir do futebol amador das várzeas e fábricas, ainda na primeira metade do século XX, que pessoas começaram a circular por

---

[5] Cf. J. G. C. Magnani, O circuito dos jovens urbanos, *Tempo Social, Revista de Sociologia da USP*, São Paulo, nov. 2005, v. 17, n. 2, pp. 173-205.
[6] Cf. Tim Ingold, 2000, *op. cit.*

diferentes bairros e espaços da cidade de São Paulo[7]. O Santa Cruz, antigo clube varzeano de Guaianases ligado às pedreiras da família de Vicente Matheus, folclórico ex-presidente do Corinthians, era conhecido entre as décadas de 1950 e 1970 por sempre levar muita torcida quando jogava no campo dos adversários. O bairro se deslocava em grande número, mobilizando moradores em caravanas para outras regiões da cidade. Varzeanos veteranos relembram as excursões e caravanas como momentos de desbravar a cidade de forma coletiva, fora do tempo de trabalho, quando jogadores, diretores, familiares e amigos viajavam para disputar amistosos ou festivais em bairros distantes da cidade ou mesmo em outros municípios. Além das partidas, rememoram as outras atividades lúdicas da viagem, como almoços, bebedeiras, rodas de samba e choro, as discussões sobre futebol etc. Camisas e bandeiras decoravam a paisagem citadina aos finais de semana. Tais adornos permitiam apresentar o clube ao bairro, e o bairro para a cidade. Se o transporte coletivo utilizado nos dias da semana era a linha de trem Central do Brasil, aos finais de semana outros tipos de transporte eram providenciados para transportar jogadores e torcedores do bairro, como os caminhões das fazendas, olarias e pedreiras do bairro. Por meio de diferentes meios de transporte, vivenciavam a cidade a partir do futebol de várzea.

Essa circulação permanece fundamental. Se os caminhões[8] utilizados durante a semana para o trabalho nas pedreiras e fábricas foram substituídos por ônibus e vans, estes também tiveram seus usos remanejados entre o tempo do trabalho e o tempo do lazer. Logo que começaram a ser utilizados no transporte de passageiros para complementar e agilizar a conexão que trens faziam entre bairros periféricos e centro da cidade, os ônibus também foram apropriados pelos clubes varzeanos. Dessa maneira, aos finais de semana e feriados não é difícil deparar-se, nos campos de várzea de toda São Paulo, com veículos comumente utilizados nas linhas de ônibus do sistema público

---

[7] Cf. Fátima M. R. F. Antunes, *Futebol de fábrica em São Paulo*. Dissertação de mestrado. São Paulo: Faculdade de Filosofia, Letras e Ciências Humanas da Universidade de São Paulo, 1992; Odete Carvalho de Lima Seabra, *Urbanização e fragmentação: cotidiano e vida de bairro na metamorfose da cidade em metrópole, a partir das transformações do Bairro do Limão*. Tese de livre-docência em Geografia. São Paulo: Faculdade de Filosofia, Letras e Ciências Humanas, Universidade de São Paulo, 2003.

[8] Algumas equipes do futebol de várzea de São Paulo continuam utilizando caminhões para o transporte de seus torcedores. O Inajar de Souza, do bairro Cachoeirinha, zona norte da cidade, por exemplo, tem na "chegada de caminhão" uma de suas grandes marcas e tradições no universo varzeano. Ver: ‹https://www.youtube.com/watch?v=szYEAXeR2zs›. Acesso em: 14 mar. 2018.

de transporte da cidade, cujos caminhos são alterados pelos trajetos de equipes e torcedores varzeanos.

Os grandes campeonatos amadores de futebol, como o Peladão de Manaus e a Copa Kaiser de São Paulo,[9] possibilitam a circulação em massa de jogadores e equipes. Observando-se os padrões desses modos de circulação, é possível observar alguns nós centrais nesses *circuitos* tecidos por todos aqueles que disputam partidas em jogos vinculados a esses torneios.

Como não poderia deixar de ser, os campos de futebol são os principais liames desses *circuitos*, pois são os locais em que ocorrem os jogos e, portanto, em que as tensões e dramas do futebol tomam forma. As equipes dos campeonatos amadores, em geral, contam com algum campo que consideram sua "casa", ou seja, onde recebem adversários para as partidas amistosas. Participar de campeonato, festivais ou amistosos faz com que tenham de circular por campos distintos, aventurando-se pela cidade e conhecendo novos locais e pessoas. Outro local fundamental nos *circuitos* do futebol amador são os bares. Ali, bebe-se muita cerveja e joga-se muita conversa fora. É no bar que toda a tensão criada durante a partida se relaxa na forma de zombarias e risadas. O mais comum, nesse universo futebolístico, é que após um jogo a equipe sempre vá para um bar que seja considerado "do time", ou seja, no qual se reúna depois de todos os certames disputados. Assim, diferentemente dos campos, que costumam variar a depender de cada disputa, os bares se mantêm os mesmos. O bar também pode ser, muitas vezes, a sede das equipes, mantendo o acervo de objetos que trazem consigo as memórias de cada time – troféus, fotografias, uniformes e tantos outros.

Se por esse *circuito* do futebol, definido por dois polos principais – campos e bares –, circulam as equipes, é pelas próprias equipes que circulam os jogadores. Na maioria das vezes, os boleiros e boleiras varzeanos jogam futebol por mais de uma equipe, circulando pelos times com os quais "fecham". Os motivos para se ir a este ou aquele grupo varia a depender do contexto: as equipes grandes, que contam com bom suporte financeiro e disputam as taças dos grandes campeonatos, contratam jogadores que circulam a depender do valor que lhes é pago; os times pequenos formam seus plantéis a partir de relações de amizade e parentesco e raramente conseguem montar uma equipe competitiva. Seja "por dinheiro" ou "por amizade", o fato é que, pelo futebol, acessam-se novos horizontes, conhecendo-se novas pessoas e novos locais.

----

[9] A última edição da Copa Kaiser foi disputada em 2014.

Nos últimos anos, houve em São Paulo um incremento geral no quadro de orçamentos das agremiações. Frente a esse elevado e crescente conjunto de gastos, o tema mais abordado tem sido a profissionalização de certos aspectos do futebol de várzea. A maioria dos clubes que disputava a Copa Kaiser, por exemplo, tinha jogadores com passagem pelo futebol profissional. Muitos jogadores varzeanos se definiam como profissionais. Para não ficar parados nos períodos de recesso do calendário profissional, participavam de campeonatos varzeanos. A Copa Kaiser, principalmente, passou a ser utilizada como vitrine para os jogadores em busca de contratos com clubes profissionais, bem como para chamar a atenção de outras equipes varzeanas e receber melhores ofertas dentro do próprio mercado amador.

Vários jogadores vivem uma longa reconversão, alternando clubes amadores e profissionais durante alguns anos, até encerrar definitivamente a carreira. Além dos jogadores que ainda estão atuando profissionalmente, a várzea abriga ex-jogadores profissionais, dispostos ainda obter algum tipo de renda com o futebol. No entanto, trata-se de um mercado formado, em sua maioria, por jogadores que tiveram poucas oportunidades no futebol profissional e que, por diferentes razões, retornaram para o cenário varzeano ou para outras profissões não relacionadas ao futebol. Em relação a esse ponto, é comum ouvir relatos de que a vantagem do futebol de várzea é a certeza do pagamento, feito sempre antes das partidas. O pagamento é distribuído em envelopes, antes ou depois da partida, e os jogadores não podem abri-los dentro dos vestiários.

Os principais gastos dos clubes amadores ocorrem entre uma temporada e outra, quando os jogadores são sondados e recebem propostas para trocar de times. O período de negociações nos primeiros meses do ano é fundamental, visto que o atleta não pode atuar por dois clubes diferentes em uma mesma edição. Não existem vínculos legais entre os envolvidos: as transações são informais e os negócios são fechados no aperto de mão. No momento da "assinatura", quando troca de time, o jogador recebe um bônus – as famosas "luvas" do profissional – por aceitar a troca para atuar no novo clube. Além do pagamento na assinatura e do valor por jogo (ou por mês), em alguns casos há uma bonificação extra, de acordo com a performance do jogador. Nas conversas de bar pelos campos da competição, varzeanos relatam que alguns clubes chegam a gastar R$ 100 mil por temporada na Copa Kaiser. Ao longo da competição, surgem notícias de negociações envolvendo valores muito altos e compra de carros, televisores, celulares, computadores. Uma história que ficou famosa na Copa Kaiser 2012 envolvia a compra de um imóvel. Um clube teria bancado algumas parcelas atrasadas do apartamento que o atleta estava comprando em um conjunto habitacional.

Observa-se no futebol de várzea uma espécie de *rodar*[10] de jogadores com contratos de curta duração em clubes de divisões inferiores dos campeonatos regionais, bem como passagens por pequenos clubes de países com tradição no futebol e por clubes que disputam campeonatos de países de pouca expressão internacional no futebol profissional[11]. A Copa Kaiser, por exemplo, reunia jogadores que estiveram em clubes do Paraguai, Peru, Bolívia, México, Azerbaijão, Bangladesh, Honduras, Catar, Japão, Turquia, Alemanha, Itália, Portugal, Espanha, Áustria, Suíça, Rússia, Vietnã e Macedônia. No caso da várzea, um *rodar* que tem seu principal período de movimentação entre o final de um ano e os primeiros meses do ano seguinte. Apesar de a maioria dos clubes manter a base das equipes, de um ano para outro, as agremiações buscam alguns reforços e investem em jogadores que se destacaram em outras equipes.

A lógica do "rodar" é observada antes mesmo da dedicação profissional. Para os jovens futebolistas, a construção das redes de relações centradas no esporte possibilita a ampliação dessas redes para o bairro e a cidade por meio da participação em competições, amistosos, peneiras e entrevistas. A participação em competições, por exemplo, interfere diretamente na oferta de oportunidades aos futebolistas que dedicam a infância e a adolescência ao "jogar bola". Em diversos momentos, as crianças e jovens destacam a importância da circulação pelos espaços urbanos proporcionada por dinâmicas futebolísticas que estão entrelaçadas às experiências vividas nos seus espaços de moradia, estudo, trabalho e lazer. "Jogar mais" implica não só alargar momentos de aprendizado, como também ter mais chances de ser observado. Os campeonatos dão visibilidade ao trabalho das crianças e jovens para um público específico: empresários, agentes, olheiros e dirigentes de clubes.

A cidade dos futebolistas é recortada e ordenada de acordo com os laços sociais produzidos e reproduzidos cotidianamente por meio do futebol e seus espaços. A mobilidade e a circulação pela cidade fazem com que essas crianças e jovens ampliem relações e trocas, experimentem

---

[10] Cf. Carmen Rial, Rodar: a circulação dos jogadores de futebol brasileiros no exterior, *Horizontes Antropológicos*, 2008, v.14, n. 30.

[11] Carmen Rial (2008, *op. cit.*) abordou, em diversas pesquisas recentes, os processos migratórios dos jogadores brasileiros no sistema futebolístico contemporâneo, procurando entender como vivem os futebolistas emigrantes. A partir de uma etnografia, centrada em observações e entrevistas, sobre as trajetórias individuais dos futebolistas brasileiros, em sua maioria atuando em importantes clubes estrangeiros, Rial configura esse movimento migratório como uma "circulação" mundial de jogadores brasileiros, o *rodar*. Realiza, assim, uma interessante reflexão sobre os aspectos econômicos, culturais e políticos da migração de jogadores, bem como sobre diversas questões antropológicas: fronteiras territoriais, trânsito, categorias étnicas, identidades regionais e nacionais, estilos de vida, consumo etc.

circuitos e estilos e confiram sentidos às experiências que vivenciam. Configura-se uma circulação por entre campos e clubes que valoriza a trajetória dos jovens futebolistas, tal como o *rodar* observado no campo profissional. Desenham-se diversos *circuitos* de crianças e jovens na metrópole[12], bem como para fora dela[13]. Assim, as formas de apropriação juvenis da cidade revelam *quando os campos são a cidade*; enfim, a mobilidade e a circulação geram uma *cidade futebolística*.

Nesse sentido, as práticas e itinerários das crianças e jovens contribuem para a produção e o conhecimento do espaço urbano enquanto se movimentam, caminham e mapeiam a cidade de forma aberta e contínua[14]. Uma contínua e intensa mobilidade que produz vidas que não estão inscritas no interior de pontos e tampouco circunscritas a uma série de destinos interligados; ao contrário, como assinala Ingold[15], são marcadas por linhas que, ao invés de pontos e locais, caracterizam-se por serem contínuas e dispostas em malhas, sempre em movimento[16]. Ao acompanhar algumas dessas linhas de vida, trajetórias, movimentos contínuos e caminhos percorridos pelas crianças e jovens, revela-se uma *cidade futebolística* que não é fixa nem rematada.

Cidade futebolística que, no caso dos veteranos do futebol varzeano, aparece também sempre em movimento: seja na circulação proporcionada pelos amistosos e torneios dedicados aos boleiros mais velhos que ainda não se renderam aos efeitos e limitações que uma prolongada vivência nos

....

[12]   Cf. J. G. C. Magnani, Bruna Mantese de Souza (orgs.). *Jovens na metrópole: etnografias de circuitos de lazer, encontro e sociabilidade*. São Paulo: Ed. Terceiro Nome, 2007.

[13]   Plano privilegiado para a observação da esfera pública das dinâmicas urbanas, os espaços esportivos são "produto da prática social acumulada desses agentes, e também como fator de determinação de suas práticas, constituindo, assim, a garantia (visível, pública) de sua inserção no espaço" (J. G. C. Magnani, 2005, *op. cit.*, p. 177). Portanto, frente à imprevisibilidade que marca a trajetória dos púberes futebolistas, os *circuitos de jovens* (Magnani, *ibidem*) e as sociabilidades inscritas nas experiências pela cidade contribuem não só para compreender a participação destes no processo de produção dos espaços urbanos, mas para a própria produção de conhecimento e constituição do jovem futebolista em relação a outros espaços e atores sociais.

[14]   Cf. Tim Ingold, 2000, *op. cit.*

[15]   Cf. Tim Ingold. *Lines: a brief history*. London: Routledge, 2007.

[16]   Trajetos, trilhas e movimentos são alguns dos aspectos trabalhados por Tim Ingold (2007, *op. cit.*) em sua reflexão histórica e taxonômica sobre as transformações das linhas, bem como sobre a relação entre linhas e superfícies. A metáfora da linha, que organiza e orienta toda a obra, permite problematizar a imposição de um tipo de linha reta em um mundo onde as linhas estão em toda parte emaranhadas e não devem ser reduzidas a retas e lineares. Sua reflexão também permite questionar – principalmente do ponto de vista metodológico – a produção e o significado das linhas dentro do campo antropológico, visto que as linhas e trajetos têm sido esquecidos e preteridos frente ao anseio do estudo de conectores e lugares.

terrões impõe aos corpos[17]; seja nos relatos e histórias desses personagens, que revelam antigos campos e equipes já desaparecidos da paisagem da cidade. Nesse sentido, a lembrança dos grandes feitos e acontecimentos futebolísticos de outra época, ao mesmo tempo que mantém vivas as memórias de uma cidade que já não existe mais, também assombra os varzeanos. O antigo campo que virou prédio ou avenida; o timaço imbatível que já não existe mais; o craque do bairro que poderia ter sido alçado ao estrelato; todos são testemunhas de certa impermanência desse universo e do iminente risco de ser derrotado, quer frente à velhice, quer frente às disputas pelo espaço na cidade.

Diante desse cenário de fim de diversos campos, alguns locais passam a ocupar um papel de grande importância no circuito do futebol de várzea na cidade de São Paulo. Foi o caso do Parque do Povo, por exemplo, um dos últimos conjuntos de campos varzeanos remanescentes da área conhecida como centro expandido de São Paulo, que chegou a congregar quatorze campos na década de 1960 – número reduzido para oito na década de 1990 –, os quais recebiam semanalmente jogos e celebrações envolvendo equipes e pessoas de diferentes regiões da cidade. Pode-se pensar nesses espaços como territorialidades que abrigam itinerâncias não apenas entre os times visitantes que não possuíam campo próprio, mas entre as próprias agremiações responsáveis pela administração desses locais. Era o caso do Grêmio Itororó, fundado no final da década de 1940 na Bela Vista, bairro central de São Paulo, que jogava apenas como visitante, até que construiu o seu campo dentro do Parque do Povo, na zona sul da cidade. No início da década de 1990, o Parque do Povo foi objeto de uma série de controvérsias e conflitos envolvendo o uso de uma ampla área verde localizada em um bairro nobre da cidade[18]. Clubes varzeanos, poder público, associações de moradores, empresas privadas: um conjunto diversificado de atores colocando em disputa não só o espaço urbano, mas a própria concepção do que é lazer. Tombado pelo Condephaat em 1994, o Parque do Povo sofreu posteriormente uma série de intervenções que descaracterizou seus usos anteriores.[19] Os campos de várzea foram desativados; os clubes, removidos; e o cenário do futebol amador,

---

[17] Emblemática, neste caso, é a fala de um jogador do time de veteranos do Baruel Futebol Clube, equipe da zona norte de São Paulo, ao ser indagado sobre a colossal joelheira que usava para permitir que continuasse jogando bola diante de uma lesão crônica: "[Custou] o preço de um carro. Se minha mulher soubesse, era fim de casamento na hora".

[18] Cf. J. G. C. Magnani; Naira Morgado, Futebol de várzea também é patrimônio, *Revista do Patrimônio Histórico e Artístico Nacional*, Brasília, 1996, n. 24, pp. 175-84.

[19] Da área tombada restou somente um campo de futebol e o Teatro Vento Forte.

substituído por um parque destinado a outras modalidades de lazer, voltadas principalmente aos moradores do entorno[20].

Um processo semelhante vem ocorrendo em outro polo importante dessa prática na cidade de São Paulo, localizado na região norte da cidade, e consagrado como o maior espaço destinado à prática do futebol varzeano em São Paulo após a reestruturação do Parque do Povo. O Complexo de Campos de Futebol do Campo de Marte, espaço que reúne seis campos de futebol[21], está instalado em uma grande área que é disputada há décadas pela União e a Prefeitura de São Paulo. Desde a década de 1970, clubes de futebol da região do entorno ocuparam o terreno e construíram no local não apenas um dos últimos *oásis*[22] do futebol varzeano em São Paulo, mas também uma *mancha* de lazer mais ampla. Na área social dos campos acontecem shows e festas ligadas a diferentes vertentes de gêneros musicais populares (samba, samba rock, forró), a ampla área de estacionamento de carros é apropriada por jovens e crianças para empinar pipa, além de serem realizados ali os tradicionais jogos de baralho, dominó e bocha.

Em julho de 2017, o prefeito de São Paulo, João Dória, em reunião com o ministro da defesa, Raul Jungmann, anunciou um inédito acordo entre o município e a União para a construção de um parque na área do Campo de Marte. Dessa maneira, a permanência do futebol de várzea no Campo de Marte se tornou uma incógnita, inaugurando mais um capítulo do contínuo processo de *enraizar* e *desenraizar*[23] que marca o futebol de várzea na condição de prática e experiência urbana.

❷ "TIRAR" E "FAZER LAZER": TRABALHO, FAMÍLIA E AMIZADE

Todos esses percursos realizados por jogadores de futebol ativam redes de sociabilidade diversas, que dão sentido para um processo ininterrupto de circulação. De outro lado, são essas próprias redes de sociabilidade que movimentam os boleiros e boleiras, levando-os a caminhar pela cidade.

---

[20] Cf. Simone Scifoni, Parque do Povo: um patrimônio do futebol de várzea em São Paulo, *Anais do Museu Paulista*, São Paulo, jul/dez, 2013, v. 21, n. 2.

[21] Administrados pelas equipes G.R Sade; Cruz da Esperança; Baruel Futebol Clube; Pitangueira Futebol Clube; V. U. Paulista; Aliança da Casa Verde.

[22] O termo para se referir a esse espaço é de Diego Viñas, um dos mais importantes jornalistas do futebol varzeano de São Paulo.

[23] Cf. Diana Mendes Machado da Silva. *A Associação Atlética Anhanguera e o futebol de várzea na cidade de São Paulo (1928-1950)*. 2013. 210 f. Dissertação de mestrado. São Paulo: Universidade de São Paulo, 2013.

No futebol amador, as relações que mais mobilizam os jogadores são as de trabalho, família e amizade.

É no entremeio dessas relações que as práticas de lazer despontam e revelam a agência dos varzeanos. "Tirar lazer" é uma expressão comumente acionada para se referir ao tempo que os varzeanos proporcionam para si próprios. O "jogar bola", que aparece tanto distante da rotina dedicada ao trabalho quanto tomado como um intervalo no tempo destinado à família e revertido ao encontro com amigos e conhecidos na várzea, surge como uma forma de "tirar lazer" em meio à exaustiva rotina de obrigações.

Porém, o lazer na várzea não é algo que somente se pode "tirar". Outra expressão muito utilizada pelos varzeanos, "fazer lazer", aponta para o fato de que na maioria dos contextos futebolísticos das periferias urbanas, marcadas por infraestruturas precárias, o lazer não está disponível, de antemão, tendo de ser feito pela agência dos próprios varzeanos, em seus diversos arranjos, a cada fim de semana: limpeza e preparação do terrão; marcação de cal das linhas do campo; lavagem dos fardamentos. Um lazer que antes de se "tirar", ou seja, ser efetivado, precisa-se "fazer".

A importância das relações de trabalho para a prática do futebol já foi muito explorada por outros autores[24]. Uma figura se sobressai aí: a do funcionário atleta, ou seja, do indivíduo que é contratado por uma empresa para jogar futebol, e não para trabalhar junto a outros funcionários. O funcionário-atleta recebe um salário como os outros, mas sua principal função acaba sendo a de representar a equipe da empresa em campeonatos da qual esta participa. Durante o século XX, na medida em que o esporte foi se profissionalizando, o funcionário-atleta foi deixando de ser um ator central nesse cenário. No entanto, ainda hoje é possível encontrar essa figura, ou figuras análogas, em situações nas quais os mundos do trabalho e do futebol se tocam de modo intenso.

Esse é o caso da equipe feminina da empresa Salcomp, instalada na Zona Franca de Manaus. Trata-se de um time de grande relevância no cenário do futebol feminino manauara, já tendo sido campeão da categoria feminina do Peladão e de outros torneios locais. As *meninas da Salcomp* são trabalhadoras da fábrica de montagem de aparelhos eletrônicos, cumprem a jornada de trabalho e recebem salário como ocorre com outras trabalhadoras, mas encontram-se sempre ao fim do expediente para realizar seus treinamentos.

A equipe recebe da fábrica os uniformes, o material de treinamento e o transporte para as partidas das quais participa. As funcionárias dedicam,

---

[24] Cf. Fátima M. R. F. Antunes, 1992, op. cit.; D. V. Hirata. *Futebol de várzea: práticas urbanas e disputa pelo espaço na cidade de São Paulo*. Dissertação de mestrado no Programa de Pós-Graduação em Sociologia. São Paulo: Universidade São Paulo, 2005.

portanto, a maior parte de seu tempo para trabalhar e para jogar futebol, o que lhes acarreta grandes conflitos, tanto por não poderem dedicar o tempo que gostariam à família, quanto pelo fato de serem mulheres que levam a sério um esporte eminentemente masculinizado.

Eu, assim, eu falo por mim mesma, porque há, assim, um certo preconceito quando se fala em mulher e futebol. Ainda mais no meu caso, que tenho um filho, né? "Ah, tu vai deixar teus filhos pra estar lá, perdendo tempo?". Eu ouço muito isso, assim. Mas a gente vai levando. A gente não liga, porque eu, pelo menos, eu gosto mesmo. Assim, não tenho apoio, assim, de família. Dizer que mãe e pai estão presentes... não estão. Porque ela discorda dessa ideia de eu estar jogando bola. É questão mesmo de querer, de estar, de ser mulher e estar ali jogando bola[25].

Para essas jogadoras, o tempo do trabalho na fábrica é diferente do tempo do futebol. Enquanto no trabalho se vive um período cansativo e estressante, no futebol, como diz uma jogadora, "tu vai ali pra uma coisa que tu tá gostando, que gosta de fazer, que vai correr, tu vai brincar com teus colegas, tu vai se encontrar com todo mundo". O trabalho seria o lugar da cobrança, da atenção, em que se faz "colegas". Já no futebol, "é mais amizade mesmo, porque é colega de futebol, joga comigo e tal". De qualquer maneira, é bom ressaltar, não haveria uma oposição entre o tempo do futebol e o tempo do trabalho. Na verdade, deve-se pensar numa relação complementar, um tempo contínuo, que se contrapõe a outros, como o tempo de dormir e o de ficar com a família.

A gente joga o final de semana todinho, sábado e domingo; aí se a gente treina já na segunda, na terça, na quarta, aí já fica um pouco cansativo pra gente, porque a gente acorda às 4h da manhã pra trabalhar, a gente não tem aquela... "ah, a gente vai dormir 8h hoje", entendeu, para descansar. Não. A gente nunca tem esse horário pra dormir[26].

Há ainda outros casos em que a inserção em certo contexto do mundo do trabalho é fundamental para a inserção no mundo do futebol. A história de um jogador do tradicional time paulistano Botafogo de Guaianases é bastante representativa nesse sentido. Esse jogador, chamado Elmo, conheceu muitas cidades do Brasil por conta de seu trabalho: a empresa

....

[25] Entrevista cedida por Suzi, jogadora do Salcomp, 2013.
[26] *Ibidem.*

na qual era funcionário o levava para diversas cidades do país. Foi nesse contexto em que ele conheceu Manaus e o Peladão, passando, a partir desse momento, a jogar tanto no campeonato amazonense quanto nos torneios paulistanos. Elmo conta que, por sempre estar disposto a jogar futebol, acabou conhecendo muitas pessoas e fazendo amigos pelo Brasil todo em suas viagens de trabalho:

Quando eu cheguei a certa idade, 18, 19 anos, eu fui jogar no interior. Lá eu era funcionário, mas, além disso, eu era funcionário-atleta. Eu trabalhava das 8 às 17, só que eu saía depois do almoço e não voltava pro trabalho. Eu ia treinar e, para você ter ideia, eu ia jogar futebol no campeonato. Tinha uma pessoa se destacando muito, em outra equipe, ele era contratado para trabalhar na empresa como funcionário, para jogar futebol. [...] Eu sou técnico de mecânica, eu trabalho com assistência técnica de compressores de ar, então eu trabalho com manutenção, faço toda a parte do lote Manaus, Pará, Acre, Goiânia às vezes, então, todo lugar eu joguei futebol. Quando eu voltei pra São Paulo, eu voltei pra jogar só várzea e vim pro Botafogo[27].

Assim, se muitas vezes o futebol ocorre nos momentos em que não se está trabalhando, é também comum que essa prática se misture ao trabalho, ou que ocorra de determinadas formas em função das relações de trabalho. De modo que o trabalho não se opõe, necessariamente, ao futebol; na verdade, em diversas situações ele é algo que o complementa.

O mesmo não se pode dizer das relações familiares. Com exceção de um contexto bem específico, que será visto adiante, o que se percebe na maioria das vezes é um conflito entre o futebol e a família. Esse conflito é muito bem expresso nas conversas de bar que ocorrem após os jogos disputados por homens. Nestas, ouve-se muito falar da figura do *corno*. O *corno* seria aquele jogador que por preferir o futebol à esposa, correria grande risco de sofrer uma traição conjugal e a possível perda da vida familiar. Portanto, ao jogar futebol o homem colocaria sua família em perigo. Nos bares, após os jogos, todos, em meio a risadas e chacotas, assumem que podem ser, de fato, *cornos*.

Assim, o ato de deixar a família para se dedicar ao futebol não ocorre sem conflitos. As narrativas que enunciam as dificuldades em se deixar a esposa de lado para se aventurar no mundo da bola recheiam muitas das conversas travadas entre boleiros. Estas, em geral, falam de como as esposas frequentemente ficam irritadas por serem postas de lado com

....

27 Entrevista cedida por Elmo, veterano do Botafogo de Guaianases, 2013.

os filhos e filhas. Quando não podem estender o tempo junto aos amigos jogadores, os futebolistas sempre trazem como principal motivo para deixar o campo a necessidade de destinar parte do seu tempo do final de semana às obrigações familiares.

Itamar de Jesus, presidente do Botafogo de Guaianases, está envolvido com o clube varzeano há mais de 35 anos, havendo atuado em diferentes funções antes de ocupar a presidência: torcedor, pegador de bola, roupeiro, massagista, treinador e diretor. Apesar do apoio da esposa Solange, com quem está casado há quase trinta anos, e que ajuda fazendo lanches, lavando roupas, dando conselhos, a dedicação ao futebol interfere nas relações familiares. A divisão de tarefas entre presidente e diretores na administração do clube tem ajudado a conciliar as duas esferas, afirmou Solange: "tem parte mais pra família, uma parte pro futebol". Conflito de tempo que era mais difícil de ser contornado em períodos anteriores, quando a família ainda estava sendo constituída:

Você deixa um pouco a família de lado, infelizmente. Isso antigamente então... porque a gente sempre jogava fora. E jogar fora, você sai uma hora da tarde e só volta à noite. Não tem jeito, porque até o ônibus atravessar a cidade e voltar... Era inevitável. Para ficar com a família era muito difícil. Talvez um feriadinho. Mesmo assim é difícil. Quando era solteiro, a gente toca o barco, pra nós tudo é novidade. Quando você já começa a pegar aquela responsabilidade de casado, a mulher já fica bicuda. Você já não foi sair, não foi para a casa da sogra, não foi para um parque, não foi para lugar nenhum. Obviamente que cria aqueles atritos. "Pô, só pensa em futebol, esquece da gente". E vai desgastando um pouco[28].

As trajetórias dos jovens futebolistas também podem reconfigurar as formas de organização familiar. As dinâmicas e relações familiares influenciam as decisões e os projetos de vida que orientam o investimento individual e coletivo em *projetos familiares futebolísticos*. Uma análise dos projetos futebolísticos das crianças e jovens passa pela compreensão das trajetórias e valores familiares. Observa-se a construção de um projeto de vida com experiências comuns entre os membros da família, interligados pela prática futebolística, voltados para um futuro que ofereça oportunidades para superar as dificuldades enfrentadas no presente.

Nesse sentido, ocorre uma mobilização pessoal dos familiares como resposta às dificuldades, para assim potencializar o futuro do filho

....

28 Entrevista cedida por Itamar, presidente do Botafogo de Guaianases, 2013.

futebolista. A possibilidade de ascensão social e ganhos financeiros ajuda a conquistar o apoio da família, decisivo para os primeiros passos na carreira e um futuro sucesso nos campos de futebol. A carreira de jogador de futebol surge como um caminho possível e aparentemente próximo, que também dependeria da sorte, do talento e de uma oportunidade de profissionalização oferecida por um clube, um empresário ou um olheiro. Revela-se, assim, um desenho de vida que não obedece apenas às escolhas individuais ou do conjunto familiar, mas que articula projeto individual e projeto coletivo em um *projeto familiar* decisivo para a constituição do jovem futebolista.

Os projetos exprimem relações e resultam de diversas negociações, conflitos, reformulações, sorte e casualidade em meio a planejamentos elaborados cuidadosamente, que demandam um investimento financeiro significativo para contemplar dispêndios com equipamentos esportivos, deslocamentos, alimentação, escolarização, hospedagem, que muitas vezes excedem o orçamento familiar. E não se trata apenas do dispêndio de dinheiro, mas também de um investimento progressivo de tempo que o futebol passa a demandar daqueles que, com o objetivo de ingressar no plano profissional do futebol, passam a ser envolver de forma acentuada na prática para promover a constituição da habilidade. O tempo investido pelos familiares para acompanhar e estimular suas trajetórias é o tempo que seria dedicado ao trabalho, à obtenção de rendimentos ou de melhores oportunidades financeiras. Contudo, esse tempo não é qualificado como perdido ou gasto, mas sim como valioso; é investido de renúncias e envolvimento no cuidar fora e dentro de casa.

Dotados de diferentes significados para cada familiar, os projetos não são homogêneos. Embora estejam associados à perspectiva de mobilidade social, são pautados também por outras motivações. Existe uma multiplicidade de formas de conceber cada um deles, que se alinha aos arranjos familiares dominantes – conjugalidade do pai provedor, mãe e filhos. Apresentam-se diferentes caminhos dentre a heterogeneidade de arranjos possíveis, catalisados por um conjunto diversificado de atores que lhes conferem significados específicos e elaboram diferentes estratégias para conduzi-los. Assim, os projetos não são lineares e estabilizados. Vivenciados de forma diversa por seus integrantes, eles podem ser alterados frente a variantes relacionadas a particularidades das trajetórias individuais, à reconfiguração dos arranjos familiares (separações, gravidez e casamentos, por exemplo), ao advento de novos integrantes, mudanças de casa, desemprego ou tragédias inesperadas.

Portanto, os projetos, constituídos de processos relacionais entre familiares, passam por constantes mudanças simbólicas e estruturais. Ao mesmo tempo que seus significados se modificam conforme mudam as relações na própria família – por exemplo, arranjos de expansão e retração, ou o crescimento dos jovens –, as fronteiras familiares são atualizadas no decorrer da construção dos projetos. Assim, a própria família também passa por constantes transformações, impactadas pelo contínuo processo de construção do jovem futebolista. Ainda que seja a trajetória deste que tenha relevo nas relações futebolísticas e que a partir dela os familiares também se engajem na prática, as trajetórias desses familiares são fundamentais para compreender um projeto que pode ou não se ajustar às expectativas dos outros membros e de um convívio familiar marcado não somente por manifestações de apoio, ajuda e de solidariedade, mas também por tensões e desavenças.

Se muitas vezes os laços familiares alimentam a prática do futebol, também é comum que as relações de amizade tecidas por conta do jogo se tornem tão relevantes que passem a ser categorizadas como próximas daquelas do domínio familiar. É importantíssimo observar como se dão os laços de amizade presentes entre boleiros e boleiras para que se possa compreender os motivos pelos quais tanto se circula por tantos lugares para se jogar bola.

São as relações de amizade que geram o grande engajamento de futebolistas com o jogo. Como diz Elmo, veterano do Botafogo de Guaianases, essas relações são o principal motivo para alguém se levantar da cama às 5h30 da manhã no final de semana. É por meio do futebol que ele faz, por todos os locais em que passa, "uma comunidade de amigos". Diz ele: "se eu tiver amigos, os amigos me levam, se eu não tiver, eu chego num campo de várzea, fico assistindo, e talvez pelo porte físico, a pessoa já sabe que eu jogo bola. Já me chamam pra jogar, eu já me entroso".

O lugar onde você mais coleciona amigos é na beira de campo. Amigos. São pessoas que não te cobram nada – te cobram o futebol. Não quer saber se você tem dinheiro no bolso ou se você não tem. Eu tive esse privilégio, pra mim foi um privilégio, que é você poder rodar o Brasil e conhecer pessoas. Eu aposto, eu falo pra você: se fosse só a minha profissão, eu não conhecia tanta gente como no futebol[29].

As longas relações propiciadas pelo futebol podem se aprofundar de tal maneira que passam a ser identificadas como relações familiares. "A equipe da Salcomp se tornou um família", diz uma jogadora do time da fábrica. Segundo ela, o fato de trabalharem juntas e jogarem futebol o ano inteiro faz com que as relações de amizade entre aquelas mulheres se aprofunde

....

29   Entrevista cedida por Elmo, veterano do Botafogo de Guaianazes, 2013.

de tal forma que elas acabam deixando de lado outras partes de suas vidas, fazendo, do futebol, "o ponto principal". Como ela mesmo afirma, "as outras coisas já são paralelas ao que tu faz realmente no ano inteiro, que é trabalhar e praticar esporte".

Tais relações são tão poderosas que podem até mesmo alterar e determinar novas identidades. Foi isso que se viu no Peladão Indígena, realizado em Manaus. Nesse campeonato, duas figuras surgiram como fundamentais: o *jogador indígena* e o *boleiro*. Enquanto o primeiro seria o índio de alguma comunidade de Manaus e redondezas, o segundo seria o jogador "branco", não indígena, convidado para participar do campeonato em função da habilidade com a bola demonstrada nos campos de futebol em que disputaria jogos com os amigos índios. Segundo as regras do campeonato, no entanto, somente indígenas poderiam participar dos jogos, o que fazia com que todas as equipes acusassem os rivais de terem *boleiros* em seus times. Portanto, sempre que uma equipe perdia uma partida, a acusação era imediata: "eles só ganharam porque tem *boleiros* no time deles". O que se viu, contudo, foi que muitos desses *boleiros*, quando entravam em contato com as equipes indígenas, tornavam-se tão afeitos aos novos times e aos diferentes costumes daqueles povos que passavam a se identificar como indígenas. Muitos, inclusive, conseguiam mapear suas origens junto à Funai, adquirindo até mesmo o Registro Administrativo de Nascimento Indígena (RANI) e se tornando oficialmente índios. Foi a partir da amizade travada no campo de futebol que muitos *boleiros* e *boleiras* se converteram em jogadores e jogadoras indígenas.

A relação de amizade também pode ser relevante a ponto de acabar superando, em importância, as relações financeiras que contribuem para determinar a formação das equipes da várzea. Como já dito, no futebol amador é muito comum que equipes "grandes" contratem bons jogadores de outras equipes. No entanto, para muitos, não é só o dinheiro que conta na hora de se escolher este ou aquele time. A amizade também pode definir um destino, o caminho pelo *circuito*, a forma de *rodar*. Como afirmado por boleiros do Peladão de Manaus, "tem time que é montado sem gastar nada, só na base da amizade. Tem gente que tira do bolso para formar time". Equipes montadas na "base da amizade", muitas vezes pouco competitivas, não chegam às melhores colocações dos campeonatos, mas têm grande valor para seus jogadores. Estes compreendem que ali há um grupo de amigos com os quais se divide experiências de vida que somente a bola traz.

❸ ENTRE CONFLITOS, TERRITÓRIOS E POLÍTICA: FUTEBOL É LAZER?

Trabalho, família e amizade são dimensões fundantes do processo de ocupação dos espaços urbanos – o "tirar" e "fazer lazer" – para a prática do futebol varzeano. O espaço revela-se, assim, uma esfera essencial para compreender as dinâmicas futebolísticas nas cidades brasileiras. Nas metrópoles, principalmente, a relação entre futebol e cidade tem sido marcada por uma intensa disputa dos espaços disponíveis para a prática esportiva, que acaba por mobilizar diversos atores sociais com interesses distintos nas formas de apropriação do ambiente urbano.

O fim do futebol de várzea no Parque do Povo, na década de 2000, por conta de um processo levado a cabo pelo poder público municipal – que, na prática, significou destombamento da área –, bem como um processo semelhante atualmente em curso, mas em outro contexto e envolvendo outro conjunto de atores – o Complexo de Campos de Futebol do Campo de Marte –, evidenciam como a ideia de lazer pode articular temáticas tão diversas, como futebol, cidade, política e patrimônio. Tais disputas escancaram como o futebol de várzea também é jogado fora de campo, para além de seus vinte e dois jogadores, por uma série de personagens ligados a diferentes instâncias da política: de lideranças comunitárias a vereadores; passando por órgãos municipais de patrimônio, agentes judiciários e comandantes das forças armadas.

Os campos de várzea não só revelam a disputa pelo espaço urbano; o futebol também projeta a cidade, e a cidade projeta o futebol. Uma mútua retroalimentação observada inclusive nas tramas do legal e do ilegal, como bem observou Hirata[30] em sua pesquisa que trata da relação entre os universos do futebol de várzea e o tráfico nas periferias paulistanas, num tipo de articulação que está longe de ser uma particularidade da cidade de São Paulo.

Janeiro de 2017 foi marcado por uma série de rebeliões no sistema prisional brasileiro. Ocorreram conflitos entre facções criminosas que levaram a diversos massacres entre presidiários de grupos rivais. Muitas imagens das rebeliões circularam por diversos meios de comunicação, da grande mídia às redes sociais, exibindo fortes cenas de violência. Dentre todas essas imagens, uma chamou a atenção dos canais midiáticos: a foto do escudo de um clube de futebol de Manaus, Compensão, sendo apagado das paredes do Complexo Penitenciário Anísio Jobim, localizado na capital amazonense. Junto do escudo do time do bairro da Compensa,

---

30   Cf. D. V. Hirata, 2005, *op. cit.*

havia também pinturas dos escudos do C. R. Flamengo e da Seleção Brasileira de futebol. Foi levantada a informação de que essa equipe do futebol, campeã algumas vezes do Peladão de Manaus, era financiada pelo líder da facção Família do Norte.

Um dos principais atores da crise penitenciária de 2017, o mais novo Ministro do STF, Alexandre de Moraes, criticado por sua atuação na relação entre as autoridades federais e as do governo estadual de Roraima quando ainda era Ministro da Justiça do Governo Federal, atuou como advogado em vários processos na área civil da cooperativa de transportes Transcooper, que foi relacionada a formação de quadrilha e a lavagem de dinheiro do Primeiro Comando da Capital (PCC). Um dos cooperados da Transcooper Leste foi um ex-deputado estadual que havia sido expulso do Partido dos Trabalhadores (PT) após ter o nome envolvido na mesma investigação, quando foi acusado de ser flagrado em uma reunião na garagem da cooperativa com pessoas que pertenceriam à facção. Durante muitos anos, o mesmo parlamentar foi o principal financiador de clubes varzeanos da zona leste de São Paulo, com diferentes tipos de vínculos: participação como diretor-assessor, patrocínio mensal, fretes de ônibus, ajuda de custo a professores e jovens da escolinha, compra de imóvel para construção da sede social. Tais laços são expostos em faixas e placas de agradecimento parlamentar em diversos campos da região, ou mesmo nos jogos dos campeonatos mais importantes; também são exibidos nos uniformes que ostentam logomarcas das cooperativas de transporte e em diversos ônibus dessas cooperativas que se deslocam pelos campos varzeanos da cidade aos finais de semana[31].

As supostas ligações entre PCC com o universo futebolístico aparecem com força nos discursos envolvendo a atuação das torcidas organizadas de São Paulo, como evidencia o caso do assassinato, em março de 2017, de Moacir Bianchi, um dos fundadores da Mancha Verde, atualmente chamada de Mancha Alviverde, a maior torcida organizada do Palmeiras. O envolvimento do PCC na disputa pela composição da nova diretoria da torcida organizada é arrolado como um dos motivos para o assassinato de Bianchi, que vinha tentando mediar conflitos internos entre as diferentes filiais e dissidentes da torcida.

Essa trama de relações que envolve legalidade e ilegalidade não se restringe às torcidas organizadas e ao futebol amador, pois até mesmo o atual presidente da Confederação Brasileira de Futebol (CBF), Marco Polo Del Nero, está sofrendo investigação por órgãos internacionais, como FBI,

---

[31] Para mais informações, ver: ‹http://www.gazetadopovo.com.br/vida-publica/alexandre-de-moraes-defendeu-empresa-acusada-de-ligacao-com-o-pcc-33mi8e0746ndo5oyrjjrbhg2v›. Acesso em: 15 mar. 2018.

e corre risco de, saindo do Brasil, ser preso imediatamente – tal como seu antecessor José Maria Marin.

Todas essas situações e cenários trazem de volta a questão: futebol é lazer? Será que uma prática esportiva, de entretenimento e diversão, poderia mobilizar tantos atores, em contextos distintos, em perspectiva tão ampliada e orientados por motivações tão diversas? A resposta, como se procurou arguir neste texto é: sim, *futebol é lazer*. Mas em uma perspectiva muito mais ampla do que as próprias ideias tradicionais de lazer e tempo livre anunciam. Trata-se de um conceito de lazer que, quando colocado de um ponto de vista etnográfico, sempre de modo situacional e relacional, revela-se polifônico – conjuga compromisso, prazer, obrigações, acordos, conflitos, vínculos, movimento – e, mais do que despejar qualificações, desponta como catalisador de agências dos envolvidos com o futebol amador. Jogar bola, rodar, "tirar lazer" e "fazer lazer", bem como outros verbos encontrados, permitem articular esporte e lazer ou esporte e política, anunciando, assim, os sentidos políticos das práticas de lazer.

AS ESTRELAS DO ESPETÁCULO: A PERFORMANCE DOS *CONSIDERADOS* NAS FESTAS DE APARELHAGEM DE BELÉM DO PARÁ

Maurício Costa

Em julho de 2015, no clube Ibirapuera, conhecido espaço de festas dançantes do distrito de Icoaraci, em Belém do Pará, ocorreu a confraternização da Guarda de Nossa Senhora das Graças, padroeira do distrito. O evento foi sonorizado pelo "Novíssimo Treme Terra Tupinambá Saudade HD", cuja divulgação ressaltava a alta tecnologia do telão de LED daquela aparelhagem[1]. A instalação total dos equipamentos do sistema de sonorização foi concluída às 22 horas, e, logo em seguida, iniciou-se a programação musical. No mesmo momento, foi posicionado um tapume na entrada para impedir a visão do espaço interno do clube aos que estavam do lado de fora.

As músicas tocadas em altíssimo volume, com a potência máxima do Treme Terra Tupinambá, assinalavam o início da festa; mas, para o público que se aglomerava na entrada do Ibirapuera, ainda não era hora de entrar. É comum, em todas as festas de aparelhagem, o público aguardar o momento certo, geralmente o início da atividade de locução do DJ, para adentrar o salão e começar a dançar. E assim aconteceu naquela noite.

O DJ Toninho iniciou a locução da festa a partir da meia-noite. Desde então, começou o ingresso gradual de pessoas no clube, de modo que até uma hora da manhã o salão já estava repleto de casais dançarinos. Mais interessante: os nomes de algumas daquelas pessoas eram divulgados no telão da aparelhagem. Pessoas apresentadas como componentes de

---

[1] Equipamentos de sonorização de festas dançantes administrados como empresas familiares. Os relatos sobre a existência das aparelhagens em Belém remontam aos anos 1940. De então, o empreendimento se caracteriza pela administração familiar de um conjunto de equipamentos de sonorização (mesa de som, caixas de som, televisores, telões de LED, *pick ups*, computadores, câmaras de eco etc.) acompanhados por acessórios de efeitos visuais (raio *laser*, caixa de fumaça, propulsores da unidade que comporta a mesa de som, letreiros digitais, ilustrações nos móveis que abrigam todos os equipamentos, entre outros) adquiridos de acordo com a disponibilidade financeira da família e a oferta de novas tecnologias de som e imagem no mercado ao longo do tempo. As aparelhagens percorrem inúmeras casas de festa espalhadas por Belém, Região Metropolitana e municípios do Nordeste Paraense, de acordo com os contratos estabelecidos e com o interesse do público pela apresentação. A estrela principal das empresas nas festas são os DJs, *disk jockeys* que acionam as seleções musicais e os efeitos visuais, além de narrar o evento para o público. Sobre isso, ver Antonio Maurício Dias da Costa ("Festa e espaço urbano: meios de sonorização e bailes dançantes na Belém dos anos 1950", *Revista Brasileira de História* (Online), 2012, v. 32, p. 381-402.) e Andrey Faro de Lima (É a Festa das Aparelhagens! – Performances culturais e discursos sociais. Dissertação de mestrado no Programa de Pós-Graduação em Ciências Sociais. Belém: Universidade Federal do Pará, 2008.).

"equipes" de fãs da aparelhagem eram assim homenageadas pelo DJ[2], que lia os nomes no telão ou acionava vinhetas que anunciavam as equipes.

Esse é o relato de minha pesquisa em um evento típico do que denominei de "*circuito* bregueiro"[3]. A categoria se refere aos percursos conhecidos e praticados pelo público característico de eventos, como festas de aparelhagem e espetáculos musicais ao vivo, por casas de festa e de *show* por toda a cidade de Belém e região metropolitana. O termo "bregueiro" se refere a uma marca de origem musical associada a esses eventos: o brega paraense[4]. Mas o sentido de "eventos bregueiros" correspondia a algo maior, sempre reportado pelos interlocutores da pesquisa: a execução de gêneros dançantes e a ocorrência de festas de grande apelo popular, com aparelhagem e estrelas regionais da música de sucesso massivo.

A ideia de *circuito* corresponde, neste caso, ao sentido de totalidade, conhecido e exercitado pelos apreciadores desses eventos[5], que percorrem as casas de festas e de *show* por diversos pontos da cidade e de acordo com roteiros baseados em padrões específicos de frequentação. A pesquisa, realizada entre os anos de 2001 e 2003, buscou desvelar a lógica que preside esses roteiros, essas escolhas. E, nesse particular, emergiram formas peculiares de participação no *circuito*, ou melhor, nos vários *circuitos* que se coadunam no emaranhado de festas e exibições musicais.

Num sentido amplo, ocorre nas festas de aparelhagem uma combinação particular: a motivação para o evento dançante, como prática de lazer, tem como base a atividade empresarial característica do *circuito*. Do lado dos frequentadores, a festa é hora e lugar de encontro, celebração

----

[2] É o principal representante da aparelhagem. O DJ se apresenta como o artista que comanda as festas de uma cabine de controle, geralmente chamada de "nave", por conta do seu *design* e de efeitos dinâmicos e visuais exibidos pelas grandes aparelhagens. Controlador e locutor, ao mesmo tempo, ele executa a seleção musical, aciona as vinhetas, envia recados e abraços ao público e anima os casais ou indivíduos dançantes. Os DJs normalmente possuem estúdio de equipamentos de gravação musical em casa. Alguns mais famosos apresentam programas musicais no rádio e/ou na televisão, geralmente voltados para a divulgação de suas aparelhagens. Além disso, segundo Ronaldo Lemos e Oona Castro (*Tecnobrega: o Pará reinventando o negócio da música*. Rio de Janeiro: Aeroplano, 2008), os DJs são a principal fonte de produção dos CDs e DVDs de tecnobrega vendidos em feiras e centros comerciais de Belém.

[3] Cf. Antonio Maurício Costa, *Festa na cidade: o circuito bregueiro de Belém do Pará*. Belém: Eduepa, 2009, pp. 18-9.

[4] Sobre a formação histórica do brega paraense, ver Tony Leão da Costa, "Carimbó e brega: indústria cultural e tradição na música popular do norte do Brasil", *Estudos Amazônicos*, 2011, v. 6, n. 1.

[5] Cf. J. G. C. Magnani, "Quando o campo é a cidade: fazendo antropologia na metrópole". Em: J. G. Magnani; L. L. Torres (orgs.), *Na Metrópole: textos de antropologia urbana*, São Paulo: Edusp/Fapesp, 1996.

coletiva, partilha de sentidos e fazeres relacionados ao festejar. Do lado das aparelhagens e das casas de festa, ela é investimento, propaganda, oferecimento de um serviço e ganhos financeiros. A combinação das duas dimensões, sintetizadas em termos como "lazer" e "negócio", resultou na formação, especialmente a partir dos anos 1980, de um modo de festejar, de frequentar bailes dançantes, característico dos bairros periféricos e da Região Metropolitana de Belém[6] e presente também em todos os eventos de vulto no calendário festivo da cidade.

Mais que uma simples opção de lazer popular, as festas de aparelhagem são um marco fundamental do entretenimento de massa contemporâneo em Belém. Sua atividade sonora se faz ouvir regularmente por quase todos os bairros da cidade e de sua região metropolitana durante alguns dias de semana e, especialmente, no final de semana. São eventos que, quando sonorizados por aparelhagens de grande porte[7], chegam a reunir entre três mil e cinco mil pessoas[8]. E, mais importante, tais festas mobilizam a participação de um tipo de frequentador especializado nas exibições de aparelhagens. Em trabalho anterior, apresentei os chamados "fã-clubes de aparelhagem" como grupos de frequentadores-especialistas nas festas, especialmente naquelas voltadas para o público jovem[9]. A presença notória de fã-clubes, com jovens em roupas padronizadas, portando bandeiras e ocupando o espaço central do salão em frente à cabine de controle da aparelhagem, ocorria predominantemente nas festas das grandes aparelhagens e em eventos cuja programação musical privilegiava o tecnobrega.

A variação eletrônica do brega paraense, que posteriormente passou a ser também localmente conhecida como *melody*, tornou-se uma marca das festas de aparelhagem na primeira década do século XXI[10]. Apesar do repertório musical variado e identificado com o gosto musical juvenil, como *funk*, axé, *house music* e forró, o tecnobrega marcava o ponto alto da efervescência festiva traduzida pela dança. Da mesma forma,

....

[6] Cf. Ronaldo Lemos e Oona Castro, 2008, *op. cit.*, p. 12.
[7] Dotadas de equipamentos como: cabine de controle, torres de caixas de som, telões e diversos aparelhos de efeitos especiais (iluminação, ascensão e movimento da cabine de som, entre outros), tudo a serviço da atuação dos DJs durante a festa (Cf. Ronaldo Lemos e Oona Castro, 2008, *op. cit.*, p. 38). Em sua pesquisa de campo, Andrey Faro de Lima (2008, *op. cit.* p. 29; p. 67) encontrou o termo nativo "superaparelhagem" atribuído às aparelhagens de grande porte.
[8] Cf. Ronaldo Lemos e Oona Castro, 2008, *op. cit.*, p. 117.
[9] Cf. Antonio Maurício Costa, 2009, *op. cit.*, pp. 150-1.
[10] Cf. Antonio Maurício Costa; Sônia Chada Garcia, "Tecnobrega: a produção da música eletrônica paraense". Em: L. Vieira; C. Tourinho; L. Robatto (orgs.). *Trânsito entre Fronteiras na Música*. Belém: PPGARTES/UFPA, 2013.

a performance dançante dos fã-clubes assumia também o protagonismo na fruição da euforia festiva.

Tratava-se, portanto, de uma modalidade de experimentação do espírito festivo, subjetiva, relacional, entre os membros dos fã-clubes, que intensificava as possibilidades de usufruto do serviço oferecido pelo empreendimento festivo. Em outras palavras: grupos de jovens[11] que mantinham laços relacionais prévios, de vizinhança e de amizade, e que exercitavam sua predileção pelas festas de aparelhagem em reuniões informais tornavam-se protagonistas de um empreendimento que envolvia outros sujeitos com motivações predominantemente econômicas.

Essa é a questão aqui abordada. A formação e a atividade de fã-clubes ou equipes[12] de aparelhagem implicam a mobilização relacional, afetiva e econômica de jovens para a fruição da festa, como tempo e espaço de lazer. Várias trocas são realizadas entre os jovens para que o grupo se transforme em equipe e possa assim se apresentar nos eventos: empréstimos de roupas, confecção de camisetas, de *banners*, faixas, coletas para compra de ingressos, encomenda de música da equipe a um DJ (a ser tocada na festa), dentre outras[13]. Essas trocas garantem as condições propícias para a performance espetacular dos jovens das equipes nas festas. Interessa então saber como elas se articulam com a orientação mercadológica da atuação das aparelhagens. É o que veremos a seguir.

....

[11] Mais que uma marcação etária, a ideia de juventude pode ser entendida como uma construção sócio-histórica que, segundo Hermano Vianna (*Galeras cariocas: territórios de conflitos e encontros culturais*. Rio de Janeiro: Editora UFRJ, 1997, p. 8), "parece ter 'colonizado' todo o espaço social" contemporaneamente. Para Edgar Morin (*Cultura de massas no século XX: o espírito do tempo II, necrose*. Rio de Janeiro: Forense Universitária, 1977, pp. 138-9), a "cultura juvenil-adolescente" de meados do século XX definiu-se por uma postura ambivalente perante a cultura de massas: caracterizava-se por um nicho de consumo cultural, ao mesmo tempo que buscava singularizar-se em meio à vaga homogeneizadora da indústria cultural. J. G. C. Magnani (2007, *op. cit.*, p. 18), por sua vez, emprega a noção de *circuito* para melhor compreender a condição juvenil em sua inserção na paisagem urbana. Segundo o autor, a etnografia dos espaços de circulação e de sociabilidade de jovens põe em evidência as relações de troca, os padrões de comportamento e os modos de apropriação de equipamentos urbanos. Nessa perspectiva sumamente antropológica, a percepção da condição juvenil se desloca da "faixa etária" para a mobilidade socioespacial e para as lógicas inerentes às relações sociais.

[12] Autodenominação predominante, desde meados da década de 2000, entre os grupos de jovens apreciadores de determinadas aparelhagens. Usualmente, o termo "equipe" apresenta nas festas o mesmo sentido que "fã-clubes" e "galeras" (Andrey Faro de Lima, 2008, *op. cit.*, p. 50).

[13] Cf. Ana Paula Vilhena, *Eles são os considerados do setor: uma etnografia sobre sociabilidade e consumo entre jovens de equipes nas festas de aparelhagem em Belém do Pará*. Dissertação de mestrado no Programa de Pós-Graduação em Ciências Sociais. Belém: Universidade Federal do Pará, 2012.

❶ EQUIPES DE JOVENS E FESTAS DE APARELHAGEM

No discurso dos integrantes das equipes, os grupos sempre anseiam por transformar-se, simbolicamente, em integrantes das "famílias" das aparelhagens[14], como uma extensão não especificamente empresarial da atuação do sistema sonoro. As equipes são fluidas. Surgem e desaparecem em função da popularidade da aparelhagem e de laços relacionais também estabelecidos entre os jovens e os profissionais do sistema sonoro, como os DJs. A questão a se discutir é de que modo a "lógica da dádiva", que preside as trocas entre os membros das equipes (e que visam garantir a fruição da festa como lazer), pode se articular à dinâmica mercantil, própria das festas de aparelhagem como negócio[15].

É evidente que a festa de aparelhagem é uma espécie de produto a ser consumido, ou melhor, um serviço a ser desfrutado num certo tempo e num certo lugar e de acordo com as regras estipuladas por seus organizadores. Sua grande popularidade tem ligação com a precedência histórica da atividade dos antigos sonoros, em eventos festivos, desde os anos 1940 em Belém[16]. Surtem também considerável efeito os investimentos na divulgação de festas por meio de carros-som, bicicletas-som, faixas, bem como por intermédio da propaganda televisiva e radiofônica. As casas de festa localizadas e espalhadas por bairros periféricos e o baixo custo dos ingressos tornam os eventos muito atrativos para os jovens das camadas populares de Belém, assim como ocorre com os bailes *funk* do Rio de Janeiro[17].

Mas isso não diz tudo. A festa é também criada por seus participantes, tanto no modo como ela é percebida, como no que concerne à ação, isto é, ao que fazem seus frequentadores. No caso das equipes, a festa é

....

[14] Aparelhagens são empreendimentos familiares, em geral administrados por homens (Andrey Faro de Lima, 2008, *op. cit.*, p. 72). Algumas vinhetas acionadas pelo DJ durante a festa promovem a imagem da aparelhagem como uma família, que pode se estender aos seus simpatizantes. Aliás, "família" e "empresa" são termos que se alternam durante as festas, durante a locução, como rótulos do conjunto dos profissionais e apreciadores do sistema sonoro, havendo uma equivalência entre os termos.

[15] Os dados de pesquisa aqui apontados foram registrados por mim, em campo, tanto no período entre 2001 e 2003, quanto em trabalho de campo posterior, em 2015. São amplamente utilizados também os registros etnográficos de Andrey Faro de Lima (2008, *op. cit.*) e de Ana Paula Vilhena (2012, *op. cit.*). Esses trabalhos basearam-se em intensas pesquisas de campo com profissionais vinculados a aparelhagens (Andrey Faro de Lima, *ibid.*) e com jovens membros de equipes (Ana Paula Vilhena, *ibid.*).

[16] Cf. Antonio Maurício Costa, 2009, *op. cit.*

[17] Cf. Hermano Vianna, *O baile funk carioca: festas e estilos de vida metropolitanos*. Dissertação de mestrado no Programa de Pós-Graduação em Antropologia Social. Rio de Janeiro: Museu Nacional, Universidade Federal do Rio de Janeiro, 1987, p. 75.

antecipada com ensaios, reuniões e preparativos quanto à vestimenta e à divulgação do grupo. Nas festas, as equipes dividem o protagonismo com o DJ, por meio das exibições de dança e do visual padronizado e chamativo. Após o evento, a divulgação do que ocorreu pelas redes sociais, em vídeos e em conversas, ajuda a reforçar o sentido de "família" aspirado pelos membros das equipes[18].

Parece haver, portanto, uma continuidade entre a dimensão mercantil do serviço de lazer estipulado pela festa de aparelhagem e os modos relacionais de apropriação do ambiente festivo exercitados pelos participantes. E isso se torna mais intenso à medida que participantes fortemente comprometidos com a festa, como as equipes, associam suas trocas relacionais (coletas, estímulos mútuos, espírito familiar) ao campo de atuação dos sistemas sonoros.

A lógica das trocas de "dom", no sentido *maussiano*, incorpora-se, neste caso, à dinâmica de um mercado de lazer popular, cuja popularidade se explica justamente por essa incorporação. Como no sentido proposto Bevilaqua[19] para um outro tema de estudo, o princípio da economia do dom se incorpora nas trocas econômicas mercadológicas das festas de aparelhagem. Essa modalidade festiva torna-se ao mesmo tempo um saber e um fazer, a partir do protagonismo das relações exercitadas por seus participantes, em especial aqueles notoriamente absorvidos pelo espírito festivo.

Isso provavelmente ocorre nas festas de aparelhagem em função de suas características liminoides[20]: atmosfera de desordem, propensão à variabilidade e à plasticidade. Além do mais, seu posicionamento no campo do lazer e do mercado de entretenimento tende sempre a demandar uma carga considerável de trabalho. Em função de elementos assim combinados, o espírito liminoide das festas de aparelhagem invoca tacitamente a adesão voluntária, optativa e individual das pessoas[21]. Isso resulta na emergência de modos criativos e inovadores de praticar a festa, como fazem as equipes de jovens. Como resultado, o protagonismo lúdico dos jovens nas festas de aparelhagem reorienta o sentido mercadológico do empreendimento.

....

[18] Cf. Ana Paula Vilhena, 2012, *op. cit.*, p. 95.
[19] Cf. Ciméa Bevilaqua, *Consumidores e seus direitos: um estudo sobre conflitos no mercado de consumo*. São Paulo: Humanitas/NAU, 2008, pp. 15-7.
[20] Cf. Victor W. Turner, Liminal to liminoid, in play, flow, and ritual: an essay in comparative symbology, *Rice University Studies*, 1974, n. 60, v. 3, 1974, pp. 60-86.
[21] Cf. Carolina Abreu, *Experiência Rave: entre o espetáculo e o ritual*. Tese de Doutorado (Programa de Pós-Graduação em Antropologia Social – Universidade de São Paulo). São Paulo, 2011, p. 10.

É o que explica o surgimento da figura do *considerado* nas festas, como um personagem marcante dos eventos, na maioria das vezes oriundo das equipes juvenis. Ser *considerado* é obter prestígio momentâneo durante as festas, quando o DJ envia calorosos "abraços" a determinados participantes durante sua locução. É também atender a certas condições prévias (ser amigo do DJ, ser um conhecido dançarino, liderar uma equipe ou ser um membro destacado, por exemplo) para receber o abraço[22]. Em seu estudo, Hans Cleyton Costa reporta a fala reveladora de um entrevistado sobre essa questão, registrada em pesquisa de campo sobre as festas da aparelhagem Super Pop em Belém no ano de 2016: "um dos motivos que me leva a participar do Super Pop é que eu sou *considerado* pelo [DJ] Élison e pelo [DJ] Juninho. Outro motivo é que eles fazem a festa."

O recebimento do abraço, experiência regular para alguns participantes de festas, promove o homenageado a uma condição especial no evento. Do lado do DJ, os abraços a amigos, a equipes, a organizadores do evento, os recados, as vinhetas jocosas e de autopromoção da aparelhagem e do próprio DJ, dentre outras manifestações[23], fazem parte do conjunto de sua performance discursiva, que acompanha a totalidade da programação musical. Ao contrário do que ocorre nas festas *rave*, onde a palavra assume uma posição marginal frente à dança coletiva na pista[24], a locução do DJ é um guia do envolvimento dançante e relacional durante as festas de aparelhagem. E o abraço é o "objeto" de troca fundamental na interação entre os participantes e os trabalhadores do sistema sonoro. Ele pode estabelecer e intensificar a empatia e a mútua admiração entre os participantes das festas e os principais representantes das aparelhagens, que são os DJs. O abraço contribui para que os *considerados* divulguem abertamente a qualidade "sonora e a tecnologia extraordinária da aparelhagem (...), a segurança de suas festas, o carisma e a competência técnica do DJ"[25].

Equipes e membros de equipes homenageados pelo DJ tornam-se *considerados*, ganham notoriedade nas festas e assumem posição privilegiada no "jogo absorvente" entre o público dançante e o "maestro" da aparelhagem. As relações preexistentes entre os jovens que formam as equipes ganham nova conotação no contexto da festa. Os vínculos anteriores, de amizade, de vizinhança, de parentesco, por exemplo,

---

[22] Cf. Hans Cleyton Costa, *O Arrasta Povo do Pará: a experiência comunicativa e estética nas festas da aparelhagem Super Pop*. Dissertação de mestrado (Programa de Pós-Graduação em Comunicação, Cultura e Amazônia – Universidade Federal do Pará), Belém, 2017, p.84.
[23] Cf. Andrey Faro de Lima, 2008, *op. cit.*, p.49.
[24] Cf. Carolina Abreu, 2011, *op. cit.*, p.8.
[25] Cf. Andrey Faro de Lima, 2008, *op. cit.*, p.63.

assumem novo ordenamento na experiência performática da dança, nos arranjos chamativos na vestimenta, nos gestos típicos que fazem referência aos temas das músicas, nos códigos de consumo de bebidas alcoólicas, dentre outros.

Portanto, relações previamente existentes se organizam e se direcionam para um mesmo campo, a festa, praticada pelos jovens como um domínio especial onde são realizadas novas trocas (como no caso do abraço, por exemplo). Transações simbólicas como essa, no ambiente de um serviço de entretenimento aparentemente comum, ajudam a promover novas formas de relações entre os próprios jovens e destes com os profissionais promotores dos eventos. É nesse sentido que podemos considerar as equipes de jovens como outro tipo de agentes do evento festivo. Agentes tanto no sentido da participação com determinadas habilidades, em busca de determinados resultados[26], quanto no sentido performático, que se manifesta pelo efeito de seus atos[27].

Em outras palavras, a agência dos jovens das equipes nos eventos de aparelhagem se materializa na ação de "fazer a festa", ou melhor, de "fazer a sua festa" no interior daquela que já ocorre. Esse "fazer a festa" começa por materializar-se no corpo dos membros das equipes. A visualidade das equipes tem como meta e como "vitrine" o salão da festa. Dados etnográficos registrados por Vilhena[28] sintetizam características, recorrentes em muitos eventos, dos corpos femininos e masculinos de jovens das equipes.

Rapazes usam tatuagens grandes, *piercings* na sobrancelha, usam sobrancelhas entrecortadas, buscam apresentar corpos musculosos, adotam movimentos firmes, cabelos curtos, camisetas retas, cordões de aço, calças ou bermudões soltos, tênis ou sandálias. Já as moças adotam tatuagens pequenas, *piercings* no umbigo, buscam exibir corpos curvilíneos, executam movimentos bamboleados, usam cabelos longos, brincos grandes, sandálias ou tamancos de salto alto, além de roupas que evidenciem o corpo, como blusas justas, calças, saias e *shorts* colados[29].

Mais do que uma forma de apresentação do corpo na festa, esses elementos de visualidade são marcadores que apontam a notoriedade da equipe e dos jovens, que assim podem ser reconhecidos como *considerados*. Desse modo, os participantes se tornam parte do espetáculo,

---

[26] Cf. Alfred Gell, *Art and Agency: an anthropological theory*. New York: Clarendon Press – Oxford, 1998, p. 16.
[27] Cf. Marilyn Strathern, 2014, *op. cit.*, pp. 215-8.
[28] Cf. Ana Paula Vilhena, 2012, *op. cit.*, pp. 114-5.
[29] Jovens homossexuais podem transitar entre os dois padrões performáticos de indumentária associados a marcações de gênero no contexto da festa. Cf. Ana Paula Vilhena, 2012, *op. cit.*, p. 115.

atração de um evento em que não há fronteira evidente entre público e *performer*[30], uma vez que tanto o DJ como os/as *considerados/as* produzem o efeito espetacular. Trata-se, evidentemente, de um efeito que difere do que é vivido no cotidiano, apesar de originar-se nele[31], e que cria, temporariamente, uma espécie de comportamento ritualizado[32] em torno do jogo relacional que define os *considerados*.

É o que ocorre com a divulgação de músicas em homenagem às equipes durante as festas. Elas são geralmente composições encomendadas pelas próprias equipes e, se houver bom relacionamento com o DJ, são divulgadas pelas aparelhagens. É certo que a fama do artista ou da banda que lançou a canção pode também influenciar na decisão de divulgação pelas aparelhagens. Mas as boas relações entre a equipe, como "público de destaque", e o DJ, como o "artista da aparelhagem", encaminham a divulgação como reconhecimento dos jovens *considerados*. Vilhena[33] reproduz a letra de um tecnobrega de equipe feito pela banda "*Gang* do Eletro", em que o grupo se apresenta como *considerado*: "Sou Super Pop e o cenário 3D / Sou dos Abusados do Pop / Do Tapanã / A minha equipe é *considerada* / Aonde chega, rola muita gelada".

A execução dessa música numa festa com a presença da equipe "Abusados do Pop" é uma forma de reconhecimento, pelo DJ e pelos demais profissionais da aparelhagem, de que a equipe *considerada* faz parte da "família". E, como resposta, o envolvimento dos jovens com a aparelhagem tende a se intensificar, em performances que exaltam o pertencimento à família. Daí que o "ir para a festa", no caso de equipes *consideradas*, torna-se um fazer muito significativo, para além da fruição básica dos participantes comuns[34]. A equipe "Abusados do Pop" acompanha a aparelhagem do bairro do Guamá (Super Pop), apesar de vir de um bairro distante daquele de origem do sistema sonoro (o Tapanã) e, a despeito de dificuldades econômicas, consome bastante cerveja ("gelada"). Por isso, aos olhos do DJ e possivelmente de outras equipes, ela

----

[30] Cf. Maria Laura Cavalcanti, "Os sentidos no espetáculo", *Revista de Antropologia*, São Paulo, 2002, USP, v. 45, n. 1, p. 42; p. 47.

[31] Cf. Victor W. Turner, 1974, *op. cit.*, p. 56.

[32] Cf. Richard Schechner, "Ritual". Em: Z. Ligiéro (org.). *Performance e antropologias de Richard Schechner*. Rio de Janeiro: Mauad X, 2012, p. 49.

[33] Cf. Ana Paula Vilhena, 2012, *op. cit.*, p. 80.

[34] De modo geral, os fãs de determinadas aparelhagens costumam referir sua participação nas festas como uma ação, simbolizada por um gesto com as mãos que sinaliza a primeira letra do nome do sistema sonoro. Por exemplo: ir para a festa do Tupinambá pode ser dito e gesticulado como "fazer o T", ir para a festa do Super Pop, como "fazer o S", e assim por diante. Aliás, durante as festas, os DJs solicitam várias vezes que o público faça o gesto que simboliza a aparelhagem.

merece reconhecimento público por seu entusiasmo e fidelidade para com a "família".

Os investimentos das equipes, porém, geralmente são airda maiores. Vilhena[35] relata que nas reuniões de equipes (chamadas de "réus") são decididas coletas para a compra de cerveja, de ingressos para as festas, para a confecção de camisas, *banners* e faixas com o logotipo da equipe, além da encomenda da música da equipe a um estúdio de gravação. A "caixinha" da equipe[36] existe em função da participação na festa e, portanto, da busca ou manutenção do *status* de equipe *considerada*.

Além da formalidade da reunião, os jovens podem ajudar-se financeiramente em acordos particulares, regidos pela lógica do "dar, receber e retribuir", traduzida na fala dos envolvidos pela obrigação de "dar a forra". O respeito a esse compromisso condiciona o pertencimento à família menor, a "equipe", que dá acesso à família maior, que é a "aparelhagem". Além do mais, segundo Vilhena[37], a ajuda mútua é um acordo segundo o qual os mais velhos podem assumir a responsabilidade econômica pelos mais novos. Dinheiro, roupas e adereços podem ser emprestados e exibidos nos eventos como índice da unidade e da exuberância da equipe, dos jovens que gostam das mesmas músicas, que dançam normalmente juntos e que vão sempre às mesmas festas.

Uma integração relacional equivalente também exercitada nas festas de "carretinhas", quando as equipes promovem seus próprios bailes dançantes. São conhecidas como "carretinhas" as carretas de quatro rodas que transportam equipamentos de som, acopladas a carros pelo reboque. Muitas delas possuem identidade visual própria, como se fossem pequenas aparelhagens, dotadas de nome, logomarca, *slogan*, DJ e até de equipes. De acordo com Vilhena[38], alguns membros de equipes, possuidores de carretinhas, organizam festas dançantes do próprio grupo, como eventos secundários às apresentações de aparelhagens.

Toda a mobilização dos jovens de equipes em torno das festas ressalta o grau de investimento material e simbólico por eles realizado, concentrado num esforço de integração, ao mesmo tempo grave (por exemplo, no que diz respeito ao "dar a forra") e alegre (já que a festa é brincadeira!), em um universo de relações de amizade chamado de "família". E no contexto da festa, praticada em grupo e em meio aos efeitos visuais da aparelhagem, ao som em altíssimo volume e à locução tonitruante do DJ, a intuição de uma

---

[35] Cf. Ana Paula Vilhena, 2012, *op. cit.*, p. 94.
[36] Fundo com as economias do grupo.
[37] Cf. Ana Paula Vilhena, 2012, *op. cit.*, p. 94.
[38] *Ibidem*, p. 41.

comunidade imaginada, como uma *communitas* espontânea, torna-se uma realidade palpável para o jovem da equipe.

Isso é claramente reconhecido pelos DJs. Não por acaso há grande destaque na locução para o anúncio dos nomes das equipes vindas para a festa, para a presença dos *considerados*, para o feito daqueles que estão consumindo grande quantidade de cerveja ("descendo a gelada") e para a identificação nominal dos que são estimados como membros da "família". E tal reconhecimento implica laços que ultrapassam o tempo e o espaço da festa. Aparelhagens e equipes tornam-se parceiros informais, agentes que partilham a emoção de "fazer a festa". Do lado da equipe, experiência de lazer e entretenimento subsumem o objetivo mercadológico da festa de aparelhagem na utopia relacional da "família". Isso é bem representado pelo sentido coletivo da resposta do integrante da equipe "Família Real" à pergunta de Vilhena[39] sobre o que representava para ele a festa de aparelhagem: "é uma emoção muito grande. Nosso lazer é bar, bola e aparelhagem".

❷ OS JOVENS NAS FESTAS: LAZER E CONSUMO

A grande concentração do público em frente às casas de festa, mesmo após o início da atividade musical das aparelhagens, é indício de um evento bem-sucedido. Muitos frequentadores das festas dançantes afirmam sentir-se estimulados a ingressar nas sedes[40] por conta da aglomeração de pessoas interessadas no evento. Mas, no caso das equipes de jovens (e mesmo de grupos menos formais de amigos), há mais um elemento que explica a reunião em frente aos locais de festa: a necessidade de encontrar-se previamente, em especial quando as pessoas não vão juntas ao evento.

O encontro na frente da sede, a formação de "grupinhos", como indica Vilhena[41], é a oportunidade para concluir os últimos preparativos (como no arranjo de adereços, por exemplo) antes de adentrar a festa. O encontro ocorre como uma "festa" antes e fora da festa principal. É o momento de trocar informações sobre os amigos e sobre a aparelhagem (face a face ou pelas redes sociais), de combinar empréstimos e de buscar

---

[39] Cf. Ana Paula Vilhena, 2012, *op. cit.*, p. 76.
[40] Nome genérico empregado pelos frequentadores do *circuito* bregueiro para identificar as casas de festa por onde circulam. Sedes podem ser salões de clubes recreativos, de sedes de associações profissionais, além de casas de festa dançante e casas de espetáculo.
[41] Cf. Ana Paula Vilhena, 2012, *op. cit.*, p. 37.

estímulo na bebida e nas conversas para que se entre animado na sede. Assim, a entrada da equipe ganha ares cerimoniais, de modo a assinalar sua condição de *considerada*.

Diferentemente do que ocorre nos bailes *funk* cariocas, em que o início da execução musical é entendido pelos dançarinos como o sinal para entrar no clube[42], a festa de aparelhagem só começa mesmo com a locução do DJ. E ela somente pode principiar horas depois do início da execução musical. A "coincidência" entre o aparecimento dos jovens no salão e as primeiras intervenções do DJ atribui à presença da equipe um valor quase protocolar, mas num sentido alegre, eufórico, efervescente. O grupo se oferece como uma atração, como um espetáculo a ser encenado[43], mas que não se assume discursivamente como tal.

A localização em frente à cabine de controle do DJ e o posicionamento na parte central do salão garantem a máxima visibilidade da dança, em par ou individualmente. A dança sintetiza todos os elementos que promovem a integração do grupo por meio das trocas: a música e a locução são acompanhadas por todos, com gestos e passos de dança. Isso ocorre porque os corpos dos jovens assumem uma função que sintetiza o conteúdo da festa. Aspectos físicos, habilidade na dança, roupas e adereços formam um conjunto que é praticado e também é potencializado por outro elemento da festa: a performance de consumo.

No que se refere aos artigos de consumo previamente arranjados para exibição na festa, as marcas de roupa em evidência são apontadas por Vilhena[44] entre as mais recorrentes. Roupas com marcas famosas apreciadas pelos jovens, na maioria imitações adquiridas no comércio popular da cidade, são marcas de distinção social e, principalmente, formas de expressão de "atitude"[45]. Temos aqui uma expressão cultural juvenil que se manifesta como um ideal de estilo de vida, experimentado de modo performático nas festas. O uso das marcas ostenta um ideal de consumo. Assim como os adereços corporais[46], elas assumem um papel expressivo no ambiente da festa, onde as equipes celebram publicamente seus laços internos e sua vinculação à aparelhagem.

....

[42] Cf. Hermano Vianna, 1987, *op. cit.*, p. 92.
[43] Cf. Andréa Alves, "Fazendo antropologia no baile: uma discussão sobre observação participante". Em: G. Velho; K. Kuschner (orgs.), *Pesquisas urbanas: desafios do trabalho antropológico*. Rio de Janeiro: Jorge Zahar, 2003, p. 187.
[44] Cf. Ana Paula Vilhena, 2012, *op. cit.*, p. 115.
[45] *Ibidem*, p. 111.
[46] Segundo Vilhena (*ibidem*, p. 111) e Hans Cleyton Costa (2017, *op. cit.*, p. 58): "luzes" no cabelo, perfume da moda, corrente de aço no pescoço, relógio de marca, *piercings*, tatuagens, cortes de cabelo, dentre outros.

A concretização desse ideal de consumo, mesmo que temporária e incompleta, contribui para o reforço do sentimento de pertencimento, que é almejado na valorização do status de *considerado*. Vestir-se e apresentar-se publicamente de acordo com um parâmetro partilhado pela equipe promove uma atitude que, de modo ambivalente, oscila entre a integração e a distinção. As composições semelhantes de roupas, adereços, expressões e práticas corporais entre os jovens das equipes assinalam também diferenças, ênfases particulares, modos de ser que se destacam e tornam alguns mais absorvidos que outros nas trocas praticadas no ambiente da festa.

É o caso do relato de Costa[47] sobre a prática de alguns jovens, nas festas das quais participou, de comprar garrafas de uísque e segurá-las durante quase todo o evento, com o maior destaque possível para o rótulo. Segundo o pesquisador, a aquisição da bebida mais cara disponível na festa garantiria ao comprador a oportunidade de exibição pública do rótulo, como um sinal do alto investimento por ele realizado no evento. Da mesma forma, os amigos que partilham do uísque se enquadrariam numa relação entre *considerados*, que assim se reconhecem e que tacitamente concordam quanto à necessidade de uma futura "forra".

De fato, o consumo é imediatamente transformado em performance na interação entre os jovens das equipes. Lima[48] cita o caso exemplar de um participante de festas de aparelhagem, morador de uma cidade da Região Metropolitana de Belém, que costumava frequentar o Ipanema, um clube de sua vizinhança. Depois de ingressar num emprego como vigilante, ele adquiriu, em muitas prestações, um aparelho de som caro e sofisticado, que se tornou o motivo para reuniões festivas entre amigos na rua de sua casa. Nos encontros de final de semana, os jovens faziam churrasco, compravam bebidas e dançavam até a hora de se deslocar para a festa de aparelhagem do Clube Ipanema.

O jovem tornou-se o *considerado* de seu grupo de amigos, especialmente porque o aparelho, com sua grande potência sonora, garantia a "pagação em toda a rua", isto é, chamava a atenção de toda a vizinhança, por vários quarteirões. Apesar de três meses após a compra o rapaz ter sido obrigado a devolver o aparelho à loja, em função de sua demissão do emprego de vigilante, a "pagação em toda a rua" ajudou a distingui-lo em sua rede de relações como alguém capaz de investir alto no lazer em torno da música e das festas de aparelhagem.

---

[47] Cf. Hans Cleyton Costa, 2017, *op. cit.*, p. 76.
[48] Cf. Andrey Faro de Lima, "A 'moda' das aparelhagens: festa e cotidiano na capital paraense", *Ponto Urbe* [Online], n. 19, 2016, p. 14.

Esses são casos de realização de sonhos de consumo típicos do universo de jovens que se associam para dançar, beber e se divertir.
No contexto da festa de aparelhagem, essa disposição festiva torna-se mais intensa. Na medida em que os abraços do DJ os estimulam a dançar mais freneticamente e a empunhar suas faixas mais alto, os jovens das equipes tomam como publicamente confirmado o vínculo de grupo existente entre si[49]. E isso só se consegue com uma longa experiência de frequentação a festas.

O reconhecimento da condição de *considerado*, para indivíduos ou para equipes, ganha maior ou menor peso em função da importância da festa, da aparelhagem e do DJ em exibição. Nesses ambientes, prestígio e reconhecimento de valor emergem como fatos basicamente situacionais. Também é sempre circunstancial o ineditismo de muitas festas, propagandeado pelas aparelhagens em função de suas inovações de tecnologia (sonora e visual) ou da ocorrência em determinado espaço. O que é inédito em certas casas de festa pode não ser em outras, por conta da apresentação prévia de outra "superaparelhagem", por exemplo. Da mesma forma, o prestígio e o reconhecimento de jovens *considerados* também depende da situação vivida.

Festas realizadas em casas famosas, por aparelhagens atualizadas com os equipamentos mais modernos e potentes e com a presença de DJs carismáticos e célebres na mídia, tornam o reconhecimento de *considerados* algo muitíssimo valioso. Os abraços oferecidos pelo DJ em eventos como esses tendem a absorver os agraciados no espírito festivo e a intensificar sua participação na festa. No caso dos jovens de equipes, uma importante forma de demonstrar a integração ao espírito festivo e de tornar performática a capacidade de festejar é a compra de baldes plásticos com gelo em escama, repletos de latas de cerveja.

A compra de baldes nas festas e sua exibição nas mesas ocupadas pelos membros das equipes já se tornou tema de letras de tecnobrega. Segundo Vilhena[50], "a compra de baldes de cerveja [faz] (...) parte do ritual que a equipe precisa cumprir em busca da imagem de *considerada*". O poder de consumo exercitado e demonstrado na compra de cerveja representa a capacidade dos membros das equipes de investir na fruição do evento. A performance aquisitiva dos grupos geralmente é elogiada pelos DJs, que enaltecem em seus recados aqueles que fazem "descer a gelada".

....

[49] Cf. Ana Paula Vilhena, 2012, *op. cit.*, p. 101.
[50] Cf. Ana Paula Vilhena, 2012, *op. cit.*, p. 106.

As relações entre os jovens e destes com os DJs são como que objetificadas no consumo de cerveja e na compra de outros artigos[51]. A atividade comercial inerente à festa de aparelhagem torna-se uma instância de mediação entre as relações preexistentes nas equipes e anteriores à festa e o momento da performance relacional praticada nos eventos. Em meio a estímulos visuais, sonoros e discursivos diversos, ocorre a intensificação e o aprofundamento da ligação entre os presentes, manifestada em seus corpos, com a experiência festiva. E o consumo ganha um sentido relacional, cuja finalidade é a interação com as pessoas.

Mais do que códigos, as práticas de consumo são "modos de fazer" e, por fim, modos de se relacionar com os outros. Moças usando blusas e calças que dão destaque às formas do corpo, por exemplo, e rapazes que sempre adotam nas festas o chamado "visual esporte" ou "visual de surfe"[52], estipulam, com sua "atitude", uma maneira de festejar nas apresentações de aparelhagem. Incorporar uma indumentária característica, nesses casos, equivale a desempenhar ações que podem tornar alguém *considerado*. Por isso é tão importante comprar sempre as marcas certas, mesmo que sejam elas imitações mais baratas[53].

❸ AS EQUIPES, OS *SETORES* E A CIDADE

As festas mais destacadas tendem a atrair jovens de diversos bairros e regiões da cidade. A proeminência de determinadas festas pode derivar de fatos como a inauguração de novos equipamentos, como o prestigioso telão de 360 graus, a abertura de uma nova casa de festa, uma data comemorativa da aparelhagem (aniversário de um DJ, por exemplo), ou do calendário oficial (como em feriados prolongados), e mesmo de vários

---

[51] As apresentações da aparelhagem Tupinambá, por exemplo, são sempre acompanhadas pela venda de souvenires, na "Oca do Cacique Diel HD". A Oca é uma barraca de lona branca, onde são vendidos durante a festa diversos objetos com a marca da aparelhagem: a letra T estilizada de Tupinambá. Objetos de uso pessoal são vendidos na "Oca", tais como canecas, copos, camisetas, leques, guardanapos, chapéus, calcinhas, faixas para cabeça, dentre outros.

[52] Hermano Vianna (1987, *op. cit.*, pp. 89-90) relata que o *surf wear* é o estilo masculino típico do vestuário nos bailes *funk* cariocas. Esse é mais um paralelo que aproxima os modos de fazer festa de grupos de jovens em eventos centrados em torno de sistemas sonoros e da atuação de DJs.

[53] Conforme Hans Cleyton Costa (2017, *op. cit.*, pp. 78-80), destacam-se, entre os jovens de equipes, marcas como Nike, Adidas, Tommy Hilfiger, Lacoste, Calvin Klein, Polo, Ralph Lauren para bonés, camisas, moletons e bermudas; Pitbull e Rhero para jeans feminino; Nike e Adidas para tênis; Kenner e Melissa para sandálias e sapatos femininos, respectivamente; Invicta e Everlast para relógios; Rayban e Oakley para óculos, dentre outros.

fatores como esses somados. Eventos de grande importância e por isso dotados de ampla repercussão tendem a atrair número considerável de equipes e de jovens com diferentes idades.

Nesses eventos, menores de idade, componentes ou não de equipes, têm a oportunidade de conhecer e se aproximar de outros frequentadores de festa e de participar nos eventos de modo marginal. A presença de menores de idade no interior das festas, em geral, resulta em complicações para os organizadores com as autoridades públicas. As festas podem ser encerradas por conta disso. Portanto, é grande a preocupação dos promotores dos eventos com a presença de menores, o que não impede esses últimos de tentar burlar os controles de portaria. É o que revela um rapaz de 16 anos entrevistado por Vilhena[54]: "Às vezes, nós espera a confusão e consegue entrar bem mais tarde. Também tem os moleque que eles liberam porque não têm cara de menor" [sic].

A "confusão", nesse caso, significa o ponto máximo da concentração de pessoas em frente ao local da festa, que logo se transforma nos grupos de pessoas que adentram o evento. Equipes e outros grupos de amigos ingressam ali e, com eles, penetram na festa alguns menores. Todos interagem na "festa antes da festa", que ocorre em frente ao local do evento, e isso pode ser um facilitador para as artimanhas que favorecem a entrada de menores. Nesse caso, alguns menores de idade, por serem ou se tornarem *considerados* de jovens maiores, ganham a oportunidade de experimentar a "festa de dentro", o espetáculo da aparelhagem.

Normalmente, as aproximações entre jovens antes desconhecidos ocorre pela identificação dos bairros de origem[55]. As referências aos bairros são frequentemente apresentadas como índice de pertencimento, como componente performático do vínculo fundamental com uma parte da cidade. Ao mesmo tempo, indicam a incorporação dos jovens em um campo abrangente de relações, que geralmente é apontado como o *setor*. Reivindica-se, desse modo, uma referência socioespacial ancorada no pertencimento a um *pedaço* do bairro, onde se assenta um núcleo de relações.

Tal como a categoria *pedaço*[56], o *setor*, via de regra, diz respeito ao trecho de um bairro periférico e corresponde a uma zona de familiaridade na qual as pessoas se conhecem e são ligadas por laços de vizinhança, parentesco e coleguismo[57]. Situado entre a casa e a rua, tipos sociológicos

---

[54] Cf. Ana Paula Vilhena, 2012, *op. cit.*, p. 59.
[55] *Ibidem*, p. 61.
[56] Desenvolvida por J. G. C. Magnani (1984, *op. cit.*)
[57] Cf. J. G. C. Magnani, 2012, *op. cit.*, p. 249.

de familiaridade e estranhamento[58], o *setor/pedaço* abarca as teias de relações, o mundo dos conhecidos, a ilha de familiaridade em meio à diversidade e à insegurança da cidade grande. Geralmente, é nesses domínios que surgem e frutificam as relações entre os conhecidos e é dali que partem iniciativas de criação de equipes de aparelhagem[59].

Isso ocorre predominantemente nos bairros periféricos de Belém, especialmente em suas áreas mais pobres, conhecidas como baixadas. Em meio à topografia plana da cidade, as baixadas são áreas inundáveis em função de chuvas fortes e/ou da ação das marés[60]. Na história da ocupação do solo urbano de Belém, às baixadas foram destinadas as parcelas mais pobres da população, compostas por muitas levas de migrantes provenientes do interior do estado do Pará desde meados do século XX[61]. Nas baixadas se localiza a maioria dos *setores* referidos por grupos juvenis de sociabilidade, embora outros trechos urbanos nos bairros periféricos também possam ser invocados como característica espacial de *setores*.

O *setor*, como referência de pertencimento a um ponto da cidade, geralmente é invocado por jovens que participam das equipes de aparelhagem. Na maioria das vezes, ele sugere a identificação de um grupo de jovens com um trecho periférico da cidade: uma baixada, uma ponte, um canal, uma vila, uma praça, uma rua ou um conjunto delas[62]. Por isso, há nessa categoria um forte sentido de territorialidade, de domínio simbólico sobre o espaço e, portanto, de oposição a outros indivíduos ou grupos (também de jovens), que representem ameaça de "invasão do *setor*". "Invadir" significa, nos termos dos jovens, circular pelo *setor* sem conhecer e acatar as regras que presidem as redes de relações locais. Ou seja, a "invasão" sugere claro desinteresse (e, portanto, "desrespeito") de alguém pela possibilidade de ser ali reconhecido como um *considerado*, de ingressar na dinâmica local de reciprocidade. A situação de "invasor" significa exatamente o oposto do status de *considerado*.

Portanto, em geral, o *setor* é o lugar dos que se conhecem, dos *considerados*, que se percebem e se estimam dessa forma, sempre em oposição aos que não são dali. Já o espaço da festa é um terreno neutro,

----

[58] Cf. Roberto DaMatta, 1985, *op. cit.*
[59] Assim como os grupos de dançarinos que participam juntos nos bailes *funk* cariocas e que são formados por pessoas que moram na mesma rua e na mesma favela (Hermano Vianna, 1987, *op. cit.*, p. 135).
[60] Cf. Saint-Claire Trindade Jr., *Produção do espaço e uso do solo urbano em Belém*. Belém: NAEA/PLADES, 1997, p. 22.
[61] Cf. Antonio Maurício Costa, "'Uma metrópole na floresta': representações do urbano na Amazônia". Em: H. Frúgoli Jr.; L. Andrade; F. Peixoto (orgs.). *A cidade e seus agentes: práticas e representações*. Belo Horizonte/São Paulo: PUC Minas/Edusp, 2006, p. 164.
[62] *Ibidem*, pp. 167-8.

onde vários grupos de jovens, provenientes de diversos *setores* da cidade, se reúnem em torno da aparelhagem. É claro que os *setores* são "trazidos" simbolicamente para os eventos pelos jovens e são referidos nos abraços dos DJs, quando eles aludem às ruas e a outros trechos urbanos que marcam o ponto de origem dos integrantes das equipes. Realiza-se assim uma espécie de "costura" discursiva entre os diversos *setores*, que permite a invocação do espírito de "família" entre os jovens. Como é dito entre as equipes, permite "fazer união"[63].

No entanto, a separação entre os *setores* e o domínio territorial simbólico que ela implica permanece como um marcador, um signo de distanciamento nas interações entre grupos. E, por conseguinte, em situações de crise, quando a efervescência festiva direciona as energias dos participantes das festas para a animosidade, as eventuais brigas podem se transformar em disputas entre *setores*. O DJ Maderito, entrevistado por Vilhena[64], afirma que: "Muita gente pensa que [equipe] é gangue. (…) É tipo torcida uniformizada (…), que querem curtir, e tem outros vândalos que entram ali só pra brigar (…). É a mesma coisa nas equipes."

Os que não vêm para "curtir a festa" distanciam-se da possibilidade de ser reconhecidos como *considerados*, ali, no terreno comum de múltiplos *setores*. A briga, o enfrentamento entre membros de equipes constitui um destaque negativo na festa, mesmo que o fato seja justificável internamente para o grupo. O discurso predominante na troca simbólica promovida nas festas categoricamente separa gangues[65] de equipes. Isso porque, simbolicamente, as equipes almejam fazer parte da família da aparelhagem, o que inclui relações com outras equipes e com demais apreciadores do sistema sonoro.

Tornar-se *considerado* nas festas exige vir a ser conhecido positivamente em muitos eventos[66] e, mais ainda, destacar-se perante os demais. Integrar-se e destacar-se é um fazer duplo que caracteriza o *considerado*, como um "saber fazer" de alguém que está perfeitamente

---

63 Cf. Ana Paula Vilhena, 2012, *op. cit.*, p. 66.
64 *Ibidem*, p. 87.
65 Grupos de sociabilidade juvenil identificados com a prática da pichação. Compostos de jovens moradores das regiões mais pobres da cidade, as gangues juvenis se identificam por um símbolo comum exibido nas pichações de seus integrantes. A década de 1980 é o marco histórico do surgimento de gangues de pichadores em Belém. Sobre isso, ver Mário Brasil Xavier, *Nem anjos, nem demônios! Etnografia das formas de sociabilidade de uma galera de Belém*. Dissertação de mestrado em Antropologia (Programa de Pós-Graduação em Antropologia Social – UFPA). Belém: UFPA, 2000 e Lígia Simonian; Mário Brasil Xavier. "A violência das gangues e os guetos sociais em Belém do Pará: sociabilidades conflituosas." Em: L. T. L. Simonian (org.). *Belém do Pará: história, cultura e sociedade*. Belém: Ed. NAEA-UFPA, 2010.
66 Cf. Ana Paula Vilhena, 2012, *op. cit.*, p. 101.

ambientado e absorvido pelo evento. Por isso, as equipes preocupam-se tanto com "pegar lugar" em frente à aparelhagem, em demarcar seu espaço com baldes de cerveja, faixas e indumentárias chamativas. Vilhena[67] menciona a performance de uma equipe numa das festas em que fez pesquisa: a "Equipe Tolice" encheu uma piscina plástica em cima de uma mesa e nela despejou muitas latas de cerveja com grande quantidade de gelo.

A atenção despertada pela forma inovadora de ostentar o consumo de cerveja provavelmente garantiu à equipe olhares e comentários admirados. Quando isso alcança a atenção dos DJs, o objetivo performático é completado: equipes e aparelhagem homenageiam-se entre si e ajudam a aprofundar o envolvimento do público em geral com o evento. As relações estabelecidas continuam após as festas e podem resultar em verdadeira aproximação dos jovens do círculo familiar de DJs e de proprietários de aparelhagem. A relação entre fã e ídolo passa a ser então uma troca permanente entre *considerados*, ritualizada nas festas.

Jovens de vários *setores* tornam-se assim ligados à atividade cotidiana na "família" da aparelhagem, que compreende seus funcionários e suas demais redes de relação. As "réus" (reuniões) de equipes em suas ruas de origem, bem como suas festas particulares com a presença de carretinhas, tornam-se ensaios, preparativos dos encontros nômades e periódicos com a aparelhagem. E o ser reconhecido como *considerado* é sempre assumido como uma possibilidade pela qual alguém é elevado da posição de público à de protagonista do espetáculo.

❹ UMA RELAÇÃO ABSORVENTE

As relações entre jovens de equipes e DJs nas festas de aparelhagem aparentam uma espécie de jogo absorvente, tal como aquele descrito e interpretado por Clifford Geertz em seu famoso estudo sobre os significados da briga de galos balinesa. Ao apresentar a qualidade absorvente da briga de galos como uma dramatização das preocupações de *status* dos balineses, Geertz[68] demonstra a relação existente entre a dimensão evidentemente lúdica do jogo ("brincadeira") e suas implicações mais abrangentes, como a incitação de rivalidades e hostilidades da aldeia e de grupos de parentesco ("brincar com fogo").

....

[67] Ibidem, pp. 70-1.
[68] Cf. Clifford Geertz, 1989, *op. cit.*, pp. 304-8.

É certo que, diferentemente da briga de galos, as festas de aparelhagem não são percebidas como jogo por seus participantes. A dimensão lúdica da festa se refere à dança, aos encontros, aos modos pelos quais moças e rapazes se apresentam e se relacionam na festa. E a intensidade de tudo isso depende do grau de envolvimento dos agentes/participantes, do investimento na potência festiva, que tanto os empresários dos eventos como o público podem realizar. E, por isso, não há como negar que as festas de aparelhagem bem-sucedidas, que atraem um grande público e reúnem bom número de equipes de jovens, são aquelas em que se estabeleceu um relacionamento absorvente entre DJs e participantes.

Em uma entrevista realizada por Costa[69] com um cantor e produtor musical ligado ao mundo das aparelhagens, foram apontadas as expectativas do público nas festas: "A galera daqui do Pará quer ver tecnologia. (...) Se tu não investir, a galera perde a admiração. Quando a aparelhagem não investe, a galera começa a sentir falta. Eles dizem que a aparelhagem começa a ficar batida". Temos aqui uma fala situada no ponto de vista de alguém envolvido com a dimensão empresarial da atuação das aparelhagens. A referência à "perda da admiração" confirma a tese da expectativa do público em relação ao compromisso dos responsáveis pelos sistemas sonoros com a progressiva elevação da potência festiva.

Quanto maior o investimento da aparelhagem em equipamentos modernos de sonorização, na propulsão hidráulica da cabine de controle, em efeitos visuais (telões de LED, laser, canhões de luz, guitarras faiscantes, novo *design* dos móveis[70] etc.), na atividade publicitária (nas ruas, na mídia, nas redes sociais virtuais), na propagação do ineditismo do evento, mais o público se sente integrado à festa. Ou, segundo o termo nativo registrado por Costa[71], mais os participantes podem "endoidar", no sentido de haver uma suspensão das obrigações formais cotidianas, quando se torna possível ao indivíduo integrar-se na emoção coletiva da festa com total energia.

Costa[72] afirma que a plateia se apresenta como hipnotizada no momento em que o DJ principal da noite[73] assume o comando dos controles da nave, acompanhado de show pirotécnico, de sons estridentes

....

[69] Cf. Hans Cleyton Costa, 2017, *op. cit.*, p. 80.
[70] Sobre a concepção e a produção do mobiliário de aparelhagens em Belém, ver João Roberto Soares, *Levantamentos e análise do processo projetual de artefatos multimídia populares – Aparelhagens*. Dissertação de mestrado no Programa de Pós-Graduação em Design. São Luís: Universidade Federal do Maranhão, 2015.
[71] Cf. Hans Cleyton Costa, 2017, *op. cit.*, p. 82.
[72] Ibidem, p. 33.
[73] Via de regra, antecedido pelo DJ auxiliar, que faz a abertura e prepara o público para a aparição do DJ principal da festa.

e de variados efeitos de iluminação. As primeiras palavras do DJ principal incitam o público a fazer o símbolo da aparelhagem com a mão e, a partir de então, a sucessão de músicas, de vinhetas e de abraços do DJ até o final da festa tornam-se o roteiro que guiará a movimentação dos presentes pelo salão.

O ponto alto da apresentação ocorre sempre quando são acionados os propulsores da cabine de controle, de onde o DJ conduz e narra a festa. De acordo com a figura representada pela cabine (uma nave, uma pedra preciosa, um animal, por exemplo), ela se movimenta, com propulsores hidráulicos, sempre acompanhada por efeitos de imagem, luz, sons, fogos e fumaça. A troca festiva com o público chega então ao seu ponto alto e os fãs, membros das equipes, que se sentem parte da família da aparelhagem, dançam, cantam e gesticulam, certamente mais emocionados e, por isso, envolvidos, absorvidos no paroxismo da festa. Após esse momento principal, a efervescência declina longa e lentamente em direção ao final da festa, conduzida por sequências de blocos musicais dançantes e pela locução do DJ.

Toda essa performance espetacular se completa e se define pela integração do público e pelas manifestações especializadas de participantes intensamente absorvidos no evento. Os jovens de equipes têm consciência de que seus investimentos nas festas são sempre proporcionais ao empenho, à exuberância e ao grau de dispêndio da aparelhagem. Eles não são meros consumidores em busca de um serviço padronizado de lazer. Os membros de equipes vivem uma relação absorvente, um compromisso com a fantasia, em que se "brinca com fogo", com ideais como ter bons laços "familiares", fazer trocas econômicas justas entre amigos, entrar em estado de euforia ("endoidar") e evitar conflitos, por exemplo. E, por fim, a brincadeira que exige tamanho investimento garante que alguns se tornem por alguns momentos estrelas do espetáculo, quando um recado informa a todos na festa que alguém é uma pessoa *considerada*.

DE FORMIGAS, SEMENTES E BOLEIROS. FAZERES SATERÉ-MAWÉ NA AMAZÔNIA BRASILEIRA

Ana Letícia de Fiori
Ana Luísa Sertã Almada Mauro

"Se Deus quiser, um dia eu quero ser índio. Viver pelado, pintado de verde num eterno domingo. Ser um bicho-preguiça e espantar turista. E tomar banho de sol".

Como nos versos de *Baila Comigo*, canção mais conhecida na voz de Rita Lee, o tropo dos índios indolentes, vivendo vidas tranquilas com suas poucas necessidades providas pelos recursos naturais abundantes da floresta, repete-se ao longo da história do Brasil, atualizado de diferentes modos. Desde o século XVI, políticas de representação colonial buscavam fundamentar os descimentos, as missões e outras formas de configuração de assentamentos em que se empregava a mão de obra indígena forçada enquanto "salvavam-se suas almas"[1]. Recentemente, o tropo ressurgiu nas declarações do (agora ex) ministro da Justiça Osmar Serraglio, de que "terra não enche barriga" e é preciso colocar pessoas e terras indígenas para trabalhar de forma produtiva[2], em uma visão impregnada pelo assimilacionismo que pautou boa parte da política indigenista brasileira até o final do século XX. Ou seja, ao longo da história nacional, a antinomia entre coletivos indígenas e a esfera do trabalho foi colocada como um problema.

Essas visões, é claro, certamente estiveram pouco atentas tanto ao que a antropologia quanto ao que os próprios coletivos indígenas diziam e faziam a esse respeito. Tendo-se em mente que as divisões entre trabalho e lazer e a regulação padronizada do tempo como forma de quantificar o valor do trabalho são historicamente demarcadas pelo capitalismo industrial, o ponto de partida dessa questão deve ser a busca pelo entendimento de como se organizam as diferentes atividades entre pessoas cujos modos de vida e economia são organizados de outro modo. O africanista Victor Turner, por exemplo, em uma reflexão de inspiração durkheimiana, afirma que em sociedades não industriais (povos extramodernos, na expressão de Viveiros de Castro) a diferença se dá de fato entre trabalhos sagrado e profano, que tendem a ser regulados por ritmos ecológicos[3]. Tim Ingold remete a outro africanista, o antropólogo britânico Evans-Pritchard, para explorar os sentidos desses tempos em sociedades onde não há de fato uma palavra para expressar tempo em um sentido abstrato, sociedades nas quais a

....

[1] Ver Manuela Carneiro de Cunha, *História dos índios no Brasil*. São Paulo: Companhia das Letras / Secretaria Municipal de Cultura/Fapesp, 1992, e Eduardo Viveiros de Castro, *A inconstância da alma selvagem e outros ensaios de antropologia*. São Paulo: Cosac & Naify, 2002.

[2] Cf. Ranier Bragon; Camila Mattoso, "Ministro da Justiça critica índios e diz que 'terra não enche barriga'". *Folha de São Paulo*, 7 mar. 2017. Disponível em: ‹http://www1.folha.uol.com.br/poder/2017/03/1865209-ministro-da-justica-critica-indios-e-diz-que-terra-nao-enche-barriga.shtml›. Acesso em: 7 mar. 2018.

[3] Cf. Victor W. Turner, *From Ritual to Theatre*. New York: PAJ Publications, 1982, p. 31.

duração das tarefas é o referencial principal[4]. Nessas sociedades orientadas pelas *tarefas* – atividades que se desenrolam no curso da vida social, nas relações entre as pessoas, outros seres e ambiente, com seus diferentes ritmos e ciclos –, o conjunto das tarefas tece o padrão das atividades de uma comunidade, a sua *taskscape* (algo como o panorama de tarefas). Outro exemplo mencionado por Ingold é o da Grécia Antiga, em que se distinguiam diferentes atividades e seus produtos particulares. "Se havia uma divisão abrangente, não era entre trabalho e lazer, mas antes entre as esferas do fazer e realizar, *poiesis* e *práxis*, uma divisão que subordina os ofícios da manufatura às atividades – incluindo plantio e guerra – daqueles que usavam os implementos feitos"[5].

Voltando aos povos ameríndios, há um persistente senso comum acerca de seus modos de vida que os descreve como economias de subsistência. Por carência cultural ou tecnológica, tais grupos viveriam sempre na luta contra a fome, incapazes de produzir excedentes, uma imagem que causa certo paradoxo com o estereótipo anteriormente mencionado de "povos preguiçosos". De toda forma, por caminhos teóricos distintos, autores como Marshall Sahlins – em *A primeira sociedade da afluência*[6] e em outros trabalhos – e Pierre Clastres rebateram essas descrições. Clastres, ao descrever os coletivos ameríndios como "sociedades contra o Estado", apresenta como funções principais da chefia a manutenção da paz e harmonia no grupo, a generosidade compulsória com seus bens e a oratória, o bom uso das palavras. O poder do chefe, sustentado por seu prestígio, depende da boa vontade do grupo, e não tem um caráter coercitivo ou de monopólio do uso da violência. O chefe é um dos responsáveis pela organização de trabalhos coletivos e também de festas e rituais – que são muito diferentes entre os mais de duzentos povos indígenas brasileiros –, assumindo uma posição que se consolida pelo convencimento, e não por uma relação de mando. Da mesma forma, as dinâmicas hierárquicas nesses coletivos não dizem respeito à acumulação de riquezas tais como as compreendemos em sociedades não indígenas. Trata-se, enfim, de uma recusa ativa ao poder de unificação, de subordinação e de coerção, aquilo que na modernidade ocidental cristalizou-se sob a forma do Estado e ronda em suas diferentes formas, como a economia de mercado, o disciplinamento e a normalização

----

[4] Cf. E. E. Evans-Pritchard *apud* Tim Ingold, 2000, *op. cit.*, p. 324.
[5] Em inglês, no original: "*If there was any overarching division, it was not between work and leisure, but rather between the spheres of making and doing, poiesis and praxis, a division that subordinated the crafts of manufacture to the activities – including farming and warfare – of those who used the implements made*". Cf. Tim Ingold, *Ibidem*.
[6] Marshall Sahlins, 1972, *op. cit.*

escolares, as práticas de conversão religiosas. Em um desdobramento posterior, os filósofos Gilles Deleuze e Felix Guatarri propõem pensar as "sociedades contra o Estado" menos como formação social do que como vetores, forças que podem agir sobre o mundo e coexistem com outras, inclusive a forma Estado, podendo criar linhas de fuga e dissolver esquemas hegemônicos[7].

Nesse sentido, pensar lazer em coletivos indígenas que estão em circulação e relação constante com as cidades e as formas de organização do tempo e do trabalho capitalistas é, também, pensar em práticas que produzem linhas de fuga, resistindo tanto à lógica da assimilação ao mercado de trabalho e à sociedade nacional quanto a percepções comuns de que índios na cidade tornam-se "pobres" ou "marginais" e "perdem sua cultura". Tais práticas podem ser apreendidas a partir da perspectiva ingoldiana do habitar, pensando nas atividades e tarefas desenvolvidas que acionam formas de socialidade indígenas e também permitem interagir com esses outros, os não indígenas, colocando-os em redes de relações e em circuitos de mobilidade. E produzem narrativas que dizem respeito a formas de aprendizados diversos e de "pacificação dos brancos", narrativas em que os índios se colocam como sujeitos, e não como vítimas do contato e de seus impactos.

Este capítulo trata das experiências sateré-mawé que têm sido acompanhadas pelo Grupo de Etnologia Urbana do NAU desde 2009 em Manaus, em cidades do Médio-Baixo Amazonas – Parintins, Maués e Barreirinha –, e na Terra Indígena Andirá-Marau, sobretudo na aldeia Ponta Alegre (rio Andirá). Os Sateré-Mawé são um coletivo indígena do tronco tupi, cujo território se estende entre os rios Madeira e Tapajós e que tiveram sua terra demarcada no início da década de 1980. Além de diversas relações interétnicas de que falam seus mitos e sua memória, há uma longa história de contato com os não indígenas, incluindo acontecimentos como a Cabanagem, no século XIX, cujas batalhas são relembradas nos cantos do *Waumat*, a Festa da Tucandeira, ritual em que jovens rapazes dançam com luvas repletas de formigas, e pela qual os Sateré-Mawé são bastante conhecidos. Embora a mobilidade, como veremos, seja constitutiva de seus modos de vida nos últimos séculos, um relevante deslocamento sateré-mawé para a capital amazonense ocorreu ao longo dos anos 1970, quando algumas famílias começam a se estabelecer de modo mais permanente na cidade. Entre as décadas de 1970 e 1990, mulheres de um mesmo núcleo familiar tornaram-se agentes importantes na ocupação de

----

[7] Cf. Renato Stutzman, A potência da recusa – algumas lições ameríndias, *Sala Preta*, Brasil, v. 13, n. 1, pp. 169-72, jun. 2013. Disponível em: ‹http://www.revistas.usp.br/salapreta/article/view/57539›. Acesso em: 8 mar. 2018.

terrenos durante a expansão da malha urbana de Manaus impulsionada pela Suframa, por meio de lutas lideradas por grupos religiosos[8], um movimento que mais tarde se institucionalizou com a criação da Secretaria Municipal de Organização Social e Fundiária[9]. Lideranças sateré-mawé estiveram presentes em momentos importantes do Movimento Indígena no último quartel do século XX, como na Assembleia Constituinte, na criação da Coordenação das Organizações Indígenas da Amazônia Brasileira (COIAB) e do Movimento de Estudantes Indígenas do Amazonas (MEIAM). No século XXI, os Sateré-Mawé têm tido experiências exitosas na economia e na política, com o estabelecimento do Consórcio de Produtores Sateré-Mawé, que exporta guaraná e outros produtos para a Europa pelo sistema de Comércio Justo e certificações de sustentabilidade, e a participação de alguns de seus membros na extinta Secretaria Estadual Indígena, SEIND[10], além de representantes eleitos para a prefeitura e a câmara de vereadores de Barreirinha[11].

Entrementes, este capítulo se deterá nos agenciamentos de novas lideranças que, em seus circuitos entre cidades, rios e aldeias, promovem atividades que estremecem as divisões entre trabalho e lazer e as formas sociais contra o Estado e por dentro do Estado. Falaremos dos eventos esportivos e culturais organizados por lideranças e por professores das escolas indígenas nas comunidades urbanas e na Terra Indígena, em que se conectam práticas, saberes, bens e pessoas indígenas e não indígenas, e que ao mesmo tempo sustentam o cotidiano das comunidades e trazem certa efervescência. Será abordado também o artesanato como prática diluída entre fronteiras de trabalho e lazer, a relação das mulheres sateré-mawé com modos de fazer, suas formas coletivas de organização e de desempenho de tarefas, o cotidiano de suas associações e de seus pontos de venda, bem como a circulação de artefatos entre cidades e aldeias. Concluímos com uma breve discussão sobre as categorias

----

[8] Notadamente impulsionadas pela Irmã Helena Augusta Walcott da Congregação Religiosa do Preciosíssimo Sangue.

[9] Cf. Mariza Cavalcante; Mara Tereza Assis, As primeiras lutas por moradia popular em Manaus: vida e militância da Irmã Helena Augusta Walcott. Seminário Internacional Fazendo Gênero 10, *Desafios Atuais dos Feminismos (Anais Eletrônicos)*, Florianópolis, 2013.

[10] Ver Tiemi Kayamori Lobato da Costa, *Índios e não índios na administração pública: uma etnografia da secretaria de estado para os povos indígenas em Manaus – AM*. Dissertação de mestrado. PPGAS. Curitiba: UFPR, 2013.

[11] Ver Gabriel de Oliveira Alvarez, *Satereria: tradição e política Sateré-Mawé*. Manaus: Editora Valer, 2009.

de trabalho e tempo livre nos modos sateré-mawé de mediação e indigenização da modernidade[12].

❶ MOVIMENTANDO-SE POR COMUNIDADES

Considerando sua presença em Manaus, Parintins, Barreirinha, Maués, Boa Vista do Ramos e nas mais de cem comunidades situadas na região dos oito rios abrangidos pela Terra Indígena Andirá-Marau, na fronteira dos estados do Amazonas e do Pará, pode-se dizer que os Sateré-Mawé são um coletivo "espalhado", como alguns deles se definiram para nós. Em um censo participativo realizado nos anos de 2002 e 2003, dos mais de 8.500 Sateré-Mawé recenseados, cerca de mil foram registrados como residentes de áreas urbanas[13], número que certamente cresceu nos últimos quinze anos. Mesmo entre os que passam a maior parte do tempo nas comunidades da área indígena, há aqueles que periodicamente circulam pelas cidades para receber aposentadorias ou benefícios, fazer compras, buscar atendimento médico, resolver questões burocráticas na Funai e em outros órgãos públicos, visitar parentes ou buscar projetos para suas comunidades. A circulação entre comunidades da Terra Indígena também é intensa, seja para visitar parentes, seja para participar de eventos culturais e esportivos, como partidas de futebol, o ritual da Tucandeira, ou mesmo na realização de algum *puxirum* (mutirão) para a abertura de uma roça ou construção de algum barracão[14] ou cozinha.

Na área metropolitana de Manaus, parte dos Sateré-Mawé vive nas sete comunidades (também chamadas "aldeias urbanas") que começaram a se consolidar na cidade a partir dos anos 1990: Y'apyrehit, Waikiru, Hywy, Inhaã-Bé, Porantim (também chamada Waikiru 2), Waranã (em Manaquiri-AM), Sahu-Apé (em Iranduba-AM)[15], e na sede da Associação de

....

[12] Cf. Marshall Sahlins, O "pessimismo sentimental" e a experiência etnográfica: por que a cultura não é um "objeto" em via de extinção, *Mana*, 1997, n. 3 (partes 1 e 2).
[13] Cf. Pery Teixeira; Evelyne Mainbourg; Marília Brasil, "Migração do povo indígena Sateré-Mawé em dois contextos distintos na Amazônia", *Caderno CRH*, Salvador, 2009, v. 22, n. 57.
[14] Construções semiabertas, centrais nas comunidades, utilizadas para atividades coletivas.
[15] Cf. José Agnello Alves Dias de Andrade, *Indigenização da cidade. Etnografia do circuito sateré-mawé em Manaus-AM e arredores*. Dissertação de mestrado apresentada ao Programa de Pós-Graduação em Antropologia Social do Departamento de Antropologia da Faculdade de Filosofia, Letras e Ciências Humanas da Universidade de São Paulo, 2012.

Mulheres Indígenas Sateré-Mawé – AMISM[16]. Essas aldeias se caracterizam pelo comando de um tuxaua e por certas edificações particulares, tais como pátios e Centros Culturais, que marcam em sua paisagem a condição indígena de seus habitantes e o modo de vida em coletivo que associam ao jeito propriamente indígena de se viver bem entre parentes.

Nas cidades circunvizinhas à Terra Indígena, muitas famílias mantêm casas nas quais há residentes mais permanentes e que também servem de lugar de parada para parentes com assuntos a tratar na cidade. O tempo de estada nessas casas pode variar de dias a vários anos, de modo que é comum que os Sateré-Mawé afirmem ter casas espalhadas em diferentes bairros, cidades, comunidades e aldeias, sempre destacando a presença de algum parente que se encontra no local e que pode recebê-los. Dessa forma, os diferentes locais de habitação dos Sateré-Mawé estão inseridos em amplos circuitos sustentados por suas práticas de mobilidade e laços de parentesco. Tal hipótese pode ser ilustrada por diversas falas em que os Sateré-Mawé descrevem a variedade de seus locais de habitação correlacionando "ter parentes" com "ter casas", sendo que o caráter "espalhado" de ambos é valorizado positivamente. Nas atividades de andar, parar, voltar e narrar estão implicados modos específicos de conhecer e de reconhecer, nos quais a convivência e as histórias são entretecidas.

Entre aqueles que convivem nas aldeias urbanas da região metropolitana de Manaus, há também relativa integração no circuito composto pelas atividades de indígenas de outras etnias pela cidade. Assim, tomam parte em mobilizações de política indígena e indigenista, frequentam o prédio da Funai para encaminhar documentações ou buscar projetos, participam de reuniões sobre saúde e educação indígenas, comercializam artesanato na praça Tenreiro Aranha, no Centro, ou no bosque da Ciência do Instituto Nacional de Pesquisas amazônicas (Inpa), e participam de eventos lúdicos como a chave indígena (categorias masculina e feminina) do Peladão, o maior campeonato de futebol amador do Brasil[17]. Em edições recentes, os times compostos por Sateré-Mawé boleiros e boleiras têm tido bons resultados, acumulando troféus que são guardados em lugar de honra nas comunidades e, por vezes, exibidos a

....

[16] Cf. Ana Luísa Sertã Almada Mauro, *Seguindo sementes: circuitos e trajetos do artesanato sateré-mawé entre cidade e aldeia*. Dissertação de mestrado apresentada ao Programa de Pós-Graduação em Antropologia Social. São Paulo, Faculdade de Filosofia, Letras e Ciências Humanas da Universidade de São Paulo, 2015.

[17] Cf. Rodrigo Valentim Chiquetto, *A cidade do futebol: Etnografia sobre a prática futebolística na metrópole manauara*. Dissertação de mestrado apresentada ao Programa de Pós-Graduação em Antropologia Social do Departamento de Antropologia da Faculdade de Filosofia, Letras e Ciências Humanas da Universidade de São Paulo, 2014.

pesquisadores e visitantes. Os jogos de futebol entre times sateré-mawé e times de outras etnias, de modo geral e no Peladão em particular, são momentos de lazer, mas também ocasiões de encontros, alianças e disputas e discussões sobre identidades e habilidades próprias de boleiros indígenas e não indígenas entre os times.

A circulação e os afazeres acima descritos implicam a conexão dos tempos de atividades das aldeias urbanas com outras temporalidades, incluindo o calendário de eventos da cidade. Realizar e participar de eventos, além de envolver mobilidades e visitas a parentes, é uma forma de angariar recursos para as comunidades e reforçar politicamente os sinais diacríticos de indianidade diante da constante interpelação que recebem de que "não são mais índios". Uma data-chave para isso é o Dia do Índio, em abril, quando as comunidades manauaras participam de eventos em feiras públicas e escolas particulares ou organizam festas abertas ao público, com venda de artesanatos e comidas indígenas, realização do ritual da Tucandeira ou apresentações musicais.

Outros calendários que trazem movimentação para as aldeias urbanas sateré-mawé são os das igrejas presentes, em particular a Igreja Adventista do Sétimo Dia, na qual lideranças sateré-mawé se engajam para promover encontros, cultos, grupos de jovens (Clube dos Desbravadores, com inspirações no escotismo), além de retiros, que muitas vezes acontecem nas comunidades fora do perímetro urbano, como na comunidade Hywy, localizada na periferia de Manaus, às margens do rio Tarumã-Açu. A coparticipação nos rituais sateré-mawé e em atividades das igrejas Católica, Batista, Adventista e das igrejas pentecostais – presentes na paisagem urbana, mas também nas comunidades da Terra Indígena – implicam, decerto, grandes negociações cosmopolíticas e por vezes traduzem filiações e pertenças familiares, uma dinâmica cuja descrição pormenorizada foge ao escopo deste texto.

Nas cidades do interior próximas à Terra Indígena, os calendários locais são outros. Parintins, por exemplo, é mundialmente famosa pelo Festival Folclórico do Boi-Bumbá, cujas atividades se desenrolam ao longo de todo o ano, entre escolha do tema, das toadas (músicas-tema do espetáculo), das figuras de destaque, ensaios, gravação dos DVDs, preparação das alegorias etc. Embora os temas sejam escolhidos anualmente, temáticas indígenas são quesitos obrigatórios das apresentações, e o corpo de jurados costuma contar com antropólogos ou sociólogos, a fim de coibir distorções[18]. Em junho, quando se intensificam os festejos que vão culminar nos três dias de apresentação dos Bois no Bumbódromo (um enorme teatro de arena), começam a encostar na beira da ilha de Tupinambarana (que abriga a cidade de Parintins) barcos-recreio vindos de Manaus e outros lugares com os fãs de Garantido e Caprichoso. Intensifica-se também a circulação de Sateré-Mawé, trazendo artigos artesanais e outros produtos para comercializar no festival, havendo lugares reservados para as tendas indígenas na praça da Prefeitura e na praça dos Bois. Entre eles, é comum que se diga que "trabalham" com este ou aquele material ou forma de artesanato.

O que é um grande evento de lazer e turismo para o Amazonas torna-se, para os Sateré-Mawé, oportunidade de geração de renda e obtenção de produtos da cidade que serão levados para a Terra Indígena, além de ser um momento privilegiado para a reunião de parentes que vivem em diferentes regiões. Alguns Sateré-Mawé residentes em Parintins participam do Festival também como brincantes, bailarinos, membros das baterias ou das alas cênicas, ou técnicos na construção das alegorias. Não obstante, protagonizam também contestações sobre o uso de temas, mitos e saberes indígenas de modo estereotipado e distorcido nas apresentações dos Bois, reivindicando que parte dos financiamentos e dos processos decisórios referentes ao Festival deveria ser gerida pelos indígenas.

❷ MOVIMENTANDO A COMUNIDADE: A CENTRALIDADE DA ESCOLA NA TI

Na Terra Indígena, o ritmo do calendário "dos brancos" é nuançado, e outros ritmos se impõem. O Dia do Índio continua a ser uma data importante e, no período em que Mecias Sateré foi prefeito do município de Barreirinha-AM (2008-2016), a aldeia de Ponta Alegre tornou-se distrito municipal e sede do município por um dia. Permanecem festas como a Marujada e os desfiles de 7 de setembro, incorporadas ao longo de séculos de contato e de presença de instituições como a Igreja e as escolas, muitas vezes encampadas pelos professores indígenas. Estes, por sua vez, tornam-se agenciadores centrais para a "movimentação da comunidade", expressão costumeiramente utilizada. Professores, além de circular entre as aldeias e a sede do município para receber salário e resolver questões nas

---

18 Cf. Socorro de Souza Batalha, *Gingando e balançando em sincronia: uma antropologia da dança do boi-bumbá de Parintins-AM*. Dissertação de mestrado apresentada ao Departamento de Antropologia da Universidade Federal do Amazonas, 2015.

secretarias Municipal e Estadual de Educação, têm maior acesso a pessoas de fora das comunidades, que podem oferecer recursos para a realização de atividades da escola, festas e mesmo para patrocinar os times de futebol das comunidades. São também mais versados na escrita de ofícios e na prestação de contas que esses eventos envolvem. Assim, progressivamente, alguns professores assumem o papel de novas lideranças nas comunidades, negociando suas relações com as lideranças tradicionais, cujo apoio ao longo do tempo é imprescindível.

A escola tem centralidade nesses processos. Pelas comunidades da Terra Indígena, as crianças perambulam aos grupos, tomando banho de rio, apanhando frutas ou envolvidas em seus diferentes jogos e brincadeiras. Conforme crescem, são chamadas pelos pais a auxiliar em tarefas na casa ou na roça. Contudo, os períodos escolares condicionam os horários das crianças e dos adolescentes, ainda que haja alguma flexibilidade no calendário escolar das escolas indígenas (além de contingências como a ausência de algum professor ou a falta de combustível para o gerador elétrico da escola, motivos comuns de dispensa das aulas). Também no ambiente escolar é que são gestados eventos como as Olimpíadas de Ponta Alegre e a Feira Cultural.

Um dos professores da Escola Municipal Indígena Professora Rosa Cabral, Naasson Menezes, contou a pesquisadores do Grupo de Estudos Urbanos (GEU) que ele e seus irmãos passaram a maior parte da infância e adolescência morando na casa da família em Parintins, para que pudessem estudar nas escolas urbanas. Voltavam para Ponta Alegre no período das férias escolares e lá passaram a organizar um torneio de futebol, a chamada Copa de Férias. Esse evento se repetiu ao longo dos anos, havendo depois um período de interregno. Naasson, que cursou em Parintins a graduação em Pedagogia Intercultural Indígena na Universidade Estadual do Amazonas, Proind, passou a residir em Ponta Alegre quando assumiu o cargo de professor da escola Rosa Cabral. Seus antigos companheiros de futebol e ele então buscaram realizar outros campeonatos.

Campeonatos organizados em Ponta Alegre, ou em outras comunidades, como Molongotuba e Simão (ambas também no rio Andirá), costumam ter um regulamento escrito, que estipula as chaves entre os times, a obrigatoriedade de uniformes, o calendário e os prêmios. Cabe aos times providenciar os uniformes (as fardas, como se diz no Norte), além de outros recursos necessários para a disputa das partidas – a gasolina ou o diesel para o transporte dos times pelos rios e igarapés, o *miú* (a comida) e a taxa de inscrição. Naasson, por exemplo, encarregou-se dessa função de "cartola" do Ponta Alegre Futebol Clube, um dos times de Ponta Alegre, ao lado do Barbosada, União do Bairro (UDB), Sateré e outros. Em nossas visitas a Ponta Alegre houve também alguma movimentação acerca da Copa das

Confederações (2013) e da Copa do Mundo (2014), tendo sido decorados a escola e o principal barracão da comunidade, o Centro Cultural Etelvino Miquiles. Não por acaso, próximo a esses eventos foram realizadas atividades esportivas na comunidade.

Nem só de futebol essas atividades são feitas. Em julho de 2014, por exemplo, professores da Escola Rosa Cabral organizaram Jogos Olímpicos, dividindo a escola em equipes, das quais também participaram outros membros da comunidade. A programação, que durou dois dias, incluiu modalidades como corrida, natação, mergulho, remo, arco e flecha, futebol de bola de palha e o concurso da rainha do campeonato, tal como ocorre no Peladão. Em janeiro de 2017, período da mais recente visita da equipe do GEU a Ponta Alegre, realizaram-se Jogos Olímpicos às quartas e quintas-feiras ao longo de três semanas, com a formação de sete equipes para competir em diferentes modalidades e categorias (masculino e feminino, juvenil e adulto): futebol, futebol de palha, arremesso de peso, arremesso de lança, corrida, corrida com revezamento, mergulho, natação, remo, arco e flecha e caracterização das equipes. Em ambos os eventos, as modalidades remo, mergulho (ficar mais tempo submerso sem respirar), futebol de palha e a caracterização das equipes foram classificadas pelos participantes em "modalidades indígenas". Lucio Menezes, professor aposentado da Funai e pai de Naasson, ao ensinar a trançar a bola de palha, contou-nos que o futebol foi originalmente inventado pelos índios e depois modificado pelos brancos. Os modos tradicionais de tecer a bola de palha seriam a prova disso.

A realização de eventos com caráter agregador e coletivo nas comunidades, sejam elas situadas em cidades ou na área indígena, remete a um ideal de bem viver e a um atributo das boas lideranças que é a manutenção de uma comunidade "animada", "movimentada". A abertura de roçados (trabalho coletivo que envolve homens, mulheres e crianças) é uma das muitas formas de mutirão, ou *puxirum*, e é vista de modo festivo. É por meio de puxiruns – nos quais não indígenas por vezes se engajam como patronos ou auxiliares – que também se erguem centros culturais, organizam-se as festas e Feiras Culturais da escola e outras atividades. A aldeia de Ponta Alegre, diante de desafio de obter dinheiro para financiamento do diesel que abastece o gerador de energia da comunidade, teve mais sucesso realizando bingos e danças do que instituindo cobranças individualizadas das famílias que recebem fornecimento elétrico. Ou seja, a festa e o lazer são boas formas de se trabalhar coletivamente, formas mediadas pelo uso das boas palavras do tuxaua ou de outras lideranças capazes de dissolver conflitos e animar a todos.

3. RITMOS DA CIDADE, TAREFAS EM COMUNIDADE: A PRODUÇÃO E A CIRCULAÇÃO DO ARTESANATO

Ainda que localizadas a três dias de barco da entrada da TI Andirá-Marau, as comunidades sateré-mawé em Manaus mantêm um padrão de atividades que acompanha não apenas o calendário da cidade, mas também eventos dos municípios próximos à Terra Indígena (Parintins e Maués), idas e vindas de parentes das aldeias, bem como a temporalidade própria das estações amazonenses, que regulam as cheias e vazantes dos rios. Um dos elementos que marca esse ritmo das tarefas cotidianas e da circulação de pessoas pela cidade e por aldeias da TI é a produção do artesanato em todas as suas etapas – desde a coleta de sementes, a troca de variedades entre parentes e a elaboração coletiva de colares e pulseiras até a comercialização em diferentes espaços e contextos.

A produção do artesanato de sementes na cidade, desempenhada principalmente pelas mulheres sateré-mawé, intensificou-se consideravelmente nos anos 1990 com a criação da Associação de Mulheres Indígenas Sateré-Mawé (Amism), seguida pela consolidação dos demais coletivos hoje existentes no perímetro urbano de Manaus. Tal configuração esteve especialmente relacionada à ação de mulheres de uma mesma família – da matriarca Tereza Ferreira de Souza –, que assumiram a dianteira na criação das comunidades e associações, emergindo como novas lideranças no espaço urbano e fazendo do artesanato uma atividade central e um dos principais sinais diacríticos acionados pelos grupos sateré-mawé da região. Esses coletivos tornaram-se espaços agregadores e pontos de pouso para muitos daqueles que vivem em Manaus ou que estão de passagem pela capital, além de favorecer o desenvolvimento de uma agenda política do direito indígena à cidade e de formas de subsistência que aproximam a experiência urbana aos modos de vida sateré-mawé e suas concepções de bem viver.

Uma vez ela [Zenilda] falou assim: "Mana, se em vez de nós trabalhar em casa de família, vamos trabalhar pra nós mesmas? Pelo menos nós estamos perto dos nossos filhos, tamo vendo". [...] Aí quando a Zenilda decidiu, perguntou pra mamãe:
— Mamãe, no Andirá não fazia artesanato, mamãe?
— Minha filha, a gente fazia.
— Como é que fazia mamãe?
— A gente pega o caroço, corta com a faca assim...
Mamãe foi buscar no Tarumã [bairro na periferia de Manaus], aí corta aqui, ali, aí leva na pedra de amolar. Pegava a faca e raspa aqui por dentro. Aí tem a embaubeira, folha de embaúba, pegava, tirava ela,

botava pra murchar, aí murcha e passa o anel pra brilhar. E foi aí que paramos de andar por aí vendendo lixo[19].

São muitos os relatos que, como o de Dona Zurma Silva dos Santos, apresentam a produção do artesanato como um divisor de águas na experiência de mulheres sateré-mawé na cidade em oposição ao trabalho precarizado em "casas de família" e à coleta de objetos pelas ruas. As "caçadas" – como são relembradas por alguns – por objetos e alimentos em bom estado no lixão de Novo Israel e nas escadarias do Mercado Municipal cedem lugar a "caçadas" para coleta de sementes. Aos poucos, o repertório de sementes possíveis para essa produção se expande, acompanhando o estabelecimento de famílias em diferentes locais – onde encontram diferentes árvores –, e o crescente contato com outras artesãs, que ensinam o manejo de sementes antes pouco conhecidas pelas Sateré-Mawé, bem como a possibilidade de adquirir variedades em alguns pontos de venda.

As comunidades sateré-mawé em Manaus e região estão localizadas em áreas com ecossistemas variados. Imaginar uma comunidade na cidade pode remeter tanto a um cenário marcadamente urbano, com edifícios, carros, asfalto e comércio, como também a áreas de floresta, à beira de rios ou grandes igarapés. Essa diversidade de ecossistemas implica um diferente acesso a sementes, que varia conforme a estação do ano, e promove a circulação de variedades entre parentes. Além das trocas entre comunidades, cada uma tem acesso privilegiado a um fornecedor de sementes vindas da TI, sendo que as sementes adquiridas sempre podem ser repassadas a outras comunidades por meio de trocas. Desse modo, os artefatos produzidos em Manaus passam a ser compostos por espécies típicas do baixo Amazonas (como pucá, chumburana e morototó), entremeadas com aquelas encontradas na cidade (como ingarana, tento e açaí tingido). A manutenção dessas redes é em grande parte possibilitada pelos deslocamentos característicos dos Sateré-Mawé, com sua forte valorização das "andanças", da frequência a diferentes espaços, do fato de retornar com novos conhecimentos, manter laços ativos com aqueles que vivem longe, ter casas de pouso em muitas cidades e passar períodos em locais distintos. Desse modo, ainda que muitas famílias fixem residência em determinados locais, é cotidiana a circulação de pessoas, coisas, notícias, referências e narrativas entre diferentes espaços sateré-mawé, que podem estar tanto na cidade como nas aldeias e municípios próximos.

....

19   Zurma Silva dos Santos, 2014, Manaus-AM.

De acordo com as estratégias de comercialização de cada comunidade, a produção do artesanato pode ser diária ou esporádica, ocorrendo principalmente nos finais de semana e nas vésperas de algum evento – como em comemorações do Dia do Índio em escolas particulares, um ritual da Tucandeira em alguma das comunidades, congressos na Universidade Federal do Amazonas (Ufam) ou outras oportunidades de venda, como foi a Copa do Mundo no Brasil em 2014, que teve Manaus como uma das cidades-sede. As famílias que vivem em Manaus também participam ativamente dos principais eventos da região do baixo Amazonas, como a já mencionada Festa do Boi de Parintins e a Festa do Guaraná em Maués. O grande fluxo de turistas faz dos eventos um momento propício para que os Sateré-Mawé na Terra Indígena tentem um lugar no disputado mercado de artesanato das cidades, seja como vendedores finais dos artefatos ou como fornecedores para revenda. Além de comercializar esses e outros artigos – como banana, farinha, tapioca –, muitos também anseiam por curtir as festas e reencontrar parentes. Nessas ocasiões, aqueles que transitam entre Manaus e a região levam encomendas de artefatos a serem vendidos nos eventos.

Como as comunidades em Manaus, a sede da Amism também está centrada em um mesmo núcleo familiar, sendo ao mesmo tempo local de trabalho e lar de suas principais integrantes. Dispondo de alguns pontos fixos para venda de artesanato, sua produção é mais constante que muitas das comunidades. O cotidiano da associação é dinâmico e se desdobra em atividades que variam de acordo com as demandas de cada momento: alguns dias podem ser principalmente dedicados à coleta de determinadas sementes, outros ao tratamento das sementes coletadas, outros à montagem coletiva dos colares e pulseiras ou à sua comercialização, incluindo também a ocasional participação em eventos, o auxílio a mulheres indígenas em Manaus, reuniões etc. Na sede, o dia se passa entre a produção de colares, o cuidado com a casa e com as crianças, visitas de vizinhas e amigas, conversas por WhatsApp com aqueles que vivem na cidade ou nas proximidades da TI Andirá-Marau. Fora da sede, outras atividades e tarefas envolvem o contato com diversos agentes, como compradores locais e estrangeiros, beneficiadores de sementes, representantes de ONGs, pesquisadores e outras artesãs, indígenas e não indígenas, com quem as associadas mantêm contato não só nos pontos de venda, mas também em reuniões de entidades como o Programa Economia Solidária[20] ou em encontros articulados por organizações ligadas

----

20   Organizado pela Secretaria Municipal do Trabalho, Emprego e Desenvolvimento (Semtrad).

ao movimento indígena em Manaus. Na Maloca Comunitária do Bosque da Ciência, localizada no Instituto Nacional de Pesquisas da Amazônia (Inpa), por exemplo, a Amism divide espaço de exposição com outras associações indígenas, como a Associação de Mulheres do Alto Rio Negro (Amarn) e a associação Bayaroá. Nesses espaços, entre um comprador e outro, os modos de fazer, as habilidades e os materiais utilizados em cada produção são comentados, compartilhados, testados e continuamente transformados, de modo que o espaço de venda pode rapidamente se converter em uma roda de artesanato e animado bate-papo.

Além da circulação dos artefatos, as próprias sementes utilizadas na produção de artesanato das associações e comunidades em Manaus movimentam um amplo circuito dentro e fora do contexto urbano. Adquirir sementes é um misto de improviso e intenção: um trajeto de ônibus pelo centro da cidade, a caminho de outras atividades, pode revelar a uma artesã novas árvores de sementes de tento ou ingarana que ainda não conhecia, ou uma visita a familiares de outras comunidades pode resultar na coleta de sementes da região. Uma vez identificadas as árvores, a coleta é feita de forma individual ou coletiva, podendo ser organizadas excursões específicas para esse fim. Outras variedades podem ser adquiridas na ocasião da visita de algum parente da TI, que as compra ou troca por roupas e tecidos com artesãs das aldeias. Em algumas circunstâncias, essas trocas podem ser pessoalmente realizadas pelas artesãs de Manaus ou por seus parentes próximos durante viagens para as imediações de Andirá-Marau, o que geralmente ocorre em paralelo com outras motivações, como visita a algum parente ou um compromisso de negócios. Em suma, as rotas das sementes são entremeadas a outros trajetos traçados dentro e fora do meio urbano e guiadas pelas relações de sociabilidade entre parentes, vizinhos e afins.

Sair de casa em grupo em busca de sementes é uma atividade divertida, que envolve o estreitamento de laços sociais, o passeio pelas ruas, praças e avenidas e o desenvolvimento de diferentes táticas de coleta. Os trajetos para a busca por sementes incorporam um modo próprio de explorar a cidade, em que se caminha pelas ruas com o olhar atento às plantas, traçando caminhos orientados por uma percepção compartilhada sobre os diferentes tipos de árvores e espaços de Manaus. Para a coleta coletiva de sementes de ingarana, encontradas na região central, uma estratégia possível é que uma pessoa suba nas árvores para facilitar a queda das sementes maduras, enquanto outras estendem abaixo uma grande lona para pegá-las. Já a coleta de arara-tucupi é feita na época da cheia do igarapé Tarumã-açu, região periférica onde estão localizadas três comunidades Sateré-Mawé. Para aqueles que vivem mais próximos ao centro da cidade, essas áreas são preferencialmente visitadas nos finais de semana, unindo a atividade de coleta ao encontro com parentes, o jogo de futebol com times da região e o banho de rio. A própria coleta é uma atividade descontraída, em que pequenos grupos saem de barco ou canoa pela beira do rio balançando as árvores de arara-tucupi com uma vara, de modo que caiam no barco. Outras sementes encontradas em áreas de floresta, como babaçu, olho-de-boi e lágrima-de-nossa-senhora podem ser acessadas na comunidade Sahu-Apé, município de Iranduba. A coleta dessas sementes por parte daqueles que vivem em outras regiões ocorre durante encontros familiares, em que não pode faltar a partilha do *miú* – muitas vezes levado pelos próprios visitantes, que chegam a estender a visita por alguns dias. As grandes coletas costumam também ser seguidas por um animado mutirão entre as participantes para a limpeza e o armazenamento das sementes em vasilhas e garrafas PET.

As artesãs não renovam seus estoques de sementes apenas quando estes chegam ao fim. Elas também o fazem quando têm grandes encomendas a cumprir, nas vésperas de uma feira ou evento, e também aproveitando circunstâncias não previstas (quando parentes chegam com sementes da Terra Indígena, quando visitam determinadas regiões na época em há algum tipo de semente em abundância ou quando outras mulheres aceitam encomendas para a compra de sementes em lugares mais distantes). Grupos que vendem artefatos regularmente, como a comunidade Sahu-Apé, que desenvolve atividades turísticas com maior regularidade em Iranduba, e a Amism, produzem artesanato diariamente, adquirindo sementes por diferentes meios, enquanto outros coletivos podem apresentar diferentes ritmos de produção, o que implica também outra frequência na aquisição de sementes.

O artesanato comercializado pelas Sateré-Mawé em Manaus apresenta alguns elementos presentes também em seus artefatos de uso pessoal – que não são, no entanto, os mesmos. Em geral, os colares de uso próprio são feitos majoritariamente com sementes pretas, como chumburana, murumuru, maniva-do-mato e, principalmente, a pucá (*waruru*), a qual é atribuída uma propriedade de proteção, sendo amplamente utilizada pelos Sateré-Mawé e reconhecida como um marcador da etnia. Já os artefatos vendidos permitem a incorporação de outros elementos, como as sementes artificialmente coloridas – especialmente o açaí tingido. A seleção do que vai ser vendido e para quem, que se expressa na interdição de alguns artigos para venda ou na preferência de certos materiais para diferentes públicos, é feita e refeita no próprio cotidiano de produção das peças de artesanato. Muitas artesãs em Manaus traçam, ainda, diferenças significativas entre os colares produzidos na cidade e aqueles produzidos nas aldeias, que podem ser circunstancialmente enfatizadas ou amenizadas. Essas diferenças passam pela percepção de que na cidade há uma produção maior de colares tecidos (caracterizados por uma trama complexa, em oposição aos colares de uma só volta), com maior variedade de sementes (especialmente as tingidas), feitos em um ambiente onde se tem mais ideias pelo contato com "o que está usando" nas ruas e nas novelas, que inspiram a criação de novos modelos para venda – os quais, por sua composição de sementes, são reconhecidos como colares sateré-mawé, mas se diferenciam daqueles utilizados "por Sateré ou amigo de Sateré". Assim, a coleta de sementes e a confecção de colares são momentos de negociação e potencial transformação de modos de fazer que passam por relações entre múltiplos agentes, de modo que a produção do artesanato torna-se também subsídio para disputas e reflexões sobre a identidade sateré-mawé e considerações sobre o que é o "estar na cidade", qual o artesanato produzido na cidade e como ele se diferencia ou não daquele produzido nas chamadas "comunidades de base".

Esse potencial de transformação nos modos de preparo das sementes e do fazer artesanal está relacionads ao caráter coletivo que a produção assume e à diversidade de pessoas que participam desse processo. As comunidades e associações sateré-mawé em Manaus abrigam em seu cotidiano uma extensa categoria de "parentes", além de "parceiros", vizinhos, amigos e conhecidos indígenas e não indígenas, pessoas com as quais os Sateré-Mawé estabelecem relações e alianças circunstanciais. Seus espaços se configuram de tal forma que o barracão ocupa um papel central no terreno, e nele podem ser desenvolvidas atividades que vão desde a realização do ritual da Tucandeira ou aulas para crianças menores até a exibição de filmes nos finais de semana. O barracão costuma ser também o espaço privilegiado para a produção de artesanato em muitas das comunidades, em que mulheres – e, por vezes, também alguns homens – se reúnem para dividir ou trocar sementes, compartilhar novas técnicas, inventar modelos e passar a tarde conversando.

Autores como Assis[21], Barbosa[22] e Ribeiro[23] identificam o surgimento do artesanato indígena no Brasil na década de 1970 como atividade inserida principalmente por intermédio da Funai, consistindo em uma política sistemática adotada pelo órgão, o que inicialmente visava "facilitar a manutenção econômica dos grupos envolvidos"[24]. Assim, em seus

---

[21] Valéria Soares de Assis, *Dádiva, mercadoria e pessoa: As trocas na constituição do mundo social Mbyá-Guarani*. Tese de doutorado. Porto Alegre: Universidade Federal do Rio Grande do Sul, 2006.

[22] Wallace de Deus Barbosa, O artesanato indígena e os novos índios do Nordeste. *Revista do Patrimônio Histórico e Artístico Nacional*, 1999, n. 28, pp. 198-215.

[23] Berta G. Ribeiro, *O Índio na História do Brasil*. Coord. Jaime Pinsky. São Paulo: Global, 1983 (Col. História Popular).

[24] Cf. Berta G. Ribeiro, 1983, *op. cit.*, *apud* Wallace de Deus Barbosa, 1999, *op. cit.*

primórdios, o "artesanato" no meio indígena não designa toda e qualquer
produção de artefatos, mas uma produção especificamente destinada à
venda – o artesanato-trabalho. Mas o que isso também implica é que, dentro
do amplo repertório de coisas que compõem a cultura material de um
povo, nem tudo é artesanato, como categoria de mercadoria, e nem todo
artesanato o é *o tempo todo*. Há uma escolha do que é ou não é vendido,
que passa por considerações simbólicas, históricas e mercadológicas,
além de compor estratégias contextuais. Algumas coisas do repertório
sateré-mawé foram eleitas como artesanato, enquanto outras não; algumas
coisas são ainda especificamente criadas para ser artesanato, enquanto
outras podem ser nele convertidas contextualmente, entrando e saindo do
estado de mercadoria[25] – colares que Dona Baku, liderança da comunidade
Sahu-Apé, mostra terem sido presentes de lideranças da terra indígena,
"coroando-a" tuxaua, dificilmente seriam chamados "artesanato". Em suma,
o artesanato, nesse contexto, remete a uma produção de cultura material
que evoca elementos particulares do grupo, como materiais ou técnicas, e
é por ele legitimamente elaborada como autêntica e própria, mas voltada
para o Outro. Os objetos de artesanato, como resultado de uma seleção
protagonizada por quem os produz, incorporam, assim, estratégias
autônomas de gerenciamento de relações com a alteridade.

❹ TRABALHO OU TEMPO LIVRE?

Historicamente oposto ao trabalho, o tempo livre sugere englobar tudo
aquilo que resta no dia depois do labor. Seria esse o tempo de que uma
pessoa dispõe para além das horas controladas do trabalho, livre para
ser dedicado à execução de atividades – ou de atividade nenhuma – à
sua escolha. Por essa perspectiva, o chamado *uso do tempo livre* poderia
se referir a uma ampla gama de práticas – que, apesar do adjetivo "livre",
podem envolver contextualmente níveis variados de obrigações sociais –,
indo desde celebrações religiosas e estudos extracurriculares até a prática
de esportes, saídas a bares ou o "fazer nada". Em alguns contextos, ele se
apresenta como sinônimo de lazer e sociabilidade, ainda ancorado em uma
estrita divisão entre o tempo do trabalho institucionalizado e o tempo fora
dele. Outras contribuições da presente publicação nos mostram que não
precisamos ir muito longe para questionar divisões rígidas entre trabalho e
tempo livre; mas os Sateré-Mawé oferecem ainda um exemplo privilegiado

---

[25] Cf. Arjun Appadurai, *A vida social das coisas: a mercadoria sob uma perspectiva cultural*, Niterói: Eduff, 2008.

de como outros modos de divisão do tempo e dos afazeres podem operar de forma concomitante ou até alternativa a essa dicotomia – mesmo em um ambiente aparentemente dominado pela lógica do relógio e do trabalho, como a cidade de Manaus.

Se um pesquisador chegasse a uma das sete comunidades sateré-mawé estabelecidas na região de Manaus com a pergunta "O que você faz no seu *tempo livre*?", provavelmente receberia como resposta: "Nada" – o que não demoramos para aprender em nossas primeiras interações em campo. No entanto, não se pode concluir que nossos interlocutores não desempenhem atividades que poderiam ser contempladas pela noção de "tempo livre" ou que de fato façam "nada" afora funções enquadradas como "trabalho". O que se passa é que a categoria (e a oposição que pressupõe) seria dificilmente empregada ou mesmo concebida pelos Sateré-Mawé para definir suas atividades – e não por acaso. Caso essa entrevista se direcionasse a práticas de lazer ou atividades de finais de semana, poderia resultar em algumas respostas sobre futebol, banhos no igarapé do Tarumã-açu, visitas a parentes de outras comunidades e cultos religiosos. No entanto, o convívio prolongado com famílias sateré-mawé indica que há mais a se considerar sobre suas práticas cotidianas e a forma como são experienciadas. Algumas dessas atividades – como o artesanato – poderiam ser simultaneamente classificadas sob a rubrica de trabalho, lazer, política, sociabilidade, tempo livre, e é nessas interseções borradas que se desdobra um cotidiano multilocal característico das experiências sateré-mawé para além de tais categorizações.

Retomemos aqui o argumento de Tim Ingold[26] de que, nas chamadas sociedades primitivas, o tempo não seria fracionado e contabilizado pelas horas do relógio, mas sim dividido em tarefas a serem cumpridas. O tempo como tarefa está imerso na dimensão social das atividades, de modo que as tarefas executadas determinam não apenas relações sociais, mas também a posição social daqueles que as executam, e vice-versa: ocupar uma determinada posição significa também executar determinadas tarefas. Na sociedade pós-industrial haveria, supostamente, uma substituição desse tempo por tarefas pelo tempo do relógio e uma consequente divisão do tempo de trabalho e do tempo livre – o primeiro como um momento quase não pertencente ao trabalhador, enquanto o segundo seria o tempo disponível para ocupações e consumo individual. Para Ingold, porém, a lógica do tempo em tarefas não é absolutamente subvertida pela lógica fracionada do relógio: elas coexistem.

....

26   Cf. Tim Ingold, 2000, *op. cit.*

É frequentemente comentado que uma das principais diferenças entre o artesanato que se faz nas aldeias e aquele que é feito na cidade é o seu caráter de trabalho. André, liderança das comunidades de Waikiru e Porantim em Manaus, resume a questão afirmando que na cidade "a gente faz pra sobreviver, e na aldeia a gente faz como um costume". Regina Vilácio, coordenadora da Amism, acrescenta ainda que, enquanto na cidade o artesanato se tornou um trabalho, nas aldeias ele é executado em um tempo entre outras tarefas prioritárias. Esse "tempo livre" está, por exemplo, nas horas "ociosas" de uma viagem de barco ou no período menstrual, quando as mulheres não vão para seus roçados e devem permanecer reclusas. Segundo a Regina Vilácio, esse seria um dos motivos pelos quais não vingaram alguns programas propostos nas aldeias por ONGs para elaboração contínua de artesanato. No entanto, a divisão do tempo em tarefas, expressa em sua fala, é ponto em comum da experiência na cidade e nas aldeias – ainda que sejam tarefas distintas. Na prática do artesanato e no próprio cotidiano das associações e comunidades, o trabalho se mescla ao tempo livre e ao lazer, de modo que os dias são ocupados pelo encadeamento de tarefas pautadas por dimensões sociais e relacionais.

A senhora pegue essas netas aqui pra furar o dedo lá com a senhora. Se tem uma mesa grande, só faz desarrumar, bota um pano e todo mundo em volta. Coloca o radinho ali, a televisão aqui, e vai olhando, mas tá costurando! Um radinho apaixonado...[27]

À primeira vista, o artesanato parece emergir como uma alternativa financeira no mercado de trabalho da cidade. No entanto, observando a prática de coleta de sementes, produção coletiva de colares, partilha de modos de fazer, elaboração de uma estética apropriada para cada tipo de comprador, venda em diferentes espaços, e acompanhando conversas sobre a feitura de colares de sementes, é notável que o artesanato também mobiliza conexões de outra ordem. Uma roda de mulheres tecendo colares e colocando a conversa em dia, ou uma viagem para visitar parentes e trocar sementes nos revela que, para além do mundo do trabalho, o artesanato, como prática e artefato, apresenta uma multiplicidade de camadas que tange, entre outros aspectos, à socialidade e à cosmologia sateré-mawé, à construção de alianças, transmissão de habilidades, memórias, afetos e sociabilidade.

À primeira vista, as festas e os jogos das comunidades da Terra Indígena poderiam ser vistos como forma de lazer, como momentos de

----

[27] Regina Vilácio aconselhando Dona Santina em Maués.

confraternização que transcendem a obtenção e o preparo dos alimentos (caça, pesca, roçado). Mas são também tarefas de professores e lideranças e formas de engajamento coletivo, em que relações se fazem e refazem, conflitos se manifestam e se dirimem, e trocas diversas se efetivam. Fazem parte do que nós, a partir de compreensões ocidentais, chamaríamos de uma ética e uma estética da existência que não foi enquadrada no regime de trabalho e produção do mundo capitalista, mas que com ele convive e a ele resiste. Concluímos com a crítica que Eduardo Viveiros de Castro fez ao entendimento de certos políticos quanto aos índios: "[...] pensam o Brasil a partir de São Bernardo. Ou de Barretos. Eles têm essa concepção de produção, de que viver é produzir – 'O trabalho é a essência do homem'. O trabalho é a essência do homem porra nenhuma. A atividade talvez seja, mas trabalhar, não"[28].

---

[28] Cf. Rafael Cariello, O antropólogo contra o Estado (Entrevista com Eduardo Viveiros de Castro), *Revista Piauí*, dez./2013, ed. 88.

FLUXOS E SENTIDOS DA CIDADE-EM-CULTIVO

Mariana Machini

❶   INTRODUÇÃO

Às dez horas da manhã daquele sábado havia duas mulheres na horta. O tempo nublado que contrastava com o sol escaldante do dia anterior favorecia as atividades para as quais elas se dedicavam: afofar alguns canteiros novos com a enxada, abrir caminhos para a nascente que aflora naquele terreno e alimenta as cacimbas de água, manusear o facão para cortar alguns troncos de bananeira, os quais serviriam para delimitar canteiros e nutrir a terra. Elas também se agachavam para retirar algumas espécies que sufocavam outras, podavam as plantas altas, plantavam algumas mudas que foram germinadas recentemente, limpavam e abriam os caminhos por entre aqueles 800 m² de plantação, refaziam parte da cerca da região superior da horta para que alguns animais não conseguissem entrar, criavam, com bambu, arame e bastante improviso, uma cobertura para uma espécie de suporte para a germinação de sementes.

Aos poucos foram chegando mais mulheres entre idades variadas. Apenas um senhor quebrava a totalidade feminina. As atividades continuavam intensas, e o sol que agora aparecia aumentava o calor e o suor. Mais poda, mais rega, mais enxada, mais plantio. No meio disso conversas variadas. O shissô, erva asiática muito utilizada na culinária japonesa, foi apresentado, "fica ótimo cru na salada mesmo". "Come essa folha aqui, é jambu, adormece a língua". "Você não tá cansada de ficar tanto tempo com essa enxada?", "Não, eu adoro, é minha parte preferida. Ninguém aqui precisa de academia, isso aqui é *agrofitness*". Por volta do meio dia um casal chega com duas crianças. Entra na horta e começa a apresentar diversas plantas para seus filhos, um bebê de sete meses, o outro de dois anos. A família tira dúvidas sobre os nomes de algumas espécies e troca receitas. Alguém pergunta sobre uma das recentes audiências públicas relacionadas à produção agrícola da cidade de São Paulo. As conversas, entre sobe, desce, poda, arranca, agacha, levanta, aprofundam-se em leis, diretrizes municipais, políticas públicas de São Paulo e outras cidades brasileiras. As realidades são comparadas e discutidas.

Já próximo das três horas da tarde duas das mulheres saem e voltam com uma sacola com pão, uma salada, patê, uma torta salgada, copos. Alguém corta algumas folhas de bananeira que fazem as vezes de toalha e as coloca sobre uma mesa velha que foi doada à horta, onde os alimentos são dispostos. Naquele dia um vinho também foi levado para comemorar o último mutirão do ano. Nesse momento a totalidade do grupo já tinha voltado a ser feminina, entre idas e vindas de pessoas. Algumas começam a comer, outras ainda se empenham na construção da cobertura da sementeira com facões, elásticos, arames. A cacimba de água próxima serve como refresco, onde se molham cabelos, braços, pés. "Vamos fazer um brinde", diz uma delas. Todas se unem e surge a ideia de que cada uma comente sobre os momentos considerados mais especiais naquele ano, desde que relacionados à horta. As histórias são diversas e se complementam, outras realidades de plantio agrícola em São Paulo emergem na conversa. Entre bate-papo e gargalhadas me despeço. Elas ficam, ninguém parece querer encerrar aquele momento.

Esse relato[1] retrata um dos domingos da primeira quinzena de dezembro de 2017 na Horta das Corujas, uma das diversas hortas urbanas comunitárias da cidade de São Paulo. Ele foi escolhido para iniciar este capítulo porque permite, entre outras coisas, que o leitor construa uma cena ao longo do primeiro parágrafo e vá, a partir dela, acrescentando camadas conforme segue a narrativa e mais elementos são adicionados. Assim, um fazer agrícola que envolve pesado e cansativo *trabalho* braçal se desenrola para um fazer agrícola em forma de mutirão, que é permeado por trocas de ensinamentos, receitas, discussões políticas, sociabilidades, comemorações, questionamentos, alimentação. Quem chegasse à horta no momento do brinde poderia interpretar a situação como uma comemoração de amigas em uma praça pública num sábado de sol. Algumas horas antes, seriam vistas pessoas entre fazeres cansativos cultivando comida em uma praça pública. O termo *agrofitness*, por exemplo, expõe um labor recreativo que embaralha significados e complexifica as atribuições e julgamentos relacionados ao trabalho braçal.

Essas camadas que vão sendo elencadas, em vez de se sobrepor e encobrir as anteriores, mesclam-se a elas de maneira que, ao final da narrativa, o texto se torna multifacetado e cheio de sentidos. A celebração e o cultivo, longe de ser excludentes, desenvolvem-se mutuamente na realidade das hortas comunitárias de São Paulo, seja no centro, seja em suas periferias.

A mesma lógica de camadas que vão sendo acrescentadas e se entremeiam em vez de se encobrir parece funcionar para os estudos relacionados ao lazer, temática que será aqui imbricada às hortas. O lazer vai sendo definido ao longo dos anos e por áreas diversas, muitas vezes

....

[1] Este capítulo é decorrente de meu processo de pesquisa realizado durante e após o mestrado em Antropologia Social, que teve como temática as hortas urbanas comunitárias da cidade de São Paulo. Cf. Mariana Machini. *Nas fissuras do concreto: política e movimento nas hortas comunitárias da cidade de São Paulo*. Dissertação de mestrado em Antropologia Social. São Paulo: Faculdade de Filosofia, Letras e Ciências Humanas da Universidade de São Paulo, 2017.

em relação a termos como o trabalho e o tempo livre. Em seu escopo inicial de estudos no âmbito da sociedade industrial, era estabilizado como tempo de não trabalho e por vezes associado a algo negativo, seja por uma interpretação de horror à preguiça[2], seja quando certas análises marxistas o colocam como alienação, tempo de descanso oferecido apenas para sustentar o tempo de trabalho. O desenrolar dos estudos sobre o lazer somou dimensões, além das explicitadas na introdução do presente livro, como a do "lazer sério"[3], quando, *grosso modo*, a prática é vista como compromisso; a da "lazerania"[4], que funde a palavra lazer com a cidadania; e a do "lazer anormal"[5], que se aprofunda em práticas que podem envolver violência, drogas e prazer, entre diversas outras.

Seguir apenas um desses termos parece deixar de lado outras múltiplas e facetadas camadas. Como se fosse lido apenas um parágrafo da narrativa, e aquele sábado na praça fosse *ou* trabalho pesado *ou* confraternização entre amigas, *ou* apenas um encontro para discutir políticas públicas. As hortas comunitárias de São Paulo, assim como outras práticas esmiuçadas nesta publicação, explicitam "modos de fazer"[6] extremamente variados que não se encaixam em purismos e categorias limitadas e limitadoras diante da inventividade cotidiana. Esse tipo de plantio na cidade desestabiliza uma série de práticas costumeiramente ligadas ao trabalho – a ocupação dura, pesada, cansativa, que exige regularidade e compromisso – ou ao lazer – a sociabilidade, a conversa, a fruição, o estar em áreas verdes, a praça, a comida compartilhada – e por isso se torna interessante de ser aqui analisado.

❶ "EU VOU PLANTAR NA CIDADE"

Imagine um jardim. Entre nele. Passeie por ele. O que você vê? Talvez uma sequência de terraços inclinados, topiaria e pérgulas, uma alegre explosão bordas florescendo, ou um caminho cheio de vegetação [...] Qualquer que seja o jardim que você estiver imaginando neste momento, é provável que ao lado dele esteja uma casa. Você está imaginando um jardim como a maioria das pessoas o vê – como uma extensão da casa,

....

[2]   Cf. Alain Corbin, *História dos tempos livres. O advento do lazer*, Lisboa: Teorema, 2001.
[3]   Cf. Robert A. Stebbins, *Serious Leisure: A Perspective For Our Time*, New Jersey: Transaction, 2008.
[4]   Cf. Fernando Mascarenhas, "Lazerania" também é conquista: tendências e desafios na era do mercado, *Movimento*, Porto Alegre, 2004, v. 10, n. 2, pp.73-90.
[5]   Cf. Chris Rojek, *Leisure and culture*, Basingstoke: Palgrave Macmillian, 2000.
[6]   Cf. Michel de Certeau, 2009 (2012, 2014 [1980]), *op. cit.*

feito para se viver nele, um espaço privado cultivado com o propósito primário de agradar a seu ocupante permanente. Enquanto proprietários generosos permitem convidados com os quais dividem seus jardins, em última instância o jardim é dele, não seu [...] Mas algumas pessoas têm uma definição diferente do que é um jardim. Eu sou uma delas. Eu não espero por permissão para me tornar alguém que cultiva [*gardener*[7]], mas trabalho a terra [*to dig*] onde quer que eu veja potencial de horticultura. Eu não apenas me dedico a jardins existentes, mas os crio em espaços negligenciados. Eu, e centenas de pessoas como eu, saem de casa para cultivar terras que não nos pertencem[8].

Este trecho é parte do livro *On Guerrilla Gardening. A hand book for gardening without boundaries*[9], escrito por Richard Reynolds. A expressão *Guerrilla Gardening* ou *Green Guerrilla* surgiu em meados dos anos 1970 nos Estados Unidos, no contexto da contracultura[10], e se refere ao plantio em espaços públicos ou privados sem prévia autorização. De maneira geral, não se trata de qualquer plantio. Apesar de a ideia de revitalização do espaço no sentido estético estar presente em muitas das vezes, já que os espaços escolhidos para plantio de guerrilha são denotados como negligenciados, o plantio de guerrilha costuma se materializar em áreas de produção de alimentos, expressas geralmente pelo modelo de hortas geridas coletivamente.

As citações de Reynolds são interessantes porque trabalham o imaginário sobre o que seria um jardim – vinculado ao domínio da casa, usufruído essencialmente por aqueles que nela residem, constituído de gramados, plantas que adornam o espaço. Por outro lado, os jardins que resultam dos cultivos de guerrilha são em grande parte localizados

---

[7] Opto por traduzir como "alguém que cultiva" em detrimento do usual "jardineiro" justamente porque o que intenta o autor dessa citação é fazer o leitor imaginar espaços cultivados que fogem à ideia comum do que seria um jardim.

[8] Cf. Richard Reynolds, *On Guerrilla Gardening: A Handbook for Gardening Without Boundaries*, Reino Unido: Bloomsbury, 2009, pp. 3-4.

[9] "No plantio de guerrilha: um guia de bolso para o plantio sem fronteiras", em tradução livre.

[10] Movimentos iniciados pela juventude norte-americana que tiveram seu auge na década de 1960. Dentro de múltiplas vertentes, tratava do questionamento do *status quo* político, econômico, cultural, de relações sociais ditas tradicionais, ligadas à família. São exemplos o movimento *hippie*, a música *rock*, orientalismo, drogas, dentre outras práticas associadas intensamente pelos participantes à palavra liberdade. Carlos Alberto Messeder Pereira (*O que é contracultura*. São Paulo: Nova Cultura/Brasiliense, 1986, p. 14) também indica que o termo pode se referir a uma questão mais abstrata, certo espírito e modo de contestação, de enfrentamento da ordem vigente, ao que "uma contracultura, entendida assim, reaparece de tempos em tempos".

em espaços públicos, geridos coletivamente com processos de plantio, cuidado e colheita que podem ser muito diversos, em grande parte abertos a quem neles queira adentrar, formados por plantas que em geral não são utilizadas dentro de determinado padrão estético – as "plantas que enfeitam" –, mas repletos de comida.

A expressão *Guerrilla Gardening* tangencia um fenômeno urbano que vem acontecendo com força crescente em São Paulo e em outras cidades do Brasil e do mundo: as hortas urbanas comunitárias, agrupamentos autogeridos de voluntários que se utilizam de espaços públicos – praças, terrenos abandonados, canteiros em calçadas, rotatórias – para o plantio de hortaliças, frutas, flores e outros tipos de vegetação.

As hortas comunitárias podem ser compreendidas como um emaranhado de pessoas, sementes, tecnologias, plantas, animais, técnicas em meio ao concreto urbano. Começaram a pipocar com maior intensidade a partir de 2012[11] na capital paulistana e não cessam de se multiplicar – e de se transformar – pela cidade. Existem hortas na vila Beatriz, na avenida Paulista, na Lapa, na vila Indiana, no bairro da Saúde, na Casa Verde, no Cambuci, Ana Rosa, Mooca, Paraíso, Pompeia, entre outros bairros da capital. Um mapa colaborativo criado com auxílio da plataforma do Google Maps[12] indica mais de cem iniciativas pelos bairros de São Paulo e cidades da região metropolitana, além de incluir um mapeamento de hortas de pequenos produtores agrícolas profissionais, situados majoritariamente nos extremos sul e leste da capital. É possível observar ali um fluxo de incremento dessa maneira de cultivo na metrópole.

Na maioria das vezes, as hortas comunitárias fogem de padrões mais conhecidos de cultivo, tanto em sua forma quanto em seu conteúdo: fileiras de alface e canteiros de tomate, bem como fertilizantes químicos e agrotóxicos[13], são substituídos por um plantio que se inspira em um

....

[11] É importante ressaltar que outras hortas comunitárias já existiam na cidade de São Paulo antes dessa data – que, no entanto, é útil para evidenciar um momento de profusão dessas criações.

[12] MAPS, Google. Mapeamento colaborativo de hortas comunitárias e outras iniciativas agrícolas em São Paulo. Disponível em: ‹http://bit.do/hortas›. Acesso em 8 mar. 2018.

[13] "Agrotóxico" é o termo utilizado por meus interlocutores. Já "defensivos agrícolas" e "herbicidas" são termos utilizados para se referir aos mesmos produtos pelas empresas responsáveis por sua fabricação, produtos esses utilizados por grande parte da agricultura comercial, principalmente com vistas ao controle de pragas e de ervas classificadas como daninhas, tratadas como prejudiciais à agricultura. Meus interlocutores se colocam contra a utilização desses últimos termos por interpretar sua semântica como ligada a uma conotação de proteção para algo que é por eles visto como veneno. "Fertilizantes químicos" é outro termo da chamada agroindústria que se refere a produtos criados para a nutrição do solo e o crescimento das plantas, os quais também são tratados como veneno.

instrumento de reformulação e questionamento da relação entre pessoas, alimentos e meio ambiente, a *agroecologia*[14].

No entanto, usar espaços públicos como área de plantio não é um fenômeno recente. Há uma história muito antiga por trás do plantio de alimentos em âmbito urbano, e também são múltiplas as formas de agricultura nas cidades. O presente momento da agricultura urbana em São Paulo, por exemplo, expõe casos como o da Cooperapas (Cooperativa Agroecológica dos Produtores Rurais e de Água Limpa de São Paulo), associação localizada na Área de Proteção Ambiental Capivari-Monos e Bororé. A cooperativa reúne agricultores da região de Parelheiros, extremo sul da cidade, que trabalham com plantios orgânicos, biodinâmicos, agroflorestais – entre outras formas de agricultura que questionam a praticada em larga escala no Brasil. Também nas regiões leste e norte há plantios semelhantes, como o praticado por dona Sebastiana em São Mateus, extremo leste. Ela cultiva uma horta em um espaço cedido pela companhia responsável pela gestão urbana de iluminação, a AES Eletropaulo, já que nos terrenos abaixo de linhas de transmissão de energia não são permitidas construções, o que os torna propícios para o plantio de vegetação baixa. Nesses exemplos citados, o cultivo tem o objetivo de venda e consequente geração de renda aos agricultores da cidade, o que encaixa tais ações em definições mais canônicas ligadas à chamada *agricultura urbana*[15]. Fica claro que se trata aqui do termo *trabalho* em seu sentido convencional.

....

[14] Para um maior aprofundamento sobre o termo, ver Miguel Altieri, *Agroecologia. As bases científicas para agricultura sustentável*, 3. ed., Rio de Janeiro: ASPTA, 2012; Alfio Bradenburg, Movimento agroecológico: trajetória, contradições e perspectivas. *Desenvolvimento e Meio Ambiente*, Curitiba, Editora UFPR, 2002, v. 6. pp. 11-28; Hugh Lacey, Entrevista: Hugh Lacey, *Trabalho, Educação e Saúde*, Rio de Janeiro, nov. 2009, v. 7, n. 3, pp. 623-8; E. Siliprandi, *Mulheres e agroecologia: transformando o campo, as florestas e as pessoas*, Rio de Janeiro: Editora UFRJ, 2015. Disponível em: ‹http://bit.do/agroeco›. Acesso em: 8 mar. 2017; A. Puleo, Del ecofeminismo clásico al deconstrutivo: principales corrientes de un pensamiento poco conocido. Em: Celia Amorós; Ana de Miguel (eds.), *Teoría feminista: de la ilustración a la globalización. De los debates sobre el género al multiculturalismo*, Madri: Minerva, 2005, t. 3; pp. 121-52.

[15] Para algumas definições – e controvérsias – sobre o termo, ver M. Machini, 2017, op. cit.; Resource Centres on Urban Agriculture & Food Security Foundation (RUAF), *Urban agriculture: what and why?*, Países Baixos, 2015. Disponível em: ‹http://www.ruaf.org›. Acesso em: 01 mai. 2017; Food and Agriculture Organization of the United Nations (FAO). *Growing greener cities in Latin America and the Caribbean*, Roma, 2014. Disponível em: ‹http://www.fao.org/ag/agp/greenercities/›. Acesso em: 08 mar. 2018; I. M. Madaleno, *A cidade das mangueiras: agricultura urbana em Belém do Pará*, Lisboa: Fundação Calouste Gulbenkian, 2002; Luc J. A. Mougeot, *Urban Agriculture: definition, presence, potential and risks, main policy challenges*, Canadá: IDRC, 2000.

Maria de Lourdes Andrade de Souza, Lia, é líder comunitária. Com a ajuda de parte da população, transformou áreas repletas de lixo em horta comunitária em seu bairro, a Vila Nova Esperança, no extremo oeste da capital. Dona Marlene tem 70 anos e trabalha com saúde mental no CAPS (Centro de Atenção Psicossocial). Em parceria com Sara, jovem moradora da região, criou a Horta da Terra Molhada, no Jardim Tomé, periferia de Embu das Artes, que também funciona nos moldes de área de plantio compartilhado. Nessas duas hortas de regiões consideradas periféricas, a relação entre plantio e pessoas não passa necessariamente pela atividade econômica, como nos casos citados acima. Trata-se primordialmente de um plantio voltado à revitalização de espaços degradados, sociabilidade, atividades compartilhadas na vizinhança, educação ambiental, entre outras questões, o que pode nos levar a questionar se aqui tratamos ou não de trabalho.

Sentidos semelhantes possuem as hortas urbanas comunitárias que aqui discutiremos mais intensamente: a Horta das Corujas, localizada na praça de mesmo nome na Vila Beatriz, zona oeste da capital; a Horta do Centro Cultural São Paulo, situada em um equipamento público na rua Vergueiro, no bairro do Paraíso, e acompanhada por voluntários de bairros diversos; e a Horta dos Ciclistas, situada em uma rotatória na esquina da avenida Paulista com a rua da Consolação. São formas de plantio urbano que se relacionam com outros tipos de agricultura na cidade, como os já aqui descritos – as ações não são isoladas e, apesar de muito diversas entre si, conectam-se ora por disputas semelhantes, ora em eventos relacionados à agricultura em São Paulo, ora em discussões sobre políticas públicas. Há uma luta conjunta em prol do desenvolvimento da agricultura urbana na capital e de uma cidade que volte os olhos para questões ambientais relacionadas à agricultura.

As hortas comunitárias têm características variadas, a depender do ambiente com o qual se relacionam. Se a Horta das Corujas é cultivada em amplo espaço em uma praça pública – sua vegetação densa contrasta com os gramados e árvores esparsas dessa praça – e conta com cacimbas de água para rega, a Horta dos Ciclistas está estabelecida em uma espécie de pequena rotatória, conhecida como praça dos Ciclistas, com pouca profundidade de terra, já que abaixo dela há um túnel que liga as avenidas Paulista, Rebouças e Dr. Arnaldo. Muitos transeuntes habituais da região não atentam ao plantio de comida no local. As placas explicativas, com informações sobre os mutirões, não costumam durar muito no espaço, desaparecendo com frequência, o que acaba tornando a horta mais invisível. Exposta no meio da avenida, sem árvores ou mesmo prédios que a encubram, a horta, ao mesmo tempo que parece invisibilizada, é das mais escancaradas iniciativas de plantio compartilhado em espaços públicos da cidade, gerando olhares curiosos sempre que um voluntário se dispõe a mexer na terra e manusear uma enxada no meio da Paulista. A Horta dos Ciclistas não possui pontos autossuficientes de água, havendo um acordo entre os prédios vizinhos e os voluntários da horta para seu fornecimento.

Já a Horta do Centro Cultural São Paulo (CCSP) se encontra dentro desse equipamento público e é de responsabilidade não do Centro, mas dos voluntários que se dispuseram a cultivá-la, ainda que por demanda da instituição. O CCSP exigiu um contrato para cessão do espaço, que é renovado anualmente, e, apesar de os voluntários terem conseguido uma relativa liberdade para agir sobre o terraço onde se encontra a horta, alguns experimentos são tolhidos pela administração. Há exemplos como a solicitação de que os pés de milho, já altos, fossem cortados, pois era possível vê-los da avenida 23 de Maio, ao lado do letreiro do CCSP. Ou o pedido do desmonte de uma estrutura de coleta de água da chuva e de um viveiro de plantas fabricado com bambus, já que o setor de arquitetura do CCSP alegou a incompatibilidade entre as linhas mais modernas do Centro e o viveiro, além de um acúmulo de peso maior que o permitido no terraço onde se situavam as cacimbas de água.

É interessante notar que, a depender do ambiente e das variadas "forças" da cidade que nele atuam, apresentam-se características que marcam a diversidade entre as hortas. Seus terrenos – sua inclinação, por onde correm as águas de chuva, ou sua aridez –, a incidência de luz solar, a adaptabilidade das plantas, o ambiente que favorece ou não a polinização de determinada espécie, a existência de pontos de água, espaços de maior ou menor circulação de pessoas, carros, poluição, entre outras questões, são determinantes na constituição de cada uma das hortas comunitárias.

Há, no entanto, pontos em comuns a todas elas, como seu funcionamento a partir da criação de mutirões autogeridos. Palavra recorrente em movimentos e lutas por moradia[16], os mutirões de construção habitacional surgem dentro de uma lógica de autonomia dos movimentos sociais e da sociedade civil frente a políticas centralizadoras no Estado, como um contraponto às políticas de BNH e COHABs, que espraiaram conjuntos habitacionais de qualidade questionável e em periferias longínquas. A autonomia na gestão de recursos provenientes de fundos públicos era requerida por esses movimentos. Antonio Candido

----

16 Diversos estudos sobre movimentos por moradia trabalham essa temática. Para um exemplo paulistano recente, ver Carlos Filadelfo, *A luta está no sangue: família, política e movimentos de moradia em São Paulo*. Tese de doutorado em Antropologia Social, São Paulo: Faculdade de Filosofia, Letras e Ciências Humanas, Universidade de São Paulo, 2015.

trabalha, no clássico *Os parceiros do Rio Bonito*[17], com a ideia de mutirão ligada ao trabalho coletivo na lavoura ou na indústria doméstica que tentava superar as limitações da atividade individual ou familiar. O aspecto festivo dos mutirões é crucial, o que não é incoerente com o trabalho pesado nem nessas análises nem nos mutirões de hortas.

Os mutirões de horta comunitária em São Paulo sempre têm características semelhantes, seja na Vila Madalena, seja em São Miguel Paulista. É um momento, que geralmente ocorre aos finais de semana – mensal, quinzenal ou semanalmente, a depender da disponibilidade e das demandas das hortas e dos atores envolvidos –, quando os interessados na criação e/ou manutenção de uma horta comunitária se reúnem para prepará-la. Esses interessados se autointitulam "voluntários", estabelecendo o caráter optativo da ação.

As hortas são frequentadas por um número flutuante de pessoas. Contudo, cada horta possui seu "núcleo duro": participantes frequentes que acabam tomando as decisões mais estruturais. Entre essas decisões estão os dias e horários dos mutirões, os tipos de eventos que neles acontecem e as relações que se tentará estabelecer com as subprefeituras locais (é interessante notar que nenhuma das hortas aqui estudadas possui autorizações formais perante o poder público para existir, havendo apenas consentimentos verbais). Há um incentivo muito grande para a participação de mais interessados, seja para que se tornem responsáveis pela rega de uma das hortas em um dia da semana, seja para participar pontualmente de um único mutirão. Há pouca ou nenhuma cobrança explícita aos participantes pontuais, mas dedicação constante dos voluntários mais frequentes.

Nas hortas comunitárias de regiões centrais da cidade de São Paulo, é costumeiro que se defenda que os alimentos possam ser colhidos por pessoas que nunca participaram de nenhuma ação voltada para sua manutenção. Isso, no entanto, não pressupõe a ausência de regras nem de conflitos. Como não há voluntários o tempo todo nas hortas e a maioria delas se situa em espaços abertos, a tentativa de deixar claros os modos de funcionamento ocorre com o auxílio de placas explicativas informando do que se trata o espaço, como colher os alimentos, quais doações e formas de atuação são bem-vindas. As placas, claro, não evitam todas as ações indesejadas pelos voluntários, como depredações, retiradas de espécies inteiras pelas raízes – ações que são chamadas de "roubos" pelos

----

[17] Antonio Candido, *Os parceiros do Rio Bonito*. 11. ed. Rio de Janeiro: Ouro Sobre Azul, 2010 [1964].

voluntários –, entrada na horta com cachorros, fezes ou urina humanas, o sumiço das próprias placas explicativas, além de outros problemas.

Um mutirão de horta comunitária – a exemplo daquele descrito ao início deste capítulo – é o momento em que os voluntários colocam a "mão na massa": carpir o terreno, adubá-lo, regá-lo, plantar mudas, sementes, criar novos canteiros, conversar, fazer um café-da-manhã conjunto. Também é muito comum que os mutirões sejam permeados por oficinas, rodas de conversas e ensinamentos, música, trocas de sementes e plantas, seja com o intuito de deixar o evento mais atrativo para novos voluntários, seja por demandas e interesses dos participantes sempre presentes. Assim, o *trabalho* na horta é acompanhado de aprendizados sobre fotografia, irrigação, plantas medicinais, apresentações de música e teatro, artes manuais como pintura, tricô, sendo que os "oficineiros" espraiam seus conhecimentos gratuitamente.

Em um domingo na segunda quinzena de dezembro de 2015, aconteceu o mutirão de final de ano da horta do Centro Cultural São Paulo. Na data, ocorriam uma oficina de irrigação com arduíno[18], uma oficina de bioconstrução com bambu, um cine-debate sobre agricultura urbana e um lanche comunitário para comemorar o último mutirão do ano. O sistema do arduíno foi levado pelo rapaz que propôs a oficina, os bambus foram doados por um simpatizante da horta que voluntariamente constrói mobiliários para outras regiões da cidade, a infraestrutura do cinema foi fornecida pela administração do Centro Cultural, os lanches foram levados por todos. No meio do mutirão, surgiram dezenas de plantas que foram doadas pela organização do 3º Festival de Direitos Humanos organizado pela prefeitura municipal (alguns organizadores do Festival teciam fortes relações com o movimento de hortas de São Paulo).

É muito difícil encontrar um mutirão que não tenha sido construído com o caráter de prática coletiva, em grande parte das vezes sem intermediação monetária, com a exceção de algumas mudas de plantas que por vezes são compradas ou de algum material específico para determinada oficina que é conseguido através de "vaquinhas" realizadas entre os voluntários.

Outro exemplo é o oitavo mutirão da rede Permaperifa, "Movimento para articulação e entretenimento entre coletivos, grupos, residências e

---

[18] Um arduíno é um *hardware* livre que possibilita a criação de ferramentas acessíveis e de baixo custo, flexíveis e fáceis de usar. O objetivo da oficina foi criar um mecanismo que identificasse a umidade do solo e ativasse o sistema de irrigação por gotejamento automaticamente.

espaços culturais que aplica os princípios da permacultura nas periferias"[19], ocorrido ao final de 2016. A rede Permaperifa funciona com encontros a cada dois meses, sempre em alguma horta ou projeto de seus membros. Se um encontro foi na zona leste, o outro será na zona sul, outro na norte, e assim por diante, circulando sempre pelas realidades periféricas da cidade. A cada mutirão, são atendidas as demandas da horta que o recebe: cisternas, trato nas plantas, bioconstrução, pintura. O mutirão de *trabalho* sempre vem antes de uma assembleia geral que ocorre a cada encontro do Permaperifa, justamente com o intuito de trazer uma mudança a curto prazo, visível para aquele espaço, antes das discussões. Sempre estão presentes a prática, a ação, das periferias aos centros. Os mutirões do Permaperifa possuem um momento que Lucas Ciola, um de seus articuladores, coloca como de "encantamento": música, violão, rimas de rap, alongamento, yoga. Ele conta que as dimensões do *trabalho* na horta, da assembleia coletiva e do encantamento sempre têm de estar juntas.

Esse oitavo mutirão contou com bastante plantio na horta, uma nova cerca, almoço comunitário (cada participante levou o alimento que podia de casa, dona Marlene, já aqui citada, cedeu sua cozinha e ajudou na preparação dos alimentos). O clima era de grande festa, assim como os mutirões das hortas centrais. Na cozinha, a maioria de mulheres desde cedo cortava cenoura, cebola, batata, lavava couves, organizava a almoço que seria servido. Na horta, crianças buscavam minhocas, adultos se revezavam entre o plantio e a construção da nova cerca. Ao final, aconteceu a assembleia. Os participantes eram bem variados: moradores da região, pessoal do Permaperifa de outras áreas de São Paulo, voluntários da horta do CCSP, dois rapazes que se conheceram em um curso sobre agroecologia no Sesc.

Percebe-se que os dias de mutirão em hortas são dias de dedicação e festa e, ao mesmo tempo, que podem ser encarados como exercícios de descontração, aprendizado, conversas, comemorações, sociabilidade, debates, exigem empenho, periodicidade, comprometimento, uma regularidade e um compromisso que não acabam quando acaba o mutirão, mas se desenrolam ao longo do ano no cuidado da horta. O tempo do mutirão é ambíguo, carregando múltiplos significados. Sem dedicação constante, as hortas se esvaem, como diz Cláudia Visoni, uma das figuras mais atuantes no universo das hortas comunitárias de São Paulo:

----

19   Fonte: Página da Rede Permaperifa no Facebook, disponível em: ‹https://www.facebook.com/pg/REDEPERMAPERIFA›. Acesso em: 14 mar. 2017.

Criar horta é superfácil, manter a horta é mais difícil. É muito comum o que acontece com o espaço tipo uma horta comunitária onde ninguém aparece há três meses e o mato está alto, o que a gente faz? Pra mim essa é a pior propaganda negativa do movimento. Muitas pessoas ficam ansiosas por criar novas hortas, sendo que todas as hortas precisam de mais voluntários, e se isso começa a acontecer pela cidade, a pessoa vai lá, planta e o mato sobe, nós estamos ferrados[20].

> Ela também comenta em uma conversa pessoal que "fazer uma horta é o mais difícil, dá muito *trabalho*. Fazer uma festa, bum, já fez. Até plantar árvore é bem mais fácil. Uma horta é um ser vivo". E continua: "A horta não é uma floresta, ela é um espaço cultivado, enquanto tem gente lá tem horta, quando as pessoas abandonam os canteiros, a natureza retoma". Assim, as hortas comunitárias exigem engajamentos diários de ao menos parte de seus voluntários. Exigem aqueles que se dedicam de maneira constante, plantando, regando, aparando, resolvendo conflitos. Se há voluntários que aparecem pontualmente apenas nos mutirões mais amplos, são cruciais aqueles que tomam ao menos alguns minutos de seus dias para rega, plantio, poda. Além disso, é muito comum que os voluntários mais frequentes em determinada horta se envolvam em uma espiral de participação não só naquela, mas em diversas outras realidades de plantio nos centros e periferias da cidade. Dessa maneira, o envolvimento que se iniciou naquele espaço pode se espraiar – e é muito comum que isso ocorra – para outras lógicas de prática agrícola, bem como para discussões políticas mais amplas sobre meio ambiente, alimentação, poluição, leis municipais e federais, incentivos ao pequeno agricultor e sua relação com o universo do chamado "agronegócio"[21]. Guilherme, criador e voluntário da Horta do CCSP, fez o seguinte comentário:

Eu começo a perceber a horta e algumas funções da horta que eu jamais imaginaria. Porque quando eu falei "eu vou plantar na cidade", a minha ideia era produzir comida. Só que é um espaço com uma infinidade de finalidades, e virou um espaço de discussão política. Eu comecei a me envolver e comecei a perceber as minhas possibilidades de ação. Eu era muito distante da política, comecei a me engajar politicamente, a olhar

....

---

[20] Fala de Cláudia Visoni no encontro sobre agricultura urbana realizado pelo Grupo de Estudos em Agricultura Urbana no Instituto de Estudos Avançados da USP, em 11 de novembro de 2016.

[21] Termo utilizado para fazer referência ao modelo de agricultura em escala e mecanizada no Brasil. Para maior aprofundamento, ver, por exemplo, Beatriz Heredia; Moacir Palmeira; Sérgio P. Leite, Sociedade e economia do "Agronegócio" no Brasil, *Revista Brasileira de Ciências Sociais*, out. 2010, v. 25, n. 74, pp. 159-76.

para a cidade como um espaço influenciável a partir dos encontros que a horta trouxe na minha vida.

Mais uma camada, a da política, complexifica essa mistura de dedicação e festa no cultivo de hortas urbanas. Uma política do "faça você mesmo", que não espera aval e autorizações do Estado para pôr em prática suas ações. Nesse sentido, as hortas podem ser lidas na chave do "ativismo urbano", formas de ação que colecionam demandas e repertórios muito diversos, mais ou menos estáveis no espaço e no tempo, que têm como pauta o envolvimento em transformações sociais e questões ligadas ao usufruto do espaço urbano.

Trata-se de política no sentido amplo do termo. Não partidária e nem sempre interna ao poder público, apesar de alguns integrantes do movimento de hortas urbanas em São Paulo ocuparem cargos destinados à sociedade civil em instâncias institucionais, como no Cades (Conselho Regional de Meio Ambiente, Desenvolvimento Sustentável e Cultura de Paz) e também participarem ativamente de audiências e assembleias sobre agricultura urbana e segurança alimentar junto à prefeitura de São Paulo. As relações com o poder público são inevitáveis e constantes. De qualquer maneira, não se trata necessariamente de uma política formal, mas de uma política que conecta uma série de iniciativas e funciona de uma maneira mais móvel e caótica (o que não quer dizer, no entanto, desorientada) que o Estado. Ao mesmo tempo, é uma política ligada à cotidianidade, que explicita "condutas deliberadamente ambíguas que são fugidias ao enquadramento conceitual binário, do tipo conduta normativa ou ação desregrada". São certas "rupturas reincidentes" que ocorrem nos interstícios da vida pública[22].

❷ "O ATIVISMO VIRA ESSA MISTURA DE LAZER COM O TRABALHO"

São diversas as respostas quando se pergunta o que leva uma pessoa a dedicar seu tempo e sua energia para plantar em espaços públicos da metrópole, bem como são diversos os comportamentos e as formas de ação dos participantes em um dia de mutirão. Há aqueles que dedicam cada minuto para a manutenção do espaço, carpindo, serrando, amarrando, plantando, podando; há pessoas que se aproximam apenas

---

[22] Cf. Rogério P. Leite, A inversão do cotidiano: práticas sociais e rupturas na vida urbana contemporânea, *Dados*, Rio de Janeiro, 2010, v. 53, n. 3, pp. 738.

para contemplar, conversar, observar. Em um dia na Horta das Corujas, em julho de 2015, uma das conversas foi sobre a relação dos voluntários mais engajados com a horta e seus porquês. Nessa data, Cláudia traz justamente o termo "lazer" para a discussão:

Acho que isso é meu propósito de vida [a relação com as hortas comunitárias]. Não é lazer, porque eu tenho um comprometimento, não é uma coisa assim que eu vou falar, ai, agora cansei, vou fazer aula de cerâmica ou viajar. Não é, é um comprometimento, pra mim é um compromisso que eu tenho na minha vida. E algumas coisas que eu faço são remuneradas, outras não. Felizmente eu consegui equacionar a minha vida de uma maneira que eu consiga doar meu tempo pra um projeto como esse que não me remunera, mas eu não acho que é um lazer.

Essa fala expõe a relação com as hortas como um "propósito de vida", que se distancia de uma ideia de lazer, principalmente se considerarmos o lazer dentro de suas definições mais canônicas, que o colocam como algo a que alguém se entrega após obrigações profissionais, familiares e sociais, como postula Joffre Dumazedier[23]. Cláudia deixa claro que se trata de um "comprometimento".

Além disso, a associação do tempo de lazer com um tempo social para si, como faz esse mesmo autor, acaba por se tornar questionável quando são esmiuçadas as relações que afloram através hortas comunitárias. Voluntários e criadores da Horta do Centro Cultural São Paulo colocam a questão de outra maneira, nuançando as oposições em uma conversa em grupo:

— Eu às vezes não consigo marcar nada com meus amigos porque eu tenho as questões do ativismo.
— É, você tem que fazer os amigos do ativismo.
— Eu falo que o ativismo vira essa mistura de lazer com o trabalho, não dá pra chamar nem de um nem de outro, é um lazer, mas é muito mais sério, muito mais comprometido.
— E é uma escolha, né, trabalho não é escolha.

Esse tempo cotidiano na horta, que pode ser tempo de lazer, tempo de trabalho, tempo para si e também tempo para o outro (Luciano, voluntário frequente da Horta dos Ciclistas, conta como aprendeu com a horta a

----

[23] Cf. Joffre Dumazedier, 1974, *op. cit.*

"encarar de frente o desapego" e diz que "a gente não planta para si, mas para a cidade"), chacoalha perspectivas unidimensionais e mistura termos aparentemente em oposição.

É recorrente nas conversas com voluntários a história de que o convívio com as hortas tornou São Paulo mais habitável, mais agradável, trazendo uma noção de ação no espaço que muda, ela mesma, a relação entre pessoas e cidade. O cultivo – em múltiplos sentidos – presente em hortas comunitárias oferece uma possibilidade de ação para si e também para o outro, ação que se embebe da política e bagunça certas relações econômicas estandardizadas, como as monetárias.

E isso é um experimento muito bacana daqui, não ter hierarquia, não ter a propriedade privada e não ter o dinheiro. Tem gente que oferece patrocínio pra horta, agora parou um pouco, mas tinha bastante. E eu falo, olha, dinheiro aqui não serve pra nada, a gente não precisa de patrocínio, precisa de *trabalho*, você não quer patrocinar com seu *trabalho*?

Essa fala de Cláudia Visoni aponta para outras formas de reciprocidade, que tentam se desvencilhar da economia monetária e se aproximam de uma economia das trocas, sendo efetivamente valorizado aquilo que é dado, trocado, e não comprado. Há aqui uma alteração de padrões e de exercícios de valorização, o que não significa que tais mecanismos sejam inexistentes. A maior parte dos insumos utilizados nas hortas vem da casa dos voluntários, que compostam seu lixo e geram matéria orgânica e fertilizantes naturais, além de trazerem ferramentas para os dias de mutirões. Ou de outros participantes pontuais, que acabam conseguindo serragem ou um carregamento de folhas secas para cobrir parte dos canteiros e manter a umidade da terra. Ou mesmo de simpatizantes e voluntários de outros coletivos, que em seu dia a dia e através de sua rede de relações beneficiam as hortas de diversas maneiras, conseguindo material para plantio e para experimentos. É inclusive fator de orgulho de muitos ativistas que o sistema de funcionamento de suas hortas seja quase que completamente isento de relações monetárias, o que vai ao encontro de algumas das motivações de seus criadores de proporcionar alimentos – mesmo que em pequena escala e no sentido mais educativo – e oficinas e atividades gratuitas. No entanto, a mobilização de recursos materiais está presente o tempo todo, apesar de não se tratar necessariamente de dinheiro.

Na conversa com Cláudia, além da ideia de *trabalho* não associado necessariamente a um retorno monetário, sobressai sua leitura sobre uma atividade em que o prazer e a obrigação não estejam dissociados. Nesse sentido, é interessante lembrar das análises da antropóloga Joanna

Overing, que, a partir dos estudos de Irving Goldman[24], analisa como entre os Cubeo, povo indígena amazônico, o trabalho mais produtivo era aquele espontâneo e prazeroso. Para eles, o trabalho seria diretamente ligado ao desejo e "a um só tempo, produtor e produto de relações sociais prazerosas"[25]. Se o trabalho é por vezes colocado como não escolha, como obrigação, no contexto das hortas a palavra também é associada a algo desejável, mais desejável que o dinheiro.

Além disso, para problematizar ainda mais as oposições entre lazer e trabalho, o plantio em espaços públicos da cidade, que já carrega tantas interpretações e sentidos, foi se tornando, para diversos voluntários, atividade profissional. Há aqueles que, a partir da relação com as hortas, voltaram-se para estudos e trabalhos remunerados relacionados à agricultura urbana. Aquela prática, então, não se configura nem como uma oposição ao trabalho, sendo o termo inclusive utilizado constantemente com sentidos variados, nem se relaciona apenas à festa, ao prazer e à fruição dos mutirões, mas em camadas que se mesclam e se conformam mutuamente, recebendo interpretações diversas.

❸ ALGUMAS CONSIDERAÇÕES

Apesar de o termo "lazer" não aparecer como um dos temas principais dos criadores das hortas aqui estudadas, o uso lúdico do tempo aparece na fala de muitos dos seus frequentadores. "Isso aqui é como se fosse um sítio meu, mas compartilhado. Eu venho aqui e parece que eu tô no meu sítio", conta uma das voluntárias da Horta das Corujas. Luciano, dos voluntários mais assíduos da Horta dos Ciclistas, é advogado, trabalha no prédio bem em frente à horta e comenta: "Quando eu me estresso no trabalho, desço e é na horta que eu relaxo". O Centro Cultural São Paulo já se coloca como um importante equipamento de lazer público urbano, e na horta em seu terraço uma jovem mãe comenta em uma conversa:

> Eu vi vocês aqui plantando e trouxe meu filho pra conhecer o que era um pé de couve. Ele nunca tinha visto um. Agora ele tá lá se divertindo com as minhocas. Tem pouca coisa de graça aqui em São Paulo, né, o que a gente faz de final de semana é procurar espaço aberto pra ele brincar,

----

[24] Cf. Irving Goldman (1963; 1985) *apud* Joanna Overing, A estética da produção: o senso de comunidade entre os Cubeo e os Piaroa, São Paulo, USP, 1991, *Revista de Antropologia*, n. 34, pp.7-33.

[25] Cf. Joanna Overing, 1991, *op. cit.*, p. 15.

mas aqui ele tá aprendendo um monte também, acabou de plantar um inhame, eu nem sabia direito o que era um inhame.

O termo "lazerania", de Mascarenhas[26], tenta trazer à tona discussões que unem lazer com política, atentando para a dimensão do lazer para si, mas também para o outro. É interessante, contudo, notar o quanto ambas as palavras tendem a ser colocadas em polos opostos, sendo necessária a criação de um novo termo para definir o que seria um lazer embebido de ações políticas. O lazer, por si só, parece não carregar essa conotação. Assim, o momento da política seria o momento da consciência generalizada: do nós, do espaço público, da vida coletiva, enquanto o lazer seria tempo sem essa reflexão e, ainda mais importante, sem qualquer *ação* nesse sentido. Nas hortas, no entanto, os múltiplos significados atribuídos a termos como trabalho, lazer e política se embaralham em ações e entendimentos sobre o "plantar na cidade", "relaxar", "trabalhar na horta", "desestressar", "fazer política", "descansar", "conversar", "aprender", "planejar ações", "juntar esforços", "entender as plantas", "conviver no espaço público", "questionar o sistema", "fazer *agrofitness*". Todas essas são respostas dadas por voluntários quando indagados sobre o porquê de frequentar ou criar uma horta comunitária. A sociabilidade e os diferentes fazeres envolvidos no cultivo de uma horta urbana coletiva são vistos como geradores de mudanças do eu e da cidade em que se vive, o que transforma uma atividade aparentemente pontual e relacionada ao prazer e à fruição em um enleio de significados de alcances variados.

Uma imersão no cotidiano de uma horta urbana propicia pensar pelo meio[27] e dissolver dicotomias tão batidas quanto trabalho e lazer; tempo livre e tempo obrigatório, lazer e política. Quando são colocadas as compreensões sobre o lazer e as compreensões sobre o trabalho e a política unidos inextricavelmente aos modos de vida, percebe-se que o uso das palavras e suas interpretações invariavelmente se alteram, transformam-se, são vivos.

Em São Paulo, e também em outras cidades do Brasil e do mundo, vive-se um momento de questionamentos políticos que se traduz em uma série de ações relacionadas ao uso dos espaços públicos, indagações diversas ligadas a questões de gênero, modelos de desenvolvimento, relações econômicas. Nesse espectro, uma profusão de coletivos vai se formando e se liga a uma ideia de ativismo urbano, tentando fazer com outros a cidade que se quer para si. Se a prática agrícola em seus mais

....

[26] Cf. Fernando Mascarenhas, 2004, *op. cit.*
[27] Cf. Bruno Latour, *Jamais fomos modernos: ensaio de antropologia simétrica*, São Paulo: Editora 34, 1994.

diversos moldes, seja no campo, seja na cidade, é um grande híbrido em que operam pessoas, ideias, posicionamentos políticos, ciência, a terra, a vegetação nativa e a vegetação exótica, clima, técnicas, tecnologias, biodiversidade, essa prática em forma de hortas urbanas comunitárias ainda carrega em si a dimensão do prazer, da fruição, do descanso, do "desestressar", do "relaxar", da sociabilidade.

Assim, atentar para a multiplicidade dos modos de vida significa considerar que determinadas práticas se transformam ao longo do tempo e de acordo com os agrupamentos humanos. Um voluntário de uma horta urbana comunitária pode ser levado a pensar em suas formas de consumo, em como lida com seu lixo, ou levado a questionar como é produzido aquele alimento do supermercado, a ensaiar o plantio também no âmbito da casa, complementando as ações no âmbito da rua. Dessa forma, a prática se torna descanso, contato com o verde, sociabilidade, mas também gera dúvidas, modifica rotinas, insere no cotidiano daquele participante alterações na forma de olhar e lidar com o que está em volta. Claro que as apropriações são múltiplas e podem também levar – e levam – a questionar se o espaço da horta deve mesmo permanecer aberto, permitindo colheitas a quem nela não atua, propiciando depredações e "roubos"; podem gerar reações negativas com pessoas em situação de rua que se apropriam do espaço da horta; podem levar a inúmeros conflitos com a vizinhança. Mas o espaço público é um espaço de fronteiras que tem o conflito como condição. Torna-se interessante, então, perceber os fluxos, as apropriações e as metamorfoses de uma cidade-em-cultivo.

"OCUPA!": TEMPO, LAZER E POLÍTICA NA OCUPAÇÃO DA REITORIA DA USP

Mariana Hangai
Rodrigo Valentim Chiquetto
Yuri Bassichetto Tambucci

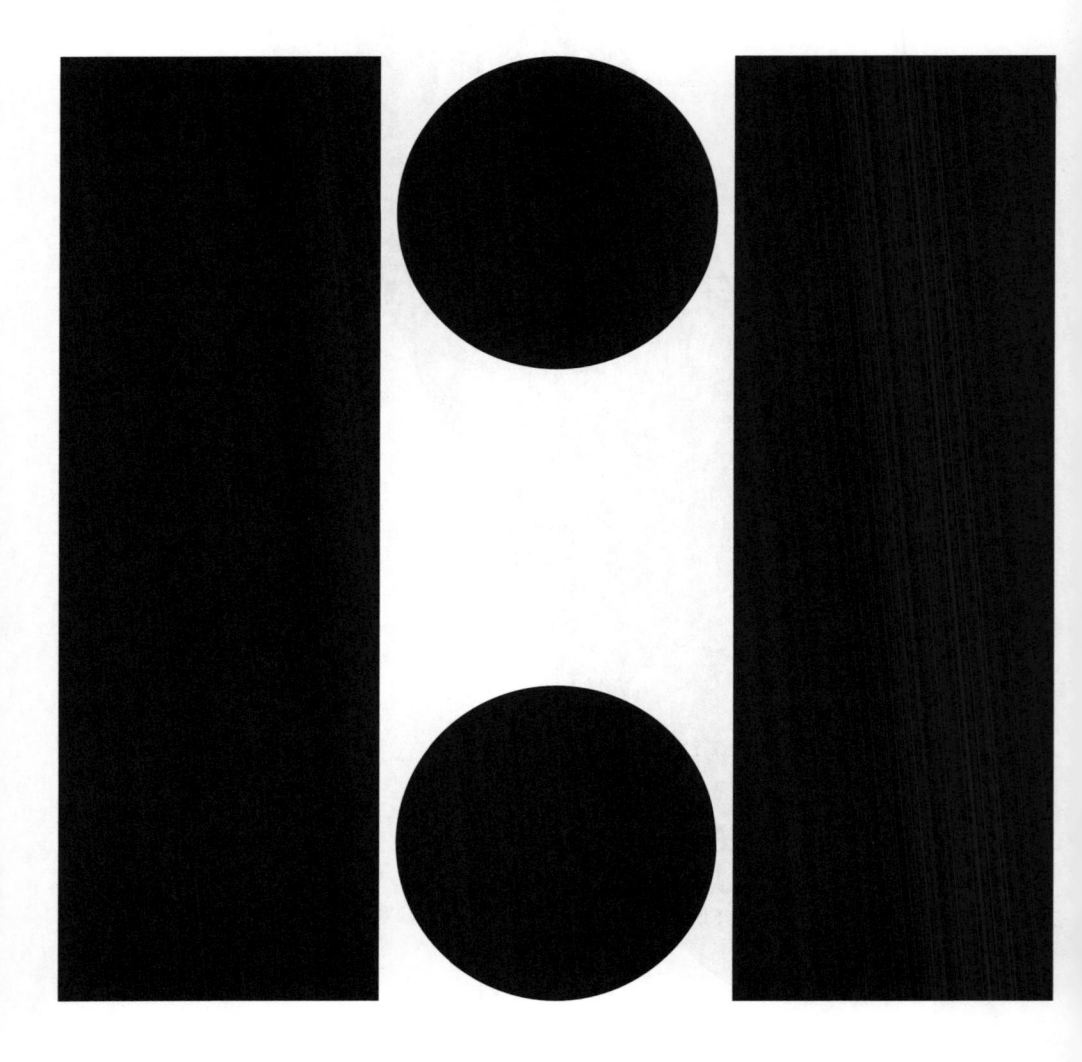

Aquela gente toda tentando dialogar, tentando fazer valer suas posições, participando de um processo histórico, foi algo excepcional. Nunca mais vou esquecer de algumas pessoas, de alguns rostos, de alguns olhares. Afinal, tomamos a reitoria, tomamos a praça do Relógio, tomamos o relógio, tomamos o tempo! Quem sabe uma alusão ao refrão de Vandré, "quem sabe faz a hora não espera acontecer". [...] Ainda posso ouvir: Ocupa! Ocupa! Ocupa! Ocupa![1]

❶ UM BREVE HISTÓRICO

No dia 3 de maio de 2007, a reitoria da Universidade de São Paulo (USP) foi ocupada por um grupo de cerca de duzentos estudantes. O movimento teve início após a ausência do vice-reitor a uma audiência marcada com representantes do movimento estudantil. Como resposta, os alunos deslocaram-se da Faculdade de Filosofia, Letras e Ciências Humanas (FFLCH) para o prédio da administração central da universidade. Barrados na entrada da reitoria, forçaram as portas do local e, entoando gritos de ordem, entraram nas salas e salões do prédio, anunciando que aquele local era, a partir daquele momento, uma ocupação política.

As tensões entre estudantes e universidade estavam no ápice. Fazia cerca de cinco meses que o então governador José Serra havia publicado um conjunto de decretos que causaram rebuliço na vida universitária. Os "decretos do Serra" – como passaram a ser conhecidos – criavam uma nova secretaria, a Secretaria do Ensino Superior, responsável por estabelecer diretrizes para as atividades de pesquisa das três universidades estaduais paulistas (USP, Unicamp e Unesp), bem como por ditar normas para a administração orçamentária delas.[2]

Desde a publicação desses decretos, estudantes, funcionários e professores passaram a se mobilizar para discuti-los e combatê-los. As entidades e os representantes dessas categorias argumentavam que os decretos feriam a autonomia universitária por dar à nova secretaria poderes de regulamentar diretrizes de pesquisa e atribuições orçamentárias. A partir

....

[1] Trecho de texto "Ocupa! Porque amanhã já é hoje!", do geógrafo Jean Pires de Azevedo Gonçalves, publicado e disponibilizado em: ‹https://ocupacaousp.noblogs.org/post/2007/07/16/ocupa-porque-amanh-j-hoje/›. Acesso em: 20 mar. 2018.

[2] Na nova pasta também foram incluídas a Faculdade de Medicina de Marília (Famema), a Faculdade de Medicina de São José do Rio Preto (Famerp) e a Fundação Memorial da América Latina. A secretaria seria capitaneada pelo ex-reitor da Unicamp e deputado federal pelo Partido da Frente Liberal (PFL), José Aristodemo Pinotti, e pelo Conselho de Reitores das Universidades Estaduais do Estado de São Paulo (Cruesp).

dessa pauta, uma greve de grandes proporções passou a ser articulada – nas ruas do campus da Universidade de São Paulo, o carro do Sindicato dos Trabalhadores da USP passava diariamente convocando todos às assembleias que definiriam os próximos passos da mobilização. No dia 27 de março, a reitoria da Unicamp foi ocupada por estudantes em protesto, que lá ficaram por três dias. Na FFLCH/USP, um dos centros da mobilização estudantil, a indignação com os decretos se somava àquela proveniente dos estragos causados pelo alagamento de um dos prédios da faculdade e pela falta de salas de aula disponíveis aos alunos dos cursos de Letras.

A ausência do vice-reitor à audiência marcada pela entidade representativa dos estudantes da USP foi compreendida como desinteresse da administração da universidade em debater as questões prementes no momento e tornou-se o ponto culminante nessa relação de insatisfação crescente. A ocupação do prédio da reitoria, inicialmente justificada como resposta pontual à falta de diálogo da universidade, transformou-se em um centro de luta e resistência. A reitoria permaneceu ocupada por 51 dias, período que foi marcado por intensa mobilização, tensões e negociações.

Logo no início do processo, os funcionários aderiram à ocupação. Já no dia 15 de maio, foi movida uma ação de reintegração de posse por parte da reitoria – não acatada pelos ocupantes. No dia seguinte, iniciou-se a greve geral de estudantes e funcionários, logo acompanhada por professores. Ocorreram também grandes passeatas, que levaram as reivindicações dos estudantes para fora dos muros da USP. Na reitoria, houve saraus, festas e shows para atrair o máximo possível de gente à mobilização. Um total de oito grandes assembleias (algumas com mais de 2 mil participantes) tiveram lugar na rua do prédio administrativo. A ocupação da reitoria da USP transformou-se em exemplo, inspirando ocupações de reitorias de universidades públicas por todo o Brasil, levando a mobilização para o estado de São Paulo e também para outros estados[3].

No dia 21 de maio, após reunião dos ocupantes com a então reitora Suely Vilela, mediada pelo senador Eduardo Suplicy, a lista de reivindicações estabeleceu dezoito pontos, sendo o primeiro referente ao aumento de verbas para as universidades públicas. O segundo ponto exigia a revogação dos "decretos do Serra" e os seguintes versavam sobre demandas relativas ao próprio funcionamento da USP. Exigiam-se,

---

[3] Algumas das universidades que tiveram suas administrações ocupadas foram: Universidade Federal do Alagoas (Ufal), Universidade Federal do Mato Grosso (UFMS), Universidade Federal do Maranhão (UFMA), Universidade Federal de Pernambuco (UFPE), Universidade Federal do Pará (UFPA), Universidade Federal do Espírito Santo (Ufes), Universidade Federal de Juiz de Fora (UFJF), Universidade de Brasília (UNB), Universidade Estadual Paulista (Unesp) e Universidade Estadual de Campinas (Unicamp).

entre outras coisas, a contratação de professores, a reforma de prédios, a construção de moradia estudantil, o funcionamento do restaurante universitário e do ônibus circular interno aos finais de semana, o estabelecimento de um programa de inclusão de estudantes via ações afirmativas, a não punição aos ocupantes e grevistas e a realização de um grande congresso por professores, funcionários e estudantes que elaborasse um plano para uma assembleia estatuinte para democratizar a gestão da universidade.

O acordo realizado entre reitoria e ocupantes autorizou algumas das reformas exigidas, estabeleceu o funcionamento do ônibus circular e do restaurante universitário aos sábados e domingos, encaminhou a contratação de professores e autorizou o V Congresso de Estudantes, Funcionários e Professores da USP. No dia 22 de junho, os estudantes e funcionários desocuparam a reitoria da universidade e davam fim a uma mobilização que trouxe profundos impactos para a atuação estudantil dos anos seguintes, instaurando, dentre as ferramentas de protesto, o recurso de ocupar prédios administrativos. Ao mesmo tempo, as respostas por parte do governo do Estado passaram a ser cada vez mais agressivas[4].

❷ JOVENS ETNÓGRAFOS EM CAMPO

Assistindo a todo esse processo, estavam os alunos do primeiro ano da faculdade de Ciências Sociais da USP. Esses estudantes haviam acompanhado desde seus primeiros dias na Universidade os debates sobre a autonomia universitária. Muitos deles buscavam entender qual seria a melhor forma de inserção no processo e buscavam, de uma forma ou de outra, participação nas mobilizações. Quando, já com a ocupação iniciada, teve início a greve estudantil, os primeiranistas de Ciências Sociais realizaram encontros com seus professores para tentar entrar em acordo sobre o andamento das disciplinas. Foi então que o professor José Guilherme Cantor Magnani, da matéria de Antropologia I, propôs que fosse realizada, na intersecção de uma atividade didática e de uma atividade de greve – e, portanto, legítima naquela situação – uma "etnografia da Ocupação". No dia 28 de maio, munidos de seus cadernos de campo e do pouco conhecimento teórico adquirido em cerca de dois meses de aula –

---

[4] Em 2009 houve conflito, dentro do campus da USP, entre a Força Tática da Polícia Militar e um grupo de estudantes e funcionários que promoviam um ato na universidade; em 2011 ocorreu uma ocupação da reitoria que sofreu reintegração de posse, com 51 estudantes detidos; em 2013 houve mais uma ocupação, que durou 41 dias e sofreu reintegração de posse pela tropa de choque da PM.

pois não haviam lido nem os clássicos da antropologia, como Malinowski e Evans Pritchard –, cerca de quarenta alunos de primeiro ano se dirigiram ao prédio da Reitoria Ocupada com o intuito de observar, como havia indicado o professor, aquele "cenário", seus "atores" e as "regras" ali presentes.

Os estudantes acompanharam todo aquele processo político *de perto e de dentro*[5], observando os acontecimentos, participando da rotina da ocupação, conversando com pessoas dos mais diversos grupos políticos, realizando entrevistas, tirando fotografias e acompanhando também as repercussões e discussões contrárias à Ocupação. Ao fim, nove dos pesquisadores se dedicaram à produção de um relatório de pesquisa, entregue no fim do ano seguinte. Nesse primeiro exercício de escrita, foi realizada uma descrição detalhada de vários aspectos da vida dos ocupantes. Observou-se como ajustavam seus hábitos cotidianos para a vida coletiva naquele local; de que modo lidavam com os discursos sobre violência que davam sentido ao que ocorria ali; como se organizavam internamente em comissões e assembleias; como era a dinâmica de alianças e conflitos entre os vários grupos políticos ali presentes; de que forma se expressavam por meio da significação daquele espaço a partir de intervenções artísticas; como a mobilização era representada por agentes externos a ela e como influenciava o debate público sobre seus objetivos e seus métodos.

Passados dez anos da realização desse experimento etnográfico, a escrita do presente capítulo exigiu recuperar aquele relatório e organizar as informações, tendo como parâmetro um novo enfoque: as formas e as atividades de lazer e sociabilidade que ocorriam naquele contexto político. Para isso, foi preciso revisitar os registros de campo realizados na época e as análises então propostas a partir de novas questões teóricas. As formas de lazer e usos do tempo estiveram presentes no discurso de ocupantes da reitoria e de outros atores sociais ao longo de todo o processo. Entre pessoas contrárias ao movimento, era muito comum a denúncia de que os ocupantes seriam jovens que "não tinham mais o que fazer", que "não precisavam trabalhar" ou que queriam desfrutar de seu tempo livre "brincando de fazer política". Por outro lado, os ocupantes viam na greve um elemento fundamental que interrompia as atividades acadêmicas cotidianas e lhes dava tempo para realizar as tarefas que consideravam mais urgentes no momento: formação, posicionamento e luta política. A ocupação, como será aprofundado ao longo deste capítulo, ainda era tida como espaço privilegiado de se pensar e colocar em prática novas formas

---

5   Cf. J. G. C. Magnani, 2002, *op. cit.*

de se organizar, se relacionar, produzir e significar – criando assim novos hábitos e uma transformação em suas rotinas.

③ ORGANIZAÇÃO INTERNA

Ao longo dos quase dois meses de ocupação, a reitoria da universidade passou de órgão máximo da burocracia acadêmica – no ponto de vista dos ocupantes – para centro da resistência e mobilização do movimento estudantil. Tal ruptura estava presente em diversos aspectos: desde a forma como o espaço passou a ser habitado e organizado, as regras de convivência, até a rotina e os hábitos dos ocupantes. A oposição à hierarquia e ao autoritarismo era tema frequente nos discursos dos ocupantes, além de ser uma das principais preocupações na forma como as pessoas se relacionavam e na organização interna da ocupação. Essa nova forma de habitar e se relacionar era tida pelos ocupantes, acima de tudo, como uma forma de luta política.

Dorme-se em qualquer lugar, e nos colchões e cobertores de qualquer um, tudo compartilhado. Outra peculiaridade é que os horários do dia na reitoria são alterados, o café da manhã é servido às 13h, o almoço lá pelas 17h e a janta só à meia noite... [...] Regras escritas, coladas na parede: "Aqui ninguém é empregado de ninguém – Lavar as louças que usar"; "Quem é contra a limpeza é contra a Ocupação"; "Geladeira – se você pegar, reponha, a comida é para todos, do coletivo"[6].

Não só os discursos e práticas rompiam com a ordem anterior, mas o próprio espaço físico da reitoria e de parte da Universidade – como fica claro no relato acima – passou a refletir essa transformação. Na fachada, havia uma barricada de pneus pintados de diversas cores. Os tapumes que cercavam o edifício (por conta de uma reforma) receberam grafites e pinturas com motivações políticas e reflexivas: ao lado de uma reprodução de *A grande onda de Kanagawa*, de Hokusai, um desenho de um tiranossauro provocava quem o via com a frase "Ocupe a Reitoria que há dentro de você". Ao redor de todo o prédio, havia faixas das faculdades que estavam em greve e de grupos demonstrando apoio; outras pediam a autonomia universitária, o fim dos decretos e a saída da reitora. Os caixas eletrônicos em frente à reitoria também sofreram intervenções, com sacos de lixo e entulho, além de uma faixa onde se lia "Capital = entulho". Até

----

[6] Caderno de campo – Victor Secco, 5 jun. 2007.

mesmo algumas árvores foram envolvidas por tecidos coloridos. A Torre do Relógio recebeu uma faixa gigantesca, "Universidade Livre". A rua e o gramado em frente tornaram-se palco para festas, shows e assembleias.

Nas entradas do prédio foram montados postos da comissão de segurança, que garantiam que ninguém contrário ao movimento entrasse. Era necessário apresentar a carteirinha da universidade para ter a entrada liberada. O corredor que levava à parte interna do edifício foi coberto por uma série de imagens, desde caricaturas da reitora e do governador até imagens de moradias populares e figuras religiosas. Dentro da reitoria ocupada, a função de cada ambiente mudou por completo a partir do novo uso que se fazia deles. A caracterização de cada um serviu para, a todo o momento, afirmar um novo espaço com uma nova estética, espaço que é também a negação e a crítica do anterior. Aos poucos, as salas e outros espaços administrativos foram transformados em dormitórios, refeitórios, espaços de discussão, pontos de encontros. Nas paredes, papéis com regras afixadas davam o tom de uma nova forma de organizar o espaço e seus usos. As intervenções artísticas também estavam presentes nesse novo cenário, com muitos cartazes e faixas. Contudo, não era permitida qualquer intervenção permanente com tinta ou spray para preservar a integridade física do local. As intervenções transformavam simbolicamente o espaço e marcavam a diferença: em uma das salas, o busto de bronze de Nicolau Copérnico recebeu um nariz e peruca de palhaço; uma placa que indicava o Gabinete do Reitor foi modificada para que se lesse "Gabinete do Rei". A estrutura hierárquica da universidade era questionada e ridicularizada com outras comparações a monarquias. Logo na entrada, um espelho com adesivos colados obrigava qualquer ocupante ou visitante a se enxergar vestindo os adereços pomposos e distintivos dos cargos mais altos da estrutura acadêmica.

Para além da manutenção da ocupação como instrumento de luta e pressão política, era recorrente também o debate entre os ocupantes sobre o que era necessário, em termos de organização interna, para a permanência daquele espaço – ou seja, as regras de funcionamento e convivência, a divisão dessas tarefas (a alimentação, a segurança, a limpeza do espaço, a relação com os agentes externos, entre outros) e os espaços de decisão. Uma das premissas mais reivindicadas pelos ocupantes com relação a essa organização era de que a Reitoria Ocupada fosse um espaço gerido a partir de práticas descentralizadas em um modelo de participação e decisão horizontal, sem líderes ou hierarquias. Apesar de entre os próprios ocupantes ter havido divergências se isso realmente foi posto em prática, era claro que o modelo de autogestão era um norteador.

Os métodos de organização utilizados na Reitoria Ocupada eram baseados em práticas já conhecidas do movimento estudantil e de outros movimentos sociais: grupos de discussão, comissões, plenárias e assembleias – sendo esta última instância máxima de decisão sobre os rumos da ocupação. As assembleias tinham como objetivo debater e decidir sobre assuntos maiores, como a continuidade ou não da ocupação e da greve. Já as comissões tratavam de assuntos mais específicos (alimentação, limpeza, segurança, cultura, finanças, comunicação, negociação e mobilização) e agiam com certa autonomia, contanto que não atropelassem nenhuma decisão de assembleia.

A assembleia seguia o modelo tradicional do movimento estudantil, ou seja, era dividida em três partes: nos *informes* eram transmitidas notícias referentes à universidade e à ocupação, bem como informações consideradas pertinentes sobre o governo e sobre as outras universidades espalhadas pelo país; as *falas* constituíam a "discussão política", seguiam uma pauta definida previamente às assembleias, mas era recorrente o tema da desocupação; as *propostas* chegavam até a mesa através de encaminhamentos, e por fim realizava-se a votação dessas propostas. Uma *mesa* era responsável pela organização das falas – coordenava e controlava o tempo de *fala* para a apresentação dos *informes* e *propostas*. As assembleias eram momentos importantes na rotina da ocupação. Normalmente ocorriam durante toda a noite e, por vezes, tornavam-se tensas e causavam conflitos.

Durante a assembleia há muita conversa paralela, não consigo ouvir bem quem fala ao microfone. A conversa vem das pessoas que estão em pé, ao meu lado esquerdo. Alguns pedem silêncio sussurrando um "xiiiiii" bastante sonoro. Uma menina fala baixo ao microfone, a multidão grita: "Mais alto!", entretanto, tenho a sensação de que muita gente aqui não está prestando tanta atenção. Um rapaz à minha frente deita no chão e usa a mala como travesseiro. Ele parece bastante sonolento. Deve haver umas quatrocentas pessoas. A assembleia vai demorar bastante para terminar. A cada vez que se conclui uma votação há vaias e "tiração de sarro". Uma menina atrás de mim grita "Fora, burocrata!". Ao encaminhar as votações à mesa pede para que levantemos os dois braços. Mais vaias são disparadas e novamente ouço "Fora, burocrata!" da mesma garota.[7]

Já as comissões eram abertas e atuavam cotidianamente na ocupação. A princípio, qualquer ocupante poderia participar delas, apenas demonstrando, nas palavras de um ocupante, "interesse, capacidade e disponibilidade". Essa abertura gerava uma rotatividade grande entre os

....

[7] Caderno de campo – Álvaro Kanashiro, 28 maio 2007.

membros das comissões, com exceções, no caso de algumas pessoas que se fixavam de acordo com o interesse ou o grau de importância que atribuía a determinada comissão, possibilitando a ideia de "coordenadores". Havia, contudo, pessoas que discordavam da organização por comissões, por considerar que abriam a possibilidade de se formarem líderes, e atuavam então por conta própria.

Embora a ideia de autogestão norteasse o funcionamento da Reitoria Ocupada, havia um grande debate sobre a pertinência do uso desse termo para se referir a ela. O funcionamento das comissões geralmente não se dava na forma de relações hierárquicas, ou seja, todos possuíam o mesmo direito à voz e as discussões eram feitas com todos que participavam da comissão naquele dado momento. Muitas questões pontuais a cada comissão não precisavam ser apreciadas em assembleia. Os integrantes de cada comissão se organizavam, avaliavam o que tinha se executado e tomavam decisões em conjunto. Entretanto, havia comissões em que a autonomia de seus membros era maior, não havendo necessidade alguma em tomar decisões conjuntas – como era o caso da Comissão de Limpeza, onde a maioria agia por conta própria e poucos integrantes eram fixos.

Pode-se identificar dois tipos de comissão que atuavam na Reitoria Ocupada: *instrumentais* e *objetivas*. As *instrumentais* eram aquelas criadas a partir da necessidade de lidar com as demandas do ambiente e do cotidiano dos ocupantes, oferecendo as condições básicas de subsistência e de organização para a sustentação do movimento. Nesse grupo, podemos citar as comissões de Alimentação, de Limpeza e a de Finanças e a de Segurança. As comissões *objetivas* eram aquelas guiadas a fim de se atingir os objetivos que a própria ocupação visou, as pautas de reivindicações, sendo caracterizadas pela ação política. Identifica-se com essa categoria a Comissão de Negociação. Já as comissões de Comunicação, Cultura e Mobilização encontram-se em uma posição entre esses dois tipos.

As comissões *instrumentais*, em diversos momentos, eram responsáveis por estabelecer regras dentro da ocupação. No caso da limpeza, por exemplo, vários cartazes alertavam: "ninguém aqui é empregado de ninguém", "lavar as louças que usar" ou "quem é contra a limpeza é contra a Ocupação". Nos banheiros, mensagens pedem para "jogar papel no lixo", "esvaziar o cesto" e fornecem instruções para o banho: "Ao tomar banho: 1) puxar água; 2) enxugar o chão". Algumas regras claramente foram incorporadas pelos ocupantes e passaram a fazer parte de suas rotinas com naturalidade, como no relato a seguir:

As pessoas se auto-organizam numa fila em frente às panelas, faltavam talheres e os que já tinham comido davam os seus para os que ainda não tinham. Para lavar os pratos as pessoas se dirigiam para a copa e formavam outra fila em frente à pia, seguindo a regra de "cada um lava o seu", mas um ocupante que parece estar organizando a copa disse que os que tivessem pressa que empilhassem o seu prato junto de outros a serem lavados, mesmo assim as pessoas continuam na fila e somente dois entre aproximadamente vinte deixaram seu prato lá e saíram[8].

> Nesse cenário, interagia uma grande diversidade de sujeitos e grupos. A ocupação, longe de ser homogênea, apresentava muitas divisões internas, que por vezes se tornavam complexas e, por vezes, diluídas. Esses atores disputavam internamente os rumos do movimento e, a depender da questão, estabeleciam relações de aliança ou oposição; contudo, era importante passar àqueles que eram de fora, principalmente a mídia, uma imagem de coesão.
> Cada uma das categorias – estudantes, funcionários e professores – possuía uma instância própria de representação e que decidia a continuidade de sua participação no movimento. Os funcionários e professores se organizavam e se apresentavam a partir de seus sindicatos, que declararam apoio e colaboraram de forma mais pontual com a ocupação. Já os estudantes, presentes no cotidiano da reitoria ocupada, haviam rompido com sua entidade máxima de representação, o Diretório Central dos Estudantes (DCE), após o mesmo se pronunciar solicitando a desocupação.

Como o número de estudantes era muito maior, e a disposição dos estudantes é diferente que a dos funcionários. O funcionário, ele está na greve, participando das atividades, na sua unidade, nas suas reuniões, na assembleia, e a grande parte do dia que os estudantes ficavam na Ocupação, ficavam gerindo a Ocupação, os funcionários não estavam lá, então quer dizer, a maior parte das vezes que iam, iam mais como colaboração, pra tentar conseguir bujão de gás, por exemplo, sair pra comprar alimento, arrumar panela, participar do mutirão de limpeza. Então o grande número de participação nas comissões, efetivamente, era por parte dos estudantes, sem dúvida nenhuma, uma que era em número maior, e tem mais tempo vago, porque normalmente o que acontece: o trabalhador tem família também, né? Então na hora em que ele tava aqui participando das atividades ele tava aqui, na hora que saía das atividades praticamente a pessoa ia embora para a sua casa, com seus filhos, pegar em creche... Tinha toda essa situação[9].

....

[8] Caderno de campo – Letícia Yumi Shimoda, 30 maio 2007.
[9] Entrevista com funcionário, 13 mar. 2008.

Dentro da reitoria ocupada também era possível contabilizar aproximadamente vinte grupos organizados em forma de partidos e coletivos políticos[10] – desses, faziam parte tanto estudantes quanto funcionários e professores. Por vezes, esses grupos faziam alianças; em outras, se opunham. Era comum que divulgassem suas avaliações políticas, que na maioria das vezes expunham críticas a outros grupos, em panfletos distribuídos na universidade e principalmente durante as assembleias. Em contraposição a esses grupos políticos organizados, havia ainda aqueles que se autodenominavam "independentes". Estes se posicionavam contra a forma tradicional de fazer política e argumentavam que os partidos manipulavam os rumos do movimento e das instâncias decisórias, estando mais preocupados com a autopromoção do que com a própria ocupação. Ao longo do tempo, para combater a atuação dos partidos, os "independentes" passaram a se reunir e articular posições – passando a atuar como um bloco político bem definido. A disputa entre essas formas de "fazer política" ficava patente nas assembleias, manifestações e no próprio dia a dia da reitoria ocupada. Nas paredes internas da reitoria, faixas com as siglas dos partidos dividiam espaço com as que pediam "fora partidos".

    Além dos estudantes, funcionários e professores que circulavam e habitavam a ocupação, o movimento ainda atraiu alguns simpatizantes que não eram vinculados à universidade. Alguns destes, inclusive, não tinham nenhuma motivação política para estar lá. Havia desde vendedores informais, que criaram um pequeno comércio em frente à reitoria – onde vendiam comida, artesanatos, roupas, DVDs –, até sujeitos que adotaram a reitoria como seu novo lar. "Bacalhau" era o apelido de um homem de cerca de 50 anos que passou a viver na ocupação. Ninguém sabia dizer de onde viera ou sua história. Alguns ocupantes estranhavam sua presença e diziam ter medo dele. Mantinha contato com poucas pessoas e havia assumido para si a função de manter a fogueira acesa durante as noites frias e também auxiliava na limpeza externa. Outro personagem marcante foi o "Profetinha", que ficou na ocupação até seu último momento. Era um andarilho do Mato Grosso do Sul, que dizia ter uma missão: revelar os nove mistérios de Cristo que estariam espalhados pelo mundo, na Bíblia, e em canções de Raul Seixas. Contava que havia visto na televisão sobre a ocupação da reitoria e que, como trabalhava na região, decidiu conhecê-la e acabou ficando porque "iria acontecer coisa ruim lá". Sentia-se muito

----

[10] Havia mais de vinte coletivos políticos atuando na reitoria ocupada. Ou eram grupos independentes, como a União da Juventude Jacobina (UJJ) e o Movimento Negação da Negação (MNN) ou estavam vinculados a alguma organização política institucionalizada, como o Partido Socialismo e Liberdade (PSOL) e o Partido Socialista dos Trabalhadores Unificado (PSTU).

acolhido naquele espaço e bem recebido pelos estudantes: "nóis brinca de bola, faz tudo aí. Eles me adoram! Entendeu?... Eles falam 'profetinha', 'esse é o profetinha lá'."

❹ NOVO TEMPO, NOVOS HÁBITOS

Aproveitamos esse momento para perguntar sobre os costumes que surgiram dentro da ocupação. O cenário que nos foi retratado é da mudança da noção de tempo: o dia inicia à uma da tarde (quando é servido o café da manhã), as plenárias e assembleias atravessam a madrugada, o almoço é servido depois das quatro horas, e o jantar, à meia noite[11].

> Como mostrado anteriormente, a vida dos ocupantes da reitoria era tomada por afazeres relacionados tanto à ação política quanto à manutenção do espaço da ocupação. O tempo, naquele local, era dedicado às disputas sobre os rumos do movimento – levadas a cabo por coletivos ligados ou não a partidos políticos – e à atuação numa das muitas comissões que agregavam ocupantes de diferentes grupos internos nas tarefas cotidianas, como limpeza, comunicação, negociação, segurança, alimentação etc. Havia também o tempo dedicado à elaboração das intervenções artísticas que se espalhavam pela reitoria ocupada.
>
> A vida dedicada à ocupação, portanto, era uma vida organizada numa temporalidade muito específica. Havia uma rotina determinada, explicitada no relato acima, que era organizada a partir de *tarefas* cotidianas. Como afirma Tim Ingold[12], a temporalidade da vida humana não deve ser compreendida como sendo totalmente subjugada ao tempo do relógio, ainda que nas sociedades industriais o chamado tempo sideral, mensurável e controlável, pareça predominar. Para Ingold, há um tempo de vida, incorporado por cada um, delimitado pelas tarefas, que se desenvolve diariamente. Tais *tarefas* orientam a rotina, definem o que se faz a cada momento e formalizam mesmo uma percepção específica de duração do tempo.
>
> A *tarefa* diária mais importante, na reitoria ocupada, era aquela que definia os horários em que se dormia e em que se acordava. Era a participação em plenárias e nas assembleias – principais espaços de decisão do movimento. Como estas iam até altas horas, definiu-se, no

[11] Caderno de Campo – Mariana Hangai, 28 maio 2007.
[12] Cf. Tim Ingold, 2000, *op. cit.*

contexto temporal da ocupação, que o café da manhã seria servido à uma da tarde e que o jantar ocorreria somente após as onze horas da noite. Não poderia ser de outra forma: plenárias e assembleias eram eventos demorados, em que havia a leitura de informes, o levantamento de propostas, as disputas em torno de cada proposta e as votações. Era impensável que fossem realizadas de outra forma, pois a ocupação da reitoria deveria funcionar de modo inverso à lógica que ela criticava, sendo, portanto, um espaço em que, a despeito de oferecer oportunidade de manobras políticas, conservava um caráter eminentemente democrático.

Na Reitoria Ocupada, o tempo do relógio era subjugado ao tempo das *tarefas* políticas, principalmente as decisórias. As demais *tarefas* – vinculadas a qualquer uma das comissões – também possuíam um tempo próprio, mas sempre tendo em vista a temporalidade das plenárias e das assembleias. Os membros da comissão de comunicação, por exemplo, relatavam longas reuniões que avançavam madrugadas adentro, pois era preciso estar de prontidão para responder a solicitações de jornalistas e se posicionar em caso de matérias que criticavam o movimento.

Uma garota sonolenta conta que essa decisão não foi fácil. A reunião do pessoal de comunicação demorou cerca de doze horas, começou às 19h30 e foi até as 7h da manhã de hoje[13].

Outro aspecto central para compreender como se estabelecia a rotina dentro da Reitoria Ocupada é o papel das chamadas atividades culturais, artísticas e "de lazer" – que incluíam desde partidas de futebol, noites de música na fogueira, shows, festas, saraus, o "cineokupa", até aulas públicas, debates e oficinas. Essas manifestações eram entendidas, no discurso de muitos ocupantes, como uma maneira de ocupar o tempo de forma simultaneamente lúdica e engajada, além de agregar os ocupantes e apoiadores do movimento. O tempo também era tido como instrumento de luta política. A comissão da cultura ou cultura de greve, como também era conhecida, era responsável por promover uma programação diária para a ocupação, que se iniciava pela manhã e ia até a madrugada. Essa programação, inclusive, era avaliada por muitos como uma das responsáveis pela manutenção da própria ocupação, pois mobilizava e atraía pessoas para o movimento e ainda contribuía para a formação política desses sujeitos. Assim, conquistavam-se "corações, mentes e o tempo".

A vida na Reitoria Ocupada não se diferenciava daquela vivida fora daquele espaço somente na organização do tempo. Foi perceptível o

....

[13]   Caderno de campo – Álvaro Kanashiro, 5 jun. 2007.

desenvolvimento de um conjunto de práticas que subvertia regras comuns e propunha formas inovadoras para lidar com questões cotidianas. Havia, por exemplo, o costume de se compartilhar os colchões em que se dormia. As camas não tinham "dono": estavam sempre disponíveis a quem nelas se deitasse. Já as tarefas de limpeza e organização do espaço eram levadas muito a sério, tanto por aqueles que participavam da comissão de limpeza quanto por quaisquer outras pessoas que assumissem, voluntariamente, tais tarefas.

Havia certas regras que eram escritas e coladas nas paredes e lembradas a todo o momento pelos ocupantes, como aquela que dizia que todos deveriam limpar as louças que usassem – reiterando que "aqui ninguém é empregado de ninguém"; mas havia também outras regras implícitas, também ligadas à limpeza, que determinavam certas práticas bastante instigantes:

Um dos garotos com quem conversávamos nos disse que antes da Ocupação tinha vergonha de comer na frente dos outros, mas já tinha perdido, pois estava vivendo muito em coletivo. Também relatou que os costumes privados e públicos mudam muito, como, por exemplo, um prato de comida utilizado por um ocupante pode ser utilizado por outro sem lavar (se não houver mais pratos limpos), pois *a mesma comida não suja*[14].

Como explicitado nesse relato, certos hábitos surgidos na ocupação podiam alterar profundamente a forma como cada ocupante lidava consigo mesmo e com o outro. A vida em coletivo levada naquele novo contexto assumia tal dimensão que poderia afetar até mesmo dimensões profundas da subjetividade de cada um, alterando padrões de conduta ligados à timidez e ao nojo – este último, aliás, por meio de uma justificativa bastante inusitada: a de que *a mesma comida não sujaria o prato*, o que legitimaria sua reutilização.

5. *COMMUNITAS*: A OCUPAÇÃO COMO ANTIESTRUTURA

O exercício de tentar compreender o que se passou durante os quase dois meses que durou a ocupação da reitoria da Universidade de São Paulo revela que aquele movimento não se limitava a apenas um grupo de estudantes, professores e funcionários negociando sua lista de demandas,

---

[14] Caderno de campo – Mariana Hangai, 28 maio 2007.

mas que se tornou também uma experiência de organização social, em que novas estratégias de relação e organização foram propostas, debatidas e testadas. Nesse sentido, a quebra do portão da reitoria representou também uma quebra no calendário cotidiano, na sequência das atividades diárias de estudantes e funcionários, e uma oportunidade para uma experiência social em que hierarquias, papéis e regras eram passíveis de alteração.

A análise de Turner[15] sobre o processo ritual oferece alguns parâmetros para compreender a ocupação. No processo ritual são criados novos símbolos, que confrontam diretamente os símbolos da estrutura social vigente e afastam o sujeito de sua sociedade, jogando-o em uma espécie de limbo social. O resgate desse indivíduo se dá de forma que ele volte para o sistema estruturado de sua sociedade em uma nova posição social. Esse processo segue as três fases descritas por Van Gennep[16] de um rito de passagem: separação, transição e reagregação.

No momento de transição, o sujeito se vê em uma situação ambígua, onde todos os símbolos de sua sociedade são negados, o que proporciona a criação de novas simbologias:

> Em liminaridade, relações sociais profanas são descontínuas, antigos direitos e obrigações são suspensos, a ordem social parece estar virada de ponta-cabeça, mas em compensação os sistemas cosmológicos [...] tornam-se de central importância aos noviços, que são confrontados pelos veteranos nos ritos, mitos, música, instrução de uma língua secreta [...]. Em outras palavras, as pessoas liminares "brincam" com os elementos familiares e os desfamiliarizam. Portanto, as novidades emergem das combinações sem precedentes dos elementos familiares[17].

A Reitoria Ocupada entendia-se como um espaço privilegiado para se fazer política, mas principalmente para experimentar novas regras, formas de se relacionar e atuar. No processo ritual da ocupação, a antiga reitoria era caracterizada jocosamente como monárquica, isto é, hierarquizada, distante do cotidiano acadêmico e comandada por uma classe privilegiada de acadêmicos e burocratas. Esses atributos se diluíam já na entrada da ocupação, em que o espelho decorado obrigava todo visitante a se enxergar como reitor.

---

[15] Cf. Victor Turner, "*Liminal ao liminoide*: em brincadeira, fluxo e ritual. Um ensaio de simbologia comparativa". *Mediações*, vol. 17, num. 2, pp. 21-57. 2012.
[16] Cf. A. Van Gennep, *Os ritos de passagem*. 2. ed., Petrópolis: Vozes, 2011.
[17] Cf. Victor W. Turner, 2012, *op. cit.*, p. 222.

Esse experimento social antiestrutural pode ser entendido como uma *communitas*, que revertia as regras anteriores para propor novos experimentos estéticos, éticos e políticos. Esse processo não era simples, mas seguia uma negociação complexa entre os atores envolvidos. Algumas regras cristalizadas desagradavam parte dos ocupantes. Nesse sentido, foi muito interessante acompanhar o surgimento da sala Brasilândia, uma pequena área da ocupação em que algumas atividades proibidas ou evitadas na ocupação eram possíveis.

Segundo um ocupante, essa é a única sala "socialista" da Ocupação (colchões, cobertores são socializados e divididos com todos que por ali aparecerem para dormir). Sempre cabe mais um. Alguns ocupantes que ali se assentaram são fixos, mas é rotativo. Todos são bem-vindos. Comissão de limpeza não passa por ali. Ocupantes afirmam existir uma certa hierarquia/segregação na Ocupação. Disse que na prática a Ocupação é desigual, mas isso a deslegitimaria, por isso eles não reclamam nada. (...) Nesta sala dormem ocupantes moradores de favelas em sua maioria (Brasilândia/São Remo/Paraisópolis), embora todos sejam bem-vindos. O teto de isopor é levantado em alguns lugares para a ventilação (as pessoas fumam lá dentro)[18].

Os novos arranjos sociais experimentados na Reitoria Ocupada causaram ainda o efeito de atrair para aquela manifestação política e universitária pessoas marginalizadas e que possuíam laços fracos de inserção social. Como já tratado anteriormente, "Bacalhau" e "Profetinha" foram dois atores externos à universidade que encontraram na ocupação um ambiente ao qual se sentiriam pertencentes. Embora ainda sofressem com o estigma de "loucos", ambos, em situação de rua, encontraram na ocupação uma possibilidade de se incluir em uma pequena comunidade que tinha espaço para eles – colaboravam com a limpeza das áreas externas, a pintura dos tapumes que cercavam a reitoria e mantinham a fogueira acesa nas noites frias. Miguel, o "Profetinha", era querido pelos estudantes e seguiu frequentando o campus da USP mesmo após a ocupação. Sempre encontrava espaço e curiosos para ouvi-lo falar sobre os mistérios revelados por Deus na Bíblia e nas canções de Raul Seixas e Renato Russo.

Não só essas figuras apresentavam uma forte relação de pertencimento com a reitoria ocupada. Havia um sentimento geral entre os ocupantes de que aquele espaço os havia acolhido e que lá pertenciam a algo maior. Nas últimas semanas de ocupação, com o debate interno

---

[18] Caderno de campo – Victor, 5 jun. 2007.

pautado pelas ameaças de reintegração de posse e pela possibilidade de desocupação pacífica, ficou claro que a ocupação havia se tornado algo mais que instrumento para a luta contra os decretos e por melhores condições na universidade. A ocupação era entendida realmente como um experimento social, a ponto de alguns manifestantes defenderem que ela nunca deveria terminar – um das falas apaixonadas de um dos ocupantes defendia que ela se tornasse uma célula permanente que proporia novos comportamentos e mudaria o mundo. Desocupar não era apenas encerrar um processo político, mas também perder um cotidiano que se mostrava para muitos mais interessante que o usual, injusto e viciado, do mundo externo à ocupação. Por muitos anos, a experiência foi lembrada de forma emotiva pelos estudantes que passavam pela entrada principal da reitoria, com a recordação das intervenções artísticas e até mesmo do calor da fogueira nos dias de inverno.

Entramos e me surpreendi com o espaço; não há mais papéis colados por todas as paredes, não há faixas, crafts, folhetos, avisos, charges, fotos; parece monótono. As pessoas lavam o chão. O único papel colado que vejo: "Em limpeza" [...] Vejo uma pessoa com o rosto todo pintado e com lágrimas desenhadas saindo dos olhos. No corredor da frente, onde tem os jardins, muita gente está aglomerada impedindo a livre passagem; estão paradas observando ou dando ideias para outras que pintam crafts. Alguns deles: "Desocupamos a reitoria para ocupar a USP", "A juventude não se calará", "Amanhã vai ser maior" [...] Uma pessoa está deitada e dorme sobre um colchão, em cima da terra do jardim. Parece-me uma recusa à desocupação.

[...] Os ocupantes começam a sair em massa. E gritam em coro com bastante agitação: "Acabou o amor, isso aqui vai virar o inferno!!!", "USP, Unesp, Fatec e Unicamp! Na luta professor, funcionário e estudante", "O povo unido é o povo forte, não teme a luta, não teme a morte, avante companheiro que essa luta é minha e sua, unidos venceremos porque a luta continua"[19].

Tal sentimento de pertencimento permeava o cotidiano do movimento. Desocupar a reitoria envolvia mais afetos do que uma simples decisão política. Talvez por isso a discussão em torno do tempo de duração da ocupação, sua continuidade, seus propósitos como instrumento de luta política e a experiência que os ocupantes estavam vivendo eram temas

....

[19] Caderno de campo – Letícia, 22 jun. 2007.

recorrentes dos embates que se davam naquele contexto e que mais mobilizavam os ocupantes.

Essa experiência social ocorrida durante os 51 dias da ocupação da reitoria da USP permite ainda observar um momento muito particular em que o cotidiano de dezenas de estudantes foi alterado e entendido como parte importante da mobilização. Durante esse período, atividades cotidianas como aquelas relacionadas à cozinha, à limpeza e à organização do espaço comum passaram a ser entendidas como atividades "de luta", fundamentalmente políticas. Essas atividades permitiam que a ocupação se mantivesse e, na medida do possível, ponderasse a imagem violenta com que o movimento era representado pelos principais veículos de mídia. Quando a ocupação foi capa de uma edição da revista *Veja São Paulo*[20], viam-se em primeiro plano uma fogueira, com o prédio da reitoria ao fundo, e a manchete "Caos na USP", que procurava atrelar à ocupação um sentido de caos, destruição, bagunça e sujeira. Cuidar do espaço da reitoria, inclusive evitando a ocupação dos andares superiores e impedindo a destruição de equipamentos e a perda de documentos, foi percebido por parte dos ocupantes como uma forma de amenizar o aspecto negativo com o qual eram caracterizados. Dessa forma, naquele contexto, as atividades de organização e limpeza eram entendidas como políticas: fundamentais para o bom funcionamento interno da ocupação, experimento social de organização coletiva e elemento importante para disputar sua imagem externa e, consequentemente, sua força de negociação.

Deve-se ressaltar que movimentos similares ao que ocorreu na USP em 2007 aconteceram posteriormente no Brasil e lançaram mão de estratégias similares àquelas relatadas neste capítulo. Em 2016, por exemplo, uma onda de ocupações de escolas de Ensino Médio tomou o país e foi alvo de intenso debate. Os questionamentos aos estudantes secundaristas tinham o mesmo caráter daqueles dirigidos aos universitários de uma década atrás – atentando para as possíveis depredações, a ilegalidade do ato e "falta do que fazer" daqueles jovens. Contudo, assim como na reitoria da USP, um olhar *de perto e de dentro* revela que nesse processo foram desenvolvidas, entre esses novos ocupantes, fortes relações de pertencimento com as escolas ocupadas, estabelecidas por meio de ações propositivas de cuidar – reformar, limpar, organizar – desses novos

....

20   Disponível em: ‹https://vejasp.abril.com.br/cidades/caos-na-usp-greve-ocupacao-da-reitoria›. Acesso em: 21 mar. 2018.

ambientes[21] e permitindo, assim, que esses estudantes se apropriassem da escola de uma nova forma.

Durante o período em que a reitoria da universidade se tornou sede da ocupação, as atividades cotidianas foram compreendidas fora da chave da obrigação, do lazer ou do descanso. O ato de dormir, quando realizado na reitoria ocupada, deixava de ser individual e privado; era entendido como uma atividade de profundo engajamento. Ao longo daquelas semanas, era possível perceber que essa atividade era considerada como forma de distinção e valorização pessoal. Ter dormido todos os dias lá indicava um pertencimento forte ao movimento. Da mesma forma, o cuidado do espaço era entendido como uma tarefa tão importante quanto as negociações e debates políticos. Um cronograma de atividades culturais, de lazer e de formação política, também era visto como elemento fundamental para a manutenção do movimento. O tempo, as tarefas, os hábitos, a rotina e até mesmo as práticas de lazer ganharam, portanto, um caráter político.

---

[21] Um relato etnográfico escrito por um dos autores deste texto foi publicado no site do PSTU à época do movimento das ocupações secundaristas e pode ser lido em: ‹http://bit.do/ocupacao›. Acesso em: 21 mar. 2018.

TEMPOS DE ESCOLA:
LAZERES JUVENIS E CONTROLE DISCIPLINAR

Alexandre Barbosa Pereira

A presença deles na sala de aula... Nada cômodo, para esses meninos e essas meninas, oferecer cinquenta e cinco minutos de concentração em cinco ou seis aulas sucessivas, de acordo com o emprego, tão particular, que a escola faz do tempo[1].

❶ O COTIDIANO ESCOLAR DO PONTO DE VISTA DAS ZOEIRAS E DOS LAZERES JUVENIS

Desde 2003, as práticas culturais juvenis[2] associadas ao tempo livre são o meu foco de pesquisa. Inicialmente, a partir da observação de uma atividade específica: a pixação[3] na cidade de São Paulo[4]. O objetivo, nesse caso, foi entender as múltiplas relações estabelecidas no e com o contexto urbano, com destaque para as trocas e alianças entre grupos de pixadores, as redes de sociabilidade[5], os dispositivos de memória e risco e a construção de um modo específico de pensar o espaço urbano – principalmente a periferia da cidade, a partir da forma como a denominavam: "quebrada". Por esse termo, tais jovens se referiam à ideia de ruptura com a cidade, marcando uma especificidade e fazendo alusão à noção de gueto. Assim, pela afirmação de um espaço social compartilhado que conectava os diferentes e mesmo distantes bairros da periferia de São Paulo, eles demonstravam que tinham algo em comum: vir de um bairro pobre marcado pela violência e a carência e, por isso, deter

....

[1] Daniel Pennac, *Diário de escola*. Rio de Janeiro: Rocco, 2008, p. 101.
[2] Por "práticas culturais juvenis", designo as atividades protagonizadas por sujeitos considerados jovens ou que afirmam uma marca simbólica daquilo que as sociedades industrializadas e urbanas definem como juvenil. Há, portanto, certa referência juvenil, mas não há necessariamente a restrição a uma faixa etária.
[3] Escrevo aqui "pichadores" e "pixação" com X, e não com CH, em respeito à escrita dos protagonistas da atividade que, dessa forma, querem diferenciá-la de qualquer outra pichação, escrita sem nenhuma elaboração estética ou sem a intencionalidade de produzir performances de risco.
[4] Cf. Alexandre Barbosa Pereira, *De rolê pela cidade: os pixadores em São Paulo*. Dissertação de mestrado em Antropologia Social. São Paulo: Faculdade de Filosofia, Letras e Ciências Humanas da Universidade de São Paulo, 2005; "Pichando a cidade: apropriações 'impróprias' do espaço urbano". Em: J. G. C. Magnani; Bruna Mantese de Souza (orgs.). *Jovens na metrópole*. São Paulo: Terceiro Nome, 2007; Cidade de riscos: notas etnográficas sobre pixação, adrenalina, morte e memória em São Paulo, *Revista de Antropologia*, 2013, n. 56, v. 1, pp. 81-110.
[5] Por "sociabilidade", conforme a discussão de Georg Simmel ("A sociabilidade [exemplo de sociologia pura o formal]". Em: *Questões fundamentais da sociologia*. Rio de Janeiro: Jorge Zahar, 2006 [1917], pp. 69-82.), quero aludir às formas de sociação caracterizadas pela satisfação do estar junto ou socializado. Com isso, o que quero enfatizar é o lado lúdico dessas relações, que podem ser amistosas ou conflituosas.

certa força e disposição para arriscar-se na cidade, dependurando-se no alto de prédios ou tentando driblar a repressão policial para marcar seus espaços com suas pixações. Curiosamente, as saídas para pixar a cidade eram por eles denominadas como "rolê", noção que alude a um passeio para usufruir da cidade e, nesse caso mais específico, marcá-la. Aquele que tivesse muitas pixações pela cidade seria identificado, portanto, como alguém que tem muito rolê.

Posteriormente, a fim de não mais abordar apenas uma prática cultural juvenil específica, resolvi ampliar o foco para observar um número maior de práticas em sua relação com o espaço urbano, particularmente nos bairros da periferia de São Paulo. Para obter uma visão mais geral e diversificada, que permitisse apreender uma multiplicidade de práticas e relações, parti de uma instituição que congrega jovens em toda a cidade de São Paulo: a escola[6]. Estive em quatro escolas, em dois distritos da periferia de São Paulo, um no extremo norte e outro ao sul. Nessa pesquisa, o que os jovens intitulavam como *zoeira*, protagonizada principalmente pelos meninos, mostrou-se como aspecto fundamental das relações que ali aconteciam. De certo modo, a ideia do zoar pode ser definida como uma atividade lúdica e jocosa de, ao mesmo tempo, provocar riso e chamar atenção para si, marcada por brincadeiras e gozações constantes e, em alguns momentos, por rivalidades que se acirram e chegam próximo ao conflito declarado. Cabe destacar que, no Brasil, a zoeira entre os jovens foi também observada por outros autores em diferentes contextos, como o trabalho de Paulo Nogueira[7] nas escolas de ensino fundamental da cidade de Belo Horizonte e o de Vanessa Pereira[8] em *lan houses* de Porto Alegre.

Prestar atenção às zoeiras desenvolvidas nas escolas levou-me a observar outros espaços e práticas culturais em seu entorno, como as *lan houses* e as festas de *funk* realizadas na rua a partir de um som automotivo, além da própria música *funk* e as novas tecnologias da informação e da comunicação. Nas salas de aula, uma forma muito comum de zoeira entre os jovens era, justamente, ouvir música *funk* em alto volume a partir dos telefones celulares, desestabilizando as aulas e a autoridade docente. Assim, evidenciou-se como as práticas de lazer dos estudantes chocavam-se de modo bastante intenso com a ordem escolar institucional, revelando o

---

[6] Cf. Alexandre Barbosa Pereira, *"A maior zoeira" na escola: experiências juvenis na periferia de São Paulo*. São Paulo: Editora Unifesp, 2016.

[7] Cf. Paulo Henrique Nogueira, *Identidade juvenil e identidade discente: processos de escolarização no terceiro ciclo da escola plural*. Tese de doutorado. Belo Horizonte: Faculdade de Educação/UFMG, 2006.

[8] Cf. Vanessa Andrade Pereira, *Na Lan House, "Porque jogar sozinho não tem graça": estudo das redes sociais juvenis on e offline*. Tese de doutorado. Rio de Janeiro: Museu Nacional/UFRJ, 2008.

que Joffre Dumazedier[9] definiu como um conflito entre o trabalho escolar imposto e o lazer escolhido pelos alunos. Com isso, a questão do lazer e/ou dos usos do tempo livre apresentou-se como componente fundamental para que se discutissem as práticas culturais juvenis na escola e no contexto urbano mais geral.

A associação entre práticas culturais juvenis e atividades de lazer já tem certo acúmulo de discussões nas ciências sociais. Sobre os usos juvenis do tempo livre, José Machado Pais afirma que haveria hábitos bastante comuns, como o de "matar o tempo", que compreenderiam sair para divertir-se ou fazer um rolê. O autor afirma que encontrar-se para não fazer nada seria uma das atividades mais importantes das culturas juvenis. E esse fazer nada envolve, fundamentalmente, estar com os amigos e conversar. "Os assuntos das conversas não têm de ser reais, podem ser histórias fictícias, imaginárias, irreais – tanto mais interessantes quanto mais divertidas"[10]. O sair para se divertir, segundo Machado Pais, levaria a uma quebra no cotidiano por meio das sociabilidades grupais e de uma organização coletiva do tempo, na qual se procura o lado festivo da vida. Nesse sentido, o não fazer nada seria apenas aparente, pois, por meio dessas associações para desfrutar do ócio, os jovens desenvolveriam formas efetivas de participação social que reforçariam coesões grupais. Nos anos 1970, Paul Corrigan[11], na clássica coletânea dos estudos culturais de Birmingham, já abordava os conflitos do choque de opiniões entre a importância do encontrar-se para fazer nada dos jovens da classe operária e a visão dos adultos de considerar tal atividade como improdutiva, sem propósito ou como pura perda de tempo. A relação da juventude com o tempo livre é também destacada por Feixa[12] como uma forma de apropriar-se do espaço urbano. Segundo ele, a ação dos jovens pode redescobrir territórios urbanos esquecidos ou marginais, dotando-os de novos significados, humanizando praças e ruas, dando-lhes usos imprevistos.

Por meio das festas, das rotas de ócio, mas também por meio do grafite e de outras manifestações, diversas gerações de jovens têm recuperado espaços públicos que tinham se tornado invisíveis, questionando os

....

[9]   Cf. Joffre Dumazedier, 1994, op. cit.
[10] Cf. José Machado Pais, *Culturas Juvenis*, Lisboa: Imprensa Nacional – Casa da Moeda, 2003, p. 131.
[11] Cf. Paul Corrigan, "Doing Nothing". Em: HALL, Stuart; JEFFERSON, Tony (orgs.). *Resistence through rituals; youth subcultures in post-war Britain*, London: Hutchinson and Co, CCCS. University of Birmingham, 1993.
[12] Cf. Carles Feixa, Introducción; Los estúdios sobre culturas juveniles en España (1960 – 2003), *Revista de Estudios sobre Juventud*, n. 64, Madrid: Instituto de la Juventud, mar. 2004.

discursos dominantes sobre a cidade. Na escola local, a emergência de culturas juvenis pode responder a identidades de bairro, a dialéticas de centro periferia, que é preciso desentranhar. Por um lado, as culturas juvenis se adaptam ao seu contexto ecológico (estabelecendo-se uma simbiose às vezes insólita entre estilo e meio). Por outro lado, as culturas juvenis criam um território próprio, apropriando-se de determinados espaços urbanos que distinguem com suas marcas: a esquina, a rua, a parede, o local de baile, a discoteca, o centro urbano, as zonas de lazer etc.[13].

> Outros autores, como Mario Margulis e Marcelo Urresti[14], no entanto, tentam complexificar a relação da juventude com o tempo livre por intermédio dos conceitos de "moratória social" e "moratória vital", evidenciando como as práticas culturais juvenis são também marcadas por outras variáveis, como classe, raça/etnia, gênero. O primeiro conceito faria referência a um certo tempo livre concedido socialmente aos mais jovens para que possam dedicar-se aos estudos. Já o segundo diz respeito a uma maior disposição física própria da idade, na qual a morte, supostamente, apresentar-se-ia como uma possibilidade longínqua. Conforme os autores, a moratória social configuraria uma relação mais estreita com um tempo livre disponível para determinada classe de privilegiados; já a moratória vital faria referência a certo capital temporal e energético que diferenciaria determinada geração das suas precedentes. Nesse último caso, ser jovem não necessariamente guardaria relações com as práticas de lazer, mas com o seu curso de vida, o modo de relacionar-se com o seu tempo e com os indivíduos de sua geração e das anteriores. Além disso, se o lazer estaria mais presente como elemento constitutivo entre os jovens das camadas sociais mais privilegiadas, pode-se dizer que a associação feita entre juventude e lazer acaba difundindo-se também para as outras camadas menos favorecidas economicamente, embora ela possa configurar-se de maneira diferente em cada contexto. Isso demonstra, portanto, a importância de, ao se discutir a noção de juventude, também se problematizar a ideia de lazer, refletindo sobre como os dois elementos articulam-se entre si e com outros fatores.

....

[13] Cf. Carles Feixa, *De Jóvenes, bandas y tribus. Antropología de la juventud*, Barcelona: Ariel, 2006, p. 117 (tradução minha).
[14] Cf. Mario Margulis; Marcelo Urresti, "La juventud es más que una palabra". Em: Margulis, M. (org.), *La juventud es más que una palabra*, Buenos Aires: Biblos, 1996.

Dumazedier[15] associa o surgimento da noção de lazer[16] à ascensão da burguesia voltada para o trabalho, que condenaria o ócio – considerado na Antiguidade uma grande virtude – a uma grande desgraça. Segundo o autor, na sociedade industrial moderna não haveria mais a integração entre festa, trabalho e jogo dos períodos arcaicos. De certo modo, essa discussão sobre o lazer nas sociedades industriais e não industriais alinha-se à discussão de outro autor, Victor Turner[17], sobre a passagem da predominância dos fenômenos liminares, no caso das últimas sociedades, para o que ele denominou como liminoides. Em linhas muito gerais, Turner define "liminoide" como atividades – a exemplo das atividades de lazer –, nas sociedades industriais, que produziriam pequenas e individualizadas inversões na vida social (ainda que massificadas). Não seriam mais experiências totalizadoras, mesmo com o componente de inversão que marcaria os fenômenos liminares. Já a noção de lazer desenvolvida por Dumazedier parte de uma divisão mais rígida entre trabalho e tempo livre, típica da sociedade industrial, que, na chamada sociedade do consumo ou pós-industrial, em que a produção tem sua importância diminuída perante o consumo, perde muito de seu sentido – tendo em vista que, cada vez mais, as esferas do trabalho, do ritual, do jogo, da brincadeira e do tempo livre revelam-se sobrepostas, e suas fronteiras são borradas e/ou entrecruzadas.

A noção de juventude vem sendo progressivamente associada ao lazer e a um uso do tempo livre como prática criativa e/ou autônoma. Essa dimensão torna-se tão importante no mundo contemporâneo que aspectos considerados como marcadores do que seria ser jovem passaram a ser objeto de grande desejo. No mundo ocidental contemporâneo, busca-se ser ou parecer jovem pelo maior tempo possível. Guita Debert[18] define esse fenômeno como a juventude tornando-se um valor a ser perseguido por diferentes idades e/ou faixas etárias, algo que demonstraria a fragilidade das classificações etárias quando vistas de modo isolado. Em texto mais recente, Carles Feixa[19] discute que, com essa expansão da juventude para

....

15 Cf. Joffre Dumazedier. *Lazer e cultura popular*. São Paulo: Perspectiva, 1976; *Sociologia empírica do lazer*, São Paulo: Perspectiva, 1999 [1979].
16 Não estabeleço aqui diferenciações muito rígidas entre lazer, tempo livre e ócio, embora reconheça que tais termos não façam referência necessariamente aos mesmos fenômenos e processos. Para mais informações sobre o tema, ver o trabalho de Cássio Aquino e José Martins, "Ócio, lazer e tempo livre na sociedade do consumo e do trabalho". *Revista Mal-Estar e Subjetividade*, v. VII, n. 2, set. 2007, pp. 479-500.
17 Cf. Victor W. Turner, 1982, *op. cit.*
18 Cf. Guita Grin Debert, "A cultura adulta e juventude como valor". Em: *XXVIII Encontro Anual da ANPOCS* (Anais). Caxambu, Hotel Glória, 26 a 30 out./2004.
19 Cf. Carles Feixa, *De la generación@ a la #generación: la juventude en la era digital*, Barcelona: NED Ediciones, 2014.

cima e para baixo, para a infância e para a vida adulta, haveria uma maior indistinção do que seria ser jovem ou adulto, sendo alterado o modelo hegemônico no período pré-industrial do que se entenderia por juventude – concebida como transição –, ou no período industrial – quando passa a ser caracterizada como um momento de crise e de contraposição à vida adulta. Com isso, Feixa defende que a categoria "juventude", como concebida nesse processo histórico mais recente, estaria padecendo por seu êxito. Por conta dessa dificuldade de classificação, na discussão sobre o que denomino aqui como "práticas culturais juvenis", pretendo também demarcar determinado signo juvenil, indicando que tais práticas não necessariamente seriam realizadas por pessoas consideradas etariamente jovens, tomando, aliás, a categoria juventude como um conceito plural e em permanente transformação. Conforme apontam Margulis e Urresti,

Pode-se reconhecer a existência de *jovens não juvenis* – como é, por exemplo, o caso de muitos jovens dos setores populares que não gozam da moratória social e não portam os signos que caracterizam hegemonicamente a juventude –, e *não jovens juvenis* – como é o caso de certos setores médios e altos que vêm diminuindo seu crédito vital excedente, mas são capazes de incorporar tais signos[20].

Com isso, os autores ressaltam as especificidades de classe social nas definições do que seria a experiência juvenil, pois, avisam, há classes nas gerações, assim como há gerações nas classes. Contudo, observam a especificidade de gênero na definição de juventude: "a juventude depende também do gênero, do corpo processado pela sociedade e pela cultura; a condição de juventude se oferece de maneira diferente para o homem e a mulher"[21]. O tempo transcorreria de maneira diferente para a maioria das mulheres em relação à maioria dos homens. Entre outros fatores, os autores apontam a maternidade como um elemento relevante para a definição dessa temporalidade diferenciada, pois ela não alteraria apenas o corpo, mas também o modo como as mulheres desfrutariam e configurariam sua juventude. Assim, um homem jovem de classe alta diferiria de uma mulher jovem de sua mesma classe social em relação ao que foi denominado como "crédito vital e social"; porém, esse mesmo homem se diferenciaria ainda mais de uma mulher de mesma idade pertencente aos setores populares. Em outras palavras, há diferentes maneiras de se experienciar a juventude, não apenas no que se refere às próprias especificidades etárias

....

[20] Cf. Mario Margulis; Marcelo Urresti, 1996, *op. cit.*, p. 6 (tradução minha).
[21] *Ibidem*, p. 9 (tradução minha).

e geracionais, mas também no que tange a outros fatores que contribuem para a conformação de experiências particulares. Como afirmam Margulis e Urresti, é possível dizer que há *jovens juvenis* e *jovens não juvenis*. Os primeiros, classificados etariamente como jovens, desfrutariam plenamente de condições simbólicas e materiais que permitiriam um tempo liberado para formar-se, consumir e divertir-se em interação com outros indivíduos da mesma faixa de idade, enquanto os segundos, apesar de também classificados etariamente como jovens, não têm tempo nem recursos para desfrutar dos signos do que a sociedade ocidental urbana considera juvenil. Da mesma maneira, também se poderia afirmar que há *não jovens juvenis*, ou seja, indivíduos que estariam fora do que seria social e demograficamente considerado atualmente como jovem, mas que, ainda assim, usufruiriam desse modo de vida enquadrado como juvenil.

❷ O ANTROPÓLOGO EM CAMPO NA ESCOLA DE ESPAÇO E TEMPO CONTROLADO

Se nas escolas a questão do lazer e das zoeiras marcava os modos de ser jovem e as ações estudantis, esse panorama não era bem-visto pelos professores e pela direção da própria instituição. Observei diversas vezes professores reclamando dos alunos, afirmando o quanto eles eram relapsos, desinteressados, mal-educados, desrespeitosos, entre outros adjetivos. Esses elementos configuraram parte do cotidiano das várias escolas que acompanhei, a partir do ponto de vista dos docentes. Muitas vezes ouvi um ou outro lamentar que mal poderia esperar pela chegada do final de ano para tirar um período de férias, pois sair o mais rápido da escola parecia ser o objetivo da maioria deles. Talvez isso contribua para a frequente falta de professores nas escolas. Quando isso acontece, os colegas daquele que faltou apressam-se em adiantar suas aulas, ficando com duas salas ao mesmo tempo, sem efetivamente estar em nenhuma das duas, conseguindo assim deixar o trabalho mais cedo. Dentro da sala de aula, aliás, transparece ainda mais a pouca ou nenhuma motivação de grande parte dos professores, que não conseguem ensinar muita coisa do conteúdo das disciplinas pelas quais são responsáveis. Esse foi o cenário que encontrei em quatro escolas estaduais de bairros da periferia do município de São Paulo entre 2007 e 2009, quando frequentei aulas do ensino médio em meu trabalho de campo.

Realizar pesquisa em escolas públicas em São Paulo não é tarefa das mais fáceis. Há sempre um clima de tensão no ar, seja entre os professores com relação aos alunos, seja o inverso. No caso do antropólogo em campo, a tensão aumentava ainda mais, tendo em vista que as desconfianças sobre mim vinham desses dois principais segmentos do universo escolar. Numa situação de etnografia em ambiente escolar, a posição do antropólogo em campo torna-se ainda mais ambígua do que já é comumente: ele é quase sempre visto como uma figura liminar, que passeia ou fica entre dois mundos, o dele e o do universo pesquisado, tão ao gosto do grande divisor que há muito organiza a reflexão antropológica: o "nós" e os "outros". Contudo, no caso de uma etnografia em escola, há um excesso de significados e de atribuição de papéis por parte dos sujeitos com quem o antropólogo se relaciona em campo. Há também um problema adicional, decorrente do fato de a escola comportar diversos personagens com funções que os gestores dos estabelecimentos de ensino almejam bem definidas. Aliás, a rígida definição das regras e dos papéis sociais dos diversos atores é o que caracteriza instituições desse tipo, sob pena de punição disciplinar para aquele que não apresenta o comportamento que a instituição determina como socialmente aceito.

O conjunto de papéis e valores da escola é destacado por François Dubet[22] como característica de instituições de formação, como a escola. Já a desorganização desses papéis e valores configura o que esse autor denominou como uma "desinstitucionalização dos modos de produção dos indivíduos". Em outras palavras, para Dubet, a formação dos indivíduos dependeria cada vez menos dos moldes impostos pelas instituições (Igreja, família, escola etc.) e cada vez mais das experiências individuais dos atores sociais. Entretanto, apesar desse processo de desinstituicionalização, conforme pude observar, a escola tende a reforçar a função formadora da instituição e a definição dos papéis daqueles que dela fazem parte, com o intuito de não perder seu sentido. No meio disso tudo estava o antropólogo, que não tinha um papel definido nem pela instituição nem pelos alunos, mas que atraía sobre si grande desconfiança dos dois segmentos.

Outro problema de uma pesquisa em escola é ter de respeitar as regras disciplinares rígidas do estabelecimento. Ou seja, não se deve conversar em sala de aula. Essa regra é ignorada por quase todos os alunos, mas como fica o antropólogo em tal situação? Tenta seguir as regras, para não atrapalhar o bom andamento das aulas, ou as ignora e começa a conversar com os alunos durante a explicação de um professor, participando de suas atividades lúdicas no período controlado das aulas? O fato é que é muito difícil estabelecer relações numa escola sem ter ali um papel predefinido, se não se é nem professor, nem aluno – mais ainda se não é um aluno. Um estudante pode muito bem desobedecer à

....

[22] Cf. François Dubet, A formação dos indivíduos: a Desinstitucionalização, *Revista Contemporaneidade e Educação*, 1998, ano 3, v. 3, pp. 27-33.

regra de não se conversar durante as aulas, pois as consequências seriam, dependendo da situação, mínimas ou mesmo nenhuma. Já um antropólogo tem de respeitar as normas estabelecidas pela instituição. Afinal, ele é alguém autorizado pela direção e por parte dos professores a participar das aulas e fazer observações para sua pesquisa. Essa dificuldade de situar-se no campo também se mostrou reveladora do modo como a tensão entre o tempo livre e tempo disciplinar regulado ou de realização de atividades compulsórias organizam o cotidiano dessas instituições.

Além de correr o risco de ter problemas com os professores, sentia-me sempre constrangido na escola e com poucas possibilidades de realizar uma aproximação para a pesquisa, pois os alunos já tinham suas relações de sociabilidade e, de maneira geral, excluíam-me delas ou incluíam-me apenas parcialmente. Eu era apenas uma referência de pessoa mais velha, sem um lugar apropriado na sala de aula, alguém que despertava a curiosidade em alguns momentos ou era alvo de brincadeiras em outros. Algumas vezes, um ou outro aluno propunha-se a conversar comigo no curto período entre duas aulas ou no intervalo para o recreio. Na verdade, eu conseguia conversar muito pouco com eles nesse último momento, quando estavam mais preocupados com assuntos mais importantes como namorar, jogar bola, "trocar ideias" com os amigos, comprar um lanche na cantina.

A diferença de idade de pouco mais de dez anos era um fator importante, mas não era crucial para essa distância. O que efetivamente me afastava daqueles jovens era o papel que me atribuíam: o de estagiário de professor, de quase professor ou mesmo de professor, modo, aliás, como muitos deles me chamavam. Apesar de estar no meio deles na sala de aula, eu efetivamente não compartilhava das mesmas regras que se aplicavam a eles. Primeiro, porque não podia conversar efetivamente com eles durante o período das aulas. Segundo, porque eu não era alguém com quem conversar sobre questões cotidianas, mas apenas alguém para se perguntar sobre determinada faculdade, ou para pedir ajuda na realização de um trabalho.

Outra particularidade interessante da pesquisa nas escolas foi a constatação de que o que eu buscava observar – as formas de ocupação e os usos da escola pelos jovens, o estabelecimento das redes de sociabilidade e mesmo a transformação da instituição de ensino a partir das práticas juvenis – era visto pelo corpo docente e direção como indisciplina ou como afronta. Ou seja, o que eu via como positivo, pelo menos em relação ao que queria captar para a pesquisa, os professores viam como extremamente negativo, como algo que deveria ser extirpado da escola. Tal fato fez com que eu, embora não tivesse conseguido entrar efetivamente na rede de sociabilidade dos estudantes, ficasse mais próximo dos alunos e fosse mais simpático aos seus interesses e posturas. Isso ocorreu porque, além de estar ali para observar os alunos, era ao lado deles que eu passava as quase quatro horas que ficava sentado acompanhando as aulas. Essa maior proximidade física e social levou-me a encarar de modo extremamente crítico a atitude dos professores e da direção escolar numa instituição que buscava sua legitimidade e autoridade principalmente no controle e na punição, e não na transmissão do saber, como eu esperava que fosse.

❸ QUANDO O ANTROPÓLOGO QUER SABER O QUE É SER PROFESSOR

No momento em que obtive o convite para atuar como professor em outra escola e pude aproximar-me mais da posição e dos dilemas desse profissional em sua prática de trabalho cotidiana, minhas percepções se transformaram em grande medida. Essa vivência me proporcionou também um maior contato com outra experiência: a do sociólogo François Dubet, descrita em entrevista concedida às pesquisadoras Angelina Peralva e Marília Sposito e publicada na *Revista Brasileira de Educação*, em 1997. De certo modo, o próprio aceite ao convite para ministrar aulas por um determinado período teve uma inspiração nessa entrevista, que eu já conhecia previamente. Assim como Dubet, senti a necessidade de vivenciar um pouco do cotidiano docente numa escola de ensino básico como modo de entender um pouco mais a complexidade dessa atuação profissional. Em sua entrevista, Dubet conta que resolveu arriscar-se na tarefa de dar aulas numa escola da periferia de Bordeaux por causa de seu trabalho prévio de pesquisa com professores das escolas secundárias. Ele queria observar se os lamentos exagerados dos professores com relação aos alunos tinham algum fundamento. Ao resolver experimentar o que é ser professor num colégio da periferia, o sociólogo, que era professor da Universidade de Bourdeaux II, descobre que as descrições sobre as agruras da relação pedagógica que os professores lhe davam não eram tão exageradas.

A minha primeira surpresa, e que é fundamental, corresponde ao que os professores dizem nas suas entrevistas. Os alunos não estão "naturalmente" dispostos a fazer o papel de aluno. Dito de outra forma, para começar, a situação escolar é definida pelos alunos como uma situação, não de hostilidade, mas de resistência ao professor. Isto significa que eles não escutam e nem trabalham espontaneamente, eles se aborrecem ou fazem outra coisa. Lá, na primeira aula, os alunos me testaram, eles queriam saber o que eu valia. Começaram então a conversar, a rir (...)[23].

> Dubet, imbuído de seus ideais de uma educação democrática e de sua experiência acadêmica da autoridade e admiração baseadas no saber, vê seus pressupostos fracassarem. E, diante da impossibilidade de conseguir efetivamente fazer os alunos prestarem atenção no que ele queria ensinar, decide realizar o que denominou como um "golpe de estado".

Depois de dois meses, eu estava um pouco desesperado: eu não conseguia nunca dar a aula. E então, um dia, fiz um "golpe de estado" na sala. Disse aos alunos: de hoje em diante não quero mais ouvir ninguém falar, não quero mais ouvir ninguém rir, não quero mais agitação. Aliás, não era bagunça, era agitação. Eu disse: vocês vão colocar as suas cadernetas de correspondência, a caderneta em que se colocam as punições, no canto da mesa, e o primeiro que falar, eu escrevo a seus pais, e ele terá duas horas de castigo. E durante uma semana foi o terror, eu puni. De fato, facilitou a minha vida e tenho a impressão de que esta "crise" deu aos alunos um sentimento de segurança, já que eles sabiam que havia regras, eles sabiam que nem tudo era permitido. Depois, as relações se tornaram bastante boas com os alunos e bastante afetuosas[24].

> De modo análogo ao que houve com Dubet, minha percepção negativa sobre os professores mudou profundamente quando tive a oportunidade de ocupar a posição docente numa escola particular de ensino médio e fundamental. No início da pesquisa, junto aos alunos nas escolas, adquiri uma visão muito crítica com relação à prática de muitos docentes. Havia uma situação caótica e tensa. Por parte dos professores, pouca disposição para ensinar e preconceito com relação aos alunos, que eram vistos como marginais, além do despreparo e de um intenso pessimismo que pairava na sala dos professores. Já por parte dos alunos, havia muito pouco interesse nas aulas e na escola e muita dedicação às relações de sociabilidade, aos namoros e às brincadeiras. Nesse quadro, tinha-se quase nenhum espaço para as aulas propriamente ditas, fato que até então eu considerava como consequência de pouco preparo e empenho de grande parte dos professores para com a prática de sua profissão. Cheguei, inclusive, a presenciar muitos casos de conflitos entre alunos e docentes. Logo no

----

[23] Cf. François Dubet, Quando o sociólogo quer saber o que é ser professor: entrevista com François Dubet – Entrevista concedida a Angelina Peralva e Marília Sposito, *Revista Brasileira de Educação*, 1997, n. 5 e n. 6, ANPED, pp. 223.
[24] Ibidem, p. 224.

início da pesquisa numa escola, uma professora chegou a dizer-me: "Bem-vindo à selva".

Ao estar efetivamente no papel de professor, percebi que a situação era bem mais complicada. Os alunos não estavam muito preocupados com o que eu, como professor, tinha a dizer ou com o empenho que tive para preparar as aulas. Na verdade, como também apontou Dubet, os estudantes da educação básica estão muito mais preocupados com as questões próprias de sua geração e de sua idade, como os namoros, as baladas, as brincadeiras, os jogos, as novas tecnologias de informação e comunicação, do que com os estudos. Desde que aceitei o convite para exercer o trabalho de professor, decidi adotar uma postura mais aberta ao diálogo com os alunos – não queria agir do modo autoritário como tinha observado na maneira de atuar de alguns professores. Porém, percebi que entre os alunos não havia muita abertura para o diálogo com o professor. Durante minha curta experiência docente, os estudantes sempre tentavam arrumar um jeito de burlar as regras, de não prestar atenção à aula, de abdicar dos estudos e de não realizar as tarefas solicitadas. Por outro lado, sempre procuravam um tempo ou uma folga do professor para se divertir entre si ou com jogos e brincadeiras, ou ainda para ficar zombando dos outros colegas ou do próprio professor. Aliás, na relação entre alunos e escola, percebe-se claramente uma disputa entre a jocosidade e a ludicidade dos primeiros contra a seriedade da aplicação das normas da última, representada principalmente pelo corpo docente. Além disso, essa experiência como professor revelou-me a dificuldade da profissão e o modo como o trabalho intelectual é feito como um trabalho em série. Nas escolas, o professor aproxima-se da figura de um intelectual/operário, repetindo e aplicando um mesmo conteúdo seguidamente ao longo de uma extensa e extenuante jornada de trabalho, com pouco tempo livre para si e mesmo para dedicar-se mais ao preparo das aulas. Além de tudo isso, ele tem de preparar-se para dar aulas a alunos que, em sua maioria, não querem saber o que ele tem a dizer.

Na entrevista em que conta sua experiência docente, Dubet descarta para esses casos a observação participante como método, pois, segundo ele, as demandas do trabalho de professor impunham-se às do trabalho de pesquisador.

Logo, me dei conta de que a "observação participante" era um absurdo. Durante duas semanas, tentei ficar observando, isto é, ver a mim mesmo dando aula. Mas após duas semanas, estava completamente envolvido com o meu papel, e eu não era de maneira alguma um sociólogo, embora tivesse me esforçado para manter um diário de umas cinquenta páginas no qual redigi minhas impressões. Entretanto, não acredito que

se possa fazer pesquisa se colocando no lugar dos atores; eu acho que
é um sentimentalismo sociológico que não é sério ou que supõe muitas
outras qualidades diferentes da minha[25].

Concordo com a afirmação de Dubet sobre as dificuldades de se realizar
"observação participante" numa escola em concomitância com a atuação
como professor. As obrigações do trabalho docente são tantas e, o cansaço
após uma jornada de aulas é tão intenso, que se torna quase impossível
preocupar-se com anotações de alguma observação mais efetiva sobre
a dinâmica escolar. Principalmente para um professor iniciante, as
preocupações com a elaboração de uma boa aula ou com estratégias para
atrair a atenção dos alunos acabam se sobrepondo às necessidades da
pesquisa, de anotar e descrever as ações do cotidiano escolar, conforme o
modelo etnográfico clássico. Contudo, apesar de conseguir anotar muito
pouca coisa no período em que atuei dando aulas, ocupar a posição de
professor trouxe novas perspectivas, que iluminaram o prosseguimento de
minha pesquisa junto aos alunos nas escolas. Chego assim à conclusão de
que, embora talvez não seja possível fazer pesquisa ocupando a posição de
professor, o fato de conseguir apreender outros pontos de vista e situar-se
em outros lugares que não os convencionais ajuda muito na elaboração
de uma pesquisa em instituições escolares. No meu caso, muito mais
do que a descrição dos atores sociais em campo, a experiência revelou
aspectos importantes para entender melhor a dinâmica das relações
dentro de uma escola e também contribuiu para que eu percebesse as
múltiplas visões que estão em disputa. Da mesma forma, compreendi
melhor como se deu a minha inserção em campo como pesquisador e as
desconfianças dos principais segmentos do universo escolar, professores
e alunos, com relação a mim. A antropologia, segundo Clifford Geertz[26],
"possibilita a transformação daquilo que parece ser apenas uma coleção
de material heterogêneo numa rede de entendimentos sociais que se
reforçam mutuamente".

Assim, se quando estava próximo dos alunos fui solidário a eles,
por terem de suportar uma escola precária, que diz muito pouco de sua
realidade e quase não os prepara para suas pretensões de ascensão social,
ao situar-me próximo do ponto de vista dos professores pude perceber
a precariedade das condições de sua profissão e o descompasso da
sua prática com a realidade dos alunos. Claro que não me transformei
novamente em aluno do ensino médio e, embora tenha dado aula por

---

[25] *Ibidem*, p. 223.
[26] Cf. Clifford Geertz, *O saber local: novos ensaios em antropologia interpretativa*, Petrópolis: Vozes, 1997, p. 234.

dois meses, transformei-me, nesse momento, apenas parcialmente em professor, pois não aguentei a pressão de dar aulas e fazer a pesquisa concomitantemente. Porém, houve possibilidades de, em diferentes ocasiões, estar mais próximo dos dois principais atores sociais do cenário escolar. Retomando a questão das condições de trabalho do professor, percebi uma grande fragilidade dos recursos para a atuação docente: além das péssimas condições de trabalho, com baixos salários, grande carga horária, pouco preparo e amparo do Estado, há também uma grande dificuldade – que experimentei na prática – em lidar com o aluno atual, ou com a diversidade de alunos da escola contemporânea. Constata-se, tanto nas escolas públicas quanto nas privadas, um medo de encarar os alunos, o que, conforme o próprio Dubet indica, não necessariamente expressa uma relação com a denominada violência na escola, tão propalada pela mídia.

O que mais me chamou a atenção foi o clima de receio para com os alunos na sala dos professores. Isto quer dizer que alguns professores tinham medo de entrar na sala. Não era um colégio violento. Não havia agressões, não havia insultos, mas era obviamente uma provocação; como fazê-los trabalhar, como fazer com que ouçam, como fazer com que não façam barulho? Esta é a dificuldade, não é a violência[27].

Nas escolas, observei diversos momentos de grande tensão entre os professores. Um deles ocorreu na escola em que dei aulas. Ao entrar na sala dos professores, no intervalo, presenciei a seguinte cena: uma professora chorava por causa dos alunos, que não ficaram quietos durante uma atividade de seminário e começaram a gritar, a imitar sons de animais, além de terem jogado um livro na frente da sala de aula. A professora se retirou, recusando-se a continuar a aula, e a coordenadora repreendeu os alunos. Logo depois, entra mais um professor na sala, dizendo que não aguentava mais seus alunos, que mudaria de escola no outro ano e que os alunos do 9º ano eram – afirmou, pedindo desculpas pela expressão: "muito nojentos". Todos os outros professores que entraram na sala foram solidários à professora e tentaram animá-la. Em outra ocasião, na sala dos professores de uma escola estadual de um bairro da periferia de São Paulo, um professor passava mal depois de uma discussão com uma aluna em sala de aula. Segundo relatos de colegas, tudo ocorreu porque a estudante teria sido desrespeitosa quando ele pediu para que ela desligasse e guardasse um aparelho de MP3. O professor passou algum tempo sentado com os olhos fechados, medindo sua pulsação. Estava tendo uma crise de pressão

....

27   Cf. François Dubet, 1997, *op. cit.*, p. 224.

alta. Uma professora insistia para que ele fosse a um hospital, mas ele disse que não queria ir ao hospital; que, na verdade, precisava era de sair daquele lugar: "este ambiente de escola faz mal", afirmou.

Foram muitas as situações de tensão de professores que acompanhei. A sala dos professores constitui o lugar por excelência onde o professor expressa suas tensões, suas mágoas e raivas. Por isso, torna-se difícil passar um dia nesse recinto sem ouvir lamentações sobre a condição de trabalho ou reclamações sobre esse ou aquele aluno. Contudo, a percepção sobre as agruras da profissão docente só me foi possível por causa da curta experiência que tive como professor. A partir daí, passei a equilibrar um pouco mais a avaliação que eu tinha sobre os dois principais segmentos sociais na escola. Comecei a observar menos por sobre o ombro dos alunos e atentei mais para o contexto geral de todos os atores do cenário escolar, buscando situá-los num mesmo plano, sem considerar um ponto de vista como o mais correto ou como aquele que proporcionaria uma melhor ou mais justa apreensão da dinâmica social.

4 CONSIDERAÇÕES FINAIS: O TEMPO LIVRE ESCOLAR

A acepção primordial da palavra escola na Antiguidade grega, *skholè* – como aponta Manuel Cuenca Cabeza[28], retomando a reflexão clássica de Aristóteles –, refere-se à ideia de ócio, entendida "em seu sentido mais nobre, como exercício da contemplação intelectual do belo, do verdadeiro e do bom". Pensar essa definição, associada ao ócio e à contemplação, instiga, portanto, a voltar a seu contraponto contemporâneo, o cotidiano escolar das sociedades ocidentais, urbanas e industrializadas, forjado na lógica do trabalho fabril. Desse modo, pode-se tentar associar, analiticamente, o que a sociedade do trabalho e a escola atual tendem a separar: o saber e o lazer. Com isso, o que pretendi aqui foi discutir como se articulam as práticas culturais juvenis e as escolas nos territórios urbanos das periferias de São Paulo.

Em campo, percebi uma profunda tensão entre o tempo livre juvenil e o tempo disciplinar escolar. Daí a importância de se atentar, portanto, para o quanto a dimensão estudantil se entrelaça com a juvenil e desestabiliza o cotidiano escolar. Evidencia-se, assim, que tanto a condição juvenil como a estudantil são construções sociais, que se modificam no tempo e no espaço. As experiências de ser jovem hoje não são as mesmas de meio século

---

[28] Cf. Manuel Cuenca Cabeza, O ócio autotélico, *Revista do Centro de Pesquisa e Formação*, maio 2016b, n. 2, p. 14.

atrás, e o mesmo vale para o que se entende por ser aluno. Se categorias como infância e juventude não possuem sentidos preestabelecidos, bem definidos ou delimitados, pois compreenderiam diferentes vivências, a condição de aluno também não os possui[29]. Assim, entender quem são os estudantes atuais pressupõe entender quais são as muitas formas de ser criança e jovem na atualidade, a partir de intersecções com outras singularidades, como as de gênero, sexualidade, classe, raça ou território. Contudo, não se pode desprezar a importância que o componente escolar ainda tem na vida cotidiana desses jovens, como forma de organizar a relação entre tempo e espaço no mundo contemporâneo[30].

Muitas práticas juvenis de lazer ou brincadeiras infantis nas periferias de São Paulo, por exemplo, além de ter como base de formação a escola, tomam a temporalidade escolar como parâmetro ou contraponto. É o caso do tempo de pipas, que coincide com as férias escolares, quando o céu dos bairros da periferia de São Paulo torna-se mais colorido. Desse modo, mostra-se fundamental entender as sociabilidades instituídas pelos jovens dentro e fora das escolas, apreendendo seus mundos culturais. Em grande medida, como se verifica em relação aos bairros pobres da periferia de São Paulo, é a questão da diferença ou da relação com o outro que é problematizada ou evidenciada constantemente no cotidiano escolar. Bill Green e Chris Bigum[31] ressaltam a importância dessa dimensão e o quanto ela é problemática para a escola atual, denominando as novas gerações de estudantes como "alienígenas" na sala de aula. Em outras palavras: se a escola regula uma parte considerável do cotidiano dos jovens, ela tem, por outro lado, uma grande dificuldade de dialogar com e/ou incorporar elementos das experiências juvenis contemporâneas.

Segundo Michel Serres[32], com as novas tecnologias, muitas de nossas faculdades e atribuições cognitivas mostram-se desafiadas pelas máquinas. A antiga cabeça voltada à memorização, por exemplo, não faz mais tanto sentido, tendo em vista que temos à frente um computador com "uma memória mil vezes mais poderosa que a nossa; uma imaginação equipada com milhões de ícones; um raciocínio, também, já que programas podem resolver cem problemas que não resolveríamos sozinhos"[33]. O saber encontra-se, assim, cada vez mais facilmente disponível pelas conexões

----

[29] Cf. José Gimeno Sacristán, *O aluno como invenção*, Porto Alegre: Artmed, 2005.
[30] Para uma discussão crítica sobre a escolarização na sociedade ocidental, ver Ivan Illich, *Sociedade sem escolas*, Petrópolis: Vozes, 1985.
[31] Cf. Bill Green; Chris Bigum, "Alienígenas na sala de aula". Em: Tomaz Silva (org.). *Alienígenas na sala de aula: uma introdução aos estudos culturais em educação*, Petrópolis: Vozes, 1998.
[32] Cf. Michel Serres, *Polegarzinha*, Rio de Janeiro: Bertrand Brasil, 2013.
[33] *Ibidem*, p. 236.

que as máquinas produzem. Daí vem a importância de uma reflexão sobre a experiência educacional para além do acúmulo de informações, que se apresente como orientadora para o mundo e mesmo para a navegação em meio a esse excesso de estímulos propiciado pelas novas tecnologias.

Neil Postman[34] afirma que, inicialmente, a escola teria a função principal de controle do excesso de informações geradas pela imprensa e pelo aumento da difusão da leitura, legitimando determinados saberes em detrimento de outros. Por isso, ela seria um dispositivo cultural que forma nós do sistema global ou de leituras locais da realidade global. Acontece que, conforme Michel de Certeau[35], a escola cada vez mais vem perdendo essa centralidade de legitimação cultural. Esse poder, afirma o autor, passou a espalhar-se por todos os lugares, primeiro por meio das telas de televisão e hoje também pelas telas de computadores e *smartphones*. Como demonstra Michel Serres[36], há tempos que a mídia já teria assumido a função do ensino, quebrando a hegemonia da escola. Com isso, os professores são cada vez menos ouvidos e têm suas opiniões cada vez menos consideradas, deslocando-se do centro para as margens da produção e reflexão cultural. Enfraquece-se assim o poder disciplinador da escola e de controle do tempo e espaço. Nesse momento é que certos lazeres juvenis ganham mais espaço na escola, principalmente as "zoeiras".

Jan Masschelein e Marteen Simons[37] retomam justamente o sentido grego da *skholè* para pensar a instituição escolar como uma fonte de tempo livre e, nesse sentido, uma força democratizadora, na medida em que pode proporcionar uma liberação das obrigações e disponibilizar tempo livre para o estudo e o aprendizado a quem antes não tinha esse direito. A escola, defendem os autores, tem de justamente atuar nesse mundo contemporâneo como uma instituição que fornece tempo livre aos jovens. Ou seja, ela teria de ser capaz de suspender as relações com o mundo externo e cotidiano da família e do trabalho, a fim de proporcionar um espaço de experimentações. Por isso, o papel da escola não seria necessariamente o de satisfazer as necessidades imediatas dos jovens, mas o de "suspender ou dissociar certos laços com a família dos alunos e o ambiente social, por um lado, e com a sociedade, por outro, a fim de apresentar o mundo aos alunos de uma maneira interessante e envolvente"[38]. A escola não tem de servir para nada além de constituir um

---

34 Cf. Neil Postman, *Technopoly: The Surrender of Culture to Technology*, New York: Knopf, 1992.
35 Cf. Michel de Certeau, *A cultura no plural*, Campinas: Papirus, 1995.
36 Cf. Michel Serres, 2013, op. cit.
37 Cf. Jan Masschelein; Marteen Simons, *Em defesa da escola: uma questão pública*, Belo Horizonte: Autêntica Editora, 2015, p. 97.
38 *Ibidem*, p. 14.

espaço para os jovens experimentarem as coisas do mundo. Por isso, ela deveria recriar-se como um espaço que garanta aos jovens certo tempo livre e não utilitário, que não é nem aquele imediato, sob influência da indústria cultural e das novas mídias, mas também não é o tempo disciplinar enrijecido da escola. "A pedagogia se refere a *fazer do tempo livre uma realidade*"[39]. Portanto, conforme essa perspectiva, o principal papel da escola seria o de oferecer um tempo livre criativo, mas também profundamente engajado nas tarefas propostas pela escola. Essas tarefas seriam aquelas que propiciassem essa experimentação desinteressada e com um fim em si mesma das coisas e das experiências das gerações mais velhas, a fim, inclusive, de propiciar a possiblidade de superá-las.

Esse tempo livre na escola envolve, pois, um complexo encontro entre as experiências do mundo adulto, representado pelo docente, e o desejo de experimentação das novas gerações, representadas pelos estudantes. Assim, se a escola exerceu historicamente um grande papel na constituição do que entendemos hoje por juventude, pois é ela que possibilitou essa garantia de uma moratória aos mais jovens, para que pudessem apenas estudar e ter algum tempo livre, hoje os jovens, por meio de seus lazeres e relações de sociabilidade, questionam ou pressionam a escola a uma reinvenção. Dessa forma, à escola parece não restar outra opção que não a de reencontrar caminhos que, criativamente, reconciliem saber e lazer. Esse seria o verdadeiro tempo livre escolar, aquele capaz de proporcionar a adultos e jovens a experimentação coletiva de formas de conhecer o mundo e as coisas do mundo, baseando-se na experiência passada e abrindo novas possibilidades de traçar suas vidas.

---

[39] *Ibidem*, p. 97.

ESTRADA AFORA E RIO ADENTRO: EM TRÂNSITO NAS VIAGENS DE BARCOS E CAMINHÕES

Yuri Bassichetto Tambucci
Arthur Fontgaland

① INTRODUÇÃO

Este texto surge do encontro entre rios e estradas, água e asfalto, barcos e caminhões e das teorias de passageiros e condutores acerca dos tipos de deslocamento que realizam cotidianamente entre cidades. Ao aproximar dois trabalhos etnográficos[1] realizados em vias de circulação distintas – um deles percorrendo parte da hidrografia amazonense em embarcações; o outro, rodando em caminhões junto a caminhoneiros por trechos da malha rodoviária nacional –, buscamos contrastar os modos como os viajantes desses respectivos meios de transporte desfrutam o tempo em trânsito.

À primeira vista, a articulação de experiências de deslocamento fluvial e rodoviário pode parecer improvável, já que ambas ensejam regimes de mobilidade bastante díspares e específicos. No entanto, parte da operacionalização desses meios de transporte mostra que eles não funcionam de forma completamente apartada. Ao contrário, o transporte fluvial e o rodoviário são partes de um complexo e interdependente sistema mais amplo e de pretensa escala global, cuja logística adquire caráter multimodal e inclui também ferrovias, aerovias e metrovias, por exemplo. No entanto, o uso alternado e a abrangência de cada um desses meios de transporte podem variar em decorrência das políticas institucionais voltadas ao setor, dos interesses e fluxos econômicos e das características geográficas específicas de cada região. Inseridos nesse sistema, barcos e caminhões, estruturas destinadas a destinar, entram em contato. É geralmente no cais que tudo aquilo que estava nas carrocerias dos caminhões é transferido para os porões e/ou conveses das embarcações e vice-versa. Uma vez estabelecidas as trocas de mercadoria, encomendas, pessoas, animais, informações e procedimentos burocráticos, sejam elas lícitas ou não, ambos os veículos seguem seus caminhos.

Os trabalhos que deram origem a este capítulo têm seu olhar inspirado pela perspectiva de Tim Ingold. Em oposição a formas ortodoxas de se compreender questões como movimento, lugar e a relação entre pessoas e o ambiente em que vivem, assume-se aqui a

....

[1] O material etnográfico apresentado neste texto tem origem nas dissertações de mestrado "*Rio a fora, cidade a dentro - transporte fluvial e modos de viver no Amazonas* (2014), de Yuri Bassichetto Tambucci, e *Caminhoneiros, caminhos e caminhões – uma etnografia sobre mobilidades nas estradas* (2017), de Arthur Fontgaland.

perspectiva da habitação[2] (*dwelling perspective*). A perspectiva da habitação procura perceber como seres vivos (entre eles, os humanos) estão indissociavelmente ligados ao ambiente no qual vivem, produzindo-se mutuamente de forma constante. Para Ingold, não é a fixidez, mas o movimento, o que caracteriza a habitação. Ele defende que se observem os processos de vida (biológica e social) como processos que se dão em um sistema de desenvolvimento, o qual não é formado por um conjunto de organismos e ambientes, mas por um sistema indivisível organismo-em-seu-ambiente[3].

Barcos e caminhões, no grande sistema logístico que integram, costuram lugares ao longo de seus caminhos. Do ponto de vista ingoldiano[4], "lugares" são delineados por movimentos e não pelos limites exteriores a eles. Nesse sentido, as cidades podem ser pensadas como "lugares" feitos na dinâmica profusão das mobilidades de seus "habitantes", capaz, inclusive, de extrapolar suas circunscrições. Ao cruzar as cidades, delas partir ou a elas chegar, barcos e caminhões contribuem para que essas se estendam em muitas direções, associando-se a outros lugares, mas também se deixando associar por eles.

Portanto, nesse sistema logístico, barcos e caminhões conectam cidades e, mais que isso, ajudam a expandir seus limites. Eles próprios carregam atributos urbanos, colocando-os em movimento. Nos portos ao longo do rio e postos ao longo das estradas, a cidade viaja junto e se manifesta nas paradas. Barcos e caminhões podem levar consigo oportunidades e perigos, múltiplos significados que permitem ampliar o entendimento sobre a cidade.

Os movimentos de barcos e caminhões se configuram como uma forma de deslocamento pelo espaço mais alongada, que permite vencer grandes distâncias em um tempo também ampliado. Em comparação com as formas internas de deslocamento urbano e mesmo com modais mais velozes de transporte entre cidades, a viagem por estradas e rios parece seguir um ritmo lento, em que o tempo e as distâncias são medidos em dias e noites.

Quando o assunto é mobilidade urbana, há um discurso bastante difundido que compreende o tempo gasto pelas pessoas em trânsito como

---

[2] A tradução de "*dwell*" por "habitar" tem sido usada em vários trabalhos em língua portuguesa que dialogam com a teoria de Ingold. Esse termo será utilizado aqui, mas com a ressalva de não se tratar de uma tradução ideal. O termo em português carrega uma carga semântica relativa à fixação territorial e à moradia que leva para o caminho oposto ao que se pretende.

[3] Cf. Tim Ingold, 2000, *op. cit.*, p. 34.

[4] Cf. Tim Ingold, 2000, *op. cit.*, p.229; *Estar vivo: ensaios sobre movimento, conhecimento e descrição*. Petrópolis: Vozes, 2015, p. 219.

um "tempo perdido". Esse tipo de enunciado frequentemente reaparece na mídia como um dos principais assuntos sobre o cotidiano nas grandes cidades. A preocupação é legítima: especialmente nas metrópoles o sistema de transporte é avaliado como ineficiente por grande parte da população, gerando prejuízos monetários para empresas, Estado e também para os trabalhadores[5]. Além disso, as tarifas de transporte crescem em índices superiores à inflação, afetando um grande contingente de pessoas, especialmente aquelas que residem longe dos locais de trabalho e, proporcionalmente à sua renda, gastam mais com mobilidade[6]. Também não se deve ignorar que o trânsito potencializa a exposição a diversos tipos de violência, contribuindo para que se compreenda o tempo gasto nos deslocamentos, seja no transporte público ou privado, como algo que deve ser reduzido ao máximo, sempre que possível.

Essa forma de se aproximar da questão é muito importante, especialmente quando se buscam soluções para ampliar o direito à cidade e minimizar as desigualdades sociais, reduzir riscos e garantir segurança em qualquer tipo de deslocamento. No mais, é comum ignorar o modo como as pessoas entendem o tempo que levam nessa tarefa, bem como a multiplicidade de práticas e estratégias de que lançam mão enquanto estão se deslocando conforme suas necessidades, condições e criatividade.

Essa mesma noção que associa tempo em trânsito ou tempo gasto no transporte a um "tempo morto" ou "tempo perdido" também pode recair sobre as modalidades de transporte trabalhadas aqui. O trânsito realizado por barcos e caminhões possui algumas características que permitem ir ao encontro dessa perspectiva. As escalas de tempo compreendidas nessas longas viagens, as atividades praticadas e os sentidos mobilizados pelos viajantes mostram que a associação a uma ideia de "tempo perdido" não basta para dar conta do que foi possível apreender pelas etnografias. Caminhoneiros, tripulantes e passageiros de embarcações ocupam e compreendem esse tempo gasto em trânsito de formas variadas, tanto entre si quanto nos distintos momentos que compõem os itinerários. Para os passageiros, as viagens consistem em um período em que a rotina se altera e as tarefas cotidianas são manejadas e reorganizadas. Para motoristas e pilotos, especificamente, o tempo em trânsito é quase perene, com um ritmo constante, dadas as condições das viagens e de trabalho. Seu

---

[5] Cf. Guilherme Szczerbacki Besserman Vianna; Carlos Eduardo Frickmann Yung, Em busca do tempo perdido: uma estimativa do produto perdido em trânsito no Brasil, *Revista de Economia Contemporânea*, Rio de Janeiro, 2015, v. 19. n. 3, pp. 403-16.

[6] Cf. Valéria Pero; Vitor Mihessen, Mobilidade urbana e pobreza no Rio de Janeiro, *Revista Econômica*, Rio de Janeiro, 2013, v. 15, n. 2.

tempo muitas vezes é influenciado por outros ritmos: das mercadorias, dos passageiros ou das águas.

Nas duas próximas seções deste texto, apresentamos os contextos etnográficos em questão, os usos e sentidos do tempo em trânsito em cada um desses itinerários. Por fim, serão traçadas conexões entre as etnografias, procurando avançar na discussão sobre lazer e usos do tempo.

② CAMINHÕES

"Tudo que você usa já esteve no baú de um caminhão". Essa é uma reflexão tão comum entre caminhoneiros que percorrem longas distâncias[7] que frequentemente é possível vê-la enunciada em diversos para-choques de caminhões que rodam pelas estradas do país. A mensagem objetiva a autovalorização do profissional especializado em operar veículos de carga automotores e transportar mercadorias para o abastecimento dos mercados interno e externo. Mas, ao fazê-lo, também é um convite para pensar sobre o intenso fluxo de pessoas, veículos, tecnologias e mercadorias envolvido no trânsito de cada matéria-prima e/ou produto disponível para consumo. Trata-se de um processo bastante complexo, porém tornado natural pela ampla maioria de nós, consumidores.

No entanto, os motoristas parecem ter plena noção do lugar que ocupam; afinal, aproximadamente 60% de todas as cargas que circulam no país são transportadas por eles através do modal rodoviário. São cerca de 1.751.869 quilômetros de rodovias sob responsabilidade federal, estadual e municipal, a quarta maior do mundo em extensão[8]. Embora o número seja impreciso, estima-se haver mais de 1 milhão de caminhoneiros exercendo o ofício[9], ou melhor, "carregando o Brasil nas costas", como alguns gostam de ressaltar.

---

[7] Nossas análises se restringem aos caminhoneiros homens e que percorrem longas distâncias. Sobre o cotidiano de "mulheres caminhoneiras", ver a etnografia de Francine Rebelo, *As Batonetes: uma etnografia de mulheres caminhoneiras no Brasil*. Trabalho de Conclusão de Curso (Graduação em Ciências Sociais). Florianópolis: Universidade Federal de Santa Catarina, 2011. Acerca das diferenciações entre "motoristas da cidade" e "de estrada", acessar a pesquisa de Mauro Cherobim, O caminhoneiro na estrada, *Perspectivas*, São Paulo, Unesp, 1984, v. 7, pp. 113-125.

[8] Pesquisa Confederação Nacional do Transporte. Perfil dos caminhoneiros 2016. Brasília: CNT, 2016.

[9] Número de cadastros no Registro Nacional de Transportadores Rodoviários de Cargas – RNTRC, que autoriza o transporte legal de cargas acima de 500 quilos e o exercício do serviço mediante remuneração. A consulta pública está disponível no endereço: ‹http://rntrc.antt.gov.br/›. Acesso em: 22 mar. 2018.

Esse amplo, heterogêneo e disperso contingente populacional está inserido em um contexto específico de mobilidade laboral, no qual rotas, prazos e vínculos empregatícios[10] são definidos por empresas que organizam a logística dos transportes. Os deslocamentos constantes através de diferentes e extensos itinerários (ida e volta), intercalados por longos e rotineiros períodos de espera (carga e descarga), completam as quatro etapas das viagens realizadas por esses profissionais. Para tanto, eles empreendem grandes jornadas de trabalho ao volante que podem durar dias, semanas e até meses afastados das cidades de origem, para onde regressam de maneira intermitente.

Após viver os primeiros anos de vida em uma dada localidade, com endereço, família, vizinhança, amigos e um sem-fim de relações afetivas, os motoristas acrescentam às dinâmicas desse cotidiano e também as reformulam, em função das características específicas inerentes ao ofício. O que significa dizer que nessa profissão é regra se multilocalizar, transitar entre aquelas vivências do domínio da casa e as novas experiências realizadas no mundo. Em meio à impermanência geográfica e constantes negociações entre esses domínios, os caminhões e as estradas se tornam os lugares, por excelência, do contato dos caminhoneiros com o mundo. Neles, os motoristas trabalham, moram, socializam e passam grande parte do tempo de suas vidas. Atentando para algumas relações estabelecidas ao longo dos itinerários, entre caminhoneiros junto aos caminhões e às estradas, é possível compreender certos sentidos de tempo em trânsito e as estratégias que os motoristas lançam mão para extrair permanência do perpétuo movimento laboral.

A maior parte da rotina do motorista transcorre na boleia do caminhão, parte dianteira do veículo que também é conhecida como cabine. Cada vez mais moderna e multifuncional, a cabine é projetada para maior estabilidade e manutenção desse tipo de mobilidade laboral, mas frequentemente recebe adaptações no formato original, feitas ao gosto, estilo e necessidades de cada motorista. Assim, o ambiente torna-se personalizado e decorado à medida que objetos – referentes, por exemplo, a time de futebol, religião, família e região do caminhoneiro – são transportadas junto dele. Por isso, a boleia pode ser tomada como um

----

[10] *Grosso modo*, os motoristas podem ser empregados ou autônomos. Os primeiros não são os os donos do caminhão que dirigem e trabalham com carteira assinada para as empresas transportadoras de carga ou para fabricantes e comerciantes que possuem a própria frota. Já os segundos são caminhoneiros donos dos veículos, que trabalham por conta própria e faturam conforme o número de viagens realizadas, das quais se calcula o frete. Podem ser prestadores de serviços nas transportadoras e nelas estar "agregados" ou ainda delegar a um terceiro a direção do veículo. Esse terceiro, por sua vez, é chamado "auxiliar".

lugar de dinâmicas ambivalentes: de um lado, sua multifuncionalidade de fábrica permite maior tempo de direção e diminui o número de paradas, tornando o motorista uma engrenagem mais bem adaptada à logística dos transportes; de outro, as modificações feitas pelo caminhoneiro revestem a boleia de certa domesticidade indispensável para a permanência e reforço de laços ao longo do deslocamento. Parte "escritório ambulante", onde se trabalha, parte "casa móvel" repleta de cômodos onde se descansa e se diverte, a boleia pode significar para o motorista, como veremos, o palco para o desempenho de múltiplas e concomitantes atividades ao longo do tempo em trânsito.

    A princípio, a boleia se apresenta como um verdadeiro "escritório ambulante", onde se dispõem o painel de direção, às vezes GPS e uma série de documentos referentes ao veículo e à mercadoria. Ao dirigir o caminhão a oito pés do chão – obrigação que pode incorrer em prazeres e dissabores – as habilidades do motorista são orientadas para os elementos que parecem se mover no exterior da boleia, como a superfície das estradas, as sinalizações de trânsito e os demais veículos. Em paralelo, os movimentos realizados no interior da cabine geralmente contrastam em aceleração e temporalidade com aquilo que se passa fora dela. Um exemplo disso é quando o escritório ganha ambientação sonora. A música frequentemente pode ser mobilizada para encher o vazio, para acompanhar o ritmo da direção, seja para romper a monotonia, seja para enganar a solidão. A trilha sonora costuma vir já pronta de casa: o motorista conecta o celular ao aparelho de som, que é muito comum nas boleias. Mas, se a viagem for longa, ter um grande repertório é tão importante para passar o tempo dirigindo que não é incomum encontrar em diversos estabelecimentos comerciais de postos de gasolina alguns *pendrives* com *playlists* organizadas por gêneros musicais, prontos para uso a preços acessíveis.

    As programações de rádio, ecléticas e abundantes, também são companhias constantes e envolvem o condutor ao longo do percurso. As estações voltadas à categoria não só disponibilizam músicas diversas, mas informam os motoristas sobre as condições de infraestrutura e climáticas nos trechos, sobre a legislação de trânsito e regulamentações que afetam o setor. Também propagandeiam os melhores preços e serviços comerciais oferecidos nas BRs e permitem que os motoristas enviem mensagens saudosas a seus familiares e vice-versa. Enquanto dialogam e fornecem entretenimento aos caminhoneiros, mobilizando um repertório com o qual eles se identificam, esses canais vão conferindo aos profissionais itinerantes uma sensação de coletividade, sobretudo por meio da linguagem do trabalho. Trata-se de um modo pelo qual alguns caminhoneiros encontram pertencimento frente à grande dispersão territorial e movimentação individual dessa população. Para Canarinho, motorista, assim como para muitos outros igualmente experientes, a "união da categoria é coisa do passado". Para ele, "ouvir rádio de caminhoneiro quando se está em viagem é importante para lembrar que existem outras pessoas enfrentando as mesmas condições", o que contribui para diminuir a sensação de abandono.

A solidão, inclusive, é sentimento bastante mencionado entre aqueles que rodam dia e noite o "mundão", mas que nem sempre podem se ausentar das boleias para aproveitá-lo. Quando esse sentimento aparece, não são poucas as estratégias para contorná-lo, pois as boleias não são um "escritório ambulante" estritamente fechado. Assemelham-se mais a plataformas móveis de comunicação, não só por aproximar pessoas e localidades em função do trânsito de mercadorias, mas também por estabelecer necessárias conexões a distância entre motoristas e contratantes do serviço ou empresas transportadoras, entre motoristas e seus familiares, bem como entre boleias.

Os primeiros tipos de conexões, feitos por rádio amador, rastreador ou celular, são os contatos estritamente profissionais, importantes para resolver a distância eventuais imprevistos ou as burocracias relativas às entregas. São esses os contatos que regulam a atividade caminhoneira e a circulação da carga, disciplinando o ritmo da viagem. Caso esteja fora do prazo, em decorrência de trânsito travado, tempo ruim, acidentes, problemas mecânicos etc., são bastante comuns cobranças do empregador e do cliente via celular, acentuando disputas acerca do tempo das viagens. Esse tipo de pressão é usual no ofício e frequentemente os obriga a aumentar a velocidade e "dirigir de cabeça quente", como reclamam alguns. Não raro, tais situações podem incorrer em excessos de velocidade, diminuição na quantidade de paradas e acúmulo de horas sem dormir, às vezes estimuladas pelo consumo de "rebites", café, qualquer coisa doce, cocaína, conhaque ou outra substância (lícita ou ilícita) que ajude a tirar o sono. Todas essas práticas ampliam as chances de acidentes.

Conexões intensas também são estabelecidas com a família, o "povo lá de casa", pois o cotidiano dos caminhoneiros guarda intensas relações com os lugares de origem. Na maioria das vezes, a família é o motivo para o ingresso e, principalmente, para a permanência no ofício, razão pela qual muitos dizem "tirar forças para encarar o mundo de frente". Por isso não é surpreendente encontrar aqueles que ligam inúmeras vezes por dia para *casa* ou que trocam, durante grande parte do trajeto, mensagens via WhatsApp com cada membro da família. Através da mensagens, cobra-se o retorno, enviam-se vídeos e fotos, contam-se as novidades, celebram-se datas importantes e agilizam-se transações financeiras, por exemplo. Ao aproximar a estrada e a rua, lugares regidos por temporalidades e ritmos distintos, atenua-se certa monotonia que às vezes pode vir a rondar a viagem.

Entre boleias, o fluxo de comunicação também é frequente. Pelos grupos de WhatsApp, além de muita conversa trocada, os motoristas buscam "fretes" para si e também indicam para os colegas, compartilham informações sobre a estrada e as fiscalizações. Quando se encontra um caminhoneiro conhecido rodando pelo mesmo trecho ou quando se viaja em comboio, é pelos telefones que se combinam as paradas para conversar e realizar juntos algumas refeições.

Para além da condição de "escritórios móveis", as boleias também podem ganhar, em menor grau, aspectos de "sala de visitas", principalmente quando os motoristas levam alguém no banco do carona. Apesar de comumente trabalhar sozinhos, alguns caminhoneiros optam por levar consigo algum membro da família como companhia e, em certas viagens, um ajudante. A prática de dar carona, por exemplo, está longe de se estender a todos os caminhoneiros, especialmente se envolver pessoas estranhas. Muitos encaram essa prática como exposição do caminhão, da carga e da segurança do motorista ao desconhecido. Apesar disso, esses profissionais são conhecidos entre mochileiros pelo hábito de dar carona, tanto que parte das reflexões deste texto resulta de viagens de campo decorrentes desse tipo de generosidade caminhoneira. Ao abrir sua boleia a algum estranho, um motorista se torna uma espécie de anfitrião que, sem qualquer obrigação para tal, compartilha seu espaço privado. Em contrapartida, o caroneiro, como qualquer visitante, tem a obrigação de oferecer companhia, travar conversas ou, no mínimo, agir com bom senso em relação às regras da boleia.

À medida que se movimenta no seu caminhão, cada motorista parece seguir registrando mentalmente cada ponto às margens das estradas a fim de localizar as possíveis paradas a serem realizadas conforme as necessidades se apresentam no itinerário. Nesse sentido, as rodovias se abrem para outros lugares dispostos à beira do caminho, indispensáveis para a manutenção das viagens, e que pontuam o processo. Entre a infinidade de locais voltados ao consumo que compõe a infraestrutura rodoviária, é comum que estabelecimentos se convertam em paradas prediletas para alguns, enquanto para outros o mesmo local pode nada significar. Seguindo preferências pessoais, um lugar específico vai se tornando significativo para cada motorista, a depender da atenção que lhe foi dispensada e das experiências que ali se vivenciaram. Essas paradas podem variar conforme o prazo de entregas e também em função das condições climáticas, por exemplo. Quando o prazo está folgado ou caso as condições climáticas estejam desfavoráveis, as pausas podem se alongar. Mas, quando o prazo aperta, evita-se ao máximo interromper a viagem, mesmo que esteja chovendo muito ou com forte neblina. Alguns caminhoneiros chegam a optar por cumprir todo o percurso sem qualquer pausa, e não raro alguns motoristas relatam já terem "rodado" em algum momento da vida quase o dia inteiro sem parar.

O tempo de parada em longas viagens, e principalmente a obrigatoriedade ou não dessas paradas, é um tema conflituoso no processo de regulamentação do exercício da profissão e mobiliza motoristas, empresas do setor e o governo. Para se ter ideia da dimensão da disputa envolvendo o tempo de descanso, em 2012 foi sancionada a "lei do descanso"[11], que estipulava os limites da jornada de trabalho do caminhoneiro e intervalos obrigatórios para repouso[12]. Contudo, as greves da categoria ocorridas em março de 2015[13] culminaram na aprovação da "nova lei do caminhoneiro"[14], que derrubava as normas de descanso e a redução da jornada de trabalho estipuladas pela lei anterior. O fim do descanso obrigatório e a possibilidade de, novamente, aumentar a jornada agradou o empresariado, mas, contraditoriamente, muitos estradeiros também comemoraram. O assunto é complexo, mas há de se considerar que a associação entre ficar parado por muito tempo e prejuízo é bastante comum entre os motoristas, especialmente porque eles têm plena noção de que parte de seus rendimentos, já por eles avaliados como insuficientes, também é regida pela produtividade[15]. Talvez por isso seja comum que os profissionais prefiram, se possível, gerir o próprio tempo de descanso, negociando diretamente com o empregador.

Os principais locais para as paradas são os postos de combustível, onde convergem uma série de estabelecimentos voltados à categoria. Quanto maior o posto, mais diversificados são os serviços oferecidos, estruturando um grande complexo de consumo em torno dos pátios, muitas vezes reservados para os caminhoneiros. Em parte, o tempo nas paradas

----

[11] Nome popular nas estradas para se referir à Lei n. 12.619/2012.

[12] Os pontos mais polêmicos da lei eram o estabelecimento de jornada diária de dez horas, o fim da direção por mais de quatro horas ininterruptas, além do direito de cada motorista a onze horas de descanso (que poderiam ser fracionadas) a cada vinte e quatro horas.

[13] As paralisações de caminhoneiros geralmente são bastante contraditórias. Quando ocorrem, é comum as empresas manipularem as manifestações em prol de seus interesses, prejudicando os interesses dos empregados. A prática é conhecida como "locaute". Sobre as greves de 2015, ver Ramon Araújo Silva, *Vida de caminhoneiro: sofrimento e paixão*. Dissertação de mestrado em Psicologia, Campinas: Centro de Ciências da Vida, Pontifícia Universidade Católica de Campinas, 2015.

[14] Expressão usada comumente pelos motoristas e pela mídia especializada para se referir à Lei n. 13.103/2015.

[15] No caso dos "autônomos" que trabalham por carregamento mediante frete, a lógica é: "quem roda mais, ganha mais". Para os "contratados" que recebem salários fixos, receber por produtividade não é regra, mas seus salários também podem variar por comissão sobre o valor do frete de um carregamento ou conforme os quilômetros rodados, ou seja, "rodar mais" também pode ser sinônimo de maior retorno financeiro.

pode ser utilizado para a manutenção ou revisão constante do veículo em alguns setores do posto, como borracharia, área de abastecimento ou lavador para caminhões. As interações com frentistas, gerente, borracheiros, seguranças, lubrificadores são constantes e centrais para a manutenção do caminhão e acontecem em meio a importantes trocas de conhecimento sobre os veículos ou acerca das condições da estrada. Esses profissionais vão se tornando conhecidos dos motoristas à medida que estes se convertem em clientes mais assíduos, sempre atentos à qualidade dos serviços oferecidos e aos cuidados que seus caminhões recebem. Trata-se de um lugar estratégico para se atualizar sobre a mecânica dos caminhões, as novidades do setor, para observar as performances e modelos dos veículos alheios e as habilidades de direção de outros motoristas. Para quem se diz apaixonado por caminhões, os pátios aparentam ser um misto de laboratórios e parques de diversão; afinal, trabalho e prazer podem andar juntos nas estradas. Os colegas caminhoneiros e o pessoal do posto são grandes aliados no processo de aprender, divertir-se e fascinar-se ainda mais com essas máquinas e também com o ofício. Aquilo que se aprende ali pode vir a colaborar para a conservação do veículo, garantir segurança frente aos perigos das viagens e melhorar, de modo geral, a manutenção da vida na estrada. Certamente, os pátios são lugares privilegiados para se aprender a ser caminhoneiro.

Em meio a tantos conhecimentos e cuidados com o caminhão, parte do tempo utilizado nos postos é voltada para o cuidado pessoal. O setor de alimentação, composto por restaurante, lanchonete e loja de conveniência, atrai e reúne muitos motoristas. Enquanto uns procuram os banheiros, onde é possível tomar banho, outros frequentam as lavanderias para lavar os uniformes. Em alguns pátios é possível encontrar barbearia, com pequenas filas de espera. A higiene, a organização e a limpeza são aspectos importantes da viagem e contradizem o velho mito que insiste na figura do caminhoneiro como fanfarrão, desalinhado ou viajante irresponsável. De fato, ao se fazer percursos muito longos, a cara de sono, a pele queimada de sol, a barba por fazer e até mesmo o mau cheiro são sinais que deixam revelar o tempo de permanência em trânsito. Além disso, ficar sem camisa, usar chinelo e bermuda costumam ser estratégias para se dirigir mais confortavelmente. No entanto, tais características são mantidas apenas ao longo da ida ou da volta, pois, nas pontas do processo (carga e descarga), os motoristas são orientados pelos patrões a se apresentar limpos, com o uniforme livre de graxa, fuligem ou lama. Qualquer marca que indique os longos períodos de viagem e suas condições adversas deve ser minimizada ou apagada, afinal, aos olhos do patrão, os caminhoneiros são profissionais representantes das empresas frente aos clientes.

Estacionados no pátio após horas de condução, os caminhões também se transformam no "quarto" do caminhoneiro. Grande parte dos veículos mais modernos, ideais para longas distâncias, possui cabine-leito, e assim diminui a necessidade de se buscar hotéis de beira de estrada. Há vários modelos, mas os mais comuns contam com a cama já fixada atrás dos bancos, sendo dobrável somente o assento do motorista, para que o espaço do dormitório fique mais amplo. Caso a cabine seja equipada com TV, é quando deitam que os caminhoneiros conseguem ter tempo para assistir a ela. A cama da boleia também costuma ser o lugar ideal para aqueles que procuram sexo com as prostitutas (mulheres cis[16] e travestis) que fazem seus programas nas rodovias. Apesar de indesejadas pela gerência dos postos, não é incomum encontrá-las à noite circulando entre os caminhões estacionados, especialmente nos postos situados em estradas que cruzam os perímetros urbanos.

A fim de diminuir os custos da viagem, muitos caminhoneiros aproveitam as paradas para cozinhar a própria comida. Nesses casos, alguns caminhões rodam com a caixa de alimentação ou gaveta acopladas na parte externa do veículo. Essa caixa, feita de madeira e aço, ao ser aberta, forma um balcão usado como mesa. Seu interior revela o armário para utensílios e mantimentos (principalmente arroz, pó de café, feijão, farinha, macarrão, sal e açúcar), fogareiro a gás e iluminação. Algumas possuem até uma pequena geladeira. Trata-se de uma verdadeira "cozinha móvel", onde se prepara comida simples, feita às pressas e que tende a ganhar maior elaboração nas raras situações em que o prazo da viagem não está apertado. Apesar de na maioria das vezes cada motorista cozinhar sua comida sozinho, não é incomum se formarem próximo às cozinhas algumas "rodinhas de caminhoneiro", quando o aroma do café passado e a possibilidade de conversar atraem os motoristas que estão por ali.

Se, tanto na ida quanto na volta, as paradas nos pátios às margens das estradas são altamente variáveis, engendrando sociabilidades e temporalidades específicas, as pontas desse processo também resguardam algumas atividades e ritmos próprios. Nos terminais de carga e descarga presentes nas dependências de todos os tipos de empresa, as velocidades aceleradas das estradas pontuadas pelas paradas no percurso dão lugar a longos momentos de espera, especialmente no descarregamento. Geralmente automatizadas, as etapas de carga e descarga são rápidas

---

[16] Conforme os estudos e ativismos de gênero, as mulheres cisgêneras (ou apenas cis) são aquelas que se identificam com o gênero que lhes foi determinado socialmente, ou seja, mulheres não trans e não travestis (Jaqueline Gomes de Jesus, *Orientações sobre identidade de gênero: conceitos e termos*, Brasília: Publicação online, abr. 2012. Disponível em: ‹http://bit.do/orientagenero›. Acesso em: 7 mar. 2018.).

e não costumam ser de responsabilidade do motorista. No entanto, são feitas por ordem de chegada, gerando longas filas de caminhões próximo aos grandes terminais. Espremidos à beira da estrada ou nas regiões de portos, os caminhões e caminhoneiros se aglomeram muitas vezes sem aquela infraestrutura oferecida nos pátios dos postos. É nesses locais que os motoristas sentem a imobilidade logística que também compõe as viagens. Em alguns casos, o "tempo de espera" pode durar várias horas e chegar até mesmo a dias. Mais uma vez, as boleias do caminhão se convertem no abrigo, a "casa móvel" nesses momentos se torna imóvel, mas "a vizinhança é em qualquer lugar", como brincam alguns sobre a plasticidade das cabines, que são adequadas a várias situações.

    Entre a impossibilidade de sair da fila e o desejo inquietante de voltar para casa, as esperas para a descarga por vezes aproximam os motoristas que compartilham a mesma situação. Dadas as condições precárias de permanência, a falta de mantimentos para alimentação e até a ausência de locais de consumo, torna-se impossível ficar apenas no interior da boleia. Assim, em certos momentos, esses locais de espera ganham aparência de um grande acampamento coletivo: redes de balanço frequentemente são amarradas debaixo dos caminhões, as cozinhas são montadas e novamente vão se formando "rodinhas de caminhoneiro", agrupando aqueles que estão estacionados mais próximos na fila. Entre eles se trocam conversas, comida e água, café, chimarrão e, em alguns casos, cozinham juntos na caixa de alimento, e cada um contribui com o que ainda lhe resta no estoque.

    Entre os "graneleiros" – caminhoneiros que dirigem caminhão com módulo de carga voltado para o transporte de diferentes grãos –, por exemplo, é comum, de tempos em tempos, ocorrerem alguns encontros inesperados nas filas de descarregamento. Aí as conversas entre motoristas conhecidos podem durar a noite toda e reduzir a angústia da espera. Tal sintonização de percurso pode se dar especialmente pelo fato de "a galera da soja" ou a "galera do milho", como se chamam em referência ao grão que transportam, seguir os ciclos anuais dessas respectivas safras e circular das plantações aos terminais portuários no mesmo período. Os "graneleiros, como outros caminhoneiros, também podem partir em comboio dos latifúndios. Nesses casos, as parcerias tendem a ocorrer em todo o percurso, tanto para ajuda mútua em eventuais problemas quanto para apoiar uns aos outros em momentos de espera e saudade da família. Enquanto a fila não anda, a intimidade da turma, a depender da animação e do tempo estimado de espera, pode se converter em churrasco entre amigos, realizado ali mesmo, próximo ao terminal. Trata-se de mais uma atividade realizada pelas "rodinhas de caminhoneiros" para passar o tempo até conseguirem carregar e dar continuidade à viagem.

3. BARCOS

Quando se olha para o transporte fluvial realizado no estado do Amazonas, especialmente nas viagens de recreio (um tipo de embarcação misto, de carga e passageiros), o tempo se alarga, permitindo pensar de que forma ele é entendido pelos diversos atores que participam da viagem. As características geográficas da planície amazônica, principalmente as massas de água que formam a bacia do Amazonas, fazem com que historicamente o transporte por barcos seja a forma mais tradicional de deslocamento pelo amplo território. Mesmo nas cidades, a presença das águas torna a atividade da navegação algo comum no cotidiano de grande parte da população, seja ela moradora das beiras, seja a população que precisa de alguma forma lidar com os fluxos e ciclos da água na região.

Mesmo nas últimas décadas, com esforços voltados para o desenvolvimento de outras modalidades de transporte (como o rodoviário e o aeroviário), o modal hidroviário manteve sua importância. O desenvolvimento de rodovias na região foi objetivo de várias instâncias do poder público e privado, mas enfrentou uma série de dificuldades, cujo caso emblemático foi a fracassada construção da rodovia Transamazônica. Embora a construção da ponte sobre o rio Negro tenha sido trabalhada para assumir uma imagem mais positiva dos esforços rodoviaristas, esse modo de transporte se mantém bastante restrito a determinados trajetos e não prescinde ou substitui o transporte hidroviário (seja de carga ou de passageiros). O transporte aeroviário, embora tenha passado por um avanço considerável durante os primeiros anos do século XXI, em razão de seu alto custo, ainda se mostra inacessível para grande parte da população.

Dentro do sistema hidroviário, as viagens de recreio são, para os passageiros, a principal forma de transporte e acesso a cidades do interior do estado, levando de pouco menos de um dia a mais de uma semana para se completar, dependendo de fatores como a potência da embarcação, a distância entre as cidades e a direção a jusante ou a vazante que o barco toma. Essas viagens de barco envolvem uma percepção mais alongada do tempo. Partindo da ideia de que o tempo gasto em trânsito é perdido, é difícil acreditar que viagens dessa duração tenham algum passageiro que não viaje por absoluta e extrema necessidade. Quando se viaja nessas embarcações, essa questão se perde no horizonte. Muita coisa acontece durante a viagem e há a experiência de outra temporalidade, tornando a reclamação sobre sua lentidão um discurso presente, mas secundário.

Os recreios são o tipo de embarcação mais marcante para essa modalidade de transporte e podem variar quanto a tamanho, material de que são feitos e capacidade máxima. Quando atracados às beiras, balsas e portos, constituem uma continuação da cidade sobre as águas, especialmente nos momentos que antecedem a partida, que ocorre em dias e horários previstos. Junto às estruturas flutuantes, que abrigam residências, pequenos comércios, depósitos, bares e restaurantes, sedes de sindicatos e órgãos públicos, os barcos oferecem mais uma superfície acessível. Atracados, podem servir de balcão de venda de passagens, depósito de mercadorias e até mesmo área de lazer, descanso, pernoite e moradia. Em trânsito, as embarcações também podem ser entendidas como estruturas móveis que carregam consigo traços das cidades, levando para o interior do estado oportunidades de negócio, mercadorias e pessoas.

Especialmente nos recreios de madeira, menores e mais modestos, que realizam trajetos secundários e menos frequentes em paranás e braços das principais hidrovias, as tripulações podem ser formadas por núcleos familiares. Não é raro ver maridos, esposas, filhos, netos e primos trabalhando em uma mesma embarcação. Pilotos de embarcações muitas vezes revezam o leme com outros parentes, inclusive crianças e jovens, que aprendem as técnicas do ofício. As outras funções, como controle dos passageiros, da carga e das correspondências, trabalho na cozinha e limpeza, podem ser divididas entre tripulantes contratados e membros da família. Nesses casos, quando o barco está parado entre uma viagem e outra, evidencia-se sua característica de residência. Nas beiras dos agrupamentos urbanos e de comunidades rurais, é possível ver embarcações funcionando como casas, dividindo espaço com outras formas de residência sobre as águas, como palafitas ou flutuantes. Nessas embarcações, observam-se marcas de tarefas domésticas e cotidianas semelhantes às demais residências: roupas estendidas em varais, crianças brincando, mulheres cozinhando e até mesmo pequenas culturas de temperos na cobertura. Para barcos acostumados a trajetos sazonais, voltados ao transporte de cargas, metade do ano se dá dessa forma, atracado às beiras, assumindo a função de casa.

Quando as viagens ocorrem, na modalidade do transporte misto de carga e passageiros, esse aspecto doméstico do barco sofre algumas alterações. O espaço familiar costuma se recolher a algumas áreas da embarcação, de acesso restrito: a cabine, a cozinha e até mesmo alguns quartos, chamados de "camarote". Esse espaço mais privativo pode se expandir às áreas comuns por meio de elementos estéticos, como músicas reproduzidas na cabine, telão ou em alto-falantes, ou mesmo a partir de regras e diretrizes de comportamento. Passageiros mais frequentes de determinados trajetos organizam suas viagens e preferências de embarcações não apenas por preço e duração da viagem, mas também realizando comparações entre os "donos" ou os tripulantes. Regras diferem a cada embarcação no que diz respeito, por exemplo, ao consumo de bebidas alcoólicas, à possibilidade de casais ocuparem a mesma rede e às atividades noturnas que o barco oferece (bares, telões de música, televisão via satélite). Essas características costumam ser associadas às figuras responsáveis por cada embarcação e geram comentários como "esse é um barco mais familiar" e "não gosto de pegar esse porque a dona é muito chata, ela é crente, proíbe tudo". Essa associação também é realizada por parte dos donos de embarcação. Um dos barcos contava com um *jingle*, reproduzido todas as manhãs, cujo refrão indicava: "Comandante Severino Ferreira/ Nesse eu posso confiar/ Comandante Severino Ferreira/ É o conforto do seu lar (bis)".

Os passageiros, por sua vez, ocupam o tempo com tarefas variadas. O tempo alargado de permanência no barco pode ser entendido negativamente como um período tedioso e monótono ou, de forma positiva, como um tempo em que é possível "descansar" ou assumir uma atitude contemplativa, expressa em frases como "ver as paisagens" e "pensar na vida". De uma forma ou de outra, os passageiros também fazem o possível para tornar a viagem confortável, procurando sentir-se em casa nos barcos. Nessas embarcações, embora possa haver camarotes e quartos fechados (mais caros), a maior parte dos passageiros se acomoda em redes, dispostas paralelamente entre si ao longo dos conveses. Sob as redes, são colocadas as bagagens e se cria, naquele lugar, um mosaico de pequenos espaços domésticos. O espaço delimitado pelas redes coloridas e paralelas é maior ou menor dependendo da lotação da embarcação.

Se os passageiros procuram se sentir em casa nos espaços do barco, algo semelhante ocorre com os tripulantes. Para eles, a embarcação é, primeiramente, local de trabalho. Por mais que haja períodos de descanso, eles nunca são completamente desvinculados das obrigações relacionadas à manutenção da embarcação e das tarefas relacionadas à viagem. O manejo do barco cabe aos pilotos: geralmente o próprio capitão, além dos que podem substituí-lo em algum momento da viagem. O espaço para essa atividade costuma ser restrito à tripulação. Mesmo se for acessível aos passageiros, o interior da cabine só deve ser acessado pelos responsáveis pela navegação. As cabines contam com os instrumentos de direção e manejo do barco, rádios para comunicação, mapas, cartas náuticas, radares e outros aparelhos de percepção do ambiente externo, todos necessários para o bom exercício da atividade. Ainda assim, contam também com outros equipamentos, como aparelhos de som e vídeo, CDs e DVDs musicais, que são reproduzidos no interior da cabine como forma de distração ou ainda para romper o tédio e evitar o sono. Tripulantes sem tarefas urgentes também podem fazer companhia ao piloto na cabine. As atividades que desenvolvem ao longo do trajeto variam de acordo com as possibilidades de cada embarcação e do lugar em que se encontram. Ao longo de 2013, quando se deu nosso trabalho de campo, havia uma valorização muito grande de espaços dentro das embarcações que fossem próximos a tomadas, de modo a tornar possível, de dentro da própria rede, manter celulares, *tablets* e *notebooks* carregados. Nesses dispositivos, ouve-se música e assiste-se a filmes e shows musicais. Alguns barcos chegam a disponibilizar televisores e telões no convés superior – uma área comum – para a reprodução contínua de DVDs com espetáculos musicais (há uma preferência por forró, tecnobrega, sertanejo e variações gospel desses ritmos). Eventualmente, esses equipamentos também podem reproduzir programas de televisão, como novelas, noticiários e jogos de futebol, desde que as condições meteorológicas sejam adequadas e o barco conte com uma antena parabólica. A venda de bebidas alcoólicas também é um diferencial de alguns barcos, que chegam a contar com pequenos bares no convés superior.

Os recreios, sejam eles de um, dois ou três conveses, apresentam na popa uma sala aberta em formato de balcão, comumente chamada de bar. Em geral, esse local se encontra em uma área ampla, com mais espaço que a parte destinada às redes, e permite que ali sejam colocadas cadeiras e mesas de plástico. Grande parte das embarcações ainda oferece um sistema de som potente e uma televisão destinados à transmissão de DVDs musicais. Em cada recreio e em cada viagem, há uma forma de sociabilidade distinta nesse local, dependendo das regras de conduta impostas pelo comandante e da disposição dos passageiros. Regras muito rígidas de controle das atividades dos passageiros são motivo de reclamação: uma passageira, que viajava entre Parintins e Manaus, contou de uma vez em que viajou "em barco de crente" e foi reprimida ao fumar.

Outro fator que influencia o tipo de sociabilidade que se dá no barco é a duração da viagem e a época em que ela é realizada. Enquanto relatos de viagens mais longas indicavam que festas podiam durar toda a madrugada, isso foi raro nas viagens das quais participamos, por durarem no máximo trinta horas, isto é, apenas uma noite. É possível perceber também algumas ocasiões especiais em que o barco passa a ser frequentado por um grupo muito específico de pessoas. Isso ocorre na época das grandes festas do interior, como o Carnaval, a Festa do Guaraná, em Maués, e principalmente o Festival Folclórico de Parintins. Nos barcos que levam torcedores e dançarinos dos bois, a música é constante e temática durante a viagem, fazendo com que o espaço de lazer seja muito mais utilizado e assuma características de "festa".

Para os passageiros, o ritmo da vida dentro do barco é regido por fatores específicos do trajeto. Ao longo de uma viagem, o clima, as cidades e comunidades ribeirinhas por onde se passa, os possíveis encontros com outras embarcações e as paradas inesperadas podem alterar significativamente as atividades realizadas pelos passageiros. Os aparelhos eletrônicos são usados de forma limitada na maior parte da viagem – sem acesso à rede telefônica ou à internet. Por esse motivo, a passagem por uma cidade – ainda que durante a madrugada – causa uma grande movimentação no barco, quando os aparelhos apitam com as mensagens e as pessoas caminham e conversam aos celulares. Chuvas podem ocorrer a qualquer momento, obrigando os passageiros a checar a bagagem e garantir que ela não está diretamente no chão do convés, para não molhar. Nesses casos, a tripulação corre para fechar as lonas laterais e bloquear ao menos parcialmente o vento e a água. O piloto, por sua vez, precisa redobrar a atenção com o rio, que fica mais violento, e observar se as lonas laterais não estão funcionando como velas e dificultando o controle da embarcação. Quando isso ocorre durante a noite, são raros os passageiros que não se reorganizam dentro de suas redes, ainda que estivessem dormindo. Encontram nas malas mantas e lençóis para se proteger do frio, verificam as malas e os pertences. Com o vento forte, as redes podem balançar, causando choques com os passageiros próximos.

As possíveis relações com outras embarcações ou comunidades podem afetar a rotina dentro do barco: não são raras as inspeções da Marinha e da Capitania dos Portos, atentas às condições do barco e da viagem, sua lotação, formas de contrabando e até mesmo em busca de passageiros que viajam de forma clandestina. Essas inspeções podem fazer com que os passageiros mostrem seus documentos e abram suas malas, interferindo nas atividades do barco, principalmente pela curiosidade que geram nos passageiros. Há outros tipos de interação possíveis: o embarque e desembarque de passageiros com o barco em movimento, quando uma lancha ou embarcação menor emparelha com o barco maior para buscar ou deixar um passageiro; a transferência de carga entre uma embarcação e outra durante a viagem – atividade que pode ser realizada de forma a burlar a fiscalização –; o auxílio emergencial a outra embarcação que porventura tenha ficado sem combustível, ou encalhada em um banco de areia; a passagem por um povoado ribeirinho também pode render algumas interações, com os passageiros arremessando para crianças e adultos em canoas sacolas plásticas com doações de roupas, ou com esses moradores indo até o barco para vender frutas e doces de produção local.

A alimentação nas embarcações depende da estrutura disponível. Geralmente nos recreios há cozinhas, localizadas na popa do primeiro ou do segundo convés, ocupando um espaço que pode variar de um pequeno aposento a uma área que ocupa toda a largura do barco. Há sempre um membro da tripulação encarregado de cozinhar, embora todos os demais possam ajudar em tarefas específicas, como a distribuição da comida, a limpeza do barco e das louças e panelas depois das refeições e a organização de filas. Essa função é aquela com maior possibilidade de ser realizada por uma mulher da tripulação, condição pouco frequente nas demais posições. A cozinheira assume um papel muito importante, reconhecido por pilotos e donos de embarcações, sendo a alimentação uma atividade crucial das viagens, capaz de atrair passageiros ou fazer com que passem a evitar as viagens de determinado barco.

As refeições são servidas de acordo com a duração do dia: o café da manhã começa a ser preparado ao nascer do sol e é servido entre 5h e 7h da manhã, enquanto o jantar ocorre antes do fim da luz natural, entre 17h e 18h. Alguns passageiros preferem comprar no início da viagem uma "quentinha" – refeição embalada em um recipiente de alumínio, para que não se tenha o risco de ficar sem comida, mas também para ter a liberdade de se alimentar no horário preferido. A refeição, composta por arroz, macarrão, frango ou carne cozidos e uma salada de pimentões, tomates ou pepinos, constitui o prato mais comum servido nas viagens de barco, com algumas variações. Alguns barcos, em especial aqueles que fazem com que os passageiros se sirvam das comidas, oferecem maior diversidade de pratos, como baião de dois, carne moída, maionese, vinagrete e vatapá.

Outras atividades que assumem papel importante durante a viagem são aquelas relacionadas à higiene pessoal. Há pias, banheiros e chuveiros nas embarcações, com graus diferentes de espaço disponível, equipamentos e higiene. Na maioria dos barcos, os chuveiros se localizam na mesma cabine dos vasos sanitários, em um espaço bastante reduzido e que pode abrigar insetos. A escolha pelo momento mais adequado para se utilizar essas dependências é orientada pela experiência dos passageiros em viagens anteriores e pela forma como querem chegar ao destino. Alguns passageiros optam por não tomar banhos e usar o vaso sanitário apenas quando estritamente necessário, preferindo fazer a higiene corporal de forma parcial nas pias do barco. Outros organizam seu tempo no barco para minimizar os possíveis desconfortos dos banhos e, conhecendo os horários mais procurados para essa atividade (de manhã cedo e logo antes de anoitecer), vão em horários alternativos, logo após a limpeza e antes que sejam muito utilizados. O banho matutino faz parte da preparação de muitos passageiros para a chegada à cidade destino da viagem. À medida que aumenta a ansiedade pela chegada, os passageiros arrumam suas coisas e se preparam para encontrar os parentes ou realizar a tarefa que os fez viajar.

4 ALGUMAS REFLEXÕES

Há alguns elementos fundamentais nos dois casos etnográficos expostos que contribuem com a discussão sobre os significados e a classificação das tarefas cotidianas realizadas em trânsito. Nesses modos de circulação, a utilização do tempo e do espaço é marcada pela sobreposição entre atividades domésticas e laborais. As múltiplas tarefas executadas pelos viajantes nesses dois tipos de trânsito articulam as categorias de trabalho, lazer e obrigação, que se combinam e se confundem.

Nesses deslocamentos de longa duração, em que as tarefas se dão em espaços confinados, os múltiplos sentidos das atividades se mostram mais visíveis. Embora pareçam restritos a dois contextos muito particulares, esses casos podem servir de pista para evidenciar o que ocorre em outras situações. A articulação entre trabalho, obrigações domésticas e atividades de prazer também se dá em arranjos como *home offices*, condomínios que pretendem trazer escritórios e residências para o mesmo edifício, moradias que contam com empreendimentos comerciais formais e informais no espaço doméstico. Como se observa no cotidiano de viagens de barco e caminhões, os repertórios de tarefas se somam e se combinam de maneira complexa, tornando mais evidente uma relação que, embora particular, se assemelha a outras.

Ambos os estudos etnográficos colocam em discussão como vias de circulação geralmente pensadas objetivamente como lugares de passagem ou estritamente de ligação entre localidades, sobretudo entre cidades, tornam-se significativas para a manutenção de modos de vidas em trânsito. Para passageiros e tripulantes de embarcações e caminhoneiros, rios e rodovias se ampliam a partir de sociabilidades e do engajamento em tarefas cotidianas. Para a tripulação dos barcos e para os caminhoneiros, as atividades aí realizadas são ainda menos efêmeras e se tornam centrais para fazer, do estar em trânsito, uma permanência. Esses tipos de transporte se transformam em casas e escritórios itinerantes e, ao longo dos caminhos, produzem lugares significativos.

A partir dos conveses e das boleias, extrapolam-se os domínios da cidade. Barcos e caminhões conectam cidades, mas também estão a elas conectados, pois carregam alguns de seus atributos consigo. Nesse tempo estendido (como são as viagens), as atividades realizadas articulam prazer e dever, cuidado de si e das máquinas, tédio e estímulo. As tarefas se aproximam ora de um repertório, ora de outro, mas nunca se dissociam por completo.

As classificações de lugares, os domínios da vida e a percepção dos usos do tempo se apresentam como uma composição entre categorias de características intercambiáveis. O olhar para o que acontece durante as longas viagens de barco e caminhão permite perceber que o ambiente de trabalho pode ser configurado como ambiente doméstico, assim como se criam lugares com características urbanas ao longo dos trajetos. Da mesma forma, o tédio associado ao trabalho e à lentidão desses meios de transporte não impede que ocorram atividades entendidas como pertencentes ao campo do lazer e associadas ao divertimento e à fruição. De forma inesperada, na rotina desses viajantes, algumas atividades prazerosas só podem ocorrer em trânsito, nos intervalos ou durante as tarefas de viagem. Nos longos tempos de viagem, a dissociação entre trabalho, lazer, descanso e obrigações não ocorre de forma clara. No limite, a sequência de atividades (tanto rotineiras quanto extraordinárias) que compõe a vida dos viajantes dispensa uma divisão e classificação rígida do tempo. As atividades, especialmente para quem realiza frequentemente esses longos trajetos, passam por outras formas de classificação, que embaralham e confundem o esforço de purificação de domínios claros de trabalho e lazer. O viajante eventual, por sua vez, percebe e pode se incomodar com esse tempo tão ocupado quanto tedioso, e tão repleto de tarefas quanto livre.

A PRAÇA, O ESTÁDIO
E O MUSEU DO FUTEBOL:
O AUTOMÓVEL NA
PISTA DO PACAEMBU

Daniela Alfonsi
Aira Bonfim

Quando se acessa por automóvel o Museu do Futebol, situado sob as arquibancadas da fachada principal do Estádio do Pacaembu, ele surge como um nome na placa de sinalização turística. A monumentalidade do edifício e a amplidão da praça Charles Miller, situada à sua frente, tornam invisível a entrada do museu. Só se percebe a movimentação em sua bilheteria quando já se está próximo da calçada em frente ao portão principal do estádio. Ao percorrer em um automóvel os quase quinhentos metros entre a entrada da praça e a fachada, nota-se, contudo, que o museu é apresentado ao público por meio da abordagem de "flanelinhas", grupos de homens que vendem o cartão para o sistema de estacionamento rotativo[1]. Eles abordam os motoristas, perguntando: "É pro Museu dos Esportes (sic)? Pare aqui que é mais barato". Dividem as mais de trezentas vagas de estacionamento em setores: quanto mais próximo da fachada, mais caro é o preço cobrado por eles.

A abertura do museu propiciou um novo calendário para a atuação desses "guardadores de carros", que já atuavam na região em dias de partidas de futebol. Mas, em vez de operar na praça – que se fecha ao carro em dias de partida –, eram as ruas residenciais do entorno os lugares disputados nessa ação. O museu aparece, a quem chega pela primeira vez ao local, como barganha nas negociações para estacionar o carro. "Flanelinhas" e visitantes são públicos que disputam o uso do espaço da praça: de um lado, com objetivo de trabalhar; de outro, de usufruir de um equipamento cultural em momentos de lazer.

Essa categoria, urdida a partir das transformações ocorridas nas sociedades ocidentais após a Revolução Industrial, baseia-se originalmente na reflexão de que haveria modos diferentes de usufruir o tempo, separado entre "trabalho" e "descanso", sendo o primeiro obrigatório e imposto, e, o segundo, livre e conquistado. Dentro de uma tradição de pensar o lazer sob o ponto de vista do trabalho, em especial do modo de vida da classe operária, a partir dos anos 1960 ele surge como conceito analítico em um campo de estudos próprio, especialmente na sociologia[2]. Nas últimas décadas, esse campo perpassa as áreas de psicologia, história, educação física, pedagogia, turismo, dentre outras[3]. Estudos sobre lazer são unânimes em apontar que a categoria extrapolou o campo teórico, havendo uma diversidade de situações em que o termo é empregado no

....

[1] O sistema de estacionamento é regulado pelo regime chamado de Zona Azul Especial: um cartão permite parar no local por três horas, ao custo oficial de R$ 5,00 (preço em 2017).
[2] Cf. Joffre Dumazedier, 1999, *op. cit.*
[3] Cf. Nelson C. Marcellino, "O lazer e os espaços na cidade". Em: Helder F. Isayama; Meily A. Linhares, *Sobre lazer e política – maneiras de ver, maneiras de fazer*, Belo Horizonte: Editora UFMG, 2006.

cotidiano: por exemplo, no conceito de moradia propagandeado na venda de condomínios residenciais ("adquira sua casa com uma área de lazer"), ou, mais recentemente, na divulgação de novas formas de trabalho, forjada em espaços chamados contemporaneamente de "criativos". No ramo de serviços ligados à internet, anúncios de empresas multinacionais como o Google e o Facebook[4] trazem a ideia de lazer para a configuração arquitetônica de seus escritórios, considerando que as pessoas, por meio da *web* e de seus dispositivos de acesso à rede, estão cada vez mais "conectadas". Talvez seja esta uma boa metáfora para retomar neste texto: pensar o lazer no século XXI exige reconectá-lo, por exemplo, ao trabalho, esfera que sempre esteve no polo oposto da análise.

Os museus, instituições nascidas sob a ideia de coletar e exibir – objetos, acervos, informações – em espaços abertos ao público, têm sido apropriados na chave do lazer, seja por seus públicos, seja por seus teóricos. Estudiosos do campo da museologia, bem como instituições que se dedicam a organizar e elaborar políticas públicas para os museus, têm advogado a importância de alçá-los como locais para fruição e divertimento, e não apenas para a pesquisa e a educação[5]. A entrada do lazer na discussão sobre o papel dos museus se relaciona principalmente ao engajamento e à fidelização de novos públicos, em especial famílias e turistas.

Museus como atrações turísticas voltadas ao lazer – compreendido como divertimento – e capazes de dar novos usos a equipamentos urbanos: essa foi a equação de origem do Museu do Futebol. Entretanto, compreendê-lo na perspectiva do lazer exige um olhar mais ampliado, que aborde sua implantação no estádio e sua relação com a praça. Etnografar as formas e tempos de ocupação desses locais permite compreender diferentes modos de organizar atividades denominadas como lazer por seus praticantes: seja visitar um equipamento cultural, como o Museu do Futebol, assistir a uma partida de futebol no estádio, praticar exercícios físicos e corridas de rua, passear com a família na praça, comer o "melhor pastel de São Paulo" na feira existente no local ou participar dos inúmeros encontros que têm, na Praça, o ponto de atração. O que une práticas tão diversas é a existência de um espaço público permeável a tais atividades e com

....

[4] Disponível em: ‹http://bit.do/escritorio1› e ‹http://bit.do/escritorio22›. Acesso em: 24 mar. 2018.

[5] Ibram, *Museu e turismo*. Brasília, 2014. Disponível em: ‹http://bit.do/museologia›. Acesso em: 8 mar. 2018; M. I. Leite. *Crianças, velhos e museu: memória e descoberta*. Campinas: Cadernos CEDES, v. 26, n. 68, p. 74-85, 2006; Cármen Cavaco, *Aprender fora da escola. Percursos de formação experiencial*, Lisboa: Educa, 2002; M.J.M. Messias, *O lúdico e a aprendizagem no museu: as perspectivas das crianças sobre as visitas escolares às instituições*. Dissertação de Mestrado, Lisboa: Universidade Lusófona de Humanidades e Tecnologias, 2004.

uma permanência de "coisas" que adquirem diferentes usos. O recorte deste capítulo é, portanto, olhar para quais objetos estão presentes nos arranjos do que se costuma classificar como lazer que ocupam o complexo estádio-museu-praça. O ponto de vista desta análise é o de quem trabalha no Museu do Futebol e, portanto, frequenta diariamente (e durante longas jornadas) o local. O fator trabalho, portanto, cuja natureza é de impor certa obrigação temporal de permanência num mesmo espaço, foi o que permitiu gerar a reflexão aqui proposta.

Os capítulos reunidos no presente livro visam alçar um novo ponto de vista para a análise do lazer: como ação prática e orientada de grupos no uso de diferentes locais da cidade de São Paulo. A proposta – "dos adjetivos aos verbos" – aposta na etnografia para a descrição dos locais, dos atores e das relações engendradas sob a ideia de lazer. E, ao realizar esse exercício no Museu do Futebol, no estádio e em sua praça, um objeto apareceu como organizador dos espaços, dos calendários e das práticas nesse *pedaço* paulistano: o automóvel.

O veículo motorizado – com suas variações, como jipes, limusines, ônibus, caminhões, carros antigos, "tunados", de controle remoto, dentre outros – está presente na praça Charles Miller, no cotidiano dos moradores do Pacaembu e dos visitantes do Museu do Futebol[6]. Seguir a pista do carro como uma das "coisas" que organizam modos de fazer o lazer nesse local não interessa do ponto de vista de como o objeto é apropriado por seus usuários, mas pelo viés contrário: como os automóveis se apropriam do espaço e constituem, eles próprios, as relações nas práticas de lazer[7]. Se lazer é ação, esse agir está permeado de objetos que organizam tais arranjos e conferem a eles uma gama de valores. Nesse sentido, o carro está presente nos argumentos do uso desse espaço da cidade desde o projeto de criação do estádio e da praça, nos anos 1930, motivo que nos leva a pontuar alguns aspectos desse processo na cidade de São Paulo nas primeiras décadas do século XX antes de voltar ao carro como o objeto que faz o lazer no século XXI.

....

[6] Em pesquisa realizada pelo Museu do Futebol junto ao seu público visitante, verificou-se que 70% dos visitantes acessa o equipamento com veículo próprio. Dado de abril de 2017.

[7] Essa é a perspectiva adotada por autores que discutem o papel dos artefatos na vida social, tais como Daniel Miller (*Trecos, troços e coisas: estudos antropológicos sobre a cultura material*. Rio de Janeiro: Zahar, 2013), Appadurai (2008, *op. cit.*), Gell (1998, *op. cit.*). Para esses autores, guardadas as devidas diferenças entre seus trabalhos, o papel das coisas materiais vai além da representação de ideias e valores que lhes são atribuídos ao longo de suas trajetórias. As coisas não apenas representam ideias, mas agem (ou fazem agir), criando regimes de valor quando são postas em circulação. Conforme reflexões desses autores, por meio da análise das coisas em movimento, é possível elucidar os sentidos da sociabilidade humana.

① A PRAÇA

[...] para a circulação de veículos, estacionamento, concentração para desfiles, assim como para o descobrimento estético e perspectivo da fachada principal, demasiado oculta pelos acidentes do terreno – aquela praça é indispensável.[8]

A fachada do Estádio Municipal Paulo Machado de Carvalho ergue-se imponente vista da avenida Pacaembu, via que leva o nome do bairro na região oeste da cidade de São Paulo. Com linhas retas, simétricas e de porte monumental, características do estilo Art Déco, o edifício inaugurado no governo estadonovista de Getúlio Vargas, em 1940, assenta-se em um vale, e sua fachada emoldura a enorme praça, batizada, em 1954, de Charles Miller (1874-1953), em homenagem ao jogador e árbitro paulistano considerado um dos fundadores do futebol no Brasil. Planejada para ser a principal via de acesso ao estádio, não comporta mobiliário urbano característico de praças, como bancos, *playgrounds* infantis ou chafarizes. Com 220 mil metros quadrados, é dividida em três ruas por dois grandes canteiros gramados, sendo a do meio voltada para o fluxo de estacionamento e as laterais para entrada e saída. Mesmo havendo a sinalização dessas rotas, as placas de trânsito não são percebidas pelos motoristas que ali chegam pela primeira vez, sendo comum veículos na contramão, o que leva à orientação informal dada por aqueles mais habituados ao local. "A entrada é pela banca de jornal": indica-se o único elemento fixo, além do estádio, na paisagem da praça.

Uma grande rotatória circular localizada próxima à fachada do estádio completa o desenho viário, circundado em todo o perímetro pela calçada para pedestres, que acompanha os taludes laterais – único espaço ajardinado do local, separado por quatro escadas, duas de cada lado da praça, para acesso às ruas vizinhas. As poucas árvores e plantas, somadas ao asfalto que recobre a maioria da área, tornam árida a principal praça de um dos bairros com a maior presença de ruas arborizadas da capital paulista.

O motivo dessa configuração é, de um lado, o "descobrimento estético": a praça e a avenida que lhe dá acesso permitem a visibilidade do estádio-monumento assentado no fundo de um vale. De outro lado, a amplidão é propícia à aglomeração e à dispersão rápida de milhares de pessoas no fluxo de um grande evento, como um jogo de futebol. Já a

....

[8] Trecho do discurso de Nicanor Miranda, chefe da Divisão de Educação e Recreio do Departamento de Cultura da Prefeitura de São Paulo. Publicado em Noticiário – Estádio Municipal – Lançamento da pedra fundamental, *Revista do Arquivo Municipal*, São Paulo, n. XXIX, nov. 1936, p. 211.

ausência de mobiliário, como bancos ou áreas que possam proteger o pedestre do sol e da chuva, segundo gestores e agentes de segurança pública, seria uma precaução contra a violência: qualquer elemento fixo na praça poderia se tornar uma arma em eventual briga entre torcedores.

A inclusão da violência entre torcidas no discurso que organiza a regra do espaço público pode ser lida como uma atualização do motivo que levou à construção dessa praça esportiva: o futebol como lazer para grande parte da população na cidade de São Paulo a partir dos anos 1930. Ainda que houvesse outras justificativas, como a criação de instalações adequadas à prática de esportes para todos os cidadãos, é possível afirmar que o Pacaembu foi erguido, sobretudo, para organizar e disciplinar a massa torcedora do esporte que conquistou os brasileiros nas primeiras décadas do século XX[9]. E a praça, conforme a epígrafe revela, tornou-se "indispensável" ao equipamento esportivo: seja para acesso, para estacionamento ou contemplação.

❷ O ESTÁDIO

Urgia uma solução mais eficaz, uma solução permanente que encarasse de forma panorâmica o problema que a cidade industrial gerara. A situação agravou-se ainda mais, pois os arranha-céus e os prédios de apartamento que brotavam na cidade nova, e os ambientes de trabalho, não raro mal arejados e mal insolados, começavam a despertar os indivíduos para a necessidade do grande ar livre e da vida recreativa.

[...]

A todo o povo da cidade, competições, campeonatos, torneios ginásticos, atléticos e esportivos, comemorações de sentido cívico, concertos e atividades dramáticas ao ar livre [...]. O Estádio Municipal [...] cuidará, pois, da recreação popular [...].[10]

> A importância do Estádio do Pacaembu para São Paulo ultrapassa seu âmbito esportivo. Foi o equipamento que promoveu a ocupação de todo o bairro, que, por sua vez, fora um empreendimento da Companhia

---

[9] Cf. Plínio José Labriola de Campos Negreiros, *A nação entra em campo: futebol nos anos 30 e 40*. Tese de doutorado, São Paulo: Pontifícia Universidade Católica de São Paulo, 1998; João Fernando Ferreira, *A construção do Pacaembu*, São Paulo: Paz e Terra, 2008.

[10] Trecho do discurso de Nicanor Miranda, chefe da Divisão de Educação e Recreio do Departamento de Cultura da Prefeitura de São Paulo. Publicado em Noticiário – Estádio Municipal – Lançamento da pedra fundamental, *Revista do Arquivo Municipal*, São Paulo, n. XXIX, nov. 1936, p. 205.

City[11]. Nas primeiras décadas do século XX, o bairro do Pacaembu – "terras alagadas", em tupi – ainda era uma região de várzeas e charcos. A Companhia City, atuante desde 1912, adquiriu quase 12 milhões de metros quadrados por várias regiões de São Paulo para loteamento e comercialização. As residências deveriam seguir determinados padrões, tais como recuos frontais para áreas verdes e muros baixos. As vias favoreciam o trânsito local e abriam-se para pequenas praças no interior das quadras, e a escala privilegiada nesse tipo de implantação urbana é a do pedestre.

Os lotes do bairro do Pacaembu começaram a ser vendidos a partir de 1925, após o início de obras de pavimentação de vias, construção de praças e canalização de córregos. Antes desse período, só havia duas edificações: o Asilo dos Expostos, da Santa Casa de Misericórdia, e o Hospital Samaritano. Mirando conquistar moradores de alto poder aquisitivo, os anúncios de venda de lotes diziam: "Venham adquirir um lote no que vai ser o mais belo e aristocrático bairro de São Paulo, orgulho da população paulista", seguido do slogan "Pacaembu: a nova maravilha urbana".

Em 1928, a Cia. City doou à Prefeitura de São Paulo um terreno com 50 mil metros quadrados no bairro[12]. Já havia, no período, o interesse em ampliar os espaços destinados ao futebol, uma vez que os existentes já não comportavam todo o público de torcedores. A obra do Pacaembu, no entanto, só começa a ser realizada em 1936, no mandato de Fábio da Silva Prado, conhecido por criar, em 1935, o Departamento de Cultura e Recreação, chefiado pelo escritor, músico e compositor Mário de Andrade. Dentre as atribuições desse departamento, estava a Divisão de Educação e Recreio, com a seção de "Campos de Atletismo, Estádio, Piscinas e Divertimentos Públicos", que tinha como um de seus planos a criação do estádio municipal, sob o comando de Nicanor Miranda, autor do discurso cujos trechos servem de epígrafe desta seção.

Após um tímido início de obras, o projeto ganhou outro corpo a partir da gestão do prefeito Francisco Prestes Maia, indicado em 1938. O político iniciou um período marcado por grandes obras viárias no centro da capital, guiado por um modelo urbanístico que privilegiou a circulação de veículos[13]. São Paulo passava por um rápido crescimento industrial,

....

[11] City of São Paulo Improvements and Freehold Land Company Limited.
[12] Ampliado, posteriormente, para 75 mil metros quadrados para abrigar o complexo esportivo com quadras e piscina.
[13] Cf. Leila Regina Diêgoli, *Estado Novo – Nova Arquitetura em São Paulo*. Dissertação de mestrado. Programa de Estudos Pós-Graduados em História. São Paulo: PUC-SP, 1996.

acompanhado da ampliação do contingente operário. Prestes Maia, portanto, tratou de reorganizar a principiante metrópole à reprodução do capital, sob a lógica do trabalho. O período também marcou a valorização da educação física e dos esportes como práticas de disciplinamento dos corpos. Fazia-se necessário, pois, adequar áreas públicas para a promoção dos esportes, especialmente do ponto de vista da recreação popular, e a lógica do crescimento urbano a partir do trabalho industrial impôs à gestão pública a organização do lazer para a massa popular[14].

Planejado para acomodar milhares de torcedores de futebol da cidade, bem como para propiciar uma praça esportiva ao tênis, à natação, ao atletismo e outros esportes, o Estádio Municipal tornou-se um marco fundamental do futebol em São Paulo e no Brasil, abrigando também eventos cívicos de grande porte. Prestes Maia alterou o projeto original que estava em curso, dos arquitetos Ricardo Severo e Arnaldo Villares, propiciando a construção de uma fachada monumental, com uma galeria porticada ligando toda sua extensão.

O estádio foi inaugurado em 27 de abril de 1940, com a presença de Getúlio Vargas e demais autoridades locais, numa celebração que durou uma semana. Com capacidade inicial para 70 mil torcedores, tornou-se o principal campo de futebol de São Paulo até a finalização da construção do Morumbi, nos anos 1970, e foi o maior estádio brasileiro até a construção do Maracanã, em 1950.

O Pacaembu está na memória de torcedores de diferentes clubes paulistas. Palmeirenses vangloriam-se de ter ganho o maior número de títulos, enquanto foram os corintianos os que mais jogaram no local. Pelé, em entrevistas, relembra que sua estreia pelo Santos F. C. ocorreu aos 15 anos, naquele gramado, e os santistas mais jovens celebram a conquista do título da Copa Libertadores da América em 2011, com Neymar. São-paulinos contam, ciosos, que a estreia do jogador Leônidas da Silva, em 1942, foi o jogo com o recorde de público na história do Pacaembu. Não é à toa o seu lema informal: "o seu, o meu, o nosso Pacaembu", que evoca um local para todos os torcedores e habitantes da cidade.

Apesar de ainda manter-se como um local para jogos profissionais de futebol, o número de partidas diminuiu consideravelmente após a abertura, em 2014, da Arena Corinthians, no bairro de Itaquera, e da reforma do antigo Parque Antártica, atual Allianz Parque, do Palmeiras[15]. A partir de 2015, o destino do Pacaembu frente às novas arenas na capital passou a ser questionado pela imprensa e por frequentadores do local. O futebol

---

[14] Cf. Plínio José Labriola de Campos Negreiros, 1988, op. cit.
[15] Segundo os dados da direção do estádio, em 2013 foram realizada 73 partidas de futebol. Em 2016, o número caiu para 23 jogos.

profissional, propulsor do projeto de construção nos anos 1930, continuou pautando a discussão pública sobre a vocação do complexo, ainda que haja ali uma série de outros usos, como aulas de modalidades esportivas ou lúdicas (tênis, futebol de salão, capoeira, dança de salão, pilates, dentre outros), uso da piscina para recreação e a pista de corrida para a prática de exercício individual ou em pequenos grupos orientados por *"personal trainers"*. Além do campo, o ginásio, a academia de ginástica, a piscina e a quadra de tênis podem servir à prática esportiva não profissional (ou competitiva) de qualquer morador da capital. Talvez por desconhecimento por parte dos habitantes da capital, as instalações do estádio são utilizadas com maior frequência pelos moradores da região. Há inclusive um boato de que, para fazer uso do Pacaembu, deve-se apresentar um comprovante de endereço dos bairros próximos. Ele ajuda a conferir ao clube esportivo do Pacaembu um status de exclusividade aos moradores do entorno, característica certamente relacionada à localização do equipamento em um bairro residencial de classe média e média alta.

Os moradores do bairro, especialmente aqueles que compõem a "Viva Pacaembu por São Paulo", associação de moradores criada em 2001[16], assumem uma posição de forte proteção ao bairro e têm se mobilizado em defesa do uso público do estádio sempre que há a intenção da Prefeitura em passá-lo à iniciativa privada, o que ocorre, pelo menos, desde a gestão de Paulo Maluf nos anos 1990[17]. O tema retornou com força no ano de 2017, no mandato de João Dória Jr., que inclui um projeto de lei que visa à concessão privada não apenas o estádio, mas parques, autódromo, terminais de ônibus e outras facilidades.

No processo de privatização do estádio, há duas particularidades que interferem nos planos e projetos de empresas interessadas no equipamento: o seu tombamento, desde 1994, como patrimônio histórico nos âmbitos municipal e estadual, e uma liminar, vigente desde 2005 e aprovada em segunda instância judicial, que limita o tipo de atividade que pode ocorrer no estádio e na praça Charles Miller: além de estabelecer limites para uso de equipamentos sonoros – tendo em vista que é um bairro predominantemente residencial –, a liminar também veta a realização de qualquer tipo de atração que não seja esportiva[18].

O Museu do Futebol entra no complexo estádio-praça, portanto, quando o uso do local já estava totalmente voltado à prática do futebol

----

[16] Anteriormente, a Associação de moradores unia os bairros Pacaembu e Perdizes.
[17] "Paulo Maluf desiste de vender o Pacaembu". Disponível em: ‹http://www1.folha.uol.com.br/fsp/1995/5/17/cotidiano/26.html›. Acesso em: 24 mar. 2018.
[18] Disponível em: ‹http://www.vivapacaembu.com.br/detnot.asp?id=428&moda=&contexto=&area=003&evento=›. Acesso em: 24 mar. 2018.

profissional, sendo bastante restrito a outras atividades, sejam esportivas ou não. Mesmo sendo o futebol profissional de clubes uma ação que movimenta milhares de pessoas semanalmente, a criação do museu naquele local carregou o argumento de "revitalização" do complexo, incorporando uma palavra presente em projetos urbanísticos a partir dos anos 1990 nas grandes metrópoles mundiais. O ponto de interesse neste texto é qual o elemento que indicava, à época, a visão de "degradação" do uso do local, descrita a seguir.

❸   O MUSEU

Localizado no Estádio do Pacaembu, o Museu do Futebol recupera um patrimônio histórico inaugurado em 1940 e contribui para desvelar uma das mais belas paisagens de São Paulo: a Praça Charles Miller, avistada da Passarela que une e integra o percurso[19].

Em 2005, a Prefeitura de São Paulo liderou o projeto de implantação de um museu sobre a história do futebol no Brasil. Criar museus com temas esportivos em estádios não é algo novo, nem no Brasil nem no exterior. Contudo, o Pacaembu não foi a escolha inicial para a implantação do novo museu paulistano. A Prefeitura interessava-se, naquele momento, pela chamada revitalização de uma área específica da cidade: o parque Dom Pedro, bairro situado às margens do rio Tamanduateí, região de importante fluxo viário do centro em direção à zona leste da capital. A antiga várzea do Carmo, com galpões industriais, residências, resquícios de vilas operárias e um palacete que abrigou a sede da Prefeitura até 2004, o Palácio das Indústrias, é uma área da cidade que pouco convida ao caminhar a pé, tantos são seus viadutos, passagens e áreas baldias, gradeadas, com calçadas estreitas e grandes avenidas: o uso do carro se sobrepôs ao pedestre, como em tantas outras regiões na metrópole. Ali situa-se a Casa das Retortas, o primeiro local cogitado para abrigar o Museu do Futebol. Além dos interesses da promoção da chamada revitalização do local, a ideia justificava-se, do ponto de vista conceitual, por ter sido a região na cidade onde ocorreram as primeiras partidas de futebol.

O Estádio do Pacaembu foi cogitado para o projeto quando a defesa da Casa das Retortas já estava em pauta. As áreas situadas abaixo das arquibancadas que formam a fachada principal, local de instalação do museu, serviram de alojamento de atletas, vestiários, bilheterias, áreas

----

[19]   Trecho extraído do folder de visitantes do Museu do Futebol, 2008.

administrativas e restaurantes. Em 2005, eram ocupadas por escritórios da administração do estádio, equipe ligada à Seme – Secretaria Municipal de Esportes e Lazer da Prefeitura de São Paulo. Conforme relatam envolvidos no projeto, a Casa das Retortas perdeu para a "magia" do Pacaembu. Ocupar o estádio com um museu sobre futebol foi visto, por aqueles que comandavam o projeto, como uma oportunidade de valorizar um patrimônio da cidade. Entre as duas opções que se colocaram para a localização do novo museu, a justificativa histórica – o local em que ocorreram as primeiras partidas – perdeu para um edifício envolto pela aura da emoção do jogo a que se assiste e que se pratica contemporaneamente.

Dentre a equipe principal envolvida na implantação do museu, o arquiteto Mauro Munhoz foi o primeiro a ingressar no projeto, propondo uma nova ocupação que poderia "revitalizar o entorno" do bairro:

[O museu] não só contribui para a diversificação de usos do bairro [...] como tem potencial para atrair pessoas de todas as classes sociais, gerando diversidade no espaço público, democratizando-o. Sim, o bairro do Pacaembu também carecia de uma intervenção urbana[20].

O argumento ecoou de modo positivo junto aos dois órgãos que regem o tombamento do Estádio[21], que estavam em sintonia com a ideia de que o museu iria colaborar para "qualificar" a praça Charles Miller, conforme os termos usados ao longo do projeto. Ambos autorizaram a realização das intervenções arquitetônicas: a demolição de paredes de alvenaria e sua substituição por fachadas com vidros, a retirada de lajes, paredes e revestimentos internos, o fechamento de janelas e incorporação de novos pisos, como a passarela que liga as duas alas do prédio. Esta última foi um dos elementos ressaltados ao visitante do museu, no folder e nas peças de comunicação da instituição.

As contrapartidas solicitadas pelos órgãos de patrimônio eram, de um lado, que a entrada do museu no complexo agregasse um plano para integração e recuperação da praça Charles Miller, "extremamente deteriorada e loteada em diferentes usos sem efetivo gerenciamento"[22], e, de outro, incluir no projeto museológico, como um dos segmentos do museu, o próprio espaço do estádio e a caracterização arquitetônica e

....

[20] Cf. Marianne Wenzel; Mauro Munhoz, *Museu do Futebol – arquitetura e requalificação no Estádio do Pacaembu*, São Paulo: Romano Guerra Editora, 2012, p. 97.
[21] Conselho Municipal de Preservação do Patrimônio Histórico, Cultural e Ambiental da Cidade de São Paulo (Conpresp) e o Conselho de Defesa do Patrimônio Histórico, Arqueológico, Artístico e Turístico do Estado (Condephaat).
[22] Cf. Marianne Wenzel; Mauro Munhoz, 2012, *op. cit.*, p. 98.

urbanística do complexo. Ao museu caberia, então, tanto um papel de atuação na praça, organizando, em certa medida, seus usos, quanto o de divulgação de informação sobre a história e a arquitetura do complexo urbanístico do local[23].

No que tange à ideia de "requalificação" de uma área urbana, o caso do Museu do Futebol é bastante peculiar. Primeiramente porque não se trata de uma área considerada degradada, quando comparado a iniciativas propostas para outras regiões da cidade, como o centro histórico ou bairros mais periféricos. O museu se insere num bairro nobre da cidade, cujo traçado e cujas edificações originais se mantiveram relativamente preservados, com poucas alterações na paisagem urbana. Tampouco houve alteração no perfil social dos moradores do bairro, que permanece, desde sua origem, ocupado preponderantemente pelas classes média e alta. Quando se viram ameaçados pela especulação imobiliária característica de São Paulo, que provocou a chamada verticalização de bairros considerados de "classe média" (como os vizinhos Perdizes e Higienópolis), seus moradores trataram logo de proteger o bairro por meio de uma solicitação de tombamento junto aos órgãos competentes[24].

A ideia de revitalizar o complexo – estádio e praça – a partir da chegada de um equipamento dedicado ao lazer – não passou por questões de classe social, como o surgimento de cortiços e ocupações por populações mais pobres, aumento da violência urbana e outros temas comumente acionados nos projetos de "requalificação" urbana. Tampouco tratava-se de recuperar a edificação histórica da iminência de destruição: o Estádio do Pacaembu, embora tenha passado por reformas antes e durante o período de implantação do Museu, estava em plena operação, recebendo jogos e mantendo as atividades de seu clube esportivo, com piscina, quadras e ginásio. Foram feitas melhorias no Pacaembu visando antes a adequação aos padrões de segurança e conforto vigentes no novo padrão de estádios que a recuperação de uma eventual degradação material do edifício.

Qual era, então, o ponto de incômodo? A que se remetia como fator de "deterioração" da maior e principal praça do bairro do Pacaembu? Nas palavras de Mauro Munhoz:

....

[23] Este último foi contemplado na Sala Homenagem ao Pacaembu, a última do percurso da exposição principal do museu, com doze fotografias do período de 1940 a 1950 e uma área para visualização da versão digitalizada das plantas da construção, fotos da obra e o filme oficial da inauguração do estádio.

[24] CONDEPHAAT – Resolução 08 de 14.03.1991. Processo: 23.972/85 (Bairro do Pacaembu e Perdizes). Publicação: *Diário Oficial do Estado de São Paulo* – Poder Executivo, Seção I, 16.03.1991, pp. 37-38. Inscrição Livro do Tombo Arqueológico, Etnográfico e Paisagístico: n. 23, 25.04.1991, p. 307.

[...] por isso propusemos a instalação do Museu do Futebol na fachada do estádio. Ela funcionava como uma muralha nos fundos de um beco sem saída. Bastava frequentar o local em dia de feira para constatar isso: é junto à entrada do estádio que os *caminhões estacionam*, um indício de que a configuração não funcionava. O museu ocupa toda a extensão da fachada com atividades que vão reverberar na praça: um café-restaurante, uma sorveteria, uma loja do museu[25].

> Portanto, a pista para compreender tanto a ideia de um uso do local considerado desorganizado quanto a necessidade da chamada requalificação urbana é a presença do automóvel. Um dos incômodos manifestados pelo arquiteto foi identificar que a área defronte à fachada monumental servia como estacionamento de caminhões, já que a praça, sem uma ocupação do estádio fora dos dias de jogos, transformava-se em uma espécie de "beco sem saída". O museu despontou no projeto como um possível mediador entre o estádio (o monumento que aglutinou o bairro) e a praça (que está a serviço do estádio, mas perdeu a característica de local de estacionamento nos dias sem partidas). Se a prática do futebol profissional no estádio organizou um tipo de circulação no local, nos dias em que não há jogos havia a sensação de ociosidade e de desorganização do espaço público. Foi delegada ao museu a missão de reorganizar, por meio de atividades de lazer, o tipo de circulação no local.
>
> A circulação usual no espaço, seja por carro, seja a pé, concentra-se no eixo norte-sul – ou da avenida Pacaembu em direção ao centro do campo do futebol. Ao propor um conjunto de loja, restaurante, auditório, bilheteria e a própria entrada do museu ao longo da galeria porticada da fachada – chamada de "*foyer*" pela gestão do Museu –, o projeto arquitetônico visou criar um novo eixo de circulação. Portanto, visitar o museu é caminhar de leste a oeste no edifício, com dois pontos de parada: o primeiro, na passarela – nomeada de Radialista Pedro Luiz –, que une os dois lados da fachada do estádio, da qual se avista a praça; o segundo, na saída para a arquibancada verde, da qual se avista o campo de futebol e o interior do estádio.
>
> Ainda que o projeto de arquitetura tenha se voltado para abrir o piso térreo do edifício a uma nova circulação e o museu tenha atraído, desde sua abertura, mais de 3 milhões de visitantes ao local tornando-se um dos mais visitados no país, a relação com o estádio e com a praça não depende somente de uma nova proposta arquitetônica ou da diversificação da oferta

....

[25] Disponível em: ‹http://www.mauromunhoz.arq.br›. Acesso em: 26 mar. 2018 (grifos nossos).

de atividades culturais pelo Museu do Futebol. Ou melhor, o potencial confiado a um museu, por mais exitoso que tenha sido seu projeto, fica aquém do que ocorre com seus "vizinhos de condomínio" – a praça e o estádio. Isso porque, por mais que o futebol tenha sido o vetor gerador do complexo, seu espaço atualmente é ocupado por outros interesses, que vão muito além do esporte.

❹ ESTÁDIO, MUSEU E PRAÇA: ESCALA, TEMPO E REGULARIDADE DOS EVENTOS

Nos primeiros três meses de funcionamento, o museu não teve permissão para abrir ao público enquanto houvesse partida de futebol no estádio em horários matutinos e vespertinos. Foi preciso negociar com o Comando da Tropa de Choque da Polícia Militar de São Paulo. Após entendimentos, desde o início de 2009, o museu é obrigado a fechar apenas em semifinais e finais de campeonatos ou em jogos considerados de risco, geralmente aqueles disputados por times rivais da capital[26]. O museu pouco aproveita, portanto, da chegada de milhares de torcedores que vão ao estádio como forma de lazer: em jogos de menor risco, o equipamento deve fechar a bilheteria até três horas antes do início da partida. O estádio e sua principal atração – o jogo de futebol profissional de times masculinos – ditaram a regra de funcionamento do museu, que, durante os primeiros meses de abertura, teve de aprender a dinâmica da praça em dia de jogos.

Mesmo a partida ocorrendo no período noturno, a praça pode ser fechada – total ou parcialmente – à entrada de carros logo no início da manhã. O fechamento normalmente ocorre por meio de gradis de ferro, de 1,8 m de comprimento e 1,4 de altura, que possuem um sistema de encaixe que os mantém unidos em fileiras. São centenas de gradis, montados e desmontados por empresa contratada pelo clube mandante do jogo. Além do fechamento (total ou parcial) do Museu do Futebol e da praça, há a forte presença da Polícia Militar, com pelo menos uma dezena de viaturas, alguns caminhões da Tropa de Choque e parte da Cavalaria. Estes ficam sob a fachada, próximo ao portão principal do estádio, enquanto as viaturas vigiam a entrada e a saída da praça. Os gradis delimitam por onde os torcedores devem caminhar, desde a rua em

----

26   Interromper a visitação em horários de partidas de futebol é a regra nos outros museus esportivos situados em estádios, como no Museu Brasileiro do Futebol, no Estádio do Mineirão, em Belo Horizonte (MG), ou em casos internacionais, como o Museu do Clube Barcelona, no Estádio Camp Nou (Espanha), para citar apenas dois exemplos.

frente à fachada até as respectivas catracas para acesso às arquibancadas. No início desse caminho, policiais fazem a revista e orientadores de público passam informações. Vendedores ambulantes oferecem bebidas alcoólicas, principalmente cerveja em lata, além de espetinhos de carne assados em churrasqueiras improvisadas e adereços dos clubes que se enfrentam na ocasião, como faixas e camisas. Desde a proibição do uso de bandeiras, esse item tornou-se ausente também no comércio informal. É na praça que as torcidas organizadas se reúnem antes de entrar para o setor amarelo das arquibancadas, sendo possível ouvir a bateria e presenciar a polícia conferindo as faixas, ofícios e demais autorizações, parte das exigências mais recentes para a presença desses grupos nos estádios. As ruas do bairro tornam-se estacionamento de veículos, organizados por flanelinhas. Vendedores ambulantes de comida também se espalham em ruas próximas ao estádio, uma vez que a oferta desses produtos passou a ser proibida pela prefeitura a partir de 2005. Para fugir da fiscalização, alocam-se nas ruas íngremes do bairro e fazem o popular "gato" na rede elétrica (ligação não autorizada na rede de energia) para alimentar seus aparatos de trabalho, que vão de chapas elétricas para o preparo do pernil e linguiça às máquinas para pagamento com cartão.

    É um período nada agradável para os moradores, que, seja por verem suas garagens bloqueadas, seja pelo barulho dos transeuntes na porta de suas residências no início e final de cada partida, têm transtornos a cada evento. Apesar do incômodo, a dinâmica é conhecida há décadas, além de o calendário de jogos obedecer a certa regularidade. Para Claudia Dias Batista de Souza, nome de batismo da Monja Coen[27], moradora da rua Desembargador Paulo Passaláqua, uma das ruas laterais da praça, o jogo de futebol não é o maior problema do bairro: "em dia de jogo não tem atividade [no templo]. Não que o futebol atrapalhe, mas atrapalha o estacionamento [de quem vai ao templo][28]". Por sua regularidade, o tempo do jogo é compreendido e foi incorporado pelos moradores da região, assim como para as atividades do museu. Ele transforma espacialmente a praça, atrai milhares de pessoas, gera barulho e bloqueia garagens residenciais. Contudo, sabe-se quando isso irá começar e quando terminará.

    Passado o breve momento do jogo de futebol, tudo volta à normalidade no cotidiano do bairro, da praça, do estádio e do museu.

....

[27] A Monja Coen se tornou uma figura pública nas últimas décadas, não só pelo seu envolvimento com o movimento nacional e internacional de contracultura, mas por ser a primeira mulher e pessoa de origem não japonesa a assumir a presidência da Federação das Seitas Budistas do Brasil. Em 2001, criou o Templo Budista Taikozan Tenzuizenji na residência herdada de sua família no bairro do Pacaembu. Foi entrevistada pelo Museu do Futebol para o projeto "Memórias do Pacaembu" no dia 2 fev. 2017.

[28] Em entrevista concedida ao Museu do Futebol, *op. cit.*

Entretanto, há um elemento que permanece: o gradil. A empresa responsável pela movimentação desses objetos armazena as centenas de unidades na praça, usando o espaço como depósito ao ar livre. Moradores de rua, que viveram durante quase todo o ano de 2016 no local[29], não hesitavam em usar alguns gradis para suporte de suas cabanas improvisadas com papelão, colchões velhos e cobertores. O Museu do Futebol também faz uso desse objeto[30], como separador de filas defronte à bilheteria e porta de entrada, dando a eles, além da função de segregação de espaços (dentro e fora), a de sinalização das atividades, horário de funcionamento ou fila para atendimento a público preferencial. É um objeto que chama a atenção para quem observa o cotidiano da praça: cerceia entrada e saída de carros em dia de jogos; de pessoas na entrada ao Museu e de condições da ausência de moradia para todos na metrópole. E, por ser abundante e de livre uso no local, uma vez que seus donos originais deixam os objetos à deriva, passou a organizar também algumas das atividades noturnas da praça Charles Miller, como os encontros dos clubes de carros.

Além do jogo de futebol como evento regular e organizador da dinâmica local, uma série de outras atividades, em diferentes escalas, ocorrem na Charles Miller. Diferentemente do futebol, que é praticamente a *raison d'être* desse equipamento urbano desde os anos 1940, as novas ocupações datam dos últimos anos, quando a frequência desse esporte diminuiu no Pacaembu. A suposta ociosidade do estádio, proclamada nos argumentos que levam ao debate sobre a privatização do equipamento (já que seu rendimento financeiro foi durante décadas fundado quase exclusivamente na locação do campo para times do futebol profissional), não considera, portanto, as práticas de lazer de diferentes grupos que, de modo espontâneo e bastante coordenado, trazem uma vida nova à praça, especialmente no período noturno.

Acompanhar o dia a dia da praça Charles Miller e do estádio do Pacaembu a partir do trabalho cotidiano no Museu do Futebol permite descrever algumas regularidades. A primeira delas divide as práticas na praça e no estádio em duas escalas: uma micro, feita por pequenos grupos, mas com presença cotidiana, e outra macro, mobilizando grandes estruturas, atraindo centenas ou milhares de participantes, mas pontuais no calendário. As últimas são, por exemplo, além de uma partida de futebol, eventos oficiais da Prefeitura ou de algum órgão público, tais como a

....

29 O grupo de moradores, dentre homens e mulheres adultos e adolescentes, variou entre cinco a quinze pessoas, que dormiam sob a fachada do estádio e ocuparam uma das escadas laterais – e, posteriormente, a calçada em frente ao lado oeste do estádio. Em 2017, esse grupo já não ocupava o local, havendo novas pessoas residindo em barracas no jardim oeste na entrada da praça.
30 O museu possui seu próprio estoque de gradis, ao contrário dos demais atores, que se utilizam das unidades deixadas na praça.

formatura de policiais militares ou de corporações de bombeiros, festivais culinários e as cada vez mais frequentes[31] corridas de rua, cujas estruturas e cujos aparatos acionados alteram a circulação viária e a paisagem urbana para que se recebam milhares de participantes. No geral, esses grandes eventos passam pelos procedimentos de formalização junto aos órgãos municipais (como a CET, a guarda civil metropolitana e a Subprefeitura) e podem usar tanto a praça quanto esta e o estádio[32]. Eles marcam visualmente o local, alteram sua circulação, mas são temporários.

Num olhar distanciado, na ausência desses eventos de grande porte, a praça e o estádio parecem ficar sozinhos, ou apenas com o fluxo diário de visitação do museu. Mas há um uso intenso e quase imperceptível do local, seja por moradores, seja por grupos que, nos últimos anos, lá aportam diariamente para práticas diversas. São as caminhadas, as aulas de ginástica individuais ou em pequenos grupos, os encontros discretos de casais de namorados, o ensaio de bateria de grupos acadêmicos estudantis, os treinos de autoescola etc. Quando o sol se põe, ao lado de adultos colecionadores de drones e carrinhos eletrônicos, jovens se esforçam para levantar pipas ao céu, graças à ausência de fiação elétrica na amplidão da praça. Uma fina fumaça de churrasco sai das churrasqueiras portáteis trazidas por cada grupo que ali chega para um encontro após o expediente de trabalho. Um senhor de barba branca usa semanalmente um dos retângulos gramados da praça para treinar "chute a gol" no final da tarde com um garoto mais jovem. Os cachorros por vezes andam livres e ganham espaços para correr e buscar uma bolinha sem correr grandes perigos de atropelamento. Na mesma praça, marcam-se encontros para verificar a veracidade das ofertas de carros à venda colocadas nos classificados. E, ocultas pelo lusco-fusco, pessoas ensinam e aprendem a dirigir clandestinamente, enquanto casais se encontram na discrição de seus carros.

Que a praça é um lugar para exercícios e caminhadas, não é novidade. Parte da vizinhança é identificada entre esses caminhantes: casais de judeus ortodoxos, pessoas de meia-idade, passeadores de cães. Esses atores são

....

[31] As corridas ocorrem entre 5h e 9h da manhã e têm sido cada vez mais frequentes: somente em 2016, foram realizadas mais de trinta corridas, todas elas por empresas privadas.

[32] Poderiam ser citados nesse conjunto grandes eventos de cunho político ocorridos no local, como o primeiro comício para o movimento Diretas Já, em 1983; o encontro de reconciliação entre Luís Carlos Prestes e Getúlio Vargas, ocorrido no estádio em 1945; ou os desfiles cívicos em celebração ao 7 de Setembro, ao longo dos anos 1940 até os anos 1960, além de muitos outros. Parte dessas narrativas não puderam constar desse capítulo por limitações de espaço, mas puderam ser registradas para o acervo do Museu do Futebol por meio do projeto "Memórias do Pacaembu", supracitado.

pertencentes aos grupos que ocupam a praça pela manhã e final da tarde, horários semelhantes ao de entrada e saída dos funcionários do Museu do Futebol. São rostos conhecidos e que por vezes ganham o direito de uma compra fiada na feira livre presente em quatro dias da semana, uma água de coco cortesia e acesso aos banheiros situados no andar térreo do Museu do Futebol, compartilhados também com os agentes da Companhia de Engenharia de Trânsito – CET. A principal função destes é fiscalizar os carros que ficam estacionados no local ao longo do dia, conferindo se o cartão do estacionamento rotativo encontra-se presente e válido.

Se, nas primeiras horas da manhã, a presença de moradores é mais notada, no cair da tarde a praça é ocupada por outro grupo de pessoas, entre moradores e trabalhadores da região. Estes organizam-se para a prática de exercícios físicos oferecidos por empresas, como a 4any1, a EC Tavares, a Hiit Core ou a Pacefit, que orientam treinos funcionais e ao ar livre em São Paulo. A Charles Miller tornou-se, como os parques e outras praças, local de oferta desse tipo de serviço. Essa modalidade de atividades esportivas, oferecida, por exemplo, a turistas e pessoas que viajam a trabalho, parece caber nas rotinas contemporâneas mais fluidas características de uma metrópole como São Paulo. Tais empresas fazem da escassez de tempo desses trabalhadores o *slogan* de suas propostas comerciais. Estrangeiros na cidade ou pessoas interessadas em aproveitar o trajeto até o trabalho, seja antes ou depois do expediente, tornaram-se público-alvo dessas ofertas. Na área do turismo, desde 2008 é empregada a expressão *bleisure trips*, termo em inglês que une as palavras *business* (trabalho) e *leisure* (lazer) e denomina as habituais esticadas turísticas nas viagens a trabalho. A expressão reflete bem a maneira como a geração dos chamados "millennials", nascidos após a década de 1980, misturam as relações de trabalho e lazer. Aqui, o caminho até o trabalho é aproveitado e possibilita a manutenção dessas atividades na rotina semanal, nos chamados dias úteis. Às terças e quintas, das 20h30 às 21h30, são os *personal trainers* da J-Fitness (Joel Shnaider e equipe) que ocupam a praça, a pista de corrida e o clube do Estádio do Pacaembu. Eles atendem ao público masculino da comunidade judaica, e, segundo o *slogan* de uma das empresas, homens interessados em praticar atividades físicas segundo o modo de vida judaico. São oferecidos alongamentos, caminhadas, corridas, atividades físicas e esportes sob o *Divrei Torá*, ou seja, sob palavra do Torá. Também há outros projetos na Charles Miller, como uma assessoria esportiva com o foco em mulheres de todas as idades. Portanto, o Estádio do Pacaembu, uma das principais praças esportivas da cidade de São Paulo, não parece estar obsoleto ou fora dos circuitos contemporâneos do esporte. Para observar isso, basta desviar o foco do futebol profissional para as outras práticas, não profissionais, mas que podem ser enquadradas como lazer por seus praticantes.

❺ OS DONOS DA PRAÇA

Em 2016, o Museu do Futebol iniciou um projeto de pesquisa para registro de memórias de moradores do bairro[33]. Dentre o material colhido, têm-se desde a descrição, feita por diversos entrevistados, de como o barulho dos pássaros foi diminuindo ao longo dos anos – sinal da perda da vegetação na região – até os momentos em que a praça Charles Miller e o estádio configuravam-se como locais de convívio familiar dos moradores. Uma das primeiras famílias a se mudar para o Pacaembu, os Martins de Castro, usava a praça como local de brincadeiras de criança: dos barrancos gramados aos esconde-esconde nos pilares do estádio. Nesses momentos, o pai, Abílio Francisco, aproveitava para ensinar a esposa, Estrina, a dirigir o carro da família e praticar o seu *hobby* preferido: fotografar. Outro morador entrevistado, o museólogo Fábio Magalhães, de 74 anos e residente há 64 no bairro, comentou como o Pacaembu, em certo período, havia se tornado uma grande autoescola em razão da pouca quantidade de carros, ideal para quem estava aprendendo a dirigir. A Charles Miller era palco de exames para automóveis e motocicletas, com o direito a exercícios de baliza e condução. Esses treinos, existentes até os dias atuais, dividem espaço com a gravação de comerciais e outras filmagens: a praça e o estádio servem eventualmente como locação para produtos de cinema e publicidade.

Desde o discurso do lançamento da pedra fundamental da obra do Pacaembu até o cotidiano diurno e noturno da praça, o carro faz-se presente. Não são à toa todas as lembranças dos moradores entrevistados pelo museu, ou mesmo a atuação de "flanelinhas" no local. Podemos afirmar que a praça é dos carros; esses objetos são os donos do local: organizam as relações entre as pessoas (moradores, visitantes do museu, torcedores, policiais, trabalhadores da região), pois ali ditam as regras.

Primeiramente, há a escala monumental: o pedestre, ainda que tenha lugar de ação, fica invisível quando em pequeno número. Depois, há a setorização de ruas e das vagas de estacionamento, com faixas pintadas no chão: a praça prevê o lugar de parada do carro, enquanto não há qualquer mobiliário para a parada do pedestre. O abrir e fechar da praça significa

---

[33] O projeto "Memórias do Pacaembu", já citado, é uma realização do Museu do Futebol em parceria com a Casa Guilherme de Almeida. Disponível em: ‹http://dados.museudofutebol.org.br/#/tipo:eventos/644678,Memórias do Pacaembu›. Acesso em: 26 mar. 2018.

o controle do fluxo de carros: são proibidos de entrar conforme o evento e para isso são mobilizadas centenas de gradis e dezenas de pessoas para a operação de cercamento e direcionamento do tráfego. Parar o carro e pagar pelo tempo dessa ação é o ganha-pão dos "guardadores" (e transtorno para os visitantes do museu, que se sentem assediados). O local é ponto de encontro para protestos de motoristas, seja de táxi, seja de vans escolares, do sistema Uber ou de motociclistas. A praça serve ainda como palco para o treinamento de bombeiros em seus caminhões de combate a incêndios.

Engana-se quem vê nesse tipo de uso algo desregrado. Os motoristas de automóveis envolvidos em diferentes ações se respeitam e coordenam suas atuações em lugares distintos na mesma praça, cuja escala permite esses agrupamentos. No período de elaboração deste texto, o calendário da ocupação noturna da Charles Miller seguiu com o encontro de carrinhos de controle remoto e variações (aviões, motos e outros veículos) às segundas-feiras; às quintas-feiras, jipeiros e encontros de clubes específicos de marcas e modelos de carros, como o NFC – New Fiesta Clube, o Clube Fiat 147, o Clube do Gol G-3, o Clube do Gol Quadrado e tantos outros. Às sextas e aos sábados, ocorrem "baladas" informais, com carros estacionados e os porta-malas abertos transformados em bares e *pick-ups* de DJs. Há também exposições de ônibus antigos e carros "tunados" (que sofreram modificações em lataria, pintura e mecânica).

Os encontros de clubes de carros ocorrem geralmente no período noturno, após as 20h, adentrando a madrugada. Os convites são divulgados por mensagens entre membros de grupos de WhatsApp e por redes sociais, e, para participar, é preciso ter o objeto do encontro. É o carro que "fala", é ele quem convida a participar dos grupos. É comum ouvir das pessoas que frequentam o local, ou mesmo ler em comentários em páginas nas redes sociais, a expressão: "o Fiat esteve presente", ou mesmo "muitos Land Rovers reunidos". As noites mais agitadas são as que reúnem vários clubes ao mesmo tempo, demonstrando como a praça tornou-se uma referência para essa prática na cidade de São Paulo[34]. Os motoristas que

----

[34] A partir do acompanhamento de alguns desses grupos em suas páginas nas redes sociais, observa-se que há outros locais de encontro em São Paulo – geralmente, postos de gasolina. Esse fato remete à pesquisa de Ana Luiza Mendes Borges e Clara de Assunção Azevedo sobre a *mancha* de lazer na Vila Olímpia. As autoras analisam a dinâmica dos encontros de carros "tunados" num posto de gasolina no cruzamento das avenidas Brigadeiro Faria Lima e Juscelino Kubitschek, demonstrando como se apropriam do local dentro das práticas de lazer noturno na região. Cf. Ana Luiza M. Borges; Clara de A. Azevedo, "A mancha de lazer na Vila Olímpia". Em: José Guilherme Magnani; Bruna Mantese de Souza (orgs.), *Jovens na metrópole – Etnografias de circuitos de lazer, encontro e sociabilidade*, São Paulo: Terceiro Nome, 2007, pp. 83 e ss.

chegam ao encontro procuram estacionar contiguamente, pois o objetivo é a troca entre os iguais, em marca e modelo. Os jipes preferem o fundo da praça, em frente à fachada do estádio, cuja rua é mais larga e, portanto, mais adequada ao porte desse tipo de veículo. Os veículos *off-road*, caso dos jipes, por vezes chegam a formar filas duplas ou triplas. Já os modelos chamados de urbanos (Fords, Fiats e Volkswagens) distribuem-se nas três faixas de asfalto logo à entrada da praça. A regra básica é chegar, de preferência roncando os motores, queimando pneus e fazendo um pequeno circuito de reconhecimento do local – para ver o movimento e também ser visto –, antes de estacionar com a traseira voltada para o canteiro e os faróis para o centro da rua. Faróis piscam, como nos acenos de mão entre colegas: iniciam-se as conversas.

Os assuntos versam sobre motores, câmbios, diferenças entre os anos de produção do modelo – quando o carro é de uso urbano[35]. Já na categoria *off-road*, descrevem-se trilhas, acidentes, peças improvisadas para sair de alguma situação difícil em estradas de terra etc. Os "acompanhantes dos veículos" – maioria composta por homens, mas com a presença frequente de famílias e crianças – ficam em pequenos círculos em frente aos carros, sentam-se nas muretas da praça ou degustam os churrascos improvisados e comidas de *food-trucks* que acompanham os eventos. A comida e a bebida chegam junto ao carro; esse público raramente usa o serviço do restaurante do Museu do Futebol, por exemplo: seria deselegante abandonar o dono da festa para sentar-se numa mesa de bar. É possível ver a lógica de sociabilidade desses encontros por meio da categoria do *pedaço*[36]: não são necessariamente todos conhecidos, mas reconhecem-se no espaço público por meio de um atributo comum, no caso, a posse de um carro de determinada marca e modelo. Mas, para ser bem aceito pelos círculos, não basta ter o objeto, é preciso saber falar sobre ele: comentar detalhes mecânicos, avaliar funções, saber diferenciar modelos... quanto mais extensa a biografia do carro, maior é seu valor. O dono é uma espécie de porta-voz da coisa, que está ali para contar

---

[35] Como exemplo, podemos citar um comentário retirado de uma página na internet a respeito do encontro "Clube do Gol – modelo quadrado": "A linha quadrada da família BX da VW, quando não manolizada com rodas orbitais e suspensão pregada no chão estilo 'xóraboi', são carros show de bola; ótimos para se ter um, se bem que nesse encontro felizmente não tinha tantos quadrados desse jeito que falei." Disponível em: ‹http://www.autocustom.com.br/2015/04/210-encontro-do-clube-do-gol-quadrado-no-pacambu/›. Acesso em: 27 mar. 2018.

[36] Cf. J. G. C. Magnani, 2012, *op. cit.*

determinados saberes relativos a peças, roldanas, correntes, circuitos eletrônicos, marchas e uma série de aparatos[37].

Durante a noite, os encontros visam mais a falar sobre o carro – e sua infinidade de detalhes, técnicas, barulhos e situações vividas – do que expô-lo. Por vezes, a iluminação da praça nem permite tanta visibilidade, ainda que se avistem capôs abertos para a demonstração de algo sobre o qual se conversa. Quando o objetivo do encontro são as exposições – de modelos antigos, por exemplo – prefere-se a luz do dia. Os encontros diurnos são mais estáticos, ensaiados, o carro é o produto em exposição. Nos noturnos, o clima é de festa e os "baladeiros" são os próprios veículos.

Nas reuniões de carrinhos guiados por controle remoto, a dinâmica é outra. A começar pelo modo de estacionamento do veículo que trouxe o "dono do carrinho": com os porta-malas abertos para a rua, o inverso do modo adotado pelos "clubes de carros". O veículo estacionado, no caso, é apenas o suporte para traquitanas, consoles, peças e uma série de artefatos ligados à estrela do evento: os carrinhos em miniatura. Não são os faróis que acenam, mas o som dos pequenos motores que agitam a rua, que deve ficar livre de carros para que os pequenos donos da praça corram à vontade. A reunião começa mais cedo, a partir das 18h, e há uma alegria no ar em dirigir o veículo em direção aos pedestres que circulam pelo local, desviando deles a poucos centímetros de uma possível colisão. É um desafio e uma brincadeira: os pedestres se tornam obstáculos, ao mesmo tempo que temem um possível choque. O chão não é o limite: nos últimos dois anos, os drones – objetos que sobrevoam pequenos trechos e portam câmeras – passaram a marcar ponto na praça Charles Miller e é comum encontrar donos de carrinhos que aderiram também ao manejo dessas máquinas voadoras.

O condutor do carrinho é também quem o "cria", seja desenvolvendo artesanalmente as "bolhas" (ou carrocerias), seja importando peças para motores, eixos, rodas e sensores. O momento na praça serve para troca de informações, exibições das características e potenciais de cada modelo e o contato real com pessoas antes conhecidas apenas por meios de comunicação digital. De lá, marcam-se corridas em circuitos próprios, visitam-se oficinas e outras atividades. Para os carrinhos de controle remoto, o encontro na praça se estende para outras possíveis atividades. Para os clubes de carros, encerra-se ali, até o próximo local e horário.

....

[37] Nesse sentido, os adeptos dos "clubes de carros" podem até se aproximar dos torcedores de clubes futebolísticos: para sentir-se pertencente, não basta demonstrar o apreço à camisa, tem de conhecer a história, as gírias, os componentes, títulos, goleadas e principais feitos da associação. Tem de vestir-se (isto é, incorporar objetos a seu corpo) adequadamente e buscar a socialização junto a seus pares.

Há, contudo, outra forma de atuação do carro na praça que não é benquista no local: o "racha". A palavra, que também denomina uma partida informal de futebol, a "pelada", nesse contexto direciona-se para as corridas de carros. "Tirar um racha" é a competição que busca provar qual veículo tem o melhor aproveitamento em velocidade e aceleração. Na praça, chegam a ocorrer rachas durante o dia, mas a presença de membros da CET coíbe os motoristas. Durante à noite, entretanto, há esse tipo de disputa entre os espaços dos encontros de clubes de carros. Os eventuais apostadores de racha são os "intrusos" na festa.

Na ausência das autoridades oficiais, um objeto bastante presente no local entra em cena: o gradil. Os organizadores dos encontros espalham os gradis no meio da rua, geralmente aqueles usados em partidas de futebol e que ficam na praça, criando, assim, obstáculos para quem queira fazer um racha. Os gradis não chegam a formar fileiras que obstruem a entrada no espaço, uma vez que é preciso deixar áreas para a entrada e a saída dos veículos dos encontros, mas são calculadamente posicionados do modo a impedir as aceleradas bruscas dos elementos não convidados.

A praça também se tornou ponto para uma modalidade recente de festa, a festa sobre rodas, seja dentro de limusines ou de ônibus. Os veículos rodam por horas pela cidade – geralmente num raio próximo à residência do anfitrião da festa –, enquanto os convidados usufruem de comes e bebes. Ao parar na praça, os convivas saem dançando pela rua, tiram *selfies* na fachada do estádio e seguem o percurso. A Charles Miller, quando não há futebol, transforma-se num local no qual o carro é a própria balada. Esse artefato faz o lazer acontecer.

6 CONCLUSÃO: O AUTOMÓVEL NA PISTA DO LAZER

Numa metrópole como São Paulo, na qual um dos principais desafios é a mobilidade urbana, o carro particular é visto como um grande vilão, responsável por congestionamentos, emissão de gases poluentes, acidentes e outros problemas[38]. Quando se critica o padrão urbanístico da cidade, geralmente aponta-se para uma estética que priorizou o tráfego de veículos em vez de áreas para circulação segura de pedestres. O projeto de construção do estádio do Pacaembu e da praça Charles Miller datam do momento em que grandes avenidas passaram a ocupar os trajetos paulistanos, e a amplidão da praça foi planejada para o abrigo do automóvel, já em meados dos anos 1930. No início do século XXI, quando as arquibancadas frontais do estádio municipal passaram a servir de teto para a instalação do Museu do Futebol, o carro é novamente apontado como sinal de que o local necessitaria de uma requalificação, e a programação de um equipamento cultural na área poderia diversificar públicos e usos.

Após quase uma década, o Museu do Futebol se consolidou como espaço cultural na cidade. Sua atuação, contudo, está circunscrita ao período diurno e pode sofrer alguma interrupção em caso de grandes partidas de futebol no Estádio do Pacaembu. Este, por sua vez, após mais de setenta anos sendo um dos palcos principais do futebol profissional paulista, encontra-se sob um dilema quanto a sua ocupação e às formas de gestão na ausência dos jogos. O impasse trouxe à tona a narrativa de que o local estaria ocioso. Este capítulo buscou demonstrar como o futebol, jogado por grandes clubes profissionais, vem pautando o uso do espaço, criando, inclusive, um padrão de ação no bairro, entre carros, "flanelinhas" e moradores: estes últimos não gostam de ver suas garagens obstruídas, mas sabem que é algo temporário e podem se planejar para evitar a situação.

Refletir sobre formas de lazer na cidade é atentar, sobretudo, para espaços públicos nos quais o pedestre tem a primazia da ocupação: ruas de bairros, avenidas que se fecham aos carros, parques, praças, shoppings,

---

[38] É importante citar a análise feita pelo antropólogo Roberto DaMatta em um ensaio sobre o comportamento no trânsito nas cidades brasileiras. O autor demonstra como, de dentro de seus veículos particulares, o brasileiro atuaria na ordem da "casa", ainda que esteja no ambiente da "rua". O livro tem como pressuposto que, no Brasil, a utilização do carro como principal instrumento de transporte é seguida por uma série de concepções ligadas aos modelos aristocrático e individualista, que são personificados na ocupação do espaço público. Os modelos de carro reproduzem as hierarquias sociais: quanto mais luxuoso e maior o veículo, mais "poder" confere a seu motorista. O carro faz com que os indivíduos não entrem em contato uns com os outros, mas, por outro lado, confere liberdade. A consequência disso seria um cidadão repleto de direitos e vazio de deveres (Cf. Roberto DaMatta; João Gualberto M. Vasconcellos, Ricardo Pandolfi, *Fé em Deus e pé na tábua – Ou como e por que o trânsito enlouquece no Brasil*. Rio de Janeiro: Rocco, 2010). A etnografia apresentada neste capítulo apresenta uma nova perspectiva para a compreensão da relação das pessoas com seus carros, ainda que o caso estudado não seja necessariamente uma situação de trânsito em grandes cidades. A obra de DaMatta é retomada aqui por ser mais uma pista a ser considerada nos trabalhos acerca desse objeto mais do que presente no cotidiano de milhões de brasileiros.

casas de shows, museus, dentre outros. Ao buscar um olhar "de perto e de dentro" para compreender os modos de apropriação do estádio, do museu e da praça para as práticas de lazer, foi possível perceber o cotidiano de atividades físicas, brincadeiras infantis ou passeios com animais domésticos. No entanto, um tipo de uso despertou a atenção: a ocupação da praça, especialmente no período noturno, para encontros de veículos automotores. A experiência etnográfica, atenta aos artefatos materiais, permitiu reconhecer como o carro atua em diferentes arranjos na Charles Miller, superando o papel de "representação" ou "mediação" entre as pessoas. Os artefatos emitem, eles próprios, valores que organizam e criam relações no espaço público.

Em nossa análise, notamos também o quanto as diferentes proposições a respeito do lazer podem agregar à discussão sobre os usos do espaço público. Ao focar em um tipo de objeto que surgia em todas as narrativas sobre o bairro do Pacaembu – o carro –, chegou-se à controversa conclusão de que ele ali não é o vilão (o elemento degradador), mas o próprio agente que organiza o lazer naquela área.

1D6 ASPECTOS SOBRE LAZER NOS JOGOS DE INTERPRETAÇÃO DE PAPÉIS (RPGS)

Ana Letícia de Fiori

① INTRODUÇÃO: RPG, JOGO DE ALTERIDADE

Algumas pessoas ao redor de uma mesa conversam animadamente. Conversam? Sobre a mesa veem-se livros grossos com capas ilustradas, planilhas preenchidas a lápis, guloseimas diversas e dados poliédricos coloridos de vários formatos, de tempos em tempos sendo lançados com grande suspense. Observando o grupo por algum tempo, é possível entender que se trata de um tipo de jogo, mas não de um jogo comum. Jogadoras e jogadores estão contando uma história de aventura e interpretando personagens. Cada jogadora ou jogador ora descreve uma ação, ora faz cálculos tentando decidir qual será a melhor jogada, ora representa os gestos e a fala de seu personagem, interagindo com o resto da mesa em um teatro de improviso. Entre o grupo, alguém em particular parece estar na posição de arbitragem, interpretando o resultado dos dados e relatando a cada participante o desenrolar de suas escolhas e construindo o pano de fundo e a trama dessa ficção coletiva. O ímpeto de ganhar ou perder uns dos outros parece ausente, mas a tensão e a vibração (ou a frustração) emergem ao longo das cenas narradas, comentadas ao mesmo tempo que se joga.

Essa cena, com essa mesa, poderia estar acontecendo em um *campus* universitário norte-americano em meados dos anos 1970, na casa de jovens brasileiros ao voltar de intercâmbio nos EUA com pilhas de livros fotocopiados nos anos 1980, em uma gibiteca ou em lojas de revistas em quadrinhos nos anos 1990, em espaços como os Sescs e o Centro Cultural São Paulo nos anos 2000, ou mesmo sem mesa alguma, em uma sessão inteiramente realizada por videoconferência, com jogadores em diferentes partes do mundo, aplicativos para a rolagem de dados e o compartilhamento de arquivos nos anos 2010. Há mais de quarenta anos, os jogos de RPG configuram uma modalidade de lazer que tem atravessado gerações e fronteiras e mobilizado diferentes recursos tecnológicos e formas de compartilhamento de acervos.

RPGs, normalmente traduzidos no Brasil como jogos de interpretação de papéis, consolidaram-se como um *hobby* que faz parte do universo "nerd" ou "geek". Tais expressões têm origens diversas e significados cambiantes; contudo, registra-se o uso da expressão *nerd* desde o final dos anos 1950, como uma forma de se referir ao tipo esquisitão, tímido, ora visto como muito inteligente, ora inábil socialmente, e com um interesse profundo por certos nichos de conhecimento, tais como: programação, ciências exatas, ficção especulativa – como fantasia, terror ou ficção científica. Por esses interesses, desenvolvem-se múltiplas redes de pertencimento, sociabilidade e circulação, os chamados circuitos urbanos juvenis[1]. No Brasil e alhures, a prática e a divulgação dos jogos de RPG encontraram afinidades eletivas com outros nichos de entretenimento *nerd*, como lojas e editoras de histórias em quadrinhos, que traduziram e importaram manuais desde o começo da prática no Brasil; comunidades de fãs de ficção fantástica (hoje em dia chamados *fandoms*) e organizações e eventos de quadrinhos e animações japonesas, cujos adeptos – *otakus* – por vezes interseccionam com *nerds*.

Dentro desse universo, RPGs e seus praticantes têm suas especificidades. Sendo jogos, os RPGs se encaixam na definição clássica do filósofo Johan Huizinga em *Homo ludens, o jogo como elemento da cultura*: uma atividade circunscrita no tempo e no espaço (chamada pelo autor de *círculo mágico*), que segue uma determinada ordem e regras livremente aceitas pelos participantes, fora da esfera da necessidade ou da utilidade material, criando sentimentos de arrebatamento, tensão, alegria e distensão[2]. O autor desenvolve uma longa discussão em que coloca e relativiza a oposição entre jogo e seriedade, uma vez que nos jogos se luta *por* alguma coisa ou se *representa* alguma coisa[3] – e, embora jogos tenham um caráter autotélico, não tendo nenhuma finalidade exterior ao próprio jogo, enquanto se desenrolam exigem comprometimento e engajamento dos participantes. O francês Roger Caillois, outra referência clássica de estudos sobre jogos, desdobra essa afirmação em *Os jogos e os homens*, de 1957, destacando quatro elementos que estariam presentes nos jogos, em combinações e proporções diversas: *agon*, o caráter de disputa agonística; *alea*, o caráter aleatório, de sorte; *mimicry*, a imitação e a fabulação; e *ilinx*, a vertigem. Caillois também afirma que

> A civilização industrial deu origem a uma forma particular de *ludus*; o *hobby*, atividade, gratuita, levada a cabo por mero prazer: coleções de artes decorativas, alegrias do trabalho amador ou de pequenos inventos, em suma, todo o tipo de ocupação que surja, primeiro que tudo, como compensatória da mutilação da personalidade resultante do trabalho em cadeia, de natureza automática e parcelar"[4].

Essa definição vai ao encontro da distinção operada pelo teórico do lazer Joffre Dumazedier[5] entre tempo obrigado (trabalho, escola e família), tempo compromissado (vida espiritual e política) e tempo livre, nos quais as

....

1 Cf. J. G. C. Magnani, 2002, *op. cit.*; *Idem*, 2005, *op. cit.*
2 Cf. Johann Huizinga, *Homo Ludens*, São Paulo: Perspectiva, 1993, p. 147.
3 *Ibidem*, p. 16.
4 Cf. Roger Caillois, *Os jogos e os homens*, Lisboa: Cotovia, 1990, p. 53.
5 Cf. Joffre Dumazedier, 1994, *op. cit.*

pessoas poderiam experimentar-se ética e esteticamente consigo mesmas, com os outros e com o meio. A divisão de tempos de Dumazedier pode ser matizada por discussões antropológicas como as de Tim Ingold[6]. O autor pontua que as lógicas produtivas do capitalismo buscaram criar uma divisão absoluta entre os domínios do trabalho e da vida social e criaram aparatos técnicos e ideológicos para manter esses domínios apartados e inscrever um tempo homogêneo e quantificável – tempo do relógio ou sideral, nas definições mobilizadas por Ingold[7]. Esse tempo permite medir o trabalho como mercadoria. Ingold, em franco diálogo com Marx, descreve como a oposição entre tempo livre e tempo do relógio, na perspectiva das mercadorias, enseja uma sequência de oposições análogas entre lazer e trabalho, criatividade individual e produção em massa, dádiva e mecanismos de mercado. Contudo, essas divisões encontram resistência na inevitabilidade do envolvimento das pessoas entre si e com os ambientes concretos de atividades práticas. Além disso, ainda perdura uma perspectiva não orientada pela lógica das mercadorias, e sim pelo habitar [*dwelling*, no original] e por uma noção de tarefas [*tasks*, no original] como atividades centradas nas pessoas e que se desenrolam entremeadas à vida social, e não opostas a ela. Isso ocorre sobretudo nas zonas de familiaridade do cotidiano: nas casas, nas vizinhanças, nos *pedaços*, lócus de atividades vividas não pelo tempo do relógio, e sim pela duração das tarefas e o ritmo dos ambientes. Mas ocorre também nos ambientes de trabalho, em que as pessoas não são meramente força de trabalho, mas engajam-se em tarefas empregando diversas aptidões, habilidades e sensibilidades específicas, ao lidar com todo tipo de insumos tecnológicos e maquinarias – incluindo-se aí os relógios –, desenvolvendo sentidos de temporalidade em que se coordenam diversos fatores envolvidos em cada atividade.
Ou seja, as dinâmicas da sociedade industrial vivem na tensão dialética entre a perspectiva do habitar e a perspectiva da mercadoria[8], e não apenas oscilam entre tempos de trabalho e lazer.

---

[6] Cf. Tim Ingold, 2000, *op. cit.*
[7] *Ibidem*, p. 328.
[8] *Ibidem*, p. 333.

Por sua vez, o antropólogo Victor Turner[9], em *From Ritual to Theatre: the human seriousness of play*[10], nos fala de fenômenos liminoides, "domínios independentes de atividade criativa" em sociedades pós-industriais nas quais se distingue lazer e trabalho. Turner chama a atenção para como lazer e tempo livre podem significar, na famosa distinção de Isaiah Berlin, *liberdade de* – uma série de obrigações instituídas e do ritmo do trabalho; e *liberdade para* – entrar em e criar uma série de novos mundos simbólicos de entretenimento e transcender limitações estruturais. Nos fenômenos liminoides, desenrolados no tempo livre, há entretenimento, brincadeira e escolha, brinca-se com os elementos da cultura em toda a sua diversidade e são possíveis as inovações pessoais. Assim, a brincadeira apresenta-se mais livre da estrutura e da vida "real"[11]. O tempo liberado, incorporado em atividades liminoides, permitirá a experimentação de si, da personalidade subjetiva como oposta às estruturas reguladoras da vida pública[12].

Em trabalhos anteriores[13], argumentei que jogos de RPG engendram, pelo exercício da criatividade e da ficção, experimentações com identidade e alteridade no plano do lúdico e do ficcional, tendo a vida dos jogadores como principal matéria-prima para a bricolagem narrativa. Em certa medida, em grupos de jogadores de RPG, ou *RPGistas*, é possível perceber certa dissolução das estruturas hierárquicas e papéis sociais cotidianos, através do fluxo do jogo, criando um fundo de experiência e memória partilhado por jogadores e seus personagens, em um estado de consciência

....

9   O conceito de liminaridade é originalmente cunhado nos estudos de Turner sobre rituais africanos. Turner está interessado nos processos sociais em que símbolos e metáforas são rearranjados, momentos extraordinários da vida social em que papéis são invertidos ou suspensos, trazendo inovações e reflexividade ao mesmo tempo que revigoram a estrutura social. Esse grande espelho, provido pelos rituais e outros fenômenos liminares, estaria estilhaçado nas sociedades pós-industriais, dando lugar a fenômenos menos abrangentes, liminoides, mas também dotados de potências metaforizantes e subversivas. (cf. Victor W. Turner, *Dramas, campos e metáforas – ação simbólica na sociedade humana*. Tradução de Fabiano de Morais. Niterói: Editora da Universidade Federal Fluminense, 2008 [1973]; *Idem*, 1982, *op. cit.*; *Idem*, *Anthropology of Performance*. New York: PAJ Publications, 1988; e John Cowart Dawsey. Victor Turner e antropologia da experiência, *Cadernos de Campo* (USP), São Paulo, 2005, v. 13, pp. 163-76).
10 Cf. Victor W. Turner, 1982, *op. cit.*
11 *Ibidem*, pp. 27-44.
12 Cf. Tim Ingold, 2000, *op. cit.*, p. 329.
13 Cf. Ana Letícia de Fiori, *A construção da identidade RPGista: a performance de heróis nos jogos de interpretação de papéis*. Relatório final de iniciação científica PIBIC-CNPq, FFLCH-USP, 2006, e *Contando histórias de morte: Etnografia do Júri e arenas narrativas do "caso Aline"*. Dissertação de mestrado em Antropologia Social. São Paulo: Faculdade de Filosofia, Letras e Ciências Humanas, Universidade de São Paulo, 2012.

denominado por Richard Schechner de "não eu" e "não não eu"[14]. A cada jogo é possível criar e participar de uma nova aventura, com personagens diferentes, construídos com referências extraídas dos manuais de RPG, do repertório cultural dos jogadores e de suas experiências de vida, permitindo múltiplas combinações na produção coletiva de sua narrativa que, segundo Walter Benjamin, está ligada à faculdade humana de intercambiar experiências. "O narrador retira da experiência o que ele conta: sua própria experiência ou a relatada pelos outros. E incorpora as coisas narradas à experiência de seus ouvintes"[15]. Cada personagem e cada aventura são, portanto, bricolagens dos repertórios culturais a que RPGistas têm acesso, deslocados de seus contextos e convencionalizados nos parâmetros do jogo de modo a estabelecer um horizonte de verossimilhança para o universo ficcional compartilhado[16].

Além disso, jogos de RPG são uma ação expressiva cujo sentido está além da vida social imediata. Permitem relações onde o eu não está em risco, mas em um modo de suspensão temporária em que pode se distanciar, refletir e brincar consigo mesmo, permitindo que se situe a própria perspectiva enquanto se transita entre outras perspectivas sobre o mundo. Trata-se de um exercício interessante, pois, diante de formas sociais contemporâneas em que as grandes instituições como classe (e a esfera do trabalho, de modo geral), Estado e Igreja já não fornecem biografias lineares para a socialização dos indivíduos e as identidades se tornam tarefas realizadas por escolhas incertas e liberdades precárias[17], os jogos de RPG se tornariam uma espécie de "camarim de identidades". Jogando, os praticantes podem transitar, experimentando, comparando-se uns com os outros até que seu desejo por uma determinada experiência ou afinidade, posto à prova no desenvolver da aventura narrada nas sessões de jogo, seja satisfeito. Ao mesmo tempo, as regras do jogo, tacitamente aceitas e continuamente negociadas pelos jogadores, tornam essa experiência de (auto)narrativa condicionada ao reconhecimento e a participação do grupo de jogo, exigindo compromissos e concessões, bem como permitindo alianças inesperadas.

....

[14] Cf. Richard Schechner, "Points of Contact between Anthropological and Theatrical Thought". Em: Richard Schechner, *Between Theater and Anthropology*, Philadelphia: University of Pennsylvania, 1985, p. 110.

[15] Cf. Walter Benjamin. "O narrador". Em: *Magia e técnica, arte e política: ensaios sobre literatura e história da cultura*. São Paulo: Brasiliense, 1985 [1936], p. 201.

[16] Cf. Joycimara de Morais Rodrigues. *Narração e imaginação: a construção do saber histórico sobre a história e cultura africana e afro-brasileira através do Role-Playing Game*. Dissertação de mestrado. Fortaleza: UFCE, 2014, pp.34-9.

[17] Cf. Ulrich Beck; Elisabeth Beck-Gernstein, *Individualization. Institutionalized individualism and its social and political consequences*, London: Sage, 2002.

O sociólogo Richard Sennett, em *O declínio do homem público: as tiranias da intimidade*, afirma que o mundo contemporâneo tornou-se psicomórfico e mistificador. Mesmo em situações impessoais que não pertencem a contextos privados, buscam-se significações pessoais como uma tentativa de angariar peças para a bricolagem identitária. Forma-se uma disposição para revelar-se aos outros na esfera pública e exprimir sentimentos íntimos de forma pública para forjar vínculos emocionais por meio da empatia – contudo, esses vínculos muitas vezes não se concretizam. Sennett afirma que mesmo nas associações políticas a busca pela identidade comum passa a ser mais importante do que a busca por interesses comuns[18], diagnóstico confirmado pelo crescente caráter identitário dos movimentos sociais.

Com isso, perde-se a capacidade de expressão ativa, que exige um esforço humano e inclui as limitações do que se expressa aos outros, e, principalmente, perde-se a sua civilidade. O eu é despojado da expressão de poderes criativos, poderes de jogo que exigem um ambiente a distância do eu e se torna um ator privado de sua arte[19]. Sennett afirma que as máscaras do jogo permitem a sociabilidade – forma lúdica de associação, na definição clássica do sociólogo Georg Simmel – pura, separada das circunstâncias de poder, do mal-estar e do sentimento privado.

O jogo prepara as crianças para a experiência da representação, ensinando-as a tratar as convenções de comportamento como críveis. As convenções são regras para o comportamento a distância dos desejos imediatos do eu. Quando as crianças aprendem a acreditar em convenções, então estão prontas a realizar uma obra qualitativa de expressão, explorando, transformando e refinando a qualidade dessas convenções[20].

Tendo em vista essas considerações e seguindo a proposta do presente livro, de pensar a noção de lazer como um fazer, um verbo, a partir do ponto de vista dos praticantes, este capítulo discute os jogos de RPG como uma modalidade de lazer em intersecção com outros ramos de atividade humana, entremeando algumas discussões teóricas com dados coletados a partir de trabalho etnográfico (2004-2010) e contínua inserção no circuito RPGista. Discutem-se as relações dos jogos de RPG com a arte, especialmente com a performance e a narrativa, com a educação, com

----

[18] Cf. Richard Sennett, *O declínio do homem público*, São Paulo: Cia das Letras, 1999 [1977], p. 319.
[19] Ibidem, p. 323.
[20] Ibidem, p. 326.

a violência e com a profissionalização do lazer. Ao final, segue um breve comentário sobre a "morte" do RPG e as reconfigurações geracionais e de representatividade pelas quais esse *hobby* passa.

❷ DO JOGO AO TEATRO: LAZER E ARTE NOS JOGOS DE RPG

No mito de origem dos jogos de RPG e nas genealogias costumeiramente feitas por jogadores, autores e pesquisadores desse tipo de jogo, há uma espécie de trajetória do jogo ao teatro. O primeiro jogo de RPG, *Dungeons & Dragons* ou D&D, surgira no início dos anos 1970 nos clubes de jogos com miniaturas que simulavam batalhas em cenários históricos ou fantásticos. A novidade introduzida pelo D&D era justamente a substituição do exército por um único guerreiro a ser controlado pelo jogador, a desafiar um cenário de oponentes e armadilhas arquitetado pelo jogador rival, doravante designado *dungeonmaster* (no Brasil traduzido como Mestre de Jogo, ou apenas "mestre"). Esse personagem único começaria então a ganhar características que o tornariam singular e ao mesmo tempo complementar a outros personagens, que seriam controlados por outros jogadores. Abria-se então a possibilidade de jogos com enredos para além das batalhas. Com a criação de novos jogos, os manuais de RPG passaram a cada vez mais descrever os mundos ficcionais (chamados costumeiramente de *cenários*) e seus habitantes, bem como a apresentar regras e mecânicas de jogo (chamadas de *sistema*) que lidassem com outros tipos de situações, incluindo as interações sociais dos personagens e suas características psicológicas. Nessas genealogias, os RPGs teriam progressivamente se aproximado do teatro e de outras formas narrativas.

Não obstante, estudos acadêmicos sobre os jogos de RPG[21] têm chamado a atenção para o fato de que o surgimento dos RPG nos anos 1970 nos *campi* norte-americanos é concomitante ao florescimento das chamadas *performance arts* e do teatro pós-dramático, tendo sido por eles influenciado. Decerto, é possível encontrar aí pontos de contato. Em sua obra sobre o teatro pós-dramático, Hans-Thies Lehmann introduz o conceito de *situação de teatro*, um contexto real em que se entrecruzam a vida real cotidiana e a vida esteticamente organizada, em um espaço e tempo de vida em comum entre atores e espectadores, quando a emissão e a

---

[21] Sobretudo Daniel Mackay, *The Fantasy Role-Playing Game – a new performing art*, Jefferson: McFarland & Company Inc., 2001.

recepção de signos se dá ao mesmo tempo e surge um texto em comum a partir de diversas superfícies linguísticas contrapostas[22].

Em suas análises, os pesquisadores Gary Alan Fine e Daniel Mackay organizam as experiências dos jogos de RPG em diferentes planos ("*frame*", no original, conceito usado pelo sociólogo Erving Goffman): o plano social da *pessoa*, o plano de jogo do *jogador*, e o plano do *mundo do jogo* do personagem. Mackay desdobra o plano do jogador em *plano narrativo* do contador e *plano constantivo* do emissor; também denomina o plano do personagem como *plano performativo*[23]. Essas superfícies são entremeadas pelo tempo em comum do jogo, que pode ser subdividido em outras unidades temporais[24], como *turno* (de cada jogador ao decidir as ações do personagem), *rodada* (uma ação de todos os personagens, incluindo os coadjuvantes que são interpretados pelo mestre), *cena* (normalmente circunscrita por uma unidade de espaço, tempo e ação – os jogadores interpretam investigadores do sobrenatural e exploram uma mansão abandonada, até que o fantasma, interpretado pelo mestre, revela-se e começa a lançar objetos na direção do grupo, que busca se defender), *sessão* (cada encontro do grupo de jogo), *aventura* (uma história completa), e *campanha* (um conjunto de aventuras com os mesmos personagens e cenário).

Nesse sentido, o RPG é um jogo que cria histórias nas quais os personagens principais são tantos quantos forem os jogadores, e a maioria dos manuais traz advertências para o mestre equilibrar a participação de todos, já que o objetivo é o divertimento em conjunto. Todos são narradores em alguma medida, e as particularidades de cada jogador e seus personagens se somam, tornando ao mesmo tempo cada jogo único e aproximando os diferentes jogos de um grupo que, ao jogar regularmente, tende a desenvolver certos estilos e preferências, bem como a associar certos papéis a certos jogadores, diminuindo relativamente a liberdade da criação ficcional. O jogo começa por uma ruptura com o ambiente

----

[22] Cf. Hans-Thies Lehmann, *Teatro pós-dramático*, São Paulo: Cosac Naify, 2007 [1999], pp. 18-9.

[23] Cf. Daniel Mackay, 2001, *op. cit.*, p. 56.

[24] A nomenclatura dessas unidades temporais, bem como da posição de *mestre*, varia nos diferentes RPGs, buscando em geral o uso de termos relacionados à ambientação do jogo e a sua orientação mais focada em regras de combate e acúmulo de habilidades pelos personagens, na simulação detalhista de realidades alternativas ou na narrativa compartilhada. É interessante constatar como essas unidades de tempo tornam-se mais fluidas em jogos recentes de orientação mais narrativista, em que muitas vezes, na resolução dos embates, jogadores constroem a narrativa da cena, assemelhando-se a uma reorientação de temporalidades mais quantitativas para temporalidades mais orientadas pelas tarefas, nos termos de Tim Ingold (2000, *op. cit.*).

e identidades cotidianas, dando lugar aos personagens e cenários, por meio da rememoração das sessões e aventuras anteriores do grupo ou da introdução do cenário de uma nova aventura, em que o mestre descreve o ambiente e relata os eventos que motivarão a aventura.

Durante uma sessão de RPG, jogadores desempenham simultaneamente o papel de atores e espectadores – embora possa haver observadores externos, especialmente quando se joga em espaços públicos[25] – enquanto entram e saem de seus personagens e cenas. Entretanto, tais cenas têm como palco a imaginação de cada jogador, onde se desdobram os cenários imaginários descritos nos manuais e atualizados pela sessão de jogo e pela narrativa oral coletiva, tendo ou não como suporte material tabuleiros, mapas, ilustrações ou outros acessórios.

Frequentemente, uma aventura dura algumas sessões de jogo, cada uma com várias horas de duração, até ser concluída. Por isso, os grupos costumam se encontrar periodicamente para dar seguimento aos seus jogos, e a dificuldade de conseguir se reunir com regularidade é um grande drama para jogadores, especialmente quando os tempos obrigado e compromissado, nos termos de Dumazedier[26], reduzem a capacidade de comprometimento com o *hobby*.

Em razão disso, mas também pelas possibilidades estéticas oferecidas por suportes textuais e eletrônicos, quase simultaneamente à criação dos jogos de RPG surgiram modalidades de jogo a distância. Originalmente eram chamadas de *play-by-mail* (jogos por carta), quando jogadores trocavam por escrito suas narrações e decisões, alterando substancialmente a forma de resolução de cenas. Com a popularização da internet, surgiram formas de comunicação rápida a distância e gerenciamento coletivo de mensagens entre múltiplos usuários, e com isso se formaram ao longo do tempo grupos de *play-by-email*, *play-by-forum*,

---

[25] Ao redor do mundo, jogadores de RPG costumam se reunir em espaços nos quais há certas afinidades eletivas com o jogo, como bibliotecas e centros culturais, ou que dispõem de mesas e cadeiras que podem ser utilizadas pelos grupos de jogo por algumas horas. Lugares costumeiramente frequentados por RPGistas acabam se tornando espaços de encontro e aprendizado de novos jogos, além da formação de novos grupos, uma função que nas últimas duas décadas tem sido bastante preenchida pelas comunidades virtuais. Jogadores se reconhecem nesses espaços, seja pelo visual composto por camisetas de bandas de *heavy metal* – ou de personagens de filmes, quadrinhos, séries ou literatura fantástica –, seja por mochilas, livros e pastas, ou pelo teor da conversa – muitas vezes ruidosa – e os jargões. Em São Paulo, alguns dos primeiros pontos públicos de encontro e prática de RPG (os *pedaços*) foram a Gibiteca Henfil (ver a seguir), quando ainda se situava na Vila Mariana (posteriormente, foi movida para o Centro Cultural São Paulo), e o Sesc Pompeia, próximo ao antigo Shopping Pompéia Nobre, onde se situava a loja Forbidden Planet, de jogos de RPG e *card games*.

[26] Cf. Joffre Dumazedier, 1994, *op. cit.*

por canais de IRC e *chat*, perfis de personagens em redes sociais, plataformas multimídia para jogos[27] e grupos de jogo por videoconferência – que são até mesmo transmitidas por *streaming* e acompanhadas por centenas de espectadores.

A despeito dos acessórios físicos ou dos recursos virtuais empregados, a principal "máscara" e o "figurino" de cada personagem interpretado são as fichas de personagem, as folhas padronizadas nas quais jogadores anotam características e atributos quantificados dos personagens de cada jogo de RPG. Tais fichas tornam-se o cerne de todo o esforço mimético que o jogo engendra; por meio delas, o jogador transforma suas ideias vagas sobre o tipo de personagem com o qual quer jogar, suas virtudes e fraquezas, sua personalidade e suas habilidades, em algo que pode ser compatível com outros personagens e com as regras do jogo. Isso permite ao jogador gerar uma existência coletiva do personagem na ficção criada pelo grupo e dá agência ao personagem na aventura. A máscara do RPG, a ficha, não está sobre o corpo do ator-narrador-jogador. Ainda que o RPGista imprima maneiras do personagem sobre seu corpo, suas palavras e sua voz, há uma mediação intelectiva. Isso porque a relação do personagem com o meio, a ficção da aventura, se dá principalmente pela enunciação, pela declaração que o jogador faz da ação do personagem. Para serem eficazes, essas ações e a interpretação de cada jogador devem ao mesmo tempo ser relevantes para a aventura e a missão que o grupo de personagens desempenha e capazes de revelar as características desse personagem, que serão reconhecidas pelos outros personagens e jogadores. Certa similaridade com outros personagens e enredos que possam ser reconhecidos pelo grupo é estratégica para que a personagem possa incorporar os atributos que o jogador busca e torná-lo mais vívido no jogo. Em alguns casos, quando um jogador falta à sessão ou deixa o grupo, seu personagem é interpretado por outro jogador, que pode buscar uma interpretação em dois níveis, representando ao mesmo tempo o outro jogador e seu personagem. Por outro lado, é uma prática comum jogadores terem pastas com as fichas de personagens favoritos, que colocam sem

----

[27] Jogos "analógicos" de RPG, a internet crescendo em meios universitários e os primeiros jogos eletrônicos são contemporâneos (ver Christine Hine, *Virtual Ethnography*. London: Sage, 2000.). Antes mesmo de existirem interfaces gráficas, jogos de computador por texto aproximavam-se dos RPG. Dessa forma, jogos eletrônicos com grandes aventuras e cenários a serem explorados, além de personagens que evoluem e ganham novas habilidades, são classificados em pertencentes ao gênero RPG. RPGistas costumam discordar dessa classificação, argumentando que nesse tipo de jogo eletrônico não há de fato interpretação de personagem, e, muitas vezes, a capacidade das escolhas dos jogadores em afetar substancialmente o enredo era limitada.

muita cerimônia em jogos de grupos diferentes que compartilhem o mesmo sistema de regras.

Assim, a interpretação de um personagem no RPG também é essencialmente uma relação com o cenário delineado pela narração do mestre, e não segue texto prévio, mas é improvisada a partir da sensação de "estar" naquele cenário. A atividade do mestre envolve algum nível de preparação prévia de um enredo, com ganchos e clímax, mas as escolhas dos jogadores tornam a trama aberta e algo imprevisível. Parte do humor compartilhado entre RPGistas diz respeito justamente às estratégias de sedução do mestre na direção do roteiro planejado e os jogadores obstinadamente decidindo fazer outras coisas, pondo por terra toda a preparação prévia do enredo.

Por sua vez, as improvisações dos jogadores são, em alguma medida, codificadas pela possibilidade de transmitir esses gestos ao personagem, inserindo-os na mecânica do jogo ou no imaginário coletivo construído por meio de declarações de ação dos personagens. Essas declarações, com palavras e gestos, exercem a função que J. L. Austin, linguista do campo da pragmática, chama de "performativos" (realizam ações); frases, gestos, mapas e outras coisas descritivas são "constativas" (relatam ou descrevem)[28].

Nesse sentido, diferentemente das performances cênicas costumeiras, há relativa autonomia entre os corpos do jogador e do personagem; o jogador faz coisas durante as cenas que não são gestos do personagem ou ações da mecânica do jogo, como anotações, consultas a livros e lances de dados. Ele também come, bebe, vai ao banheiro, folheia revistas e se distrai (e é repreendido pelo resto do grupo, quando é o caso). O próprio desenrolar da história, narrada e interpretada, é suportado por elementos extranarrativos, como as regras e os resultados de jogadas de dados que determinam se aquilo que um jogador declarou que seu personagem quer fazer, como desferir um golpe em um oponente ou encontrar uma passagem secreta, é bem-sucedido ou não.

Essas rupturas e descontinuidades permitem a inserção de metacomentários dentro e fora da narrativa do jogo, interrupções da cena, recuos e repetições, e mesmo intervenções externas de quem não está participando como jogador (que podem ou não ser bem recebidas pelo grupo de jogo). Recuperando as análises de Victor Turner[29] e do teatrólogo Richard Schechner[30], nos jogos de RPG o fluxo da performance, a imersão na narrativa e a consequente transformação do ser e da consciência

---

[28] Cf. Daniel Mackay, 2001, op. cit., p.55.
[29] Cf. Victor W. Turner, 1982, op. cit.; e 1988, op. cit.
[30] Cf. Richard Schechner, 1985, op. cit.

estão sempre sujeitos a solavancos e interrupções, que permitem outra reflexividade, com a revelação dos artifícios e bastidores do jogo de seu caráter subjuntivo, quando se pensa e se age "como se fosse". Isso aproxima os jogos de RPG do teatro épico de Bertolt Brecht[31], em que os bastidores e as engrenagens de palco ficam à mostra e as cenas são desconstruídas e passíveis de discussão, como um dispositivo de tomada de consciência.

❸ RPG, LAZER, EDUCAÇÃO E "ESPAÇOS DE CULTURA"

A intersecção entre jogos de RPG e diferentes propostas educacionais ocorreu em duas vias. Por um lado, profissionais e pesquisadores da área de educação se interessaram pelo potencial do jogo no desenvolvimento da expressão oral e escrita e pela possibilidade de criar ambientes de aprendizado em que se simulam situações de interesse para diferentes áreas, como física ou biologia, como um laboratório ou um modelo que permitisse sair da dinâmica lousa-caderno-exercícios. Por outro lado, RPGistas que praticavam o *hobby* desde a adolescência, muitas vezes entrando em contato com o jogo na biblioteca ou no pátio das escolas durante o recreio, ao se direcionar para o magistério, buscaram criar maneiras de empregar os RPGs em suas aulas, em alguns casos atribuindo seu interesse pela docência e pelas áreas específicas a algum aspecto do jogo. Em ambos os casos, a partir de diferentes mediações, a figura do mestre foi aproximada do papel do professor.

Práticas e pesquisas sobre educação geraram encontros e fóruns para troca de experiências. No Brasil, desde os anos 1990 foram realizados encontros e convenções de jogadores de RPG, nos quais se podia conhecer outros jogadores e novos jogos. A primeira convenção de RPG no Brasil, em abril de 1992, foi organizada por estudantes da Universidade de São Paulo e chamada de USPCon. Outras convenções começaram a ser organizadas por jogadores em São Paulo e outras cidades brasileiras. Por sua vez, um evento de outra natureza foi realizado em 1995, o RPG & Arte, sediado no Centro Cultural Banco do Brasil do Rio de Janeiro[32], quando RPG, literatura fantástica e temas afins foram pauta de debates. Esse evento foi organizado pela autora da primeira tese de doutorado sobre RPG no Brasil, Sônia Rodrigues Mota, que buscava pensar a forma lúdica de produção

....

31 Cf. Walter Benjamin. "Que é o teatro épico: um estudo sobre Brecht". Em: *Magia e técnica, arte e política: ensaios sobre literatura e história da cultura*. São Paulo: Brasiliense, 1985 [1931].

32 Cf. Sônia Rodrigues Mota (coord.). *RPG & arte*. Rio de Janeiro: Banco do Brasil, Superintendência Rio – CCBB, 1996.

narrativa de mestres e jogadores. As pioneiras teses de Rodrigues Mota[33] (publicada em livro em 2004[34]) e as dissertações de Andrea Pavão[35] e Jane Maria Braga[36] direcionavam-se à literatura, pensando hábitos de leitura e escrita e formas de narrativa orais e escritas que decorriam do RPG. Tais pesquisas talvez deixassem demasiadamente de lado seu caráter de jogo e a sociabilidade, bem como suas dimensões performáticas e dramáticas. A questão do lazer nos jogos de RPG e sua importância para adolescentes em idade escolar foram objeto de outra pesquisa pioneira, a da psicóloga Luciane Orlando Raffa, em sua dissertação "Avaliação do *Role-Playing Game* como programa de lazer", de 1997. Nos termos de Dumazedier[37], chama-se a atenção para a necessidade da instituição escolar reservar, em seu tempo compromissado pelos currículos, um tempo livre para o lazer, importante nos processos formativos.

Nos anos 2000, surgem dissertações e teses[38] que investigam os usos dos jogos de RPG para o ensino de física[39], química[40], educação ambiental[41],

----

[33] Cf. Sonia Rodrigues Mota, *Role-Playing Game: a ficção enquanto jogo* (tese de doutorado em Letras). Rio de Janeiro: Pontifícia Universidade Católica do Rio de Janeiro, 1997.

[34] *Idem. Roleplaying game e a pedagogia da imaginação no Brasil*, Rio de Janeiro: Bertrand Brasil, 2004.

[35] Cf. Andrea Pavão, *A aventura da leitura e da escrita entre mestres de role-playing game (RPG)*. 2. ed. São Paulo: Devir, 2000.

[36] Cf. Jane Maria Braga, *Aventurando pelos caminhos da leitura e escrita de jogadores de role-playing game (RPG)*. Dissertação de mestrado. Juiz de Fora: UFJF, 2000.

[37] Cf. Joffre Dumazedier, 1994, *op. cit.*

[38] Para uma bibliografia mais completa, ver Gilson Rocha. *RPG simples*. Disponível em: ‹http://rpgsimples.blogspot.com.br/2010/07/bibliografia-rpg-e-educacao.html›. Acesso em: 28 mar. 2018.

[39] Cf. Ricardo Ribeiro do Amaral, *Implicações do uso do RPG pedagógico como recurso didático para o ensino-aprendizagem de física*. Dissertação de mestrado. Recife: UFRPE, 2008; Rafaela Rejane Samagaia, *Física moderna no ensino fundamental: uma experiência com o Projeto Manhattan*. Dissertação de mestrado. Florianópolis: UFSC, 2003; Paulo Henrique de Sousa Silva, *O Role-playing game (RPG) como ferramenta para o ensino de Física*. Dissertação de mestrado. Rio de Janeiro: UFRJ, 2016.

[40] Cf. Eduardo Luiz Dias Cavalcanti, *O uso da RPG no ensino de química*. Dissertação de mestrado. Goiânia: UFG, 2007; Mauricio Silva Araújo, *Um dia na vida: abordagem lúdica para o uso de um conto interativo no ensino de química*. Dissertação de mestrado. Ilhéus: Universidade Estadual de Santa Cruz, 2015.

[41] Cf. Fernando Ribeiro Caldas, *O imaginário como substrato para a construção de uma pedagogia ambiental eficiente*. Dissertação de mestrado. Ilhéus: UESC, 2003; Maria Eugênia Seixas de Arruda Camargo, *Jogos de papéis (RPG) em diálogo com a educação ambiental: aprendendo a participar da gestão dos recursos hídricos na Região Metropolitana de São Paulo*. Dissertação de mestrado. São Paulo: USP, 2006; Tatiana Vianna. *A elaboração do jogo "lócus: uma aventura real" como recurso pedagógico para uma educação ambiental cidadã*. Rio de Janeiro: UFRJ, 2016.

inglês, história[42], matemática[43], biologia[44], ciências[45], enfermagem[46] educação de crianças surdas[47] e ensino de história e cultura africana e afro-brasileira[48].

Ainda que não seja propósito deste artigo fazer uma revisão bibliográfica dos trabalhos que examinaram as potencialidades do RPG na educação escolar[49] ou para aprendizados fora da sala de aula, pode-se dizer que os principais interesses desses trabalhos diziam respeito ao desempenho conjunto e colaborativo de tarefas entre os participantes, bem como à simulação de ambientes e cenários, elementos que colocariam em evidência aspectos do conteúdo programático de cada disciplina – e, sobretudo, o caráter lúdico dos RPGs, que misturariam ensino-aprendizagem e entretenimento. Nos termos de Ingold[50], a criação

....

[42] Cf. Eli Teresa Cardoso, *Motivação escolar e o lúdico: o jogo RPG como estratégia pedagógica para o ensino de história*. Dissertação de mesttado. Campinas: Unicamp: 2008; Priscilla Emmanuelle Formiga Pereira, *RPG e história: o descobrimento do Brasil*. Dissertação de mestrado. João Pessoa: UFPB, 2010; Julianc da Silva Pereira, *Uma máquina do tempo movida a imaginação: RPG e empatia histórica no ensino de história*. Dissertação de mestrado. Londrina: UEL, 2014.

[43] Cf. Valdete dos Santos Coqueiro; Wellington Hermann; Suélen Rita Andrade Machado, Os desafios de se ensinar matemática por meio de jogos de interpretação de personagem em sextos anos do ensino fundamental de uma escola da rede pública, *Revista NUPEM*, 2013, v. 5, n. 8. Disponível em: ‹http://www.fecilcam.br/revista/index.php/nupem/issue/view/16/showToc›. Acesso em: 7 mar. 2018; Ricardo Bressan, *RPG como estratégia no ensino das operações elementares em Matemática*. Dissertação de mestrado. São Paulo: Universidade Cruzeiro do Sul, 2013; Rodrigo Orestes Feijó, *O uso de Role Playing Games como recurso pedagógico nas aulas de matemática*. Dissertação de mestrado. Porto Alegre: UFGRS, 2014; Bruno Grilo Honório, *Observar com sentido: um experimento com estudantes de licenciatura em matemática envolvendo a utilização do RPG*. Dissertação de mestrado. Canoas-RS: Universidade Luterana do Brasil, 2015.

[44] Cf. Roberto Shiniti Fujii, *A argumentação no RPG no ensino de Biologia*. Dissertação de mestrado. Curitiba: UFPR, 2010; Marco Antonio Ferreira Randi, *Uso de RPG (Role playing games) no ensino de Biologia Celular*. Tese de doutorado. Campinas: Unicamp, 2011.

[45] Cf. Luiz Otávio Silva Santos, *O jogo de RPG como ferramenta auxiliar de aprendizagem na disciplina de ciências*. Dissertação de mestrado. Natal: UFRN, 2003.

[46] Cf. Amanda Nathale Soares, *Role Playing Game (RPG): elaboração e avaliação de estratégia pedagógica para formação crítica e autônoma do enfermeiro*. Dissertação de mestrado. Belo Horizonte: UFMG: 2013.

[47] Cf. Carlos Eduardo Kliminck Pereira, *Construção de personagens & aquisição de linguagem – o desafio do RPG no INES*. Dissertação de mestrado. Rio de Janeiro: PUC, 2003; Priscila Starosky, *O role-playing game como proposta pedagógica de co-construção de histórias no contexto da surdez*. Tese de doutorado. Rio de Janeiro: PUC-RJ, 2011.

[48] Cf. Joycimara de Morais Rodrigues, 2014, *op. cit.*

[49] Usando expressão de Rafael Carneiro Vasques, *As potencialidades do RPG (Role Playing Game) na Educação Escolar*. Dissertação de mestrado. Araraquara: Unesp, 2008.

[50] Cf. Tim Ingold, 2000, *op. cit.*, Cap. XI.

de ambientes de tarefas (*taskscapes*, no original) poderia educar a atenção dos jogadores e desenvolver-lhes habilidades. Houve, ao mesmo tempo, críticas ao discurso de escolarização do RPG[51], diante de um cenário em que uma série de técnicas e outros saberes adentram a sala de aula com promessas de revolução pedagógica sem que questões infraestruturais e concernentes à carreira magisterial fossem sanadas. Alguns RPGistas também manifestaram desconforto com a ideia de que o lado lúdico e autotélico, e mesmo não sério dos jogos, estaria demasiadamente convertendo-se em algo pedagógico e profissionalizado.

De todo modo, desde os anos 1990 houve no Brasil um interesse explícito por esses jogos por parte dos jogadores de RPG e das editoras, que passaram a publicar os jogos por uma aproximação com as escolas. Entre 1993 e 2015, foram realizados pela Devir Livraria os Encontros Internacionais de RPG em São Paulo (havendo algumas edições também em Curitiba), que chegaram a ter público de 30 mil pessoas. Em suas primeiras edições, além do fim de semana voltado ao público em geral, havia um dia reservado para excursões escolares, para o qual recrutavam jogadores dispostos a mestrar em troca de gratuidade no evento, lanches ou camisetas. Além da divulgação do *hobby* e da ampliação do público de jogadores, com essa aproximação os RPGistas buscavam uma legitimação de um jogo que era visto com certas reservas, como jogo de *nerds*, de malucos e, a partir dos crimes de Teresópolis e Ouro Preto, como ligado à violência ou ao satanismo[52].

Em 2002, no X Encontro Internacional de RPG, foi realizado o I Simpósio RPG e Educação, com quatro edições. Além das apresentações de professores e pesquisadores, esses simpósios incluíam oficinas para professores interessados em aprender técnicas de adaptação de conteúdos para o formato de jogos de RPG. Em virtude do simpósio, criou-se em São Paulo a ONG Ludus Culturalis[53]. Enquanto existiu, a Ludus desenvolveu uma série de atividades, sobretudo nos equipamentos culturais públicos municipais. A maior e mais duradoura foi durante a gestão da prefeita Marta Suplicy (2001-2004), na qual a ONG conduziu aos fins de semana atividades de RPG nas bibliotecas dos Centro Educacionais Unificados (CEUs), recrutando um grande contingente de RPGistas. Estes recebiam

---

[51] Cf. Thomas Massao Fairchild, *O discurso de escolarização do RPG*. Dissertação de mestrado. São Paulo: USP, 2004.

[52] Cf. Thomas Massao Fairchild, *Leitura de impressos de RPG no Brasil: o satânico e o secular*. Tese de doutorado. São Paulo: USP, 2007; Ana Letícia de Fiori, *RPG, narrativas e discursos*. Relatório final de iniciação científica PIBIC-CNPq, FFLCH-USP, 2007, e *idem*, 2012, *op. cit.*

[53] Cf. Ana Letícia de Fiori, 2007, *op. cit.*

um pequeno auxílio de custo da prefeitura para passar tardes dos fins de semana mestrando jogos para os frequentadores dos CEUs.

Além das bibliotecas dos CEUs, outras bibliotecas públicas constituíam *pedaços*[54] RPGistas, em que jogadores se conheciam e reconheciam, e que foram importantes para a formação de um público de jogadores em diversas cidades brasileiras. Um dos primeiros foi a Gibiteca Henfil, originalmente situada na Vila Mariana e depois anexada ao Centro Cultural São Paulo, e por muitos anos o principal ponto de encontro de jogadores de RPG em São Paulo. A Gibiteca Henfil, que conta até hoje com um acervo de livros de RPG para consulta, foi o local onde o I Encontro Internacional de RPG foi gestado, em 1993. Para as bibliotecas, a presença de jogadores gerava certa ambivalência, pois um jogo de interpretação de papéis tende a ser ruidoso, perturbando o proverbial silêncio dos espaços de leitura. Por outro lado, permitir a presença de grupos de RPG em suas mesas atraía público para as bibliotecas, ajudando a justificar sua existência para os órgãos mantenedores. Outros locais, públicos ou privados, como o Sesc Pompeia nos anos 1990 ou praças de alimentação de *shopping centers*, confrontaram-se com os mesmos dilemas, oscilando entre a receptividade e o banimento dos RPGs de suas mesas e espaços.

❹ DIVERSÕES PERIGOSAS: RPG, LAZER E VIOLÊNCIA

Assim como a palavra *nerd* foi e às vezes continua sendo um termo pejorativo, os elementos de que *nerds* gostam e que medeiam suas relações e interesses foram também vistos com muita suspeição ao longo das décadas, sendo objeto de todo tipo de pânico moral. Nos anos 1950, após o final da Segunda Guerra Mundial e o advento da Guerra Fria, as histórias em quadrinhos mudam de feição e começam a ser vistas como ameaças à juventude, por supostamente instilar o gosto pela violência e a dissociação da realidade. Nas décadas de 1960 e 1970, há um encontro entre a literatura de fantasia e a contracultura, levando a uma imensa popularidade de obras como o livro *O Senhor dos Anéis*, que vão influenciar bandas como os Beatles, Deep Purple e Led Zeppelin (e o *heavy metal*, na década seguinte). Ao mesmo tempo, a corrida espacial estimula sonhos rumo à fronteira final, o espaço, como se afirma na abertura do seriado *Jornada nas Estrelas*. Os ambientes universitários europeu e norte-americano favorecem a criação de clubes de aficionados, que se encontram para celebrar seus gostos comuns e ampliar seus repertórios de

....

54   Cf. J. G. C. Magnani, 2002, *op. cit.*

conhecimentos cada vez mais herméticos. E não faltam organizações dos famigerados WASP[55] norte-americanos preocupados com essa "juventude perdida", "atraiçoada pelo demônio".

Como foi dito na introdução, é nesse ambiente que os jogos de RPG são criados. Foram alvo de uma campanha de pânico moral nos EUA nos anos 1980, sofrendo as mesmas acusações de satanismo, alienação e violência antes direcionadas aos quadrinhos, à literatura especulativa e a programas de televisão. Ao mesmo tempo, a internet e os computadores progressivamente deixam seus redutos militares e universitários e passam a se tornar parte do cotidiano profissional e doméstico, ampliando assim as possibilidades de interação por meio de jogos eletrônicos, com as primeiras interfaces baseadas em texto e, em seguida, tornando-se cada vez mais gráficos e multissensoriais. A estética ciborgue e os *continuum* humano-máquina são traduzidos também pelo espírito *cyberpunk* e a música eletrônica. De lá para cá, os grandes vilões corruptores da juventude passaram a ser os jogos eletrônicos, que ensejaram também toda uma controvérsia sobre vício[56].

No Brasil, a controvérsia em torno dos jogos de RPG irrompe nos anos 2000, a partir de uma série de assassinatos – em Teresópolis (2000), em Ouro Preto (2001) – conhecido como o "caso Aline" – e Guarapari (2005) – ligados aos jogos por meio de tramas discursivas encampadas nas esferas midiáticas, religiosas (especialmente de porta-vozes evangélicos) e jurídicas (com projetos de lei e outras ações visando à proibição de jogos). O exercício de alteridade proporcionado pelos jogos de RPG é convertido nessas tramas discursivas em uma brincadeira perigosa, na qual as fronteiras entre ficção e realidade se tornariam turvas e induziriam à loucura, ao satanismo e ao crime. A análise dessa controvérsia, tendo como eixo central o crime de Ouro Preto, foi realizada em minha dissertação de mestrado[57].

A partir do "caso Aline" no Brasil, uma série de leituras passam a identificar o demônio nos RPGs. A fantasia grotescamente diferente dos cenários e personagens fantásticos do RPG metaforiza riscos muito cotidianos, narrados diariamente nas "falas do crime" que circulam pelos veículos de comunicação, mas que parecem mais ameaçadores em suas propriedades de contágio violento tendo como veículo estes jogos apresentados de modo suspeito, quase obsessivamente.

....

[55] *White, Anglo-Saxon and Protestant* – "Branco, Anglo-Saxão e Protestante".
[56] Cf. Guilherme Pinho Meneses. *Videogame é droga? Controvérsias em torno da dependência de jogos eletrônicos*. Dissertação de mestrado em Antropologia Social. São Paulo: Faculdade de Filosofia, Letras e Ciências Humanas, USP, 2015.
[57] Cf. Ana Letícia de Fiori, 2012, *op. cit.*

Esta epidemia de significados em torno do RPG produz um excesso descritivo, o investimento de uma economia de poder [...], que inscreve uma mitologia naquele coletivo de jogadores, livros, dados e ilustrações. [...] A veiculação da história bárbara do assassinato de Aline provoca até hoje preocupação acerca dos jogos, o que levou a investigações e projetos de lei que tornam fato a relação entre RPG, satanismo e violência, criando histórias "verdadeiras", muito embora o tom excessivo seja capaz tanto de produzir o temor ou o horror quanto o ceticismo. Na indissociabilidade entre a experiência e sua expressão, as representações do terror da estudante "barbaramente assassinada" e "barbaramente violentada" mergulham na obscuridade epistemológica da política de representação dos RPGs[58].

> Ao longo do tempo, comprovou-se que esses crimes, a despeito do modo como foram narrados e repercutidos pela mídia, não tiveram os jogos de RPG como meio ou motivo, e a desconfiança foi arrefecendo. Entre pesquisadores de diferentes áreas, não é consenso o impacto que jogos analógicos ou eletrônicos com temáticas que envolvam sexo e violência têm no comportamento de adolescentes e adultos, mas, de qualquer forma, a portaria 1100/2006 do Ministério da Justiça estabelece critérios para uma classificação indicativa por idade de jogos de RPG e outras modalidades classificadas como diversões públicas.

❺ OS PROFISSIONAIS DO *HOBBY*, LAZER E TRABALHO EM RPG NO BRASIL

Turner[59] chama a atenção para o modo como a divisão social do trabalho atinge também os ramos do entretenimento nas sociedades industriais, tornando certas atividades lúdicas profissionalizadas e altamente especializadas. Afinal, lazer também é mercadoria de consumo. Em outros países, em especial nos Estados Unidos, a partir dos anos 1970 editoras e distribuidoras de jogos progressivamente construíram um mercado para jogos de RPG e produtos correlatos (incluindo livros e licenciamento para brinquedos e jogos eletrônicos); contudo, até o final da década de 1980, não se poderia falar em jogos de RPG como um negócio no Brasil – os primeiros títulos seriam lançados por aqui no início da década de 1990. Jogos estrangeiros – como Dungeons & Dragons, Aventuras Fantásticas

....

[58] Cf. Ana Letícia de Fiori, 2012, *op. cit.*, pp. 192-3.
[59] Cf. Victor W. Turner, 1982, *op. cit.*, p. 39.

e GURPS – ganham suas primeiras versões e alguns jogos nacionais começam a surgir, como os pioneiros Tagmar e Millenia. Grandes editoras e fabricantes de brinquedos, como a Editora Abril e a Grow, apostam na expansão desse mercado como uma possível "febre", enquanto editoras voltadas para publicações de quadrinhos, como a Devir Livraria, passam a trabalhar também com esse nicho. Vai se formando um corpo de editores, tradutores e autores de jogos de RPG nacionais, alguns dos quais se tornam populares entre os círculos de RPGistas. As editoras e profissionais criam canais de comunicação direta com os fãs dos jogos, que podem acompanhar de perto os processos editoriais e até mesmo opinar sobre escolhas terminológicas de tradução e próximos títulos a serem lançados.

Nos anos 1990, surgem, pois, as primeiras revistas especializadas em RPG no mercado editorial brasileiro, sendo a mais longeva a *Dragão Brasil*, lançada originalmente em 1994 pela Editora Trama e cuja edição foi recentemente retomada pela editora Jambô, a partir de financiamentos coletivos pela internet. A *Dragão Brasil* foi um importante veículo de divulgação dos jogos de RPG pelas cidades do interior do país, contando com a distribuição em bancas de jornal em locais onde não havia livrarias ou bibliotecas com títulos de RPG disponíveis. Em virtude disso, seus editores lançaram edições e encartes com sistemas de regras e cenários de jogos que também poderiam ser comprados em bancas de jornais e até hoje são títulos bastante conhecidos por jovens de fora das capitais.

A internet ampliou outra modalidade de organização de trabalho em torno dos jogos de RPG. Formaram-se, por exemplo, coletivos para disponibilização de materiais não encontrados no mercado nacional, por meio de digitalização e tradução. Embora grande parte desses esforços tenha ocorrido por meio de pirataria e violação de direitos autorais, tais organizações propiciaram o acúmulo de experiências e a formação de repertórios de tradução. Atualmente, editoras nacionais de RPG e coletivos independentes têm se organizado para licenciar e trazer jogos estrangeiros para o Brasil por meio de campanhas de arrecadação coletiva na internet, os chamados *crowdfundings*, em que se estabelecem metas financeiras a ser atingidas, cada qual com uma gama de produtos e vantagens atrelados aos colaboradores. Os livros e produtos muitas vezes são disponibilizados em formatos digitais e físicos, incluindo edições de luxo e de colecionador. Alguns portais de internet e canais de *podcasts* (programas periódicos em áudio) e *videocasts* (programas periódicos em vídeo) sobre RPG também têm contado com *crowdfundings* para sua manutenção, embora haja poucos casos em que seus produtores se mantenham exclusivamente com recursos provenientes de tais atividades.

Entre as experiências com RPG e educação, o mercado de projetos e editais públicos para a cultura (como o programa VAI – Valorização de

Iniciativas Culturais –, da Prefeitura de São Paulo), o mercado editorial dos jogos e a organização de eventos, desde os anos 1990 foram surgindo associações de jogadores de RPG voltadas a diferentes propósitos.
Em São Paulo, pode-se mencionar a Megacorp, que por muitos anos realizou eventos mensais – palestras e jogos – no Centro Cultural São Paulo; a Confraria das Ideias; a ONG Ludus Culturalis; as Minas de Moria (que organizaram encontros de Mulheres RPGistas e têm pautado os problemas de machismo e LGBTfobia no meio RPGístico); e os Roleplayers. Alguns jogadores, por sua vez, têm se voltado cada vez mais para a realização dos chamados LARPs[60], Live Action Roleplaying, uma modalidade surgida em meio aos jogos de RPG no final dos anos 1970, criando formas mais teatrais e corporificadas de jogar, menos baseadas nas descrições orais e no uso de dados e fichas. Na última década, LARPs cada vez mais vêm se emancipando dos jogos de RPG, tornando-se um gênero próprio de simulação de vivências com as mais diferentes ambientações e objetivos.

Estão se popularizando organizações de RPGistas que oferecem remuneração a seus mestres, seja no contexto da realização de eventos, em dinâmicas de treinamento corporativo ou no oferecimento de jogos pagos para jogadores com dificuldades de tempo ou de encontrar grupos de jogo. A ideia de remunerar mestres de jogos (responsáveis por aprender as regras e elaborar os roteiros das aventuras) é alvo de polêmicas e vista por certos RPGistas como desvirtuação de um *hobby* que deveria se desenrolar entre amigos, ou seja, é vista como elemento que tensiona, do ponto de vista moral, as esferas de trabalho e lazer.

6 CONSIDERAÇÕES FINAIS

Por ser o RPG uma modalidade de jogo que exige dedicação e engajamento relativamente grandes, e por seu caráter analógico e artesanal, muitas vezes sua morte foi decretada por diferentes comentaristas de cultura pop. De fato, ao final dos anos 1990, as grandes editoras e fabricantes de jogos brasileiras retiraram-se do mercado, e, ao longo dos anos 2000, as empresas norte-americanas passaram por diversas fusões, aquisições e dissoluções. Já não ocorrem os grandes eventos, que reuniam dezenas

---

[60] Em São Paulo, em parques como o Villa-Lobos e o Ibirapuera, é comum encontrar aos fins de semana dezenas de jovens vestidos como cavaleiros medievais, reunindo-se sob diferentes estandartes e enfrentando-se com espadas, lanças e escudos de EVA (espuma vinílica acetinada). Essa atividade, conhecida como Batalha Campal, não é um jogo de RPG, mas uma modalidade competitiva de jogo estruturada a partir de regras diferentes. Contudo, há quem pratique ambos os *hobbies* e transite entre eles.

de milhares de jogadores; por outro lado, realizam-se muitos eventos menores, especialmente fora do eixo Rio-São Paulo. Grandes *pedaços* de jogadores de RPG, reconhecíveis nas grandes cidades, parecem ter se retraído, tornando a prática do jogo mais caseira e os contatos entre jogadores muito concentrados nas redes sociais e *fandoms* (redes de fãs de determinado jogo ou gênero). Há quem diga também que não houve grande renovação de público, que RPGistas estão envelhecendo, que os adolescentes dos anos 1990 tornaram-se adultos, casados e pais de família, tendo dificuldades para encontrar tempo para os jogos ou interessando-se por outras atividades.

Por outro lado, lojas e locadoras de jogos e eventos há mais de uma década têm percebido essa mudança de perfil, passando a oferecer facilidades como fraldários e espaços para crianças enquanto os pais jogam – e algumas dessas crianças têm herdado o *hobby* de seus pais. Além disso, a popularização do *crowdfunding* parece ter dado novo fôlego a pequenos editores e autores, contando com suas bases de fãs ao redor do mundo para financiar projetos ambiciosos, ainda que se diga que muitos desses livros e jogos são comprados a título de coleção, sem que os jogos estejam sendo de fato jogados. O olhar etnográfico e a inserção nos circuitos de RPG revelam que muitos desses grupos de jogo, para além da sociabilidade lúdica imediata, mantêm círculos de amizade que atravessam décadas, contrariando a suposta aridez das relações nas grandes cidades.

A crescente demanda por diversidade nas representações midiáticas também tem afetado espaços e produtos de RPG, com uma crescente participação de autores e jogadores preocupados em buscar temáticas e personagens menos eurocêntricos, fora de padrões heteronormativos, bem como em criar eventos específicos, como os encontros de Mulheres RPGistas, acima mencionados, onde questões sobre machismo e representatividade são debatidas acerca e por meio dos jogos. Ou seja, ao fim e ao cabo, as reconfigurações dos circuitos e das práticas RPGistas evidenciam que o RPG (como tantos outros gêneros) não morreu. Se o velho Huizinga[61] afirmava que o jogo é um elemento da cultura, que condiciona formações culturais onde quer que seja, e se contar histórias é muito do que nos faz humanos, essa forma de jogo de contar histórias pode ter ainda uma vida muito longa.

....

61 Cf. Johann Huizinga, 1993, *op. cit.*

AFAZERES DEMONÍACOS: ESPAÇO-TEMPO NA CENA *BLACK METAL* PAULISTA[1]

Lucas Lopes de Moraes

....

[1] Este capítulo é derivado da dissertação de mestrado intitulada *Hordas do Metal Negro: guerra e aliança na cena* black metal *paulista*, orientada pelo Prof. Dr. José Guilherme Magnani e defendida no Programa de Pós-Graduação em Antropologia Social da Universidade de São Paulo (PPGAS/USP) em 2014. A pesquisa contou com o financiamento da Fundação de Amparo à Pesquisa do Estado de São Paulo.

O tempo, que só era apreendido, no patamar anterior, como uma dimensão do universo físico, passa a ser apreendido, a partir do momento em que a sociedade se integra como sujeito do saber no campo da observação, como um símbolo de origem humana e, ainda por cima, sumamente adequado ao seu objeto. O caráter de dimensão universal assumido pelo tempo é apenas uma figuração simbólica do fato de que tudo que existe encontra-se no fluxo incessante dos acontecimentos[2].

    É sábado à noite e pessoas se aglomeram na entrada de um bar na altura do n. 2.700 da avenida Celso Garcia, zona leste da cidade de São Paulo. Muitos conversam em rodas animadas, com latas de cerveja nas mãos. Recém-chegados são recepcionados com brincadeiras, abraços e apertos de mão. Alguns se reúnem e posam para fotografias coletivas. Punhos em riste, chifres feitos com as mãos apontados para a câmera. O preto é a cor predominante das roupas, assim como o couro e os coturnos. Cabelos compridos são comuns tanto para homens quanto para mulheres.

    Para um observador desavisado, a ocasião pode parecer apenas mais uma noite de encontros entre amigos em um bar qualquer. Apreciadores de *rock and roll* e *heavy metal* bebendo, confraternizando e aproveitando seu tempo livre após uma semana de trabalho.

    Contudo, no Fofinho Rock Bar, a casa de shows ao lado, o evento da noite ganhará tons rituais, tratado pelos seus participantes como um "culto profano", uma "cerimônia", um "rito", nos quais brados de guerra clamarão aos "guerreiros do *black metal*" para que se reúnam para a batalha. Nessas ocasiões, bíblias são profanadas e o sangue dos inimigos é derramado figurativamente, transformando o momento do show de uma banda em uma importante dimensão coletiva de produção e reprodução dos elementos simbólicos de um estilo musical, que fortalece as alianças estabelecidas entre seus adeptos.

    Entre os anos de 2012 e 2014, realizei uma pesquisa que abrangeu incursões etnográficas na cidade de São Paulo, sua zona metropolitana e em algumas cidades do interior do Estado, junto aos lugares ocupados e frequentados por pessoas ligadas ao *black metal*, uma variação extrema do estilo musical *heavy metal*. Por meio da aplicação de categorias consagradas pelos estudos do Lab-NAU (Laboratório do Núcleo de Antropologia Urbana da USP): "trajetos, circuitos e manchas"[3], o objetivo do trabalho foi mapear as formas de sociabilidade elaboradas por esses atores sociais ligados ao *black metal* e, assim, pensar em como tais arranjos

....

[2] Cf. Norbert Elias, *Sobre o tempo*, Rio de Janeiro: Jorge Zahar, 1998, p. 31.
[3] Cf. J. G. C. Magnani, 2002, *op. cit.*

coletivos e suas categorias nativas expressam uma perspectiva específica sobre a urbanidade e suas fronteiras. Para tanto, a categoria nativa "cena" foi tomada como objeto central da análise, permitindo a elucidação de um sistema de alianças e trocas de favores que alicerça a construção de noções coletivas de pertencimento, assim como um posicionamento específico sobre a música, a religião, e principalmente a respeito das segmentações e classificações dos espaços urbanos.

Em busca de entender as dimensões da cena *black metal* e seus sentidos para o público que ali circula, acabei por travar contato com uma trama produzida por alianças entre adeptos desse estilo musical espalhados por todo o estado de São Paulo e pelo Brasil. Pessoas que, por meio de trocas de favores e da produção amadora de eventos, circulam por locais distantes e aparentemente desconexos.

O *black metal*, reconhecido pelas referências ao satanismo em suas letras, pelo som ruidoso e pelas constantes críticas e ataques às religiões judaico-cristãs, mostrou-se entre os adeptos paulistas como uma forma de fazer musical atrelada a uma concepção artesanal, alheia a grandes pretensões comerciais e definido pelos próprios envolvidos como *underground*. Em muitas situações premeditadamente anticomerciais e obscuras, buscando não aparecer, ou, como muitos afirmaram, "não se banalizar", as bandas do estilo e os produtores envolvidos nos eventos constantemente declararam não visar o lucro e reprovar os supostos "mercenários", que, em vez de buscar o fortalecimento da cena *black metal*, teriam como finalidade o próprio enriquecimento.

A partir dessa ênfase em uma dimensão artesanal do fazer musical, da produção artística e do controle da divulgação, tanto dos eventos quanto dos álbuns, escancaram-se as oposições levantadas pelos próprios adeptos, que em muitas situações colocaram em lados opostos o entretenimento (e a pura diversão) e o comprometimento, o trabalho em prol da *cena*, uma categoria nativa multifacetada que expressa o lado coletivo do pertencimento ao *black metal*.

Portanto, para além dos objetivos centrais da pesquisa etnográfica realizada, surgiram questões ligadas ao tema do lazer, do tempo livre e do trabalho, tendo em vista que as atividades realizadas pelos adeptos do *black metal* são concebidas de tal forma que atravessam as fronteiras dessas categorias fundamentais dos estudos sobre o lazer. José Guilherme Magnani, desde suas abordagens pioneiras sobre o tema[4], tem demonstrado como o lazer e o tempo livre podem ser pontos de partida

---

[4] Cf. J. G. C. Magnani. *Festa no pedaço: cultura popular e lazer na cidade*. São Paulo: Brasiliense, 1984; 3. ed., Ed. Hucitec, 1998.

reveladores sobre o uso do tempo e dos espaços nos contextos urbanos. Da mesma forma, com base no ferramental metodológico da antropologia urbana, as etnografias focadas em arranjos coletivos citadinos e suas práticas têm demonstrado como é possível vislumbrar os mais complexos arranjos de espaço-tempo que produzem fluxos pelas cidades, nos mais variados *circuitos*, que se propagam no tempo e reconfiguram os sentidos dos espaços e equipamentos urbanos[5].

Na busca por determinar quais são os *circuitos*[6] produzidos pelos trajetos desses atores sociais por diferentes cidades, foi possível observar como espaço e tempo são organizados a partir de práticas ligadas ao fazer musical, à produção de associações e alianças. Sendo assim, este texto pretende contribuir para o debate no campo dos estudos sobre o lazer, cujo ponto de partida foi dado por Jofre Dumazedier[7], mas trazendo novos elementos sobre as categorias de tempo e espaço que embasam as reflexões sobre esse tema. A partir da etnografia realizada na cena *black metal* paulista, é possível pensar de que forma o fazer musical e a constante produção de associações entre os adeptos do estilo são indicativos de formas de conceber os fluxos da vida cotidiana na cidade, constituindo diferentes mapeamentos dos espaços e dos trajetos, assim como os sentidos diversos dados às práticas e às temporalidades da sua realização.

❶ O CÍRCULO DA DÁDIVA BLACK METAL

A origem do estilo *black metal* é creditada a bandas norueguesas do início da década de 1990, que ganharam notoriedade após serem acusadas de incendiar igrejas cristãs por toda a Escandinávia. A partir de concepções locais sobre o resgate de uma "verdadeira cultura" norueguesa, integrantes da cena *black metal* daquele país defendiam a expulsão das religiões judaico-cristãs em suas composições e atitudes, o que gerou a prisão de muitos dos membros de bandas e a consequente disseminação do estilo pelo mundo, diante da notoriedade alcançada pelas ações dos noruegueses e suas produções musicais.

Contudo, apesar do reconhecimento dessa influência vinda da Noruega, por parte dos integrantes do *black metal* paulista existem esforços

---

[5] Cf. J. G. C. Magnani, 2005, *op. cit.*, e *Idem*, 2012, *op. cit.*; Lucas Lopes de Moraes. *"Hordas do Metal Negro": guerra e aliança na cena black metal paulista*. Dissertação de mestrado em Antropologia Social. São Paulo: Faculdade de Filosofia, Letras e Ciências Humanas, Universidade de São Paulo, 2014.
[6] Cf. J. G. C. Magnani, 2002, *op. cit.*
[7] Cf. Joffre Dumazedier, 1979, *op. cit.*, e 1994, *op. cit.*

sistemáticos para legitimar o som desse estilo feito no Brasil, dar valor à cena nacional e estabelecer critérios de avaliação que buscam colocar as bandas brasileiras em pé de igualdade com as estrangeiras. É comum escutar dos adeptos paulistas críticas às posturas daqueles que dão maior valor às "hordas gringas", criticando quem consome somente álbuns de bandas internacionais e se recusa a comprar material das bandas locais.

Recebem críticas similares aqueles que vão aos shows caros nos quais se apresentam bandas estrangeiras de *black metal*, mas consideram abusivo o valor de 20 reais para um evento com "hordas locais". Esses são temas recorrentes nas declarações e retornam toda vez que são discutidos o conceito de música *underground* e a cena. Mesmo que essas atitudes existam nas posturas assumidas pelos atores sociais ligados ao *black metal*, tudo se passa como se a valorização das bandas nacionais estivesse acima do reconhecimento das internacionais. Esses atores sociais buscam definir um posicionamento de apoio à cena local e de acusação dos "falsos e bajuladores" que não apoiam as bandas brasileiras.

Durante as observações entre bandas paulistas, tornaram-se evidentes as apropriações desses elementos que definem o estilo a partir de uma percepção local, ou seja, partindo da sensibilidade de atores sociais que se organizam nos espaços da cidade e possuem uma perspectiva própria sobre o que seria o *black metal*. Nesse sentido, existem bandas que compõem suas canções com letras em português – algo incomum dentro do gênero *heavy metal* –, com claras referências a temas ligados às populações ameríndias, que envolvem elementos locais. Por vezes, religiões afro-brasileiras e os exus são tomados como referências das composições, em vez do diabo judaico-cristão, tão frequente nas composições de bandas estrangeiras.

Um exemplo desse tipo de abordagem é a banda paulista Ocultan, formada por moradores da zona metropolitana de São Paulo envolvidos com o *black metal* desde o início dos anos de 1990. As temáticas de suas composições agregam os exus das religiões afro-brasileiras, que substituem as referências ao diabo cristão, dado que dois dos integrantes fundadores se definem como praticantes da quimbanda. Outros integrantes importantes da cena *black metal* paulista também fazem menção a esses elementos. Foi possível colher declarações de Cavalo Bathory, vocalista da banda Amazarak, nas quais ele faz referência aos exus Zé Pelintra, Capa Preta e Marabô, demonstrando como esses elementos "locais" são agregados às temáticas abordadas pela banda.

Essa constante valorização das bandas nacionais e de suas características originais permite que surjam conexões entre a metrópole paulista e pequenas cidades do interior do estado, como Tietê e Piraju. Locais estranhos aos grandes circuitos de arte e cultura, mas que para a cena *black metal* são referências, pois ali residem bandas importantes e músicos de grande prestígio no cenário. Da mesma forma, cidades norueguesas como Oslo e Bergen, tomadas como o berço do estilo na década de 1990, foram mencionadas em falas de interlocutores ao lado dessas pequenas cidades paulistas.

Espaço e tempo ganham configurações inesperadas, pois a trama de alianças produzidas por esses atores sociais aproxima locais distantes. Também constitui fluxos específicos, a partir de práticas que, apesar de poderem ser tomadas como não profissionais, são objeto de grande comprometimento e seriedade por parte de seus adeptos. Observa-se que o *black metal* é considerado por muitos dos seus adeptos como um modo de vida relacionado ao compromisso com os ideais do estilo e com um estilo específico de produção musical. Desde a dimensão lírica das composições até a maneira de organização dos eventos/shows, subjaz um discurso que aponta o *black metal* como uma missão voltada ao combate ao cristianismo e à defesa de um conceito musical "verdadeiro" e "legítimo". Nas performances ocorridas no palco, as bandas do estilo sobem pintadas para a guerra com suas *corpse paints*[8], executando canções que bradam pela união dos "guerreiros do *black metal*".[9] A atitude de tratar o *black metal* como puro entretenimento ou diversão, como passatempo, pode ser considerada desrespeitosa, ocasionando até mesmo a expulsão de um local de show ou o ostracismo de um adepto.

Apesar de haver confraternizações típicas de locais de shows e bares, no momento das apresentações espera-se determinada postura séria e respeitosa, tanto daqueles que estão no palco quanto daqueles que estão na plateia. Essas mesmas condutas também são observadas na forma como os eventos são organizados. Trocam-se favores entre bandas de diferentes cidades, que viajam por conta ou com apenas uma modesta ajuda de custo. Estabelece-se um "círculo da dádiva *black metal*"[10], através do qual

---

[8] Essa pintura consiste em uma pasta branca ou vermelha que recobre todo o rosto (e às vezes o torso e braços) e é coberta por detalhes em preto, principalmente nos contornos da boca e olhos, que é utilizada pela maior parte dos integrantes das bandas de *black metal* ao se apresentar no palco. Cf. Lucas Lopes de Moraes, 2014, *op. cit.*

[9] Algumas palavras aparecerão entre aspas duplas para indicar termos nativos ouvidos em campo, que são utilizados para ilustrar as diferentes formas como os adeptos do estilo definem suas práticas e produções. As aspas não são utilizadas para colocar em suspensão os termos ou mesmo para questionar qualquer suposto regime de verdade que possam suscitar.

[10] Por ter observado a rede de trocas de favores entre as bandas e demais integrantes da cena *black metal*, e como as obrigações de dar, receber e retribuir fundamentam a maior parte das alianças estabelecidas, optei por aproximar tal análise às clássicas reflexões do antropólogo Marcel Mauss. Cf. *Ensaio sobre a dádiva*, Lisboa: Edições 70, 1988 [1925].

as bandas do estilo circulam pela cena, tocando na cidade de São Paulo e nos mais recônditos municípios do estado e do Brasil. Em muitos casos, integrantes de bandas investem dinheiro do próprio bolso em eventos com entrada restrita, arriscando-se a levar prejuízo, dedicando tempo e esforços para que um show possa acontecer.

Em algumas incursões etnográficas, foi possível observar a realização de shows em pequenas cidades do interior paulista, ocasiões nas quais bandas e demais adeptos do estilo se deslocam por quilômetros para poder participar e prestigiar uma apresentação. Na maioria desses eventos, as bandas que se apresentam são desconhecidas do grande público do *heavy metal*, mas extremamente respeitadas por aqueles que participam da cena *black metal*. Algumas dessas bandas estão em atividade por décadas, circulando pela cena e constituindo alianças com integrantes de diferentes partes do estado e do país.

Em geral, as bandas não são compostas por músicos profissionais, no estrito sentido do termo, tendo em vista que exercem outras atividades remuneradas, em muitos casos não ligadas ao campo musical. Contudo, tratá-los como amadores seria desconsiderar todas as relações de comprometimento e obrigação que fundamentam as apresentações das bandas e a organização de tais eventos[11]. As práticas na cena, que permitem que o círculo da dádiva continue operando, são orientadas por valores coletivos sobre a música e a pertença ao *black metal*, e embaralham as fronteiras entre o amadorismo e o profissionalismo, pois só fazem sentido à luz de categorias nativas, entre elas a noção de *underground*.

O *black metal* é apontado por seus adeptos como a materialização de uma missão de resistência contra a banalização de seus elementos pelos *falsos* da cena e uma força organizada pronta a destruir o cristianismo. Ele também é reivindicado como um conjunto de elementos religiosos, pois expressa as filiações individuais desses atores sociais ao satanismo em suas diversas perspectivas e à quimbanda, elementos que compõem as "artes obscuras", que têm suas conotações rituais reforçadas nas performances das bandas, momento crucial das manifestações coletivas dos valores e ideais do *black metal*. Portanto, fora dos momentos das performances, os elementos do *black metal* devem ser honrados e não serem expostos como brincadeira. Tanto entre as bandas, quanto entre

---

[11] É preciso salientar que o termo "amador" não foi utilizado pelos integrantes da cena *black metal* paulista no momento de definir suas práticas musicais. É menor a preocupação de classificar suas atividades e produções musicais na chave do amadorismo ou do profissionalismo do que a de evidenciar o comprometimento e a filiação legítima ao estilo e seus ideais.

o público, o que se busca reforçar é que aquilo que é presenciado não é somente um show, mas uma cerimônia solene, uma demonstração das concepções filosóficas e religiosas, mas acima de tudo uma confraternização entre iguais[12].

Na cidade de São Paulo, foi possível presenciar apresentações de bandas internacionais no Hangar 110, casa de shows localizada no bairro do Bom Retiro, que tem tradição na realização de shows de *heavy metal*, e também no Carioca Clube, no bairro de Pinheiros, que agrega em sua programação tanto bandas de samba e pagode quanto atrações internacionais ligadas ao *heavy* e *black metal*. Contudo, de acordo com os adeptos, tais espaços não fazem parte da cena, pois neles ocorrem shows agenciados e produzidos, na maioria das vezes, por sujeitos não tão integrados com os valores da música *underground*, ainda que em alguns casos hordas nacionais possam apresentar-se nesses eventos como bandas de abertura. A perspectiva do lucro é apontada como o motor desses eventos, um tipo de envolvimento diferente do existente entre os produtores ligados à cena *black metal*.

Por isso, na análise de um *circuito*[13] *black metal* constituído de equipamentos urbanos, foi o Fofinho Rock Bar que apareceu como epicentro dos eventos realizados pelos integrantes do estilo na capital paulista. Nessa casa de show, localizada na avenida Celso Garcia, na altura do n. 2700, foram presenciadas as principais apresentações de bandas de *black metal* locais e de outras cidades do país, todas elas organizadas por produtores ligados à cena *black metal*. Esses produtores, assim como o proprietário da casa, possuem um envolvimento próximo com as bandas e com aqueles que comparecem ao show. Apesar das finalidades comerciais da casa de shows, em noites nas quais se apresentam bandas de *black metal* a relação da produção com o lucro é colocada de lado no discurso dos organizadores, que apontam como prioridade o apoio ao estilo e o fortalecimento da cena.

Existem outros espaços, alguns ocupados momentaneamente, como salões de festa, estabelecimentos alugados para shows e espaços cedidos pelo poder público. Foi possível presenciar e tomar conhecimento de eventos realizados com certa regularidade nas cidades paulistas de Franco da Rocha, Jandira, Osasco (cidades da região metropolitana de São Paulo), Hortolândia, Atibaia, Valinhos (cidades da região de Campinas) e em algumas mais distantes em relação à capital, como Tietê, Cerquilho, Piraju, Franca e Araraquara (cidades do interior do estado). No sentido

....

[12] Cf. Lucas Lopes de Moraes, 2014, *op. cit.*, p. 162.
[13] Cf. J. G. C. Magnani, 2002, *op. cit.*

capital-interior, as bandas transitam em espaços que inicialmente possuem pouca lógica em sua distribuição, mas que estão integradas pelas alianças entre os adeptos do estilo e a constante troca de favores entre as bandas e os organizadores dos eventos.

❷ O UNDERGROUND

Entre os adeptos paulistas do *black metal*, as categorias *underground* e *mainstream* aparecem como demarcadores que estabelecem diferenciações em relação aos atores sociais e suas produções. Em um polo está a indústria fonográfica *mainstream*, com seus recursos profissionais de distribuição, produção e promoção capazes de atingir um público massivo e, em outro, os contextos nos quais arranjos coletivos se organizam em torno de um determinado estilo musical, com recursos escassos e relacionados a um círculo restrito de produção. Contudo, além dessa faceta mercadológica e midiática, existe um conjunto de outros elementos que são mobilizados nos discursos desses atores sociais, que definem o *underground* como termo que confere legitimidade à música, carregando certos valores e orientando condutas e parâmetros de sociabilidade.

Leonardo Campoy[14], em seu estudo sobre o *underground* do metal extremo brasileiro, constatou determinadas regularidades nas concepções a respeito dessa categoria. O autor demonstra como tais definições são mobilizadas para definir o caráter de legitimidade e autenticidade daquilo que é produzido no *underground* do metal extremo, que possui ligação direta, quase como uma qualidade transmitida pelo contato, com as definições que qualificam os adeptos como "reais" ou "falsos"[15].

No *black metal* paulista são encontradas as mesmas definições sobre a categoria nativa, que sempre é mobilizada em oposição ao *mainstream*. A música e as práticas e valores dos envolvidos na cena são apresentadas pelos seus adeptos como mais autênticas e verdadeiras do que aquelas envolvidas com o *mainstream*. Mais que isso, o estilo é visto como uma representação do *underground*, dado que existe uma concepção de que o *black metal* não pode estar no *mainstream* sem perder suas características fundamentais. Para seus adeptos, o *underground* é um conceito musical,

---

14   Cf. Leonardo Carbonieri Campoy, *Trevas sobre a luz: o underground do heavy metal extremo no Brasil*. São Paulo: Alameda, 2010.
15   *Ibidem*, p. 85.

uma postura política sobre a produção sonora, ou seja, um conjunto de valores que devem ser defendidos e preservados[16].

Tais posicionamentos tem implicação direta na maneira como a dedicação às atividades ligadas à cena é concebida. Apesar de não serem tratadas como atividades remuneradas, dado que o capital gerado pela venda de CDs, camisetas e outros artigos produzidos pelas bandas não constitui montantes significativos e acaba sendo investido na própria banda, esses atores sociais dedicam seu tempo e dinheiro tanto na produção de álbuns musicais quanto na organização de eventos.

Todos os interlocutores com os quais conversei possuíam empregos e profissões paralelos às atividades relacionadas à cena *black metal*. São pais e mães, profissionais das mais diferentes áreas, que dedicam tempo e dinheiro em prol do *black metal* de forma alegadamente compromissada. Não se fala em lazer, termo que somente apareceu quando mencionado pelo próprio pesquisador, da mesma forma que a noção de tempo livre em nenhuma situação foi relacionada aos momentos nos quais há o envolvimento com atividades ligadas à cena.

Por mais seriedade e compromisso que aqueles que se aproximam do *black metal* possam defender em suas práticas, é possível vê-los confraternizando, encontrando velhos amigos, rindo e bebendo. Contudo, não se pode tentar romper essa barreira e jogar tais práticas no campo de definição do lazer ou do não trabalho. Antes de se pensar em lazer, as relações estabelecidas nesses momentos reforçam as alianças; tais eventos podem suspender o fluxo cotidiano e colocam em movimento o fluxo da cena. Não se trata de tempo livre, pois ele já está comprometido, e de bom grado. Trabalha-se, mas em prol da cena, das alianças, das amizades e do desfrute através dos fazeres musicais.

O espaço-tempo da cena configura-se como um arranjo complexo, que só pode ser compreendido se analisado a partir das categorias nativas. Cena, *underground*, honra e compromisso estabelecem as bases de um discurso que produz sentidos sobre as práticas ligadas ao estilo. Os locais dos eventos, sua produção e divulgação, quando, onde e como acontecem, são os elementos que determinam esse espaço-tempo da cena e coloca o fazer e os eventos como partes integrantes de um fluxo constante do modo de vida desses sujeitos. Definições clássicas como trabalho e não

....

16 Em minha dissertação de mestrado, descrevo como performance e sonoridade são dimensões entrelaçadas da teoria nativa da música *black metal*. Para isso, apoio-me nas reflexões trazidas por autores da etnomusicologia e antropologia da performance (Cf. Lucas Lopes de Moraes, 2014, *op. cit.*). Existem vários elementos sonoros que caracterizam uma composição típica do estilo; contudo, o que é mencionado pelos adeptos é "o sentimento verdadeiro" que orienta tais composições.

trabalho, tempo livre e tempo socialmente comprometido são exógenas às definições nativas de um modo de vida pelas cidades que possui fluxos muito específicos e um sistema de classificações capaz de dar sentido a tudo que é feito e dito.

Entre os interlocutores na cena *black metal*, trabalhar em prol da cena significa dedicar-se à organização de um evento, mas também viajar para o interior no final de semana para assistir a um show, buscar material fonográfico na casa de aliados ou marcar uma cerveja com antigos amigos da cena. O simples ato de sair de casa no sábado à noite e prestigiar um evento regado a álcool pode ser tomado como uma atitude que fortalece a cena. Existe o comprometimento e a satisfação inerentes ao ato.

Por sua vez, ao se pensar na cidade de São Paulo (e também em sua zona metropolitana e no interior do estado) e na maneira como o *black metal* está presente em seus espaços, é possível vislumbrar uma unidade de classificação que se sobrepõe às fronteiras geopolíticas institucionalizadas, cria outra territorialidade, modifica a "cartografia da vida na cidade"[17] e permite que o urbano e as segmentações de seus espaços sejam pensados a partir de uma perspectiva específica.

Dessa cartografia da vida na cidade, que parte de uma dimensão espacial, é preciso ter em mente que, diante dos fluxos urbanos, tempo e espaço passam a ser unidades inseparáveis, constituindo uma dimensão composta da vida cotidiana. Da mesma forma que as alianças entre os adeptos do *black metal* e seu complexo sistema de alianças e trocas de favores esgarçam a malha da cidade, rompendo fronteiras e conectando pontos distantes, a maneira como esse estilo musical e a participação na cena são encarados por seus adeptos não respeita segmentações temporais e muito menos classificações valorativas dos diferentes intervalos da vida urbana.

3   O ESPAÇO-TEMPO DA CENA

Por mais que o *black metal* constitua dimensão importante de um modo de vida que não pode ser tomado como um conjunto de práticas contingentes, durante os dias da semana todos possuem suas rotinas de trabalho, de estudo e cuidado doméstico. Muitos adeptos têm filhos, estão em relacionamentos estáveis e realizam atividades profissionais que não possuem vínculo com o *black metal* ou o campo musical. São pessoas que têm suas convicções individuais, mas que estão sujeitas às mesmas

---

17   Cf. Will Straw, Scenes and Sensibilities, *Cities/Scenes*, 2001.

condições impostas à maioria da população citadina. Em uma conversa com um deles, essa invisibilidade cotidiana relativa foi ilustrada: ele conta como muitas vezes "as pessoas não sabem o que você faz [fora do ambiente do trabalho], nem no que você acredita, e quando descobrem ficam surpresas". Não que essa identidade *black metal* seja dissimulada, pois muitos não abrem mão de se trajar de maneira característica em seu dia a dia (além dos cabelos compridos dos integrantes homens denunciarem sua proximidade com o *heavy metal*), mas porque não há a obrigação de ostentar os traços distintivos dessa pertença fora dos ambientes nos quais os eventos ocorrem.

Essas características apontam que o *black metal* é *underground* na vida diária, além de ser *underground* quando se manifesta nas reuniões de seus adeptos. A partir disso, seria possível classificar tais práticas recorrendo a uma divisão entre tempo do trabalho, obrigações sociais e lazer. Os eventos da cena ocorreriam nos momentos do "tempo livre" e mais especificamente nos momentos do "lazer", esse tempo para si, despreocupado e livre para a escolha. Ou seja, mesmo visíveis no cotidiano, os adeptos do estilo seriam *black metal* de um modo *underground*, reservados aos ambientes dos eventos no seu tempo livre voltado para a noção costumeira de lazer, ou seja, naqueles momentos em que podem fazer o que querem.

Contudo, tais segmentações não são capazes de explicar e classificar os modos como tais práticas são definidas pelos adeptos do estilo. Há nuances que as extrapolam, pois o *black metal* é apontado por seu público como elemento fundamental em suas vidas, um conjunto de práticas sérias, ideais sinceros e posturas rígidas. Segundo esses sujeitos, "isso não é um passatempo de final de semana", nem "diversão". Essa discussão sobre a segmentação do tempo e das atividades cotidianas leva diretamente ao embate entre a centralidade do trabalho e a expansão gradual do tempo livre na contemporaneidade[18] ou a conquista de parcelas do tempo pela classe trabalhadora[19]. É inegável que, para a maioria das pessoas, o trabalho como atividade remunerada e necessária toma boa parte do tempo, mas isso não implica que tais divisões temporais operem da mesma forma e ganhem os mesmos sentidos em todos os contextos.

Falar de lazer nesse contexto etnográfico é falar muito mais nas acepções consolidadas de determinado campo de estudo do que propriamente levar a sério os sentidos apontados pelos interlocutores. Na cena *black metal*, foram identificadas diversas atividades que poderiam

---

[18] Cf. Joffre Dumazedier, 1999, op. cit., e 1994, op. cit.; Renato Requixa, *O lazer no Brasil*, São Paulo: Brasiliense, 1977.

[19] Cf. Sarah S. Bacal, *Lazer: teoria e pesquisa*, São Paulo: Edições Loyola, 1988.

ser tomadas como lazer na visão tradicional, ou seja, práticas coletivas no tempo livre. Contudo, aquilo que as diferenciariam dessa noção de lazer como tempo para si, livre para a escolha e desfrute pessoal, seria sua dimensão séria, que Stebbins[20] define como característica do "lazer sério".

Esse autor elenca três categorias de atores sociais que ajudam a descrever tais práticas: o amador, o hobista (ligado aos *hobbies*) e o voluntário[21], cada uma delas indicando um tipo de envolvimento diferente, com diferentes recompensas sociais e pessoais ligadas a essas práticas de lazer. Contudo, Stebbins salienta que sua tentativa de entender tais gradações no comprometimento com atividades ligadas ao lazer estaria baseada, antes de tudo, no fato de seus interlocutores definirem tais práticas como sérias[22]. Sendo assim, o lazer sério seria um conceito capaz de explicar manifestações comumente interpretadas como lazer, mas que teriam um alto nível de comprometimento e seriedade por parte dos atores sociais envolvidos, ao ponto de muitas dessas manifestações se transformarem em trabalho, compondo parte da renda dos envolvidos.

Entretanto, como aponta Zuzanek[23], muitas vezes as leituras sobre esse tema se voltam mais ao uso do tempo, ou seja, àquilo que as pessoas fazem, do que propriamente aos sentidos dados a essas atividades. Por isso, antes de analisar determinadas atividades organizadas a partir do prisma dessas segmentações – que, apesar de salientar os diferentes posicionamentos, ainda se apegam a conceitos como tempo do trabalho, tempo livre e lazer –, é proveitoso explicar como tais práticas se encaixam no cotidiano dessas pessoas e quais são os sentidos que elas lhes dão. Tanto as classificações entre lazer, tempo livre, tempo socialmente comprometido[24] como as adjetivações de Stebbins[25] não são suficientes para explicar as teorias nativas de tempo e espaço.

Por isso, antes de adotar a perspectiva do tempo adjetivado e fracionado em parcelas, posição que permitiria compreender como atores sociais organizam suas atividades, optou-se por assumir que há posicionamentos sobre tais práticas que escapam a esses enquadramentos. A dimensão tempo, que aqui está expressa por meio dos eventos e

....

[20] Cf. Robert A. Stebbins, *Between Work and Leisure: The Common Ground of Two Separate Worlds*, New Brunswick, NJ: Transaction Publishers, 2004; Serious Leisure. Em: Chris Rojek; Susan Shaw; A. J. Veal. *A Handbook of Leisure Studies*, New York: Palgrave Macmillan, 2006; e *Idem*, 2008, *op. cit*.
[21] *Idem*, 2008, *op. cit*.
[22] Cf. Robert A. Stebbins, 2006, *op. cit*; 2008, *op. cit*.
[23] Cf. Jiri Zuzanek, Leisure and Time. Em: Chris Rojek; Susan Shaw; A. J. Veal, *A Handbook of Leisure Studies*, New York: Palgrave Macmillan, 2006.
[24] Cf. Joffre Dumazedier, 1979, *op. cit*.
[25] Cf. Robert A. Stebbins, 2006, *op. cit*; 2008, *op. cit*.

momentos no quais o *black metal* aparece na cidade, mesmo que de forma *underground*, está menos relacionada com períodos disponíveis para o lazer do que com os sentidos específicos dados à temporalidade desses fazeres musicais e sua sonoridade.

Rose Hikiji, em sua pesquisa sobre o Projeto Guri, "uma iniciativa da Secretaria de Estado da Cultura de ensino de música por meio de orquestras didáticas e corais para público prioritariamente de baixa renda"[26], aponta como, no seu caso de estudo, as práticas musicais são relacionadas a todo momento com um discurso institucionalizado a respeito da temporalidade da vida desses jovens, ou seja, a partir da música o jovem em "situação de risco" encontraria uma forma de "ocupar seu tempo". Paralelamente a essas relações entre a ociosidade e o risco, a autora aponta como são concebidas outras temporalidades, por meio das quais o fazer musical, o processo de aprender a tocar um instrumento e as ocasiões dos encontros suspendem os ritmos da vida cotidiana e permitem que outros "tempos" sejam pensados. Hikiji denomina isso de "intervalos": "a música põe em suspensão o tempo cotidiano, ao dotar de conteúdo sonoro, sentido e ordem, um determinado espaço de tempo"[27].

Ao se tomar os eventos produzidos pelos integrantes da cena *black metal* como lazer no tempo livre, enquadram-se tais práticas em um fluxo determinado de trabalho e descanso e envereda-se em discussões que há décadas se debruçam sobre esses conceitos[28]. Esse fazer musical e essas performances são encarados pelos adeptos na chave do comprometimento e da seriedade, de algo ligado a uma dimensão apontada por muitos como ritual, que reforça os laços de pertencimento. Nas concepções nativas, não se trata de lazer, mas também não é trabalho. Seria, como muitos dizem, "uma missão". Nenhuma dessas categorias, além daquelas utilizadas pelos próprios adeptos, explicam o *black metal*, nem mesmo as que falam sobre um lazer sério e comprometido, pois o próprio conceito de lazer implica a necessidade de sua adjetivação para que possa explicar determinadas práticas coletivas mais comprometidas do que o simples lazer despreocupado e volitivo.

A perspectiva *black metal* e *underground*, carregada de valores coletivos, impõe tanto um posicionamento sobre o espaço e suas restrições quanto sobre o tempo e sua segmentação no interior de um modo de vida. Atos como produzir um evento, ensaiar, comparecer às apresentações

---

26 Cf. Rose Satiko Gitirana Hikiji, *A música e o risco: Etnografia da performance de crianças e jovens.*, São Paulo: Edusp, 2006a, p. 21.
27 *Ibidem*, p. 52.
28 Para um panorama sobre o campo dos estudos sobre lazer e seus principais autores, ver Magnani, 2012, *op. cit.*

de bandas aliadas e mesmo executar uma *performance* no palco estão, portanto, situados nesses "intervalos", os quais, de certo ponto de vista, são parte integrante dos supostos fluxos ordinários da vida na cidade e, de outro, são momentos em que os adeptos se reúnem, trocam experiências e comprovam seu comprometimento. Eles aparecem para seus pares, mas defendem que devem permanecer "*underground*" para os demais.

Como Hikiji aponta, a temporalidade da música está conectada às percepções sobre o próprio fazer musical em determinado contexto. Neste caso, não somente o tempo, mas todos os demais valores que o som *black metal* carrega implicam as maneiras como esses atores sociais se organizam nos espaços urbanos. As restrições, as estratégias para realizar eventos mais ou menos visíveis e um suposto desdém pelo reconhecimento fora da cena conectam-se a uma sonoridade ruidosa, mensagem que seria decodificada apenas pelos familiarizados com o estilo[29] e poderia ser tomada como índice da força e da violência desse ruído que adentra as produções sonoras e também os espaços de sociabilidade.

Assim como uma composição musical é produto dos seus intervalos, e nem por isso deixa de produzir um fluxo coerente, nas práticas da cena os "intervalos" nos quais os eventos são realizados não constituem rupturas com o cotidiano da vida na cidade. Ao aplicar esse novo entendimento de "intervalo" para ilustrar a maneira como tais eventos se organizam no cotidiano desses atores sociais, a abordagem etnográfica permite demonstrar que as atividades que ocorrem nesses momentos não são paralelas ou complementares, mas fundamentais na vida desses sujeitos e na definição do *black metal* como estilo musical e modo de vida. Antes de ser rupturas, são continuidades, intensas como a própria música *black metal*.

Keith Kahn-Harris[30], em seus estudos sobre diferentes cenas do *heavy metal* extremo, aponta como os atores sociais envolvidos nesses contextos não separam suas experiências na cena daquelas vivenciadas cotidianamente, assumindo que as primeiras orientam e influenciam aquilo que fazem em sua vida diária. Por isso, a análise da organização da cena *black metal* e do círculo da dádiva que produz seus alicerces permite vislumbrar a cidade como contexto de produções espaço-temporais diversas.

A partir das questões trazidas pelo trabalho etnográfico realizado entre os adeptos paulistas do *black metal*, evidencia-se a impossibilidade

....

[29] Cf. José Miguel Wisnik, *O som e o sentido: uma outra história das músicas*, São Paulo: Companhia das Letras, 1989.

[30] Cf. Keith Kahn-Harris, *Extreme Metal: Music and Culture on the Edge*, Oxford/New York: Berg, 2007.

de se trabalhar tempo e espaço (e suas diferentes adjetivações) como duas categorias antropológicas de análise separadas. Não é somente a cartografia da cidade que se expande e ganha novos contornos e fronteiras, mas o próprio tempo que regula os fluxos urbanos. O fazer musical e o comprometimento dos adeptos do *black metal* evidenciam as "negociações" apontadas por Magnani[31] como um dos fundamentos da vida na cidade, e que produzem os mais diferentes arranjos de espaço-tempo. Quando é trabalho ou lazer, ou tempo livre – isso não será definido pelos conceitos fundadores da modernidade, mas por definições nativas e pelos sentidos dados ao espaço-tempo urbano.

Nesse sentido, o "intervalo" não diz respeito a uma completa separação daquilo que esses atores sociais são ou fazem fora dos eventos, pois, em tais ocasiões, reafirmam-se uma identidade e o pertencimento ao estilo. Não há uma suspensão, mas intervalos que compõem os fluxos cotidianos da vida na cidade, seja ela uma metrópole ou uma pequena cidade do interior. Ainda que existam diferenças entre esses modos de vida em diferentes contextos urbanos, os eventos ganham o caráter de momentos rituais da prática coletiva entre os adeptos. São importantes, pois reforçam os laços, mobilizam a tradição, permitem que esses atores sociais confirmem aquilo que é dito. O "intervalo" não é suspensivo, mas permite pensar como a sonoridade e as performances são canalizadoras dessas forças coletivas que produzem a cena. Ainda sobre o espaço-tempo, se, no contexto etnográfico analisado por Hikiji, a "mente ociosa" é frequentemente apontada como a "oficina do diabo"[32], no *black metal* são as mentes engajadas que potencializam supostas forças demoníacas. A mente ociosa é a oficina do diabo, do fazer *black metal* e da produção do espaço-tempo social sem descanso.

---

[31] Cf. J. G. C. Magnani, 2012, *op. cit.*
[32] Cf. Rose Satiko Gitirana Hikiji. Música para matar o tempo: intervalo, suspensão e imersão, *Mana*, 2006b, n. 12, v. 1, pp. 151-78.

UMA FORMA DE ARTE:
POR DENTRO DAS PRÁTICAS
DOS FREQUENTADORES
DO SESC SP

Julio Cesar Talhari
Thiago Pereira dos Santos
Samara Konno
Leslie Sandes

INTRODUÇÃO

"Não existem férias sem Sesc". Essa frase, dita por um frequentador, aponta, entre várias coisas, para a dimensão dos usos do tempo em uma sociedade regida pelo tempo do trabalho. As férias, direito conquistado pelos trabalhadores, marca uma temporalidade oposta ao trabalho. É o período do ano em que rotinas são mudadas, relações familiares são intensificadas e novas sociabilidades são criadas – em viagens, clubes, atividades recreativas, passeios etc. Ao longo do ano, no entanto, outros períodos menores também marcam um contraponto ao tempo do trabalho, como feriados, fins de semana, além, é claro, de algumas horas dos dias ditos "úteis", todos eles pensados como intervalos de tempo reservados para o descanso e o *lazer*.

É justamente esse último termo o foco do presente livro e da pesquisa intitulada "Cultura e lazer: práticas de lazer e físico-esportivas dos frequentadores do Sesc em São Paulo", realizada em duas etapas (2015 e 2017)[1]. O Serviço Social do Comércio (Sesc) inevitavelmente aproxima as duas esferas, o trabalho e o lazer, por ser um espaço mantido por sindicatos patronais para o usufruto dos trabalhadores do comércio (e áreas correlatas) e familiares em seu tempo livre. Mas, antes de entrar nos pormenores

---

[1] Essa pesquisa, realizada pelo Sesc São Paulo com a participação do Laboratório do Núcleo de Antropologia Urbana da Universidade de São Paulo (LabNAU/USP) e do Centro de Estudos Contemporâneos (Cedec), que, combinando metodologias quantitativas (do tipo *survey*) e qualitativas (de tipo etnográfico), traçou o perfil do público que frequenta as unidades do Sesc em todo o estado em relação aos seus hábitos e envolvimento nas práticas de lazer. As pesquisas e ações formativas realizadas pelo Sesc São Paulo são sempre organizadas por equipes multidisciplinares. No caso da pesquisa "Cultura e Lazer: práticas de lazer e físico-esportivas dos frequentadores do Sesc em São Paulo", esta foi idealizada e orientada pelo Centro de Pesquisa e Formação em conjunto com a Gerência de Desenvolvimento Físico-esportivo. Em 2015, o estudo foi realizado em nove unidades do Serviço Social do Comércio (Sesc), sendo seis delas na cidade de São Paulo (Santo Amaro, Itaquera, Santana, Consolação, Pompeia e Belenzinho), uma em sua Região Metropolitana (Santo André), uma no interior (Araraquara) e uma na Baixada Santista (Santos). Na etapa seguinte, em 2017, a investigação concentrou-se em algumas unidades do interior paulista: Sorocaba, São José do Rio Preto, Taubaté, Presidente Prudente e Campinas. O objetivo permaneceu o mesmo: compreender as motivações, dinâmicas e agências dos frequentadores nas unidades, bem como as relações e percepções que eles estabelecem com a instituição. (N. E.)

da pesquisa que serve de base para este capítulo[2], convém estabelecer um breve paralelo entre o lazer e outra noção muito próxima, também decorrente da emergência das sociedades industriais e seus modos de vida: o consumo. Mais especificamente, vale demonstrar como a ideia de consumo tem sido desconstruída e retrabalhada, sobretudo no campo da antropologia.

O consumo, de maneira geral, por um bom tempo foi visto – principalmente nas sociedades ocidentais – tão somente como o resultado final da produção, associado ao tempo do descanso e do lazer, com o consumidor considerado um agente passivo, sem muito controle sobre as forças presentes no meio produtivo, do qual ele participaria apenas como o receptor[3]. A partir da década de 1970, por meio de estudos antropológicos, o consumo começou a ser considerado com base em um ponto de vista menos pejorativo e também menos utilitarista, primeiramente a partir do enfoque dado por Marshall Sahlins[4], e depois por Mary Douglas e Baron Isherwood[5].

Sahlins[6], em uma leitura bastante particular do estruturalismo levistraussiano, defende a precedência de uma razão cultural (ou simbólica) sobre uma razão prática (utilitária). Nesse sentido, o consumo, antes de servir para satisfazer as necessidades básicas dos seres humanos, funcionaria para representar distinções culturais dentro de uma sociedade.

....

[2] Este capítulo é baseado principalmente em dados coletados e reflexões realizadas pela equipe do LabNAU, tendo por referência o que se convencionou chamar de *expedição etnográfica*: uma abordagem do tipo etnográfica em que um conjunto de pesquisadores vai a campo compartilhando olhares e relatos, em um período curto de tempo (no caso, uma semana para cada unidade), imersos na dinâmica do ambiente urbano para observar e registrar o objeto de seu estudo. Entre as duas etapas, a equipe de pesquisadores sofreu algumas alterações, mas manteve o mesmo número de pessoas em campo. A seguir, vêm os nomes de todos que participaram do trabalho, que teve a coordenação de José Guilherme Magnani: Ana Luiza Mendes Borges, Ane Rocha (Sesc-SP), Camila Iwasaki, Clara Azevedo, Danilo Cymrot (Sesc-SP), Enrico Spaggiari, Julio Cesar Talhari, Leslie Sandes, Lucas Lopes de Moraes, Mariana Hangai Vaz Guimarães Nogueira, Mariana Luiza Fiocco Machini, Michel de Paula Soares, Rodrigo Chiquetto, Rosenilton Silva de Oliveira, Samara Konno, Thiago Pereira dos Santos, Yuri Bassichetto Tambucci.

[3] Cf. Daniel Miller, Consumo como cultura material, *Horizontes Antropológicos*, Porto Alegre, jul./dez., 2007, ano 13, n. 28, pp. 33-63.

[4] Cf. Marshall Sahlins, *Cultura e razão prática*, Rio de Janeiro: Jorge Zahar: 2003 [1976].

[5] Cf. M. Douglas; B. Isherwood, *O mundo dos bens: para uma antropologia do consumo*, Rio de Janeiro, UFRJ, 2013 [1979].

[6] Cf. Marshall Sahlins, 2003 [1976], *op. cit.*

De fato, tais necessidades seriam manipuladas culturalmente[7]. Douglas e Isherwood[8], de modo semelhante, sugerem que o consumo também pode ser visto como um produtor de significados. Afirmam que "o homem precisa de bens para comunicar-se com os outros e para entender o que se passa à sua volta"[9]. Mais recentemente, Daniel Miller[10] tem defendido um olhar para o consumo que o compreenda como uma relação com a cultura material, isto é, uma relação entre pessoas e coisas.

Mas é fundamentalmente Michel de Certeau[11] que permite explorar essa concepção antropológica do consumo e estendê-la a novos campos, como o lazer. Ele faz isso ao pensar o papel criativo dos atores sociais, tanto no que se refere ao consumo de produtos e de informação quanto no que tange às práticas cotidianas – como caminhar pela cidade e cozinhar. Certeau enfatiza as práticas portadoras de astúcia ante um poder disciplinador e para isso desenvolve a noção de *táticas* em contraposição à de *estratégias*[12]. A fertilidade de tal proposição leva Rogério Proença Leite[13], em uma pesquisa sobre o Bairro do Recife – portanto, sobre questões urbanas, como o problema da gentrificação –, a desdobrar tais conceitos nas noções respectivamente correspondentes de *contra-usos* e *usos*, a fim de propor uma reflexão sobre as disputas no espaço urbano que permitiriam pensá-lo como espaço público.

A pesquisa sobre os frequentadores do Sesc, em suas duas fases, sempre teve por base esse olhar para as minúcias do cotidiano, para o apelo criativo das práticas dos atores, para as *artes de fazer* em situações ordinárias, para as pequenas astúcias de momentos rotineiros no contexto de atividades esportivas e culturais. Assim, tenta-se lançar luz sobre como a questão do lazer também pode ser tratada tanto etnograficamente quanto

---

[7] Por exemplo, o consumo de carne bovina em detrimento da carne de cavalo ou de cachorro é resultado do tabu existente em algumas sociedades em relação a esses animais, não tendo nada a ver com as propriedades nutritivas da carne. Tanto a carne bovina como a de cachorro ou a de cavalo têm as mesmas qualidades e, do ponto de vista biológico, satisfariam do mesmo modo as necessidades físicas humanas. A decisão de consumir carne bovina, e não carne de cachorro ou de cavalo, é decorrência, portanto, da relação – sobretudo dos ocidentais – com os animais, atribuindo um tabu alimentar em relação ao cachorro e ao cavalo em razão da relação humanizada existente no trato com essas espécies.

[8] Cf. M. Douglas; B. Isherwood, 2013 [1979], *op. cit.*

[9] *Ibidem*, p. 145.

[10] Cf. Daniel Miller, 2007, *op. cit.*

[11] Cf. Michel de Certeau, 2009 (2012, 2014 [1980]), *op. cit.*

[12] As *táticas* seriam práticas portadoras de astúcias dos atores. Já as *estratégias* seriam um cálculo ou manipulação "de um sujeito de querer e poder (uma empresa, um exército, uma cidade, uma instituição científica)" (*Ibidem*, p. 99).

[13] Cf. Rogério P. Leite, *Contra-usos da cidade: lugares e espaço público na experiência urbana contemporânea*, Campinas: Editora da Unicamp; Aracaju: UFS, 2004.

por meio de uma elaboração antropológica mais aprofundada e abrangente de modo que se ofereça uma contribuição – e uma visão alternativa – aos estudos multidisciplinares existentes sobre o tema. Inclusive, ao buscar uma problematização em relação a distinções fixas entre o tempo do trabalho e o tempo do lazer na contemporaneidade.

O presente capítulo busca trabalhar certas dimensões da relação dos frequentadores do Sesc – em algumas unidades no estado de São Paulo – entre si, com o espaço urbano, com as instalações e atividades da instituição, bem como explicitar suas elaborações a respeito das próprias práticas, interesses e motivações. Assim, explora-se aqui a constituição de circuitos de lazer no contexto urbano que tenham o Sesc como parte integrante ou até mesmo como centralidade. Também são analisadas as relações de pertencimento que alguns frequentadores desenvolvem com as unidades e as consequências disso no cotidiano, aprofunda-se a investigação de como o relacionamento entre frequentador e instituição influencia na construção de subjetividades e alteridades singulares, e, ainda, apresentam-se os *arranjos* entre os atores (tanto frequentadores quanto funcionários) que contribuem para mudanças ou adaptações de regras e programação.

❷ BREVE HISTÓRIA DA RELAÇÃO ENTRE O SESC E A NOÇÃO DE LAZER

Não se pretende aqui fazer um retrospecto exaustivo da história do Sesc, mas pontuar três principais momentos de inflexão na trajetória da instituição em torno da noção de *lazer*. O primeiro período começa em 1946, com sua criação, e estende-se até meados da década de 1960: compreende a atuação da instituição no contexto de redemocratização após o fim do Estado Novo e da então recente urbanização, com o crescimento da indústria e do comércio. Ante as mudanças no processo de produção e em decorrência das novas formas de organização do trabalho, o Sesc tinha como objetivo promover o bem-estar social, a melhoria da qualidade de vida e o desenvolvimento cultural dos trabalhadores do comércio, de bens, serviços e turismo e de suas famílias. Ainda que nesse período a tônica tenha sido mais assistencialista, voltada para a saúde do trabalhador, havia a preocupação em ocupar seu tempo livre, de forma saudável, com atividades recreativas, esportivas e culturais.

No período seguinte, principalmente durante as décadas de 1960 e 1970, a questão do lazer assumiu centralidade no discurso e nas ações programáticas do Sesc. Mais do que apenas substituir o termo "recreação", o lazer começou a ser encarado de forma mais detida e isso em razão do contato com a obra do sociólogo francês Joffre Dumazedier (como analisa a Introdução deste livro), com as conhecidas distinções entre tempo obrigatório em oposição ao tempo livre e trabalho em oposição ao lazer. Essa influência não ficou só no plano das leituras, mas também se concretizou nos encontros com o sociólogo ao longo da década de 1970, seja por parte de técnicos da instituição, realizando cursos de formação na Universidade de Paris V-Sorbonne, seja com sua vinda como consultor do Sesc São Paulo. Passou a haver, então, um espaço de discussão e divulgação dessa temática. Já em 1969, promoveu-se, em conjunto com a Secretaria de Bem-Estar da Prefeitura do Município de São Paulo (Sebes), o pioneiro seminário "Lazer: perspectivas para uma cidade que trabalha".

Entretanto, a questão do lazer não ficou circunscrita ao plano teórico; ela esteve presente no cotidiano da instituição, nas práticas e programas de atividades. Tornou-se, assim, um dos principais eixos de atuação, consolidando a perspectiva educacional que de certa forma sempre permeou as diretrizes e atividades da instituição, mesmo quando sua proposta de atuação era mais assistencialista. Porém, é com base em um enfoque na dimensão do lazer nas décadas de 1960 e 1970 que uma concepção de educação não formal se tornou imperativa, influenciando outras áreas: tanto quanto as atividades de lazer, as esportivas e culturais também são educativas. Essa "educação por meio do lazer", construída ao longo desse período, passou a pautar a linha de atuação marcada pela educação não formal.

Os anos 1980 trouxeram uma nova e gradual recomposição das diretrizes do Sesc. A centralidade do lazer, então principal linha de atuação, foi direcionada sobretudo para a dimensão da cultura. Tal realinhamento estava ligado tanto às transformações sociais pelas quais passava a sociedade brasileira, com o fortalecimento das manifestações culturais no período pós-Ditadura Militar, quanto à transição na gestão institucional, com a ascensão de novos nomes na administração do Sesc São Paulo. A programação passou a oferecer um leque mais diversificado de atividades consideradas de conteúdo cultural, desde aquelas mais identificadas com a chamada "alta cultura" – exposições de artes plásticas e fotografia, apresentações musicais, de dança, teatro, performance etc. – até produções dos frequentadores, com espaços abertos para sua própria expressão artística. No entanto, se, por um lado a noção de lazer tem passado por uma transformação na instituição em decorrência de uma abordagem educativa – deixando de figurar como elemento central no léxico do Sesc –, por outro, o termo tem sido apropriado pelos frequentadores e mobilizado nas ações e atividades.

③ O SESC NO CONTEXTO URBANO: OS FREQUENTADORES NOS CIRCUITOS DE LAZER

Nas duas etapas da pesquisa que ensejou este texto (2015 e 2017), um dos eixos de análise que permaneceu e se consolidou foi o da relação das unidades do Sesc com as dinâmicas urbanas. De fato, tanto no interior quanto na capital, a primeira estratégia – ainda que mais ampla e exploratória (mas que depois se mostrou fundamental para aprofundamentos) – para estabelecer conexões e sentidos para as práticas dos frequentadores era identificar atividades semelhantes no espaço urbano analisado, bem como captar certo *ethos* local que poderia influenciar não só as práticas, mas também as ofertas de opções culturais e de lazer de determinada cidade ou bairro.

As diferenças entre capital e interior mostraram-se importantes. Não por uma essencialização apriorística com base nessa polarização, mas, sobretudo, em decorrência da escala populacional. Com efeito, há várias unidades do Sesc na capital, ao passo que no interior uma única unidade atende a cidade em que está instalada e os municípios vizinhos. Assim, embora muitos aspectos fossem partilhados tanto pelas unidades do interior quanto por aquelas da capital, algumas particularidades devem ser ressaltadas.

A rede Sesc obedece a dinâmicas urbanas distintas. Para entender as formas de utilização das unidades pelos frequentadores e suas motivações, é preciso, como disse um funcionário do interior paulista, "entender a cidade".

Na capital, a existência de várias unidades espalhadas por diversos bairros e regiões propicia a percepção de um "circuito Sesc" na própria cidade. Isso porque permite a circulação de seus credenciados[14] (ou mesmo frequentadores sem vínculo formal) por atividades oferecidas

....

[14] Atualmente, existem algumas formas de vínculo com a instituição. Uma delas é a *credencial plena*, à qual têm direito os trabalhadores de empresas do serviço e do comércio que contribuam para o Sesc. Essa credencial dá acesso aos equipamentos das unidades e garante a preferência de quem as possui nas inscrições em atividades e viagens realizadas pelo Sesc. Outra forma de vínculo é a *credencial atividade*, que qualquer pessoa pode solicitar para realizar atividades abertas para quem não é comerciário. Há também outras formas de vinculação, como a Matrícula de Interesse Social (MIS), que serve à instituição como mecanismo de trabalho com públicos que têm algum impacto no funcionamento da instituição (habitantes de bairros e comunidades vizinhas ou grupos de idosos que, com a extinção da categoria *usuário*, perderam seu vínculo com a instituição e assim o direito de realizar certas atividades e usar os equipamentos), mas que não se enquadram como credenciados plenos. Por fim, existe a *credencial de dependentes*, distribuída aos parentes que comprovem relação de dependência com o comerciário.

pela rede em variados pontos, respondendo assim à complexidade de interações e deslocamentos no tecido urbano. Há até mesmo uma percepção de complementaridade entre as unidades, com base em um sistema de classificação elaborado pelos próprios frequentadores. Por exemplo, é possível detectar um espectro ao longo da Linha Vermelha do metrô que vai do esporte/atividade física (unidade de Itaquera, no extremo leste) à cultura (na unidade do Pompeia, no extremo oeste do metrô), tendo por meio-termo a unidade do Belenzinho, como fica claro na fala de uma frequentadora: "Belenzinho é um Itaquera e um Pompeia, alternadamente: piscina e cultura…".

Entretanto, o que se revelou de forma mais significativa durante a pesquisa nas unidades da capital foi a construção de diversos circuitos por parte dos próprios frequentadores com base em seus interesses específicos. Aqui se mostra produtiva a noção de *circuito*, não apenas como categoria etnográfica, mas também como categoria analítica:

Trata-se de uma categoria que descreve o exercício de uma prática ou a oferta de determinado serviço por meio de estabelecimentos, equipamentos e espaços que não mantêm entre si uma relação de contiguidade espacial, sendo reconhecido em seu conjunto pelos usuários habituais: por exemplo, o *circuito* gay, o *circuito* dos cinemas de arte, o *circuito* neoesotérico, dos salões de dança e shows *black*, do povo-de-santo, dos *clubbers*, dos evangélicos gospel e tantos outros[15].

Desse modo, as unidades do Sesc constituem pontos de uma rede de equipamentos urbanos mais ampla, em configurações novas e inesperadas, que permitem que a cidade seja experenciada de acordo com os diversos modos de vida nela existentes. Trata-se da ideia de *fazer a cidade* elaborada pelo antropólogo francês Michel Agier[16], isto é, a cidade entendida por meio das práticas dos citadinos – uma cidade fabricada por eles – e não tendo por referência noções aprioristicas e reificadas. É, portanto, uma *cidade em processo* – nas palavras desse autor –, apreendida por suas dinâmicas e movimentos, e não em sua totalidade.

Os *circuitos de lazer* criados pelos frequentadores foram identificados com maior densidade nas unidades da capital. Alguns deles envolvem unicamente as unidades do Sesc, outros englobam também tipos diferentes de equipamentos urbanos. Um circuito significativo foi observado no entorno do Sesc Consolação, tendo essa unidade

....

[15] Cf. J. G. C. Magnani, 2012, *op. cit.*, p. 97.
[16] Cf. Michel Agier, 2011, *op. cit.*

como ponto central. É um circuito composto por garotos de 12 a 17 anos praticantes de futebol. Eles costumam circular pela unidade carregando uma bola à procura de algum espaço disponível para jogar. Buscam brechas na programação de modo que possam utilizar alguma quadra vazia, mesmo que por alguns minutos. No entanto, frequentemente os ginásios são ocupados pelas turmas do Programa Curumim, o que inviabiliza o bate-bola dos garotos. Nesses dias, é comum ouvir deles frases do tipo: "Hoje o Sesc tá zoado". Há dias em que nem é preciso entrar no prédio, pois outro grupo de meninos na rua já avisa: "Velho, hoje o Sesc tá zoado".

Verifica-se, portanto, uma constante leitura do espaço do Sesc por esses garotos. Quando não é possível a utilização dos ginásios, eles recorrem a espaços públicos como a praça do Rotary (no entorno) ou a praça Roosevelt, a menos de um quilômetro de distância. Contudo, como esses espaços não são cobertos, em dias de chuva os garotos ficam no Sesc à espera de alguma oportunidade. A maioria não possui credencial, e aqueles que possuem não costumam carregá-la. Apesar da falta de vínculo formal, não temem ser expulsos da unidade, mas reclamam de sempre ter de ceder o espaço para atividades da programação.

Um tipo de circuito observado tanto na capital quanto no interior foi a prática de tênis de mesa. Notou-se, com uma regularidade significativa, a da proeminência das unidades do Sesc nesse circuito, apesar da pouca atenção – segundo os próprios frequentadores e praticantes da modalidade – dada ao esporte. Talvez por isso o Sesc seja bastante procurado, já que, principalmente no interior, os clubes são os outros espaços em que há mesas para a prática, mas o acesso a eles é restrito a sócios. Como o Sesc, de maneira geral, parece não oferecer maior destaque ao tênis de mesa, apenas disponibilizando raquetes e bolinhas e situando as mesas em cantos e desvãos no espaço das unidades, os frequentadores adeptos da modalidade sentem-se mais livres para se organizar em suas disputas e também nas sociabilidades daí decorrentes.

O *circuito de vôlei* se mostrou um dos mais significativos, sobretudo na capital. Como no caso do tênis de mesa, trata-se de uma modalidade esportiva que funciona como aglutinadora para determinados frequentadores em decorrência de um interesse específico. Neste caso, várias unidades do Sesc na capital (principalmente Pompeia, Consolação e Vila Mariana) são utilizadas por praticantes. No entanto, o perfil dos participantes desse *circuito* é bastante peculiar: muitos são homossexuais masculinos[17]. Alguns deles fazem, no mesmo dia, o que chamam de "peregrinação" pelos espaços na cidade onde é possível jogar vôlei. As unidades do Sesc, por sua infraestrutura, são os locais preferidos, mas eles também frequentam outros equipamentos na cidade que contam com quadras, como o parque Villa-Lobos e o Ibirapuera.

Nesse circuito, evidenciam-se aspectos ligados à capacidade de agência por parte dos frequentadores. Por exemplo, o conhecimento das regras da instituição[18] e das características dos espaços permite a circulação com desenvoltura pela rede Sesc. Ademais, configura-se uma lógica de circulação pela cidade que desafia a contiguidade espacial, pois, além das unidades mencionadas como mais utilizadas na prática de vôlei por homossexuais masculinos, o circuito abrange unidades como Sesc Santana (Zona Norte), Sesc Belenzinho (Zona Leste), Sesc Pinheiros (Zona Oeste) e até mesmo o Sesc Santo André (Região do ABC, na Grande São Paulo). Esse circuito parece se estender até mesmo para o interior, embora com menos densidade – por exemplo, em Araraquara e Campinas.

A agência desses frequentadores também é observada na própria construção do circuito com base em dois elementos: técnica elevada e identidade homossexual. Os heterossexuais aceitos no jogo são aqueles que, além de possuir técnica apurada, também demonstram respeito com relação à orientação sexual da maioria dos participantes. Desse modo, por meio da constituição de tal circuito, eles conseguem acolhimento dentro da instituição – ainda que com base na manipulação de algumas regras – e, assim, um espaço de empoderamento, a despeito dos relatos de tensões e conflitos.

Outros *circuitos* poderiam ser mencionados, mas os casos aqui relatados já demonstram como essa forma de circulação pelos diversos equipamentos urbanos, que muitas vezes têm as unidades do Sesc como centralidade, é um modo de apropriação dos citadinos dos espaços e das regras, de maneira que possam desenvolver seus próprios interesses e obedecer a lógicas próprias. Nas unidades do interior do estado, onde há

----

[17] Vale salientar que essa característica dos praticantes do vôlei também é diagnosticada por Juliana Coelho, que aponta a "evolução" do esporte, de uma prática mais leve e menos agressiva, até um esporte com altos níveis de performance técnica e força. Ao mesmo tempo, a autora reforça que o vôlei sempre teve um apelo maior entre o público feminino, mas principalmente entre aqueles homens que não estariam enquadrados nos padrões de "masculinidade" hegemônicos. Cf. Juliana Coelho, ("Voleibol: um espaço híbrido de sociabilidade esportiva". Em: P. H. Toledo; C. E. Costa (orgs.), *Visão de jogo: antropologia das práticas esportivas*. São Paulo: Terceiro Nome, 2009.)

[18] Costumam frequentar os horários das práticas recreativas em que eles têm mais liberdade para se impor pela técnica, em detrimento do Clube do Vôlei, pois este tem muitos iniciantes e funcionários que cuidam das regras.

uma *cultura de clube* muito presente – que faz com que muitos potenciais frequentadores do Sesc não o acessem por pensar que ele também é um espaço restrito –, há uma busca por parte dos funcionários da programação e gestores em captar as práticas e lógicas dos moradores locais para que o Sesc seja uma opção de lazer que esteja de acordo com o que eles procuram, embora a programação, em grande medida, também tenha seu caráter propositivo e autônomo.

❹ PERTENCIMENTO

O Sesc, como outros equipamentos urbanos, é um local de encontros e sociabilidades. Contudo, ali se revelam vínculos extremamente fortes de alguns frequentadores com o espaço, com parceiros de atividades e mesmo com funcionários. Merece destaque, por exemplo, uma resposta frequente à pergunta sobre a motivação de ir ao Sesc: *fazer social*. Mais do que atraídos pela programação ou alguma atividade específica, muitos usuários afirmaram que seu interesse principal em frequentar determinada unidade é estar com outras pessoas, partilhar momentos com um determinado grupo, seja este formado fora ou dentro do próprio Sesc.

O *fazer social* se mostra fundamental para a criação e manutenção do vínculo dos frequentadores com o Sesc, mesmo que esse vínculo não seja com a instituição em si, como ocorre nas unidades da capital, mas com outros frequentadores – ou mesmo com aqueles com quem se compartilha a cura de um problema de saúde, como acontece nas unidades do interior do estado. São as relações estabelecidas nos espaços de convivência, atividades regulares, comedoria, *shows*, que somam outro sentido às motivações iniciais. A sociabilidade pode ser entendida como uma arte. Como afirma Frúgoli Jr.[19], com base em Simmel[20], ela representa uma "forma lúdica arquetípica de toda a socialização humana, sem quaisquer propósitos, interesses ou objetivos que a interação em si mesma".

A sociabilidade está muito presente nas narrativas dos frequentadores do Sesc na condição de elemento que os acolhe e com base no qual são constituídos vínculos de pertencimento. Um jovem frequentador

....

[19] Cf. H. Frúgoli Jr., *Sociabilidade urbana*, Rio de Janeiro: Zahar, 2007, p. 9.
[20] Cf. Georg Simmel, "A sociabilidade (exemplo de sociologia pura o formal)". Em: *Questões fundamentais da sociologia*, Rio de Janeiro: Jorge Zahar, 2006 [1917], pp. 69-82.

da Ginástica Multifuncional (GMF)[21], em Araraquara, comentou que os moradores da cidade eram "extremamente antipáticos", mas o Sesc era um dos poucos lugares em que as pessoas eram simpáticas e estavam dispostas a conversar e fazer amizades. Em Santos, uma senhora relatou que após entrar em depressão encontrou na instituição um espaço para conversar, fazer amigos e conversar sobre suas angústias. Sentia-se tão acolhida que considerava o Sesc como "uma mãe" e um elemento central em sua vida: "O Sesc é uma mãe pra mim. Virou um pedaço da minha casa. Quando precisei, estava aqui. Tinha pessoas dispostas a conversar. Fiz amigos, até os mais velhinhos. Foi assim que voltei a ficar feliz". Na mesma unidade, um frequentador definiu essa característica do Sesc como algo que vincula seus frequentadores à instituição, principalmente quando comparado com as academias de ginástica: "veja bem, nesse tipo de atividade o público é muito flutuante. As pessoas se matriculam em academias e às vezes continuam pagando e desistem de usar. No Sesc é mais estável, porque tem sociabilidade". Assim, a sociabilidade pode ser entendida como a *arte de fazer social*. Tem um caráter lúdico e também criativo.

Do ponto de vista do frequentador, o Sesc pode ser mais que um centro cultural e esportivo. Muitas vezes, é comparado a uma "rua" ou uma "praça", o que evidencia pertencimentos específicos. Além de situar-se em contextos sociais diversos, as unidades da capital e do interior podem ser comparadas tendo por referência sua arquitetura e a disposição de alguns elementos, como áreas verdes, áreas internas, tipos de quadras predominantes, entre outros. Nesse sentido, é interessante notar que, mesmo em cidades absolutamente diversas como Presidente Prudente, Taubaté, São Paulo (unidade de Itaquera) e Santo André, as unidades apresentam uma configuração da ocupação do espaço parecida. Essas regularidades apontam para as características arquitetônicas da unidade como elementos importantes para o estabelecimento de relações de pertencimento mediante formas de apropriação desses espaços.

Nas unidades de arquitetura mais aberta, com áreas externas amplas e verdes, pode-se observar formas de uso marcadas pela busca de ambientes adequados a sociabilidades mais espontâneas e descompromissadas, que se desenvolvem mais efetivamente nesse tipo de configuração espacial. Esse modo de ocupação é acompanhado por analogias com "parque", "praça" ou "rua" e geralmente tem como

....

21 São recorrentes as narrativas de frequentadores que, apesar de limitarem suas atividades no Sesc à prática da GMF, encontram nesse espaço a oportunidade de fazer novos vínculos e amizades: o *fazer social*. Essa característica, inclusive, foi identificada por muitos funcionários. Na unidade de Sorocaba, por exemplo, a GMF é apelidada de "GMS" (Ginástica Multissocial).

protagonistas os adolescentes que circulam constantemente para dar um "rolê" ou "dar um peão", bem como famílias com crianças, presentes principalmente aos fins de semana.

Um caso emblemático é o Sesc Taubaté. A unidade, com amplos espaços abertos, o que lembra um clube de campo, atrai um grande número de adolescentes do entorno, que é caracterizado como um bairro periférico e estigmatizado. Ali, os jovens, poucos deles com algum vínculo formal com o Sesc, passam o tempo jogando bola nas quadras e no ginásio, caminhando de um lado para o outro e engajando-se em brincadeiras e paqueras. Na maioria das vezes, a programação da unidade é ignorada. Esses jovens, no entanto, levam para dentro do Sesc tensões derivadas das dinâmicas dos bairros em que vivem, com rivalidades entre grupos. Mas, de alguma forma, dentro da unidade, as disputas são temporariamente suspensas, em uma espécie de acordo tácito para que todos possam usufruir do espaço. O corpo de funcionários, por seu turno, compreende as motivações e formas de relações de seus frequentadores e atua para amenizar possíveis conflitos.

Outro caso que merece menção é o do Sesc Thermas Presidente Prudente, que é resultado da doação de um espaço público municipal há dez anos e enfrenta problemas com os antigos usuários. Estes são pouco receptivos a mudanças, seja nas regras, seja na infraestrutura, de modo que sempre fazem reclamações à administração da unidade quando algo não está de acordo com o esperado. Muitos ali são idosos, com problemas de saúde, que buscam as águas quentes do Sesc local para o tratamento de seus problemas. Essa é uma motivação presente em outras unidades, mas em Presidente Prudente a questão da cura é bastante significativa. No entanto, apesar desse caráter aparentemente utilitário da relação entre os frequentadores e o equipamento, o que se percebe é que, para além do cuidado com saúde – por um acordo com a prefeitura, a unidade atende encaminhamentos do Sistema Único de Saúde (SUS) –, verifica-se principalmente o caráter socializador do banho. Isso fica evidente no depoimento de uma frequentadora, já idosa, que disse ter sido proibida pelo médico de frequentar as piscinas por conta de problemas de pele decorrentes da longa exposição à água quente, mas mesmo assim continua a frequentar por causa das amizades.

Portanto, o que se mostra fundamental para essa relação de pertencimento é o acolhimento que as unidades do Sesc oferecem. Tal aspecto está ligado à arquitetura, às instalações, à infraestrutura, bem como à postura dos funcionários. No que se refere ao espaço, vale apontar a concepção de Tim Ingold[22] e sua noção de *habitar*. Ingold entende a relação das pessoas com o ambiente que as cerca como algo em processo, em movimento, e não como algo acabado. Mesmo os edifícios, planejados e construídos de maneira aparentemente rígida, estão em constante transformação por meio do engajamento das pessoas. Essa concepção, no aspecto abordado aqui, aproxima-se muito do que Daniel Miller[23] denomina de *dialética da cultura material*. A relação do proprietário com sua casa, por exemplo, de alguma forma faz esse dono ser quem ele é, tem parte importante na construção de sua subjetividade. De modo semelhante, a relação dos frequentadores com as instalações do Sesc, sua mobília, sua divisão de espaço, suas características arquitetônicas, é pautada por esse movimento de incorporação das projeções que o ambiente construído proporciona.

Não por acaso, frases recorrentes de frequentadores identificam o Sesc como parte de suas casas: "O Sesc é meu quintal", "O Sesc é a continuação da minha sala", "O Sesc é minha segunda casa". Essa apropriação simbólica de algo material gera ideias inusitadas e certa mistura entre pessoas e coisas, como uma mãe que declarou: "meu filho é patrimônio do Sesc". O vínculo muitas vezes é tão forte que, além de pensar o Sesc como parte de sua casa, alguns frequentadores se entendem como "filhos do Sesc". Esse vocabulário que aproxima as relações com a instituição e aquelas do lar e da família denota até mesmo o nível de apropriação do espaço, que frequentemente gera conflitos. Alguns funcionários, inclusive, usam essa mesma terminologia, mas em outra direção, para criticar a atitude de algum frequentador considerada um tanto abusiva: "Pensa que o Sesc é a sua casa..."

Mas o acolhimento das práticas também é algo planejado pelos funcionários, seu corpo gestor e, evidentemente, pelos idealizadores do projeto arquitetônico. Espera-se que os espaços construídos, a disposição das mobílias e equipamentos, a montagem das salas e a determinação de locais para atividades específicas gerem engajamentos por parte dos frequentadores. Trata-se, portanto, do uso de objetos – ou do que antropologicamente se chama de "não humanos" – como mediadores de intencionalidades, utilizando aqui uma concepção de Alfred Gell[24]. Mais ainda, todos esses elementos materiais corporificam capacidades, de modo que podem ser compreendidos como seres sociais. Nesse sentido, objetos e outros artefatos materiais são usados por funcionários para produzir

---

[22] Cf. Tim Ingold, 2000, *op. cit.*
[23] Cf. Daniel Miller, 2013, *op. cit.*
[24] Cf. Alfred Gell, 1988, *op. cit.*

certa resposta nos frequentadores mediante uma agência[25] suscitada por esses objetos.

Isso fica mais claro com um exemplo de campo. No Sesc Taubaté, os funcionários relataram que alguns frequentadores ficaram descontentes com a nova forma de disposição dos bancos na Central de Atendimento. No novo arranjo, os bancos haviam sido colocados paralelamente, o que fez que os frequentadores comparassem o novo ambiente a uma igreja. Antes, os bancos estavam dispostos de modo que as pessoas, enquanto esperavam o atendimento, pudessem conversar olhando umas para as outras. De fato, o novo formato enfileirava as pessoas lado a lado, o que restringia a sociabilidade. Evidentemente, a intenção dos gestores é organizar os procedimentos e otimizar tempo e recursos. Mas, para muitos frequentadores, apesar de aquele ser um espaço para solução de questões burocráticas, também era uma oportunidade para *fazer social*. E por isso, embora a nova disposição adotada tenha permanecido "oficialmente", os frequentadores, no dia a dia, mudavam os bancos de lugar para facilitar as interações.

É nesse sentido que o entorno material – mobílias, instalações, objetos em geral – é importante para mediar intenções daqueles que pensam o espaço quanto aos engajamentos esperados. No caso relatado, nota-se a tentativa de impor uma ordem e uma disciplina. No entanto, seguindo a abordagem de Gell[26], todo objeto de arte é uma obra aberta[27]. Isto é, a disposição dos bancos foi alterada de modo a produzir

---

25   A ideia de *agência social* formula por Gell (1998, *op. cit.*) baseia-se na concepção de que os objetos de arte produzem inferências e suscitam respostas nas pessoas, estabelecendo vínculos e uma rede de relações. Em outro texto, ao abordar uma armadilha de caça como trabalho de arte, pois conecta dois seres (o caçador e a presa) por meio de um objeto, Gell (cf. A rede de Vogel: armadilhas como obras de arte e obras de arte como armadilhas, *Revista do Programa do Programa de Pós-Graduação em Artes Visuais EBA*, UFRJ, 2001 [1996], p. 189) defende uma definição de obra de arte que inclua qualquer objeto ou performance que incorpore intencionalidades. E essa concepção de que qualquer objeto pode ser considerado um objeto de arte é assumida aqui, sobretudo porque arte, para Gell, é um sistema ou modo de ação humana.

26   Cf. Alfred Gell, 1988, *op. cit.*

27   Como exemplo do que Gell entende por obra aberta, em *Art and Agency* ele cita (Alfred Gell, 1998, *op. cit.* pp. 62-5) o caso de Mary Richardson, uma sufragista que, em 1914, entrou na National Gallery, em Londres, e esfaqueou uma tela de Diego Velázquez (*The Rokeby Venus* [*Vênus ao espelho*], 1647-1651) como forma de protesto pela prisão de Emmeline Pankhurst. Para Gell, o ato de Richardson foi um gesto artístico, pois Richardson produziu uma nova *Vênus ao espelho*, isto é, uma Vênus moderna que, a partir de seu ato, passou a ser uma representação de Pankhurst e seu sofrimento. Ele conta que, embora a obra tenha sido restaurada meses depois, a obra de Richardson (que ele chama de *"Slashed" Rokeby Venus*, algo como *Vênus ao espelho "esfaqueada"*) durou por alguns meses e sobrevive até hoje por meio da reprodução fotográfica.

as intencionalidades dos próprios frequentadores: propiciar acolhimento e facilitar a sociabilidade. Esse é um caso, dentre tantos, em que os frequentadores do Sesc podem ser vistos como artistas. E, em certo sentido, é um exemplo das *artes de fazer* das práticas cotidianas[28].

❺ CONSTRUINDO SUBJETIVIDADES E ALTERIDADES

Com a incorporação das unidades do Sesc nos *trajetos* e *circuitos* percorridos pelo frequentador na cidade, ou mesmo a entrada nos circuitos criados pela e na instituição, inicia-se um processo de entendimento, incorporação e manipulação das regras e normas presentes no convívio dos espaços das unidades. Ao mesmo tempo, essa circulação pelas atividades, comedorias, teatros e espaços de brincar insere o sujeito em uma trama de relações nas quais ele se engaja. O *fazer social*, então, desponta como um mecanismo importante na manutenção do vínculo com a instituição e com os outros sujeitos. É fundamental nessa construção do social o processo de criação do "eu" e do "outro", do "nós" e do "eles". O que enriquece as dinâmicas observadas nos espaços da instituição são os jogos de alteridades que complexificam as apropriações do espaço, as demarcações temporais de usos e participações nas atividades.

É necessário, portanto, atentar para o modo como os públicos constroem categorias identitárias e como esses sujeitos são constituídos com base em suas práticas e relações. A política de acolhimento da instituição é importante para a construção da sociabilidade. Entretanto, os programas institucionais designados para o trabalho com idosos, jovens e crianças são importantes para compreender quais são os frequentadores, como eles são enquadrados nessas categorias e o que fazem com essas classificações. Se esses recortes etários funcionam para determinar *a priori* quem pode participar de um programa ou de outro, há diferentes mobilizações dessas categorias pelos próprios frequentadores, dependendo do contexto e do interlocutor.

Se a categoria *idoso* pode servir para reivindicar junto à instituição a existência de fila preferencial nos restaurantes, a participação em aulas de hidroginástica e outras atividades – como as promovidas pelo programa Trabalho Social com o Idoso (TSI) –, categorias como *velho*, *terceira idade* ou *melhor idade* podem ser acionadas em situações envolvendo frequentadores de outras faixas etárias, com o objetivo de demarcar territórios ou horários reservados para o idoso. Na unidade de Santo André,

---

[28] Cf. Michel de Certeau, 2009 (2012, 2014 [1980]), *op. cit.*

uma das pesquisadoras foi interpelada por uma senhora quando guardava seus pertences em um dos armários do vestiário. O motivo: "Esse buraco é meu. Sempre guardo minhas coisas aí, desde a inauguração. Todo mundo já sabe". Após trocar o compartimento que usaria, a pesquisadora foi novamente abordada pela senhora, agora satisfeita: "Gente velha é assim mesmo, cheia de manias. Você ainda é muito jovem para entender".

A manipulação do termo "velho" pode servir para justificar um *contra-uso* das instalações, demarcando um equipamento disponível para todo o público como um objeto privado. Por outro lado, essas manipulações podem ser conjugadas com a percepção de que os idosos são um público muito presente nas unidades, construindo a imagem dessa categoria como mais representativa do público geral e, por isso, detentor de legitimidade para cobrar mais rigor na aplicação de regras e normas.

Outro público cotidianamente presente no Sesc são as crianças, tanto no período de aulas, quando o programa Curumim atende turmas de filhos e filhas de credenciados, quanto nas férias, quando as unidades são um atrativo para pais que precisam lidar com os filhos ociosos e, principalmente, para as crianças, que mobilizam a família para ir às unidades. As crianças fazem um uso lúdico dos espaços e atividades, com atitudes mais espontâneas diante do que encontram, seja sob os olhos dos pais ou não. Espaços são reinventados, frequentadores e funcionários assumem diversos papéis nas brincadeiras, que impõem uma nova lógica no ambiente. As crianças têm um papel ativo na elaboração de sentidos não só sobre suas próprias participações em atividades e deslocamentos pelo Sesc, mas também na construção da interação com adultos, idosos e outras crianças. É possível dizer que as crianças no Sesc se constituem tendo como referência práticas e relações com outros públicos da instituição. Não são poucos os momentos em que as crianças, de forma estratégica, usam a presença dos pais e mães para mediar conflitos com outras crianças, como "escudos", pedindo que intervenham em determinadas situações para privilegiá-las.

Os jovens se destacam por um uso mais pontual das unidades e orientado pela multiplicidade de interesses dos vários grupos que circulam por elas. Diferentemente de idosos e crianças, participam pouco da programação, já que estão mais interessados nas brechas entre as atividades – por exemplo, quando conseguem uma quadra livre para jogar futebol, ou usar os computadores do Espaço de Tecnologias e Artes (ETA). Nesse movimento de procura de possibilidades para realizar suas atividades nos espaços do Sesc, mas sem a presença de instrutores ou qualquer outro funcionário que possa intervir em suas regras de jogo e conduta, os jovens terminam por, assim como idosos e crianças, inserir as unidades em suas rotinas diárias.

O saguão do Sesc Consolação, por exemplo, é um ambiente de grande circulação. Ali se veem desde frequentadores que esperam pelo horário de suas atividades até funcionários de empresas que utilizam o espaço para descansar após o almoço. A rede Wi-Fi liberada para público atrai pessoas para o espaço, inclusive jovens. Durante o trabalho de campo, um dos pesquisadores abordou duas garotas que usavam incessantemente seus aparelhos e escutavam música pelos fones de ouvido. Uma delas, de 15 anos, disse que costumam acompanhar um grupo de garotos, colegas seus, que usam as quadras da unidade para partidas de futsal. Não frequentam nenhuma outra atividade no Sesc e usam aquele espaço dentro da circulação que realizam pelo centro da cidade. Segundo ela, outro equipamento, a praça Roosevelt, era um lugar "bom para ficar jogando tempo fora".

A sociabilidade dos jovens manifesta-se nas atividades que realizam, mas também, e principalmente, em momentos de ócio. Se idosos constroem suas redes de relações com base nas atividades que realizam, e as crianças interagem com outros por meio de suas brincadeiras, os jovens engajam-se no *fazer social*, praticado durante os "rolês" e "peões" pelas unidades, ou mesmo quando estão sentados aproveitando as redes de internet grátis para usar seus celulares. O *fazer nada* foi positivado mesmo por jovens que participavam de um encontro do programa Juventudes no Sesc Rio Preto.

Distantes da programação, mas presentes nos espaços, os jovens interiorizam as regras da instituição para poder continuar circulando. Embora não usem a categoria *jovem* nas negociações que realizam na disputa pelos espaços, distinguem-se das crianças, que são vistas como privilegiadas pelo Sesc, pois têm mais acesso aos equipamentos, sobretudo as que participam do programa Curumim e passam horas fazendo uso da unidade respaldadas pelos instrutores.

Não apenas a classificação etária dos programas geracionais é apropriada e manipulada pelos frequentadores. Há outras classificações próprias da organização institucional do Sesc que são trabalhadas a cada situação pelos sujeitos. Durante a primeira etapa da pesquisa, em 2015, uma mudança nas regras da entidade mostrou-se um disparador de novas situações e relações entre frequentadores e o próprio Sesc. A extinção da categoria *usuário* e o surgimento de um novo sistema de credenciais fez com que as relações de pertencimento fossem reconfiguradas. Com o sistema de credenciais consolidado em 2017, observou-se a utilização de suas categorias como um vocabulário mobilizado pelos frequentadores para classificar a si mesmos e os outros.

Na unidade de Taubaté, após o fim das atividades do Curumim, um grupo de crianças foi questionado se utilizavam a piscina do local, e a resposta evidenciou a familiaridade com o sistema de credenciamento da instituição e as consequências em termos de acesso aos equipamentos: "Só vamos na piscina quando tem no Curumim, olha a carteirinha branca, tia, *deeeerrrr*". A cor da credencial (amarela para a *plena* e branca para *atividades*) era evocada pelas próprias crianças como uma forma de se diferenciar ("eu sou carteirinha amarela", "ela é branca") e demarcar suas possibilidades dentro da instituição. Na mesma turma do Curumim, durante uma visita à piscina, um garoto destoou dos demais pelo desinteresse na atividade. Ficou de fora, justificando que por "ser carteirinha amarela" podia ir quando queria e que frequentemente ia à piscina com a família aos fins de semana.

A essas classificações derivadas da organização do Sesc somam-se outras, que emergem das experiências e relações travadas pelos frequentadores e podem ser sobrepostas às categorias etárias e ao sistema de credenciais. Percepções de frequência, pertencimento e engajamentos podem gerar oposições classificatórias, complexificando as relações. A ideia da assiduidade parece se sobrepor em alguns casos à classificação por credencial. No Sesc Taubaté, por ocasião da visita de uma equipe de reportagem da TV Record, as crianças do Curumim passaram o dia ansiosas, conversando entre si e pensando o que diriam na entrevista. Com a chegada da equipe, um menino recém-ingresso no programa tomou a palavra e resolveu dizer algo, o que desagradou aos demais. As reações das outras crianças ressaltam a importância do tempo de participação: "Ele nem devia estar lá; ele acabou de entrar no Curumim, não sabe de nada, vai falar um monte de besteira".

A produção de identidade no Sesc e o processo de identificação com os programas ou com a instituição não passam apenas pela classificação por credencial, mas também por noções como a de assiduidade e tempo de convívio dentro dela. No entendimento das crianças participantes do Curumim, não bastava seu colega entrevistado ser *criança* e estar inscrito no programa: ele não estava lá por tempo suficiente e, assim, não tinha legitimidade para falar.

6 ARRANJOS: UM SESC NEGOCIADO

Em 2015, notou-se outra oposição derivada de uma leitura de assiduidade e tempo de presença no Sesc durante os meses de janeiro e fevereiro. Nesses meses, as unidades têm um grande aumento de público por conta da programação especial do Sesc Verão, principalmente durante as primeiras semanas do ano, quando férias escolares, férias do trabalho ou recesso são conjugadas pelas famílias. Esse aumento do público é percebido pelos frequentadores que realizam atividades ou circulam pelas unidades ao longo do ano, e que procuram se distinguir desse público mais pontual, estigmatizando-o pela falta de conhecimento dos procedimentos e comportamentos existentes e esperados nas unidades. O público eventual é acusado de "falta de conhecimento", de ser "sem noção" e "sem educação" e classificado em *não público* do Sesc. Ao estigma da falta de conhecimento das normas e regras, por vezes se soma um estigma de classe, como revelam os termos "povão", "sem berço", o que constrói a imagem desse outro como aquele que não frequenta as unidades regularmente.

Conjuntamente a essa apropriação das unidades por frequentadores não familiarizados com as regras da instituição e as normas de condutas esperadas, o próprio espaço é alterado com instalações e atividades em decorrência do Sesc Verão, programa que ocorre entre os meses de janeiro e março voltado à promoção e difusão do esporte e das atividades físicas nas comunidades em que a instituição está instalada e atende. O Sesc Verão, somado a programações específicas desenvolvidas para o período de férias escolares, é um dos modos de a instituição absorver esse crescimento de público e, ao mesmo tempo, criar e fortalecer relações com esses novos ou eventuais públicos. Para isso, regras são flexibilizadas ou alteradas, certos comportamentos são trabalhados de forma distinta, horários de atividade mudam, grupos de atividades diferentes realizam algo em conjunto.

O que se observa nesse período de dois meses é a alteração da programação, que se direciona para certo tipo de público a fim de absorvê-lo, ao mesmo tempo que esse público eventual realiza usos distintos dos espaços e atividades. As famílias compõem a maioria desses novos sujeitos presentes no ambiente e trazem certas peculiaridades em sua participação e no uso que fazem do espaço. Embora sejam majoritariamente as famílias dos trabalhadores do comércio e serviço que circulam pelas unidades durante o ano, a forma como constroem suas rotinas em conjunto com a programação do Sesc é distinta da forma como agem as famílias que lotam as unidades nos meses de janeiro e fevereiro. Estas vão às unidades para passar o dia sem conhecimento prévio da programação, levam os alimentos de casa e procuram participar das atividades que descobrem ali mesmo, durante a circulação pelos espaços. As crianças são atores fundamentais nessa dinâmica familiar, responsáveis por levar as famílias ao Sesc e por obrigar o grupo familiar a acompanhá-las em sua apropriação lúdica de espaços e atividades.

Nesses períodos, o frequentador habitual percebe não só a emergência de novos sujeitos, mas uma completa alteração nos arranjos das unidades, causada pela entrada de novos atores nas circulações, relações e negociações realizadas a todo tempo entre frequentadores e entre estes e o Sesc. Essa alteração pode ser lida no relato abaixo, escrito após trabalho de campo realizado em 2017:

> Por volta de 10h, a equipe já estava completa e a movimentação da Comedoria aumentou. O público que começou a ocupar aquele espaço era formado principalmente por mães e filhos e alguns grupos de crianças sozinhas, que, aparentemente, comiam lanches trazidos de casa. Mais tarde vim a saber que eram frequentadores de uma atividade do Sesc Verão, as Férias Esportivas, que ocorria durante toda a semana no período da manhã e da tarde. O Sesc Verão, inclusive, estava muito presente por toda unidade, com cartazes, funcionários com camisetas do programa, quadras ocupadas por crianças [...][29].

Observadas *de perto e de dentro*[30], as unidades do Sesc se revelam universos em constante produção e transformação, consequência das ações da gerência e programação em contato com as ações dos frequentadores, suas escolhas, *trajetos* e *circuitos* traçados na cidade, entre as unidades e nas unidades. O exercício aqui é passar dos *circuitos*, *trajetos* e *manchas* para os *arranjos* que os articulam e hierarquizam[31]. Constituídos de diferentes agências, tanto da instituição quanto do público, os *arranjos* são matrizes constituídas de ações da programação conjuntamente às escolhas não aleatórias e concretizadas pelos frequentadores. São as configurações resultantes dessa relação entre programação e frequentadores, e dependem de como estes incorporam a programação em suas rotinas, ou, ao contrário, como esta orienta a agenda de seu público. Se anteriormente vimos como os sujeitos criam *táticas* ante as regras da instituição[32], inclusive a manipulação de categorias identitárias e estigmas, aqui se tem outro tipo ou nível de ação, em que os frequentadores, por suas circulações, escolhas e engajamentos contribuem, de forma conflituosa ou harmoniosa, para a construção do Sesc.

Pode parecer absurdo comparar, na construção de uma unidade do Sesc, os trabalhos levados a cabo por arquitetos, engenheiros, construtores, administradores, encarregados da segurança e limpeza, programadores e orientadores de público – que inclui frequentadores mais assíduos e os que visitam a unidade apenas durante as férias ou verão. Seguindo Ingold[33], pode-se afirmar que o absurdo nessa comparação

----

[29] Mariana Hangai, Sorocaba.
[30] Cf. J. G. C. Magnani, 2002, *op. cit.*
[31] Cf. J. G. C. Magnani, 2012, *op. cit.*, p. 195.
[32] Cf. Michel de Certeau, 2009 (2012, 2014 [1980]), *op. cit.*
[33] Cf. Tim Ingold, 2000, *op. cit.*

reside menos no tipo de trabalho que cada um desses sujeitos realiza nessa construção e mais na perspectiva em que se observa esse processo. Ao falar das maneiras como as pessoas interagem com o ambiente em que vivem, Ingold[34] opõe duas perspectivas: a *dwelling perspective*, que remete a um *habitar* o mundo, relação que toma o ambiente como algo em constante produção e afeito à interferência daqueles que vivem nele; e a *building perspective*, que se baseia no posicionamento de que o mundo já está pronto e acabado, como resultado de um projeto prévio de construção – perspectiva que, no contexto das sociedades industriais capitalistas, pode remeter ao consumo dos espaços. Para esse autor, mais do que se viver em um mundo pré-projetado e pronto, as pessoas estão em constante elaboração de seus ambientes enquanto os habitam. Defende-se no presente capítulo a primeira perspectiva, quando se afirma a todo momento que os frequentadores não fazem somente um uso utilitário das atividades e equipamentos, mas engajam-se neles, o que os lança em um trabalho de construção de sociabilidades.

É preciso lembrar que, antes de ser inaugurada uma unidade definitiva, o Sesc inicia sua ação em um território escolhido com base em uma pequena ocupação, com o intuito de chamar os moradores do entorno e outros que circulam nas proximidades. Essas iniciativas têm como objetivo tanto mostrar o interesse da instituição e suas propostas de ação quanto conhecer qual seria o público futuro. Após o período de ocupação, é construída uma unidade provisória com um mínimo de estrutura para realizar atividades. Ainda nesse período, parte da programação é feita em outros espaços do território, resultando de um intenso processo de comunicação e cooperação com entidades, indivíduos e coletivos do entorno. Somente após anos de contato com o público, a unidade definitiva é construída. Esse longo processo de introdução da instituição no território e a alimentação da relação com as pessoas que circulam por ali na busca da criação de um público evidencia o princípio organizador de um Sesc como um ambiente em constante processo de produção de si mesmo com base na relação com as pessoas que o vivenciam.

❼ CONSIDERAÇÕES FINAIS

Em Taubaté, duas crianças moradoras do bairro do entorno explicaram aos pesquisadores que gostam quando há show no Sesc, porque então podem brincar e ainda levam para casa as latas de cerveja vazias, contribuindo

----

34   *Ibidem*.

para a economia doméstica. Em Campinas, um senhor que circulava pelas entradas da unidade vendendo cerveja era frequentemente flagrado, já sem seu carrinho, assistindo a shows do Sesc e bebendo a mesma cerveja que meia hora antes ele vendia. Ao fim da apresentação musical, lá estava ele de novo com seu carrinho para atender os frequentadores que deixavam a unidade, já perto das 22h. Lazer e trabalho: quando começa um e quando termina o outro?

Em uma espécie de contraste, os comerciários, público-alvo do Sesc – ou, para utilizar uma classificação nativa, "os frequentadores puro-sangue" –, são raros na instituição (ou ao menos em menor número do que o esperado). Sua figura aparece nos relatos como uma espécie de "distribuidor de carteirinhas". Isto é, grande parte dos frequentadores é familiar (dependente) de algum trabalhador da área do comércio/serviços. Quando aparece no Sesc, o titular da credencial plena geralmente acompanha a família, sobretudo em alguma atividade voltada para as crianças. Em São José do Rio Preto, parte da equipe de pesquisadores conversou com alguns comerciários – potenciais "frequentadores puro-sangue" – em seu local de trabalho, isto é, em lojas de um grande *shopping* local. A maioria afirmou que não tinha tempo para ir ao Sesc, pois muitas vezes só tinha uma folga por mês, que seria aproveitada em casa para o descanso.

É verdade que não foi realizada uma pesquisa sistemática e exaustiva sobre o fenômeno, e mesmo essa abordagem no local de trabalho de alguns comerciários pode não ser representativa da situação em todo o estado. Entretanto, somando-se isso aos relatos de familiares e dos próprios comerciários encontrados em atividades do Sesc, é possível vislumbrar pistas que, em vez de apontar para uma divisão entre tempo de trabalho e tempo de lazer, insinuam uma divisão entre aquele que trabalha e conquista benefícios e aqueles que desses benefícios usufruem: sobretudo filhos e filhas (crianças e jovens) e pais e mães (idosos) dos comerciários.

No entanto, a presença do comerciário nas unidades do Sesc pode ser constatada com mais intensidade se for usada a noção de *pessoa distribuída* desenvolvida por Alfred Gell[35]. De fato, o trabalhador está na "carteirinha que distribui", ou seja, na credencial que ele proporciona a seus familiares. Nas práticas cotidianas, ele está na mão de seus dependentes

---

[35] Cf. Alfred Gell, 1988, *op. cit.*, pp. 96-154. *Distributed person*, no original. Para Gell, os objetos podem ser entendidos não como agentes autônomos, mas como mediadores de intencionalidades. Em um exemplo seu, as minas terrestres não são apenas ferramentas, mas parte do corpo de um soldado, com capacidade de matar ou ferir sem a presença deste, ou seja, a identidade social de um homem como soldado está vinculada ao armamento que ele carrega e eventualmente utiliza, expandindo assim sua presença espaço-temporal.

na hora da inscrição em alguma atividade ou para o acesso a algum local[36]. Assim, mesmo fisicamente ausente no Sesc, o trabalhador age nesse espaço por meio de sua credencial. Ele "abre portas"; no caso, "abre o Sesc" para seus familiares.

Por sua vez, os frequentadores de fato das unidades do Sesc, tenham eles vínculo formal ou não com a instituição, também agem o tempo todo. E em suas práticas, mesmo que nem sempre de forma explícita, o que está em jogo muitas vezes é o que chamam de *fazer social*. É interessante notar que, em vez de utilizar uma reificação, como a ideia de sociabilidade (embora ela também tenha sido mencionada), muitos frequentadores preferem enfatizar a ação ao usar um verbo. Da mesma forma, "tirar" ou "dar" lazer foram expressões ouvidas durante a pesquisa – o primeiro verbo referindo-se a um lazer próprio, e o segundo geralmente usado para se referir aos filhos[37].

Vale ressaltar aqui tanto a ideia de *ação* quanto a de *reificação*. Marilyn Strathern[38] traz uma interessante reflexão nesse sentido. A autora, a princípio, está preocupada em como os antropólogos objetificam as práticas presenciadas em campo para depois analisá-las em um momento posterior (um processo de separação em campo para posterior reunião na escrita, que ela chama de *momento etnográfico*[39]). Sem entrar no contexto melanésio, campo de estudos de Strathern, cabe indicar o caráter reificado de muitas entidades que os ocidentais tomam como dados, dentre elas os conceitos de *sociedade* e *cultura*. Nesses casos, são os próprios antropólogos que reificam práticas e processos ao delimitar seu *objeto* de estudo.

A noção de *lazer* pode ser vista de maneira semelhante. Os estudos multidisciplinares sobre o tema reificaram (isto é, tomaram como "coisa": objeto de estudo) um conjunto de práticas sob o termo "lazer". Tal reificação disseminou-se de tal forma que atualmente os "nativos" se apropriaram do termo (assim como acontece com o termo "cultura"). Daí vem o uso de expressões como "tirar lazer" ou "dar lazer" entre os frequentadores do Sesc, enfatizando o verbo, a ação, e não o adjetivo ou o substantivo (coisa ou reificação) adjetivado. E o interessante na ideia de *reificação* é que ela carrega também a noção de *ação*. Nesse sentido, algo reificado é como um objeto. Os estudiosos usam seus conceitos

....

[36] Por outro lado, é de se supor que o comerciário tenha momentos de lazer durante o próprio período de trabalho, como indicado no primeiro parágrafo, mas isso só poderia ser apreendido com segurança por meio de outras pesquisas.
[37] Por sua vez, alguns funcionários "orientam" o lazer.
[38] Cf. Marilyn Strathern. *O efeito etnográfico e outros ensaios*. São Paulo: Ubu, 2017.
[39] Ver a "Introdução" do presente livro.

(reificados) como forma de construir conhecimentos e disseminá-los – agindo, portanto, por meio desses conceitos.

Ao se apropriar da ideia de lazer, os frequentadores do Sesc demonstram sua ação, descrevem suas práticas. Strathern[40], ao aproximar sua ideia de *reificação* com a noção de *objeto de arte* de Alfred Gell[41], faz um interessante paralelo. Tanto uma ideia quanto a outra permitem pensar em algo, uma "coisa", que é alvo da ação humana. Como bem explica Strathern, quando se fala em arte pode-se pensar em propriedade, pois o que está em jogo na relação entre pessoas e coisas são as relações sociais. Como mediadores de ação, as coisas (sejam objetos, sejam reificações) tornam essas relações manifestas[42].

Assim, ao usar a ideia de *lazer*, os frequentadores estão manifestando a construção de relações sociais. O termo, como uma "coisa", é o meio para isso. Mas não se trata apenas da apropriação de uma ideia ou de um termo. O que a pesquisa com os frequentadores do Sesc demonstrou é que, apesar da ação propositiva de atividades pela instituição, eles estabelecem sua própria maneira de lidar com o espaço e com os outros. Inclusive usam as próprias instalações, mobílias, objetos esportivos etc., para criar relações com outros participantes, fortalecer amizades já existentes ou mesmo agir em relação aos funcionários. É nessas práticas criadoras, como compreendidas por Michel de Certeau[43], que os frequentadores do Sesc também produzem uma forma de arte.

....

[40] Cf. Marilyn Strathern, 2017, *op. cit.*
[41] Cf. Alfred Gell, 1988, *op. cit.*
[42] Cf. Marilyn Strathern, 2017, *op. cit.*, p. 328.
[43] Cf. Michel de Certeau, 2009 (2012, 2014 [1980]), *op. cit.*

O EXTRAORDINÁRIO
NO COTIDIANO DO SESC SP

Ane Rocha

Neste breve texto me proponho a pensar, a partir de um olhar de alguém que está dentro da instituição – e assim é afetada[1] por esse lugar –, a pesquisa "Cultura e lazer: as práticas físico-esportivas dos frequentadores do Sesc em São Paulo"[2], que constituiu um esforço institucional para aprofundar o entendimento sobre sua ação e como esta reverbera em seus frequentadores. A referida pesquisa é tema de outro capítulo desta coletânea, escrito por antropólogos pesquisadores do LabNau, os quais acompanhei durante as expedições etnográficas realizadas em 2017 em algumas unidades do Sesc localizadas no interior paulista.

Não se trata de trazer todas as discussões e análises decorrentes desse mergulho no cotidiano das unidades, mas sim de compartilhar como tal processo foi (e está sendo) vivenciado no interior da instituição, de modo a repensar algumas práticas e reconhecer a importância de muitas outras.

❶ ANTES DO MERGULHO, UM VOO PANORÂMICO: O SESC

O Sesc (Serviço Social do Comércio) foi criado em 1946 e é mantido por empresários do comércio, serviços e turismo, com o objetivo principal de promover bem-estar, engajamento social e uma melhor qualidade de vida para aqueles que trabalham nesse setor da economia e seus familiares. Assim, é uma entidade privada, sem fins lucrativos, que visa servir ao interesse público. Atualmente conta com quarenta centros culturais e esportivos espalhados pelo estado de São Paulo, e também um canal de TV (SescTV), uma editora (Edições Sesc), uma gravadora (Selo Sesc) e um Centro de Pesquisa e Formação (CPF).

Desde sua fundação, o Sesc elegeu o lazer como um de seus principais eixos de atuação, visando os processos de inclusão de indivíduos e grupos nas suas respectivas comunidades e na sociedade geral.

....

[1] Cf. Jeanne Favret-Saada, Ser afetado, *Cadernos de Campo*, São Paulo, FFLCH, 2005, ano 14, n. 13

[2] Essa pesquisa, realizada pelo Sesc São Paulo com a participação do Laboratório do Núcleo de Antropologia Urbana da Universidade de São Paulo (LabNAU-USP) e do Centro de Estudos Contemporâneos (Cedec), que, combinando metodologias quantitativas (do tipo *survey*) e qualitativas (de tipo etnográfico), traçou o perfil do público que frequenta as unidades do Sesc em todo o estado em relação aos seus hábitos e envolvimento nas práticas de lazer. As pesquisas e ações formativas realizadas pelo Sesc São Paulo são sempre organizadas por equipes multidisciplinares. A pesquisa "Cultura e Lazer: práticas de lazer e físico-esportivas dos frequentadores do Sesc em São Paulo" foi idealizada e orientada pelo Centro de Pesquisa e Formação em conjunto com a Gerência de Desenvolvimento Físico-esportivo. (N. E.)

Consideram-se atividades de lazer aquelas realizadas no tempo livre das obrigações (sejam do trabalho ou domésticas); que são escolhidas por quem as pratica e que podem (não obrigatoriamente) nos dar algum tipo de prazer[3].

Para o senso comum, atividades tidas como educativas não são consideradas lazer. Entretanto, acreditamos que conhecer coisas novas e refletir sobre elas também pode ser uma atividade prazerosa[4], e um dos principais objetivos institucionais é que o público que frequenta essas atividades passe a ser um expectador crítico e consequentemente um cidadão mais participativo e engajado[5].

A instituição preza pela qualidade das experiências, de modo que elas sejam mais duradouras e significativas para os frequentadores. Não é raro (e a pesquisa a ser apresentada confirma esse dado) ouvirmos do nosso público frases como "Sou cria do Sesc"; "O Sesc é meu quintal" "Aqui (na unidade) me sinto em casa"; "Aprendo muito aqui"; "Aqui vivo momentos marcantes". Assim, nosso caráter educativo se faz presente através da educação não formal, aquela que não é mediada pela rigidez escolar, mas que nem por isso deixa de ter metodologia e objetivos[6]. Visamos a construção de novos olhares, sensações e sensibilidades por meio da cultura.

❷ A PESQUISA: COMEÇOS, PERCURSOS E CONSTRUÇÕES

A pesquisa, proposta pela Gerência de Desenvolvimento Físico-Esportivo (GDFE) e pelo Centro de Pesquisa e Formação (CPF), teve como ponto de partida compreender as motivações, dinâmicas e agências dos frequentadores nas unidades, bem como as relações e percepções que eles estabelecem com a instituição, analisando similaridades e especificidades entre elas. Para a instituição, foi uma grande oportunidade de ouvir de forma mais qualificada o público, objetivo final de todo o nosso trabalho.

Para tanto, articulamos duas perspectivas metodológicas diferentes, mas não excludentes (embora não seja comum, ainda, seu

---

[3] Cf. Victor Andrade de Melo; Edmundo de Andrade Alves Junior. "Lazer: conceitos básicos". Em: _____; _____, *Introdução ao lazer*, Barueri: Manole, 2003.

[4] Cf. Manuel Cuenca Cabeza, Las culturas del ócio. *Revista Brasileira de Estudos do Lazer*, Belo Horizonte, jan./abr. 2016, v. 3, n. 1, pp. 3-19. Disponível em: ‹https://seer.ufmg.br/index.php/rbel›. Acesso em: 7 mar. 2018.

[5] Cf. Victor Andrade de Melo, "Arte e Lazer: Desafios para romper o abismo". Em: Nelson Carvalho Marcellino (org.), *Lazer e cultura*, Campinas: Alínea, 2007.

[6] Cf. Joffre Dumazedier, 1999, *op. cit.*

uso conjunto): aplicação de um questionário do tipo *survey* – abordagem quantitativa –, que ficou sob a responsabilidade do Centro de Estudos da Cultura Contemporânea (Cedec), e uma pesquisa de cunho etnográfico – abordagem qualitativa –, sob responsabilidade do Laboratório do Núcleo de Antropologia Urbana (LabNAU-USP). O Centro de Pesquisa e Formação do Sesc (CPF) atuou conjuntamente em todas etapas do processo investigativo.

A abordagem etnográfica permitiu uma aproximação junto aos frequentadores em diversos momentos e contextos: conversando, circulando nos mesmo espaços, participando das atividades propostas ou apenas observando. Assim, foi possível acessar, para além de suas escolhas mais diretas e objetivas, os significados e a compreensão que dão a essas experiências e à instituição como um todo[7]. Para tanto, foram destacados dez antropólogos, que se dividiram em turnos – de modo que, durante todo o período em que a unidade permanecesse aberta, houvesse pesquisadores circulando e participando das atividades.

Na abordagem quantitativa, após uma primeira incursão exploratória em campo, foi construído um questionário contendo 67 questões, que abordavam desde características socioeconômicas até percepções acerca da estrutura física e programática das unidades. Ao todo, foram aplicados 4.500 questionários nas catorze unidades pesquisadas.

A pesquisa foi realizada em duas etapas: na primeira, em 2015, empreendeu-se um trabalho de campo em nove unidades: seis na capital (Belenzinho, Consolação, Itaquera, Pompeia, Santana e Santo Amaro), uma na grande São Paulo (Santo André), uma no litoral (Santos) e uma no interior do estado (Araraquara). Após analisar seus resultados e discutir a importância dessa iniciativa para o planejamento e a avaliação de nossas ações, tendo em vista a riqueza dos dados coletados, em 2017 realizou-se a segunda etapa, desta vez com recorte etnográfico voltado para o interior do estado. Isso foi feito a partir da pesquisa de campo em cinco unidades (Campinas, Presidente Prudente, São José do Rio Preto, Sorocaba e Taubaté), selecionadas a partir de critérios sociodemográficos e históricos das unidades.

Não se tratou de um esforço meramente empirista (descrição minuciosa das práticas dos usuários nas diversas unidades pesquisadas) e quantitativo, uma vez que a reflexão foi parte fundamental do processo.

---

[7] Cf. LabNAU. *Relatório da 1ª etapa da pesquisa "Cultura e lazer: as práticas físico-esportivas dos frequentadores do Sesc São Paulo"*, São Paulo, 2015; e *Relatório da 2ª etapa da pesquisa "Cultura e lazer: as práticas físico-esportivas dos frequentadores do Sesc São Paulo"*, São Paulo, 2017.

O objetivo era, além de (re)pensar nossas práticas diárias, contribuir com o acúmulo do conhecimento produzido acerca do lazer.

3. *DE PERTO E DE DENTRO*: OUTRO OLHAR SOBRE AS PRÁTICAS COTIDIANAS DA INSTITUIÇÃO

As duas metodologias utilizadas na pesquisa trazem olhares diferentes, porém complementares, sobre a construção do cotidiano nas unidades do Sesc espalhadas pelo estado de São Paulo.

A análise quantitativa ilumina diversos dados interessantes acerca dos frequentadores do Sesc. Por exemplo: entre os portadores de credencial plena[8], a maioria (71%) está situada na faixa salarial compreendida entre um e três salários mínimos, ou seja, o público que definimos como prioritário.

Os questionários aplicados também constataram quais são os espaços mais utilizados em cada uma das unidades pesquisadas, o que nos permite pensar em novas formas de uso para os mesmos. Além disso, também conhecemos quais são as atividades físicas e culturais mais realizadas pelas pessoas e a frequência em que isso ocorre. Tais informações são preciosas para o aprimoramento do trabalho de animadores culturais[9].

A análise do uso das dependências do Sesc nas unidades estudadas indica que o restaurante/comedoria é a instalação que apresenta os maiores índices de uso pelos frequentadores (78%). Em seguida, o vestiário e o saguão como espaços de convivência são as instalações mais utilizadas. As piscinas também aparecem com grande destaque em todas as unidades.

Na condição de antropóloga, acompanhei a segunda etapa da pesquisa juntamente com a equipe do LabNAU. Entretanto, como além de pesquisadora também sou funcionária da instituição, vivenciar as dinâmicas das unidades a partir de um outro lugar foi uma experiência marcante, uma vez que muitas vezes estamos tão preocupados com todos os detalhes que envolvem a realização de uma atividade que não conseguimos captar minúcias imprescindíveis do impacto de nossas ações sobre o público que participa delas.

....

[8] Trabalhadores dos setores do comércio, serviços e turismo (comerciários) que possuem a credencial plena do Sesc, a qual dá acesso prioritário a todas as atividades da instituição.

[9] O Sesc considera o conceito de animação cultural com base na obra de Dumazedier, que está inteiramente ligada ao caráter educativo da cultura, exercendo o papel de mediador entre as ações culturais e o público. Cf. Luiz Octávio de Lima Camargo, 2016, *op. cit.*

A perspectiva proposta por Magnani[10], "de perto e de dentro", permitiu uma imersão intensa no cotidiano das unidades, possibilitando que as práticas e significados mais invisíveis pudessem vir à tona.

A noção de rede se mostrou muito importante ao longo da pesquisa, tanto para o público interno quanto para o externo: circulação de funcionários e de programações entre as unidades permite que se formem *circuitos*[11], os quais são mais fortes na capital paulista. Na cidade de São Paulo, foi possível mapear, entre outros, os circuitos do xadrez, do vôlei gay, do teatro e das piscinas/águas, nos quais os frequentadores possuem lógicas próprias de circulação, sociabilidade e troca de informações entre as unidades do Sesc e até em outros espaços culturais e de lazer da cidade.

Os espaços das unidades são utilizados das mais diversas formas, muitas vezes extrapolando o uso para os quais haviam sido pensados inicialmente. Assim, os frequentadores constroem seus usos e significados, e a unidade ganha "vida" e características específicas ao longo do tempo. A área de convivência pode ser utilizada para trabalhar, o espaço de leitura para estudar para um concurso, entre outros usos possíveis para os mais diversos espaços.

As piscinas também são utilizadas com significados muito diversos: para natação, como esporte, para recreação, como meio de tratamento para diversos problemas de saúde e como "praia" (para "tirar um lazer", na fala de um dos frequentadores). É interessante notar a centralidade que as piscinas adquirem em contextos nos quais o acesso a esse tipo de equipamento é muito escasso. Neste sentido, destacam-se as unidades de Itaquera (por seu parque aquático) e Presidente Prudente (por seu conjunto de águas termais). Sobre Itaquera, cabe ressaltar a relação que principalmente as crianças estabelecem com essa experiência aquática, uma vez que muitas delas nunca foram à praia. Já em Presidente Prudente, destaca-se o uso que os idosos fazem das piscinas de águas termais, muitas vezes inseridas em contextos de saúde.

Dois tipos de ocupação e pertencimento aparecem de forma contundente nas unidades pesquisadas. Um deles – bastante significativo em Presidente Prudente, Taubaté, Itaquera e Santo André – está ancorado na ideia de "praça" ou "rua", em que a unidade é espaço para "entrar em contato com a natureza", "levar as crianças", "dar o rolê", "ver e ser visto"

---

[10] Cf. J. G. C. Magnani, 2002, *op. cit.*

[11] Trata-se de uma categoria que descreve o exercício de uma prática ou a oferta de determinado serviço por meio de estabelecimentos, equipamentos ou espaços que não mantêm entre si a relação de contiguidade espacial, sendo reconhecido em seu conjunto pelos usuários habituais (Magnani, 2002, *op. cit.*).

e palco de relações mais espontâneas e familiares. O outro baseia-se no reconhecimento do Sesc como um local seguro para interações[12]

Novos círculos de sociabilidade são formados nas unidades (para além das aulas e cursos). Afetos e sensibilidades são aguçados nesse sentir que somente a troca humana proporciona. Assim, são criados laços de amizade e redes de apoio que acabam se tornando muito importantes para as pessoas envolvidas, fazendo com que o Sesc (e tudo que o espaço da unidade representa) passe a ser um aspecto fundamental de sua rotina. Não é à toa que em umas das unidades os instrutores de atividades físico-esportivas apelidaram a ginástica multifuncional (GMF) de ginástica multissocial (GMS). O "fazer social" é um aspecto de muita relevância em todas as unidades pesquisadas.

O público que frequenta as unidades é bastante diversificado, e umas das chaves conceituais e interpretativas utilizadas para discuti-lo durante a pesquisa foram os marcadores sociais da diferença (entre os quais figuram geração, raça, classe, idade, gênero, sexualidade)[13] – entre eles, o de "geração" é aquele que reconhece os públicos de forma mais direta e institucionalizada, definindo certas identidades de acordo com a idade ou faixa etária do frequentador.

Nesse sentido, os idosos[14] se destacam como um público importante e bastante presente nas unidades. A velhice dos idosos no Sesc não é vivenciada somente como um período de possível declínio e adoecimento do corpo. Entretanto, temos a "indicação médica" e "problemas de saúde" como as principais justificativas elencadas pelos idosos para frequentar as unidades. Assim, a busca dos frequentadores pelas atividades traz uma forte ideia de "cura", não só em relação à condição física, que muitas vezes se deteriora conforme avança a idade, mas também como tratamento para doenças psicológicas, como sintomas de depressão e crises de estresse.

----

[12] Cf. LabNAU, 2015, op. cit., e 2017, op. cit.

[13] Segundo Simões et al., os marcadores sociais da diferença "são produções culturais e históricas, articuladas em sistemas classificatórios que envolvem dimensões semânticas e pragmáticas. A marcação da diferença é o elemento-chave de qualquer sistema classificatório. Desse modo, pessoas, objetos e comportamentos ganham sentido – são socialmente produzidos – por meio de atribuição de diferentes posições em um sistema classificatório". Cf. Júlio Simões; Isadora França; Márcio Macedo, Jeitos de corpo: cor/raça, gênero, sexualidade e sociabilidade juvenil no centro de São Paulo, Cadernos Pagu, Campinas, Unicamp, 2010, v. 3 5, p. 40.

[14] Desde 1968, o Sesc vem realizando o Trabalho Social com Idosos (TSI) por meio de atividades socioculturais e educativas voltadas ao cidadão acima de 60 anos. O programa visa promover principalmente a socialização, a reflexão sobre o envelhecimento, o desenvolvimento de novas habilidades e a integração com as demais gerações.

Dessa forma, não espanta o fato de que em uma das questões abertas da pesquisa quantitativa – "em uma palavra, o que motiva o/a senhor/a a ir ao Sesc?" –, cujas respostas totalizaram cerca de 3.700 evocações sobre diversas temáticas, a palavra "saúde" tenha sido a mais citada em todas as unidades, com exceção de Itaquera (na qual "lazer" apareceu em primeiro lugar") e Pompeia (em que "cultura" foi a resposta mais comum). Mesmo assim, nessas duas unidades, "saúde" foi a segunda palavra mais apresentada.

Entretanto, as práticas iniciadas por questões de ordem médica ganham novos sentidos quando os idosos constroem vínculos com as unidades e com os outros frequentadores. Ir ao Sesc tratar de questões de saúde implica, em muitas situações, engajar-se também nas relações de amizades alimentadas por essas atividades. Criam-se espaços de sociabilidade e, por que não, de amorosidade e também de sexualidade[15].

Outra dimensão importante no cotidiano das unidades diz respeito às regras e normas estabelecidas pela instituição e a como elas são encaradas pelos funcionários e frequentadores em suas rotinas diárias. Aqui pudemos observar a diferença entre o que é dito e o que é feito, percebendo como parte dos frequentadores faz usos diferentes (e alguns inesperados) dessas regras, bem como a função educativa dos funcionários em relação a situações nas quais há algum tipo de "desentendimento" com relação ao andamento das atividades.

Foi possível notar uma diferença entre as unidades da capital e do interior com relação ao conhecimento acerca da forma de atuação e regras da instituição: a percepção de uma espécie de escala a partir da capital. Quanto mais distante da cidade de São Paulo, e mais isoladas em relação a outras unidades, mais desconhecida é a forma de atuação do Sesc, o que gera expectativas diferentes nos frequentadores[16].

Com relação à programação cultural, o Sesc é visto como referência para diversas cenas artísticas do estado de São Paulo. Por um lado, os próprios artistas, quando fazem parte da programação, têm a possibilidade de divulgar seu trabalho para um público mais amplo. Por outro, o público reconhece na instituição a possibilidade de conhecer artistas novos ou de ter acesso mais barato a outros mais consagrados.

Assim, pudemos perceber que muitas vezes as pessoas vão ao Sesc – principalmente em família – sem saber exatamente que programação vão encontrar, mas com a certeza de que terão algo interessante para acompanhar. Isso acontece sobretudo no período de férias escolares.

....

[15] Cf. LabNAU, 2015, *op. cit.*, e 2017, *op. cit.*
[16] *Ibidem.*

Aspectos como segurança em relação aos equipamentos, eficiência no serviço oferecido e número de atividades disponíveis são elementos associados pelos frequentadores ao Sesc e valorizados pelas famílias na decisão de ir a uma unidade sem uma programação específica em mente.

Um dos achados mais interessantes da pesquisa diz respeito ao sentimento de pertencimento que os frequentadores possuem em relação ao Sesc. Foi possível observar três tipos de pertencimento mais recorrentes e marcantes: 1) por atividade, quando as pessoas se sentem muito ligadas a determinada atividade realizada no espaço da unidade – por exemplo, os casos dos praticantes de coreografias de K-pop[17], de pingue-pongue ou de futsal na unidade de Sorocaba. Nesses casos, a princípio, a relação de pertencimento se dá com as atividades e a instituição está em segundo plano, podendo acolher as atividades ou não; 2) por ocupação do espaço, quando determinado espaço da unidade é essencial para o sentimento de pertencimento – por exemplo, os espaços de leitura, as áreas de convivência e comedorias; 3) por cura – aqui o pertencimento é sentido já no objetivo inicial que leva as pessoas a determinada atividade; entretanto, como já salientado, ao longo do processo outros sentidos são construídos.

4 REPENSAR O COTIDIANO: DESAFIOS E APRENDIZADOS INSTITUCIONAIS

Após a realização de uma pesquisa dessa envergadura, é comum que seja necessário algum tempo para que se possa entender e discutir todos os seus resultados e os aprendizados existentes no processo.

Não se trata de uma logística simples para uma instituição do porte do Sesc (com seus quarenta centros socioculturais e quase 7 mil funcionários) articular toda a rede a fim de problematizar e definir estratégias a partir dos resultados encontrados. Entretanto, colocar um olhar cuidadoso e atento sobre seus processos é abrir a possibilidade de rever-se cotidianamente, e isso não é pouco. Algumas mudanças são mais rápidas, outras requerem alterações mais estruturais. Os desafios com os quais lidamos em nossas ações são muitos e por vezes paradoxais.

---

[17] K-pop é a uma abreviação para música pop coreana. O termo é mais frequentemente usado em sentido mais restrito, para descrever uma forma moderna da música *pop* sul-coreana, que abrange estilos e gêneros incorporados do ocidente como *pop, rock, jazz, hip hop, reggae, folk, country*, além de suas raízes tradicionais de música coreana. As principais canções dos artistas são convencionalmente acompanhadas por coreografia, que muitas vezes inclui um movimento-chave de dança (conhecido como o "ponto" da dança) que combine com suas características ou com a letra da canção.

Para que se possa ter uma ideia do quanto a pesquisa tem feito com que repensemos diversos processos, é interessante citar as mudanças ocorridas no Sesc Verão – projeto realizado desde 1996 nos meses de janeiro e fevereiro e que tem como objetivo a promoção do esporte e da atividade física. Esse projeto propunha diversas mudanças na estrutura da programação e no uso dos espaços e da estrutura física da unidade, interferindo, de certo modo, na "rotina" da mesma, o que causava algum "incômodo" aos frequentadores habituais, ou seja, àqueles que praticam atividades físico-esportivas durante o ano inteiro com horários fixos. Ao mesmo tempo, a partir do projeto é possível que novos públicos tenham acesso a modalidades diferentes, fazendo com que novos adeptos sejam cativados. O desafio consistiu em chegar a um meio-termo interessante para ambos os lados: tanto para os frequentadores habituais como para os (novos) frequentadores que iam às unidades a fim de participar da programação especial elaborada para o projeto.

Após diversas conversas internas, a instituição está testando novos formatos para o projeto, de modo a continuar oferecendo novas práticas esportivas e programações especiais durante os meses de janeiro e fevereiro, ao mesmo tempo que tenta não mudar drasticamente a estrutura e a programação oferecidas durante o resto do ano e com as quais diversos frequentadores contam para organizar sua rotina.

Esse é apenas um exemplo de como cada frequentador vive a rede Sesc à sua maneira. Ser criança, jovem, adulto e idoso adquire significados próprios de acordo com os trajetos e circuitos frequentados. As classificações de si e dos outros são mediadas pelos diversos marcadores sociais da diferença. Aqui, a noção de experiência torna-se fundamental, uma vez que os sentidos são construídos nesse fazer cotidiano dentro da instituição.

Termino este texto compartilhando um sentimento pessoal, mas que acredito representar muitos de meus colegas que cotidianamente fazem o possível para que os serviços oferecidos aos frequentadores sejam os melhores e mais significativos: ter a oportunidade de, ao longo da pesquisa, escutar tantas histórias de vida nas quais o Sesc se faz presente de maneira fundamental e perceber o quanto nosso trabalho tem significado e importância na construção de subjetividades, afetos e (re)começos torna-se combustível para fazer cada vez melhor. O cotidiano das unidades é composto de diversos pequenos momentos extraordinários para o público e para nós.

DOS ADJETIVOS AOS
VERBOS (E OUTRAS
INVERSÕES PRATICADAS):
NOTAS FINAIS

José Guilherme Cantor Magnani

Como foi enfatizado na Introdução, este livro não se propunha a seguir esta ou aquela linha desenvolvida na literatura clássica ou na contemporânea sobre a questão do lazer – nem, evidentemente, desconsiderá-las –, mas trazer outras perspectivas sobre o tema. E essas perspectivas são aquelas dos próprios atores envolvidos, com suas falas e práticas sobre atividades que, tanto no senso comum como na discussão acadêmica, são entendidas habitualmente por "lazer", "tempo livre", "ócio".

O quadro de referência adotado foi o da antropologia, com base em diferentes experiências etnográficas, não necessariamente – ao menos não em seus objetivos iniciais – voltadas para o amplo tema do lazer. Como foi assinalado, trata-se de uma retomada de pesquisas realizadas por integrantes do LabNau, em diferentes momentos e circunstâncias (teses, dissertações, levantamentos, relatórios de pesquisas), aos quais foi pedido que revisitassem esses trabalhos, procurando identificar neles os termos e expressões que seus interlocutores utilizam quando se referem aos momentos de descanso e fruição, *hobbies*, práticas esportivas, encontros, rotina diária.

O importante era abrir um leque bem diversificado, ainda que não exaustivo, de contextos, o que acabou abrangendo skatistas, boleiros, fãs de *aparelhagens*, indígenas em cidades, hortas urbanas, ocupações, alunos em recreio e sala de aula, caminhoneiros e viajantes de barco, colecionadores, frequentadores do Sesc, jogadores de RPG, *headbangers*. Com base nesse conjunto, a tarefa consistia em identificar recorrências discursivas que permitissem questionar ou desconstruir as antinomias enrijecidas de trabalho *versus* lazer, tempo livre *versus* tempo obrigativo, seriedade *versus* jocosidade etc.

O propósito era, nesses diferentes contextos, analisar as inversões praticadas – lazer que se transforma em trabalho, trabalho que é realizado como lazer, momento de devoção que é lúdico, entretenimento que vira negócio, política que acaba em festa – por meio da mobilização de operadores como verbos, locuções, giros linguísticos, prosódia, objetos, ferramentas, comportamentos, estilos de vida.

Pretendia-se, desse modo, deslocar o discurso dos especialistas ou dos programas oficiais para a agência dos atores diretamente envolvidos; veja-se, por exemplo, o caso do Sesc, emblemático: se existe uma instituição que se dedica e valoriza a questão do lazer, esta é o Sesc, com seus programas para faixas etárias específicas, produção bibliográfica, formação de quadros, consultores, pesquisas. No entanto, os frequentadores não raro inventam seus modos próprios de atuar, às vezes para apreensão dos funcionários, ciosos em proporcionar e garantir as formas reconhecidas e referendadas pela instituição do que seria, legitimamente, *lazer*.

Não é o caso, porém, de retomar aqui as análises desenvolvidas nos diferentes capítulos; algumas recorrências e aproximações entre eles, contudo, podem ser ressaltadas, e a primeira delas é a presença da cidade, que não comparece como mero cenário: os skatistas "conhecem", dominam", "se apropriam" de espaços centrais e não ficam confinados às pistas oficiais – cujos frequentadores habituais são rotulados, pejorativamente, de "pistoleiros"; os boleiros, por sua vez, desde há muito "desbravam" de forma coletiva a cidade e circulam por todas as partes; os "considerados" das *aparelhagens* ocupam, ostensivamente – com bebidas caras, grifes de roupas – os bairros de Belém em que se apresentam; os indígenas percorrem os campos de futebol em Manaus onde ocorre o Peladão; as artesãs sateré-mawé, "seguindo as sementes", circulam por essa cidade; e as hortas urbanas se instalam tanto em becos escondidos como em praças centrais.

Estas últimas, as hortas urbanas, introduzem outro aspecto: a política como forma de lazer. O ativismo em torno dessa proposta envolve não apenas intensa mobilização sobre o tema da sustentabilidade nas redes sociais como reúne vizinhos (e estranhos) na hora de cavoucar, plantar, regar, colher, prosear; e também nas disputas com representantes de órgãos públicos. A política vira festa nas manifestações públicas e nas ocupações, como foi o caso da reitoria da USP em 2007 e o das escolas do ensino médio, nas jornadas de 2016. Skatistas também interpelam órgãos públicos e suas ocupações geram controvérsias e negociações com outros frequentadores: afinal, quem é o dono do *pedaço*? Nas escolas de periferia, a "zoeira", às vezes de forma dramática, explicita as condições de ensino, trabalho e fruição nesses espaços onde um longo tempo é compartilhado – e vivido, de forma diferente – por alunos, funcionários, professores.

Outro ponto de intersecção entre as etnografias apresentadas evidencia a inversão e transversalidade das conhecidas antinomias, como é o caso das extensas jornadas de trabalho dos caminhoneiros, pontuadas pelas paradas, pelas caronas, pela sociabilidade, pelo preparo e compartilhamento das refeições. E o decantado tédio do tempo gasto no transporte é elaborado, nesse caso, de diferentes e criativas formas, assim como nos longos percursos de barco: o olhar *de perto e de dentro* elucida intensa atividade, trocas e fruição nesses "deslocamentos de longa duração".

E por falar em meios de transporte, outra inversão é proporcionada pelos vilões do trânsito na cidade: ao menos na praça Charles Miller, defronte ao Estádio do Pacaembu e ao Museu do Futebol, há muito tempo carros de todos os tipos (estacionados) proporcionam, para aficionados, horas em encontros, admiração, exibição, comparação… Os frequentadores das unidades do Sesc, por sua vez, protagonizam suas inversões no meio das inúmeras alternativas de esporte, lazer, cultura, que lhes são oferecidas:

alguns preferem "não fazer nada" lá dentro! E que dizer de outra relação entre futebol e trabalho, descrita no caso das operárias/atletas?

Atividades comumente entendidas como mero entretenimento, como RPG e música *black metal*, revelam lealdades ao longo do tempo, instituem modos de vida que se perpetuam por gerações e são alta e estritamente normatizadas; outras, como as *aparelhagens* de brega e mesmo os festivais de futebol amador, tidas como lazer de periferia, espontâneas, envolvem investimentos, apostam em tecnologias. *Lazer é coisa séria*, como já se disse...

Por último, cabe uma observação sobre o trabalho do antropólogo e sua forma de atuar em campo, na prática da etnografia, que foi a tônica deste livro. O texto de Alexandre Barbosa, sobre a *zoeira*, levanta e explicita questões que de uma forma ou outra estão presentes em todas as demais experiências. Em primeiro lugar, uma das diferenças sempre apontadas entre outra dicotomia, pesquisa *quali* e *quanti*: a impessoalidade e a rapidez da aplicação dos questionários (marca registrada dos *surveys*) em contraste com as longas permanências, as não raro difíceis negociações com os interlocutores, a consciência de que nem sempre se consegue a esperada empatia na prática etnográfica. Isso não significa, entretanto, que ambas as estratégias necessariamente se oponham: a pesquisa no Sesc realizada pelos integrantes do LabNAU foi uma tentativa de articular o método quantitativo com o etnográfico.

Se o mote "de perto e de dentro" sintetiza a atitude inicial do etnógrafo em campo, a advertência "a tentação da aldeia"[1] o impele a estabelecer relações entre seu recorte empírico específico com variáveis mais abrangentes; em suma, sair de seu *pedaço* em direção ao *circuito*: só assim "conhecimentos descontínuos que jamais formarão um todo se prenderão num conjunto orgânico e adquirirão um sentido que lhes faltava anteriormente"[2].

É nesse sentido que a antropologia, por meio de pesquisas de corte etnográfico, pode contribuir para o alargamento do campo dos estudos sobre lazer: ao perscrutar como seus interlocutores vivem e falam, a partir de seus lugares (o escritor e o caseiro, da Introdução...) sobre determinados momentos, convencionais ou não, de suas rotinas, de suas escolhas, do emprego dos tempos de que dispõem, pode-se caminhar na direção de categorias mais amplas, esquemas classificatórios mais abrangentes, sem perder o pé no concreto vivido, sempre em processo.

....

[1] José Guilherme Cantor Magnani, *Da Periferia ao Centro: trajetórias de pesquisa em Antropologia Urbana*. São Paulo: Terceiro Nome, 2012, p. 81.
[2] Claude Lévi-Strauss, *Antropologia Estrutural*, Rio de Janeiro: Tempo Brasileiro, 1991. pp. 415-416

REFERÊNCIAS BIBLIOGRÁFICAS

ABREU, Carolina. *Experiência Rave: entre o espetáculo e o ritual*. Tese de Doutorado (Programa de Pós-Graduação em Antropologia Social – Universidade de São Paulo). São Paulo, 2011.

AGIER, Michel. *L'Invention de la ville*. Paris: Ed. des Archives Contemporaines, 1999.

_____. *Antropologia da cidade: lugares, situações, movimentos*. São Paulo: Terceiro Nome, 2011.

ALTIERI, Miguel. *Agroecologia. As bases científicas para agricultura sustentável*. 3. ed. Rio de Janeiro: ASPTA, 2012.

ALVAREZ, Gabriel de Oliveira. *Satereria: tradição e política Sateré-Mawé*. Manaus: Editora Valer, 2009.

ALVES, Andréa. "Fazendo antropologia no baile: uma discussão sobre observação participante". Em: VELHO, G.; KUSCHNIR, K. (orgs.). *Pesquisas urbanas: desafios do trabalho antropológico*. Rio de Janeiro: Jorge Zahar, 2003.

AMARAL, Ricardo Ribeiro do. *Implicações do uso do RPG pedagógico como recurso didático para o ensino-aprendizagem de física*. Dissertação de mestrado. Recife: UFRPE, 2008.

ANDRADE, José Agnello Alves Dias de. *Indigenização da cidade. Etnografia do circuito sateré-mawé em Manaus-AM e arredores*. Dissertação de mestrado (Programa de Pós-Graduação em Antropologia Social do Departamento de Antropologia da Faculdade de Filosofia, Letras e Ciências Humanas da Universidade de São Paulo). São Paulo, 2012.

ANTUNES, Fátima M. R. F. *Futebol de fábrica em São Paulo*. Dissertação de mestrado. São Paulo: Faculdade de Filosofia, Letras e Ciências Humanas da Universidade de São Paulo, 1992.

APPADURAI, Arjun. *A vida social das coisas: a mercadoria sob uma perspectiva cultural*. Niterói: Eduff, 2008.

AQUINO, Cássio; MARTINS, José. "Ócio, lazer e tempo livre na sociedade do consumo e do trabalho". *Revista Mal-Estar e Subjetividade*, v. VII, n. 2, set. 2007, pp. 479-500.

ARAUJO, Mauricio Silva. *Um dia na vida: abordagem lúdica para o uso de um conto interativo no ensino de química*. Dissertação de mestrado. Ilhéus: Universidade Estadual de Santa Cruz, 2015.

ASSIS, Valéria Soares de. *Dádiva, mercadoria e pessoa: As trocas na constituição do mundo social Mbyá-Guarani*. Tese de doutorado. Porto Alegre: Universidade Federal do Rio Grande do Sul, 2006.

AUGÉ, Marc. *Não lugares: introdução a uma antropologia da supermodernidade*. Campinas: Papirus, 1994.

BACAL, Sarah S. *Lazer: teoria e pesquisa*. São Paulo: Edições Loyola, 1988.

BACELLI, Roney. *Jardim América* (História dos Bairros de São Paulo). Prefeitura do Município de São Paulo. São Paulo: SMC, 1982.

BARBOSA, Wallace de Deus. O artesanato indígena e os novos índios do Nordeste. *Revista do Patrimônio Histórico e Artístico Nacional*, 1999, n. 28, pp. 198-215.

BATALHA, Socorro de Souza. *Gingando e balançando em sincronia: uma antropologia da dança do boi-bumbá de Parintins-AM*. Dissertação de mestrado (Departamento de Antropologia Federal do Amazonas). Manaus, 2015.

BECK, Ulrich; BECK-GERNSTEIN, Elisabeth. *Individualization. Institutionalized individualism and its social and political consequences*. London: Sage, 2002.

BENJAMIN, Walter. "Que é o teatro épico: um estudo sobre Brecht". Em: *Magia e técnica, arte e política: ensaios sobre literatura e história da cultura*. São Paulo: Brasiliense, 1985 [1931].

_____. "O narrador". Em: *Magia e técnica, arte e política: ensaios sobre literatura e história da cultura*. São Paulo: Brasiliense, 1985 [1936].

BEVILAQUA, Ciméa. *Consumidores e seus direitos: um estudo sobre conflitos no mercado de consumo*. São Paulo: Humanitas/NAU, 2008.

BORGES, Ana Luiza M.; AZEVEDO, Clara de A. "A mancha de lazer na Vila Olímpia". Em: MAGNANI, José Guilherme; SOUZA, Bruna Mantese de (orgs.). *Jovens na metrópole – Etnografias de circuitos de lazer, encontro e sociabilidade*. São Paulo: Terceiro Nome, 2007.

BRAGA, Jane Maria. *Aventurando pelos caminhos da leitura e escrita de jogadores de role-playing game (RPG)*. Dissertação de mestrado. Juiz de Fora: UFJF, 2000.

BRAGON, Ranier; MATTOSO, Camila. "Ministro da Justiça critica índios e diz que 'terra não enche barriga'". *Folha de São Paulo*, 7 mar. 2017. Disponível em: ‹http://www1.folha.uol.com.br/poder/2017/03/1865209-ministro-da-justica-critica-indios-e-diz-que-terra-nao-enche-barriga.shtml›. Acesso em: 7 mar. 2018.

BRANDENBURG, Alfio. Movimento agroecológico: trajetória, contradições e perspectivas. *Desenvolvimento e Meio Ambiente*. Curitiba, Editora UFPR, 2002, v. 6. pp. 11-28.

BRESSAN, Ricardo. *RPG como estratégia no ensino das operações elementares em Matemática*. Dissertação de mestrado. São Paulo: Universidade Cruzeiro do Sul, 2013.

BRUHNS, Heloisa Turini: "Explorando o lazer contemporâneo: entre a razão e a emoção". *Movimento*, maio/ago. 2004, Porto Alegre, v. 10, n. 2, pp. 93-104. Disponível em: ‹http://www.seer.ufrgs.br/Movimento/article/viewFile/2835/1448›. Acesso em: 7 mar. 2018.

BURNETT, Michael (org.). *Skate and Destroy: the first 25 years of Thrasher Magazine*. Nova York: Universe Publishing, 2006.

CABEZA, Manuel Cuenca. Las culturas del ócio. *Revista Brasileira de Estudos do Lazer*, Belo Horizonte, jan./abr. 2016a, v. 3, n. 1, pp. 3-19. Disponível em: ‹https://seer.ufmg.br/index.php/rbel›. Acesso em: 7 mar. 2018.

_____. O ócio autotélico. *Revista do Centro de Pesquisa e Formação*, maio 2016b, n. 2, pp. 10-29.

CAILLOIS, Roger. *Os jogos e os homens*. Lisboa: Cotovia, 1990.

CALDAS, Fernando Ribeiro. *O imaginário como substrato para a construção de uma pedagogia ambiental eficiente*. Dissertação de mestrado. Ilhéus: UESC, 2003.

CALDEIRA, Teresa Pires do Rio. *Cidade de muros: crime, segregação e cidadania em São Paulo*. São Paulo: Editora 34/EdUSP, 2000.

_____. Inscrição e circulação: novas visibilidades e configurações do espaço público em São Paulo, 2012, *Novos estudos CEBRAP*, n. 94, pp. 31-67. Disponível em: ‹http://www.scielo.br/scielo.php?script=sci_arttext&pid=S0101-33002012000300002›. Acesso em: 7 mar. 2018.

CAMARGO, Luiz Octávio de Lima. O legado de Joffre Dumazedier: reflexões em memória do centenário de seu nascimento, *Revista Brasileira de Estudos do Lazer*, Belo Horizonte, jan. / abr. 2016, v. 3, n. 1, pp.142-66. Disponível em: ‹https://seer.ufmg.br/index.php/rbel›. Acesso em: 7 mar. 2018.

_____. O lazer e a ludicidade do brasileiro, *Revista do Centro e Pesquisa e Formação*, São Paulo, maio / 2016, n. 02, pp. 51-8. Disponível em: ‹https://www.sescsp.org.br/online/artigo/10229_LUIZ+OCTAVIO+DE+LIMA+CAMARGO›. Acesso em: 7 mar. 2018.

CAMARGO, Maria Eugênia Seixas de Arruda. *Jogos de papéis (RPG) em diálogo com a educação ambiental: aprendendo a participar da gestão dos recursos hídricos na Região Metropolitana de São Paulo*. Dissertação de mestrado. São Paulo: USP, 2006.

CAMPOY, Leonardo Carbonieri. Esses camaleões vestidos de noite: uma etnografia do *underground heavy metal*, *Sociedade em Estudos*, Curitiba, 2006, v. 1, n. 1, pp. 37-50.

_____. *Trevas sobre a luz: o underground do heavy metal extremo no Brasil*. São Paulo: Alameda, 2010.

CANDIDO, Antônio. *Os parceiros do Rio Bonito*. 11. ed. Rio de Janeiro: Ouro Sobre Azul, 2010 [1964].

CARDOSO, Eli Teresa. *Motivação escolar e o lúdico: o jogo RPG como estratégia pedagógica para o ensino de história*. Dissertação de mestrado. Campinas: Unicamp: 2008.

CARIELLO, Rafael. O antropólogo contra o Estado (Entrevista com Eduardo Viveiros de Castro), *Revista Piauí*, dez./2013, ed. 88.

CARNEIRO, Lara Padilha; PADILHA, Valquíria. Vendem-se ilhas de prazer: o lazer nos anúncios publicitários de apartamentos de alto padrão, *Impulso*, Piracicaba, 2005, v. 16, n. 39, pp. 69-82. Disponível em: ‹http://docplayer.com.br/6219315-Vendem-se-ilhas-de-prazer-o-lazer-nos-anuncios-publicitarios-de-apartamentos-de-alto-padrao.html›. Acesso em: 7 mar. 2018.

CARR, John. Legal Geographies – skating around the edges of the law: urban skateboarding and the role of law in determining young peoples' place in the city, *Urban Geography*, 2010, v. 31, n. 7, pp. 988-1003.

CASTILHO, César Teixeira. Entrevista com Chris Rojek: percurso acadêmico e aproximação com os estudos do lazer, *Revista Brasileira de Estudos do Lazer*, Belo Horizonte, jan./abr. 2014, v. 1, n. 1, pp.133-49.

CAVACO, Cármen. *Aprender fora da escola. Percursos de formação experiencial*. Lisboa: Educa, 2002.

CAVALCANTE Mariza; ASSIS, Mara Tereza. As primeiras lutas por moradia popular em Manaus: vida e militância da Irmã Helena Augusta Walcott. Seminário Internacional Fazendo Gênero 10, *Desafios Atuais dos Feminismos (Anais Eletrônicos)*, Florianópolis, 2013.

CAVALCANTI, Eduardo Luiz Dias. *O uso do RPG no ensino de química*. Dissertação de mestrado. Goiânia: UFG, 2007.

CAVALCANTI, Maria Laura. Os sentidos no espetáculo, *Revista de Antropologia*, São Paulo, 2002, USP, v. 45, n. 1.

CERTEAU, Michel de. *A cultura no plural*. Campinas: Papirus, 1995.

_____. *A invenção do cotidiano I: artes de fazer*. Petrópolis: Vozes, 16.ed. 2009 (2012, 2014 [1980]).

CHEROBIM, Mauro. O caminhoneiro na estrada, *Perspectivas*, São Paulo, Unesp, 1984, v. 7, pp. 113-125.

CHIQUETTO, Rodrigo Valentim. *A cidade do futebol: Etnografia sobre a prática futebolística na metrópole manauara*. Dissertação de mestrado (Programa de Pós-Graduação em Antropologia Social do Departamento de Antropologia da Faculdade de Filosofia, Letras e Ciências Humanas da Universidade de São Paulo). São Paulo, 2014.

CLASTRES, Pierre. *A sociedade contra o Estado*. Rio de Janeiro: Livraria Francisco Alves, 1978.

_____. *Arqueologia da violência: investigações de antropologia política*. São Paulo: Cosac Naify, 2004 [1980].

COELHO, J. "Voleibol: um espaço híbrido de sociabilidade esportiva". Em: TOLEDO, P. H.; COSTA, C. E. (orgs.). *Visão de jogo: antropologia das práticas esportivas*. São Paulo: Terceiro Nome, 2009.

COQUEIRO, Valdete dos Santos; HERMANN, Wellington; MACHADO, Suélen Rita Andrade. Os desafios de se ensinar matemática por meio de jogos de interpretação de personagem em sextos anos do ensino fundamental de uma escola da rede pública, *Revista NUPEM*, 2013, v. 5, n. 8. Disponível em: ‹http://www.fecilcam.br/revista/index.php/nupem/issue/view/16/showToc›. Acesso em: 7 mar. 2018.

CORBIN, Alain. "História dos tempos livres". Em: CORBIN, Alain, *História dos tempos livres. O advento do lazer*. Lisboa: Teorema, 2001, pp. 5-18.

_____. "A fadiga, o repouso e a conquista do tempo". Em: CORBIN, Alain *História dos tempos livres. O advento do lazer*. Lisboa: Teorema, 2001, pp. 333-61.

CORRIGAN, Paul. "Doing Nothing". Em: HALL, Stuart; JEFFERSON, Tony (orgs.). *Resistence through rituals; youth subcultures in post-war Britain*. London: Hutchinson and Co, CCCS. University of Birmingham, 1993.

COSTA, Antonio Maurício. "'Uma metrópole na floresta': representações do urbano na Amazônia". Em: FRÚGOLI Jr., H; ANDRADE, L.; PEIXOTO; F. (orgs.). *A cidades e seus agentes: práticas e representações*. Belo Horizonte/São Paulo: PUC Minas/Edusp, 2006.

_____. *Festa na cidade: o circuito bregueiro de Belém do Pará*. Belém: Eduepa, 2009.

_____. Festa e espaço urbano: meios de sonorização e bailes dançantes na Belém dos anos 1950, *Revista Brasileira de História* (Online), 2012, v. 32, pp. 381-402.

COSTA, Antonio Maurício; GARCIA, Sônia Chada. "Tecnobrega: a produção da música eletrônica paraense". Em: VIEIRA, L.; TOURINHO, C.; ROBATTO, L. (orgs.). *Trânsito entre Fronteiras na Música*. Belém: PPGARTES/UFPA, 2013.

COSTA, Hans Cleyton. *O Arrasta Povo do Pará: a experiência comunicativa e estética nas festas da aparelhagem Super Pop*. Dissertação de mestrado (Programa de Pós-Graduação em Comunicação, Cultura e Amazônia – Universidade Federal do Pará), Belém, 2017.

COSTA, Tiemi Kayamori Lobato da. *Índios e não índios na administração pública: uma etnografia da secretaria de estado para os povos indígenas em Manaus – AM*. Dissertação de mestrado. PPGAS. Curitiba: UFPR, 2013.

COSTA, Tony Leão da. Carimbó e brega: indústria cultural e tradição na música popular do norte do Brasil, *Estudos Amazônicos*, 2011, v. 6, n. 1.

CUNHA, Manuela Carneiro da (org.). *História dos índios no Brasil*. São Paulo: Companhia das Letras / Secretaria Municipal de Cultura/Fapesp, 1992.

DAMATTA, Roberto. *A casa e a rua: espaço, cidadania, mulher e morte no Brasil*. São Paulo: Brasiliense, 1985.

_____. Antropologia do óbvio: notas em torno do significado social do futebol, *Revista USP*, São Paulo, 1994. v. 22, pp.10-7.

DAMATTA, Roberto; VASCONCELLOS, João Gualberto M.; PANDOLFI, Ricardo. *Fé em Deus e pé na tábua – Ou como e por que o trânsito enlouquece no Brasil*. Rio de Janeiro: Rocco, 2010.

DAMO, Arlei Sander. *Do dom à profissão: a formação de futebolistas no Brasil e na França*. São Paulo: Hucitec/Anpocs, 2007.

DAWSEY, John Cowart. Victor Turner e antropologia da experiência, *Cadernos de Campo* (USP), São Paulo, 2005, v. 13, pp. 163-76.

DE GRAZIA. Sebastian. *Of Time, Work, and Leisure*. New York: The Twentieth Century Fund, 1962.

_____. *Tiempo Libre, Trabajo y Ocio*. Madrid: Tecnos, 1966.

DEBERT, Guita Grin. "A cultura adulta e juventude como valor". Em: *XXVIII Encontro Anual da ANPOCS* (Anais). Caxambu, Hotel Glória, 26 a 30 out./2004.

DESCOLA, Philippe. *La Nature Domestique: symbolisme et práxis dans l'ecclocie dês Achuar*. Paris: Ed. de la Maison des sciences de l'homme, 1986.

DIÊGOLI, Leila Regina. *Estado Novo – Nova Arquitetura em São Paulo*. Dissertação de mestrado (Programa de Estudos Pós-Graduados em História). São Paulo: PUC-SP, 1996.

DOUGLAS, Mary. *Pureza e perigo*. São Paulo: Perspectiva, 1976.

DOUGLAS, M.; ISHERWOOD, B. *O mundo dos bens: para uma antropologia do consumo*. Rio de Janeiro: UFRJ, 2013 [1979].

DUBET, François. Quando o sociólogo quer saber o que é ser professor: entrevista com François Dubet – Entrevista concedida a Angelina Peralva e Marília Sposito, *Revista Brasileira de Educação*, 1997, n. 5 e n. 6, ANPED, pp. 222-32.

_____. A formação dos indivíduos: a Desinstitucionalização, *Revista Contemporaneidade e Educação*, 1998, ano 3, v. 3, pp. 27-33.

DUMAZEDIER, Joffre. *Lazer e cultura popular*. São Paulo: Perspectiva. 2001 [1976].

_____. *Vers une civilization du loisir?* Paris: Ed. du Seuil, 1962.

_____. *Loisir et culture*. Paris: Ed. du Seuil, 1966.

_____. *Sociologie empirique du loisir*. Paris: Ed. du Seuil, 1974.

_____. *Lazer e cultura popular*. São Paulo: Perspectiva, 1976.

_____. *A revolução cultural do tempo livre*. São Paulo: Studio Nobel/Sesc, 1994.

_____. *Sociologia empírica do lazer*. São Paulo: Perspectiva, 1999 [1979].

ELIAS, Norbert. *Sobre o tempo*. Rio de Janeiro: Jorge Zahar Ed., 1998.

ELIAS, Norbert; DUNNING, Eric. *Quest for Excitement: Sport and Leisure in the Civilizing Process*. Oxford: Basil Blackwell, 1986.

_____. *A busca da excitação*. Lisboa: Difel, 1992.

EVANS-PRITCHARD, E. E. *The Nuer: A Description of the Modes of Livelihood and Political Institutions of a Nilotic People*. Oxford: Clarendon Press, 1940.

_____. *Os Nuer*. São Paulo: Perspectiva, 1978.

FAIRCHILD, Thomas Massao. *O discurso de escolarização do RPG*. Dissertação de mestrado. São Paulo: USP, 2004.

_____. *Leitura de impressos de RPG no Brasil: o satânico e o secular*. Tese de doutorado. São Paulo: USP, 2007.

FAVRET-SAADA, Jeanne. Ser afetado, *Cadernos de Campo*, São Paulo, FFLCH, 2005, ano 14, n. 13.

FEIJÓ, Rodrigo Orestes. *O uso de Role-Playing Games como recurso pedagógico nas aulas de matemática*. Dissertação de mestrado. Porto Alegre: UFGRS 2014.

FEIXA, Carles. Introducción; Los estúdios sobre culturas juveniles en España (1960 – 2003), *Revista de Estudios sobre Juventud*, n. 64. Madrid: Instituto de la Juventud, mar. 2004.

_____. *De Jóvenes, bandas y tribus. Antropología de la juventud*. Barcelona: Ariel, 2006.

_____. *De la generación@ a la #generación: la juventude en la era digital*. Barcelona: NED Ediciones, 2014.

FERREIRA, João Fernando. *A construção do Pacaembu*. São Paulo: Paz e Terra, 2008.
FILADELFO, Carlos. *A luta está no sangue: família, política e movimentos de moradia em São Paulo*. Tese de doutorado em Antropologia Social. São Paulo: Faculdade de Filosofia, Letras e Ciências Humanas, Universidade de São Paulo, 2015.
FIORI, Ana Letícia de. *A construção da identidade RPGista: a performance de heróis nos jogos de interpretação de papéis*. Relatório final de iniciação científica PIBIC-CNPq, FFLCH-USP, 2006.
_____. *RPG, narrativas e discursos*. Relatório final de iniciação científica PIBIC-CNPq, FFLCH-USP, 2007.
_____. *Contando histórias de morte: Etnografia do Júri e arenas narrativas do "caso Aline"*. Dissertação de mestrado em Antropologia Social. São Paulo: Faculdade de Filosofia, Letras e Ciências Humanas, Universidade de São Paulo, 2012.
FONTGALAND, Arthur. *Caminhoneiros, caminhos e caminhões – uma etnografia sobre mobilidades nas estradas*. Dissertação de mestrado em Antropologia. São Paulo: Faculdade de Filosofia, Letras e Ciências Humanas, Universidade de São Paulo, 2017.
FRANCISCO, Tatiana Vianna. *A elaboração do jogo "lócus: uma aventura real" como recurso pedagógico para uma educação ambiental cidadã*. Rio de Janeiro: UFRJ, 2016.
FRIEDMANN, Georges. *Le travail en miettes*. Paris: Gallimard, 1956.
FRÚGOLI JR., H. *Sociabilidade urbana*. Rio de Janeiro: Zahar, 2007.
FUJII, Roberto Shiniti. *A argumentação no RPG no ensino de Biologia*. Dissertação de mestrado. Curitiba: UFPR, 2010.
GEERTZ, Clifford. *A interpretação das culturas*. Rio de Janeiro: LTC, 1989.
_____. *O saber local: novos ensaios em antropologia interpretativa*. Petrópolis: Vozes, 1997.
GELL, Alfred. *Art and Agency: an anthropological theory*. New York: Clarendon Press – Oxford, 1998.
_____. A rede de Vogel: armadilhas como obras de arte e obras de arte como armadilhas (Trad. de Marcia Martins Campos e Laura Bedran), *Revista do Programa do Programa de Pós-Graduação em Artes Visuais EBA*, UFRJ, 2001 [1996], pp. 174-91.
GOLDMAN, Márcio. Os tambores do antropólogo: Antropologia pós-social e etnografia, *Ponto Urbe*, 2008, ano 2, n. 3.
GOMES, Christianne; ELIZALDE, Rodrigo. *Horizontes latino-americanos do lazer*. Belo Horizonte: Ed. UFMG, 2012.
GREEN, Bill; BIGUM, Chris. "Alienígenas na sala de aula". Em: SILVA, Tomaz (org.). *Alienígenas na sala de aula: uma introdução aos estudos culturais em educação*. Petrópolis: Vozes, 1998.

HANNERZ, Ulf. *Exploring the City. Inquiries Toward an Urban Anthropology*. New York: Columbia University Press, 1980.
HARVEY, David. The right to the city, *New Left Review*, 2008, s. I. v. II n. 53, pp. 23-40, 2008.
HEREDIA, Beatriz; PALMEIRA, Moacir; LEITE, Sérgio P. Sociedade e economia do "Agronegócio" no Brasil, *Revista Brasileira de Ciências Sociais*, out. 2010, v. 25, n. 74, pp. 159-76.
HIKIJI, Rose Satiko Gitirana. *A música e o risco: Etnografia da performance de crianças e jovens*. São Paulo: Edusp, 2006a.
_____. Música para matar o tempo: intervalo, suspensão e imersão, *Mana*, 2006b, n. 12, v. 1, pp. 151-78.
HINE, Christine. *Virtual ethnography*. London: Sage, 2000.
HIRATA, D. V. *Futebol de várzea: práticas urbanas e disputa pelo espaço na cidade de São Paulo*. Dissertação de mestrado (Programa de Pós-Graduação em Sociologia). São Paulo: Universidade de São Paulo, 2005.
HONORIO, Bruno Grilo. *Observar com sentido: um experimento com estudantes de licenciatura em matemática envolvendo a utilização do RPG*. Dissertação de mestrado. Canoas-RS: Universidade Luterana do Brasil, 2015.
HOWELL, Ocean. The poetics of security: skateboarding, urban design, and the new public space, *Urban Action*, 2001, pp.64-86.
HUIZINGA, Johann. *Homo Ludens*. São Paulo: Perspectiva, 1993.
ILLICH, Ivan. *Sociedade sem escolas*. Petrópolis: Vozes, 1985.
INGOLD, Tim. *The Perception of the Environment*. London: Routledge, 2000.
_____. *Lines: a brief history*. London: Routledge, 2007.
_____. *Estar vivo: ensaios sobre movimento, conhecimento e descrição*. Petrópolis: Vozes, 2015.
JESUS, Jaqueline Gomes de. *Orientações sobre identidade de gênero: conceitos e termos*. Brasília: Publicação online, abr. 2012. Disponível em: ‹https://goo.gl/ChZM9Z›. Acesso em: 7 mar. 2018.
JOSEPH, Isaac. "A respeito do bom uso da Escola de Chicago". Em: VALLADARES, Lícia do Prado (org.). *A Escola de Chicago: impacto de uma tradição no Brasil e na França*. Belo Horizonte/Rio de Janeiro: Ed. UFMG/IUPERJ, 2005 [1998], pp. 93-128.
KAHN-HARRIS, Keith. The "failure" of youth culture: reflexivity, music and politics in the black metal scene, *European Journal of Cultural Studies*, n. 7, v. 1. London: Thousand Oaks CA and New Delhi, 2004.
_____. *Extreme Metal: Music and Culture on the Edge*. Oxford/New York: Berg, 2007.
LabNAU, Universidade de São Paulo. Relatório da 1ª etapa da pesquisa "Cultura e lazer: práticas de lazer e físico-esportivas dos frequentadores do Sesc São Paulo", São Paulo, 2015.

LabNAU, Universidade de São Paulo. Relatório da 2ª etapa da pesquisa "Cultura e lazer: práticas de lazer e físico-esportivas dos frequentadores do Sesc São Paulo", São Paulo, 2017.

LACEY, Hugh. Entrevista: Hugh Lacey. *Trabalho, Educação e Saúde*, Rio de Janeiro, nov. 2009, v. 7, n. 3, pp. 623-8.

LAFARGUE, Paul. *Le Droit à la Paresse*. Paris: Ed. Maspero, 1965.

LALIVE D'EPINAY, C. "Beyond the Antinomy: Work versus Leisure? Stages of a cultural mutation in industrial societies during the twentieth century", *Loisir et Societé*, Québec, Presses de l'Université du Québec, 1992, v. 14, n. 2.

LANFANT, Marie-Françoise. *Les théories du loisir*. Paris: PUF, 1972.

LATOUR, Bruno. *Jamais fomos modernos: ensaio de antropologia simétrica*. São Paulo: Editora 34, 1994.

LEFEBVRE, Henri. *O direito à cidade*. São Paulo: Centauro, 2001.

LEHMANN, Hans-Thies. *Teatro pós-dramático*. Trad. Pedro Süssekind. São Paulo: Cosac&Naify, 2007 [1999].

LEITE, M. I. *Crianças, velhos e museu: memória e descoberta*. Campinas: Cadernos CEDES, v. 26, n. 68, pp. 74-85, 2006.

LEITE, Rogério. P. *Contra-usos da cidade: lugares e espaço público na experiência urbana contemporânea*. Campinas: Editora da Unicamp; Aracaju: UFS, 2004.

_____. A inversão do cotidiano. práticas sociais e rupturas na vida urbana contemporânea, *Dados*, Rio de Janeiro, 2010, v. 53, n. 3, pp. 737-56.

LEME, Maria Cristina. *Urbanismo no Brasil: 1895-1965*. São Paulo: Studio Nobel, FAUUSP/FUPAM, 1999.

LEMOS, Ronaldo; CASTRO, Oona. *Tecnobrega: o Pará reinventando o negócio da música*. Rio de Janeiro: Aeroplano, 2008.

LÉVI-STRAUSS, Claude. *Antropologia Estrutural*. Rio de Janeiro: Tempo Brasileiro, 1991.

LIMA, Andrey Faro de. É a Festa das Aparelhagens! – Performances *culturais e discursos sociais*. Dissertação de mestrado (Programa de Pós-Graduação em Ciências Sociais). Belém: Universidade Federal do Pará, 2008.

_____. A "moda" das aparelhagens: festa e cotidiano na capital paraense, *Ponto Urbe* [Online], n. 19, 2016.

MACHADO, Giancarlo Marques Carraro. *De "carrinho" pela cidade: a prática do skate em São Paulo*. São Paulo: Editora Intermeios/Fapesp, 2014a.

_____. Praça Roosevelt: sociabilidade e conflitos em um pedaço skatista da cidade de São Paulo, *Perifèria*, Universitát Autònoma de Barcelona, 2014b, v. 19, n. 1, pp.82-107, 2014b.

_____. *A cidade dos picos: a prática do skate e os desafios da citadinidade*. Tese de doutorado em Antropologia Social. São Paulo: Faculdade de Filosofia, Letras e Ciências Humanas da Universidade de São Paulo, 2017.

MACHINI, M. *Nas fissuras do concreto: política e movimento nas hortas comunitárias da cidade de São Paulo*. Dissertação de mestrado em Antropologia

Social. São Paulo: Faculdade de Filosofia, Letras e Ciências Humanas da Universidade de São Paulo, 2017.
MACKAY, Daniel. *The Fantasy Role-Playing Game – a new performing art*. Jefferson: McFarland & Company Inc., 2001.
MADALENO, I. M. *A cidade das mangueiras: agricultura urbana em Belém do Pará*. Lisboa: Fundação Calouste Gulbenkian, 2002.
MAGNANI, J. G. C. A rua e a evolução da sociabilidade, *Cadernos de História de São Paulo*, v. 2, 1993.
_____. "Quando o campo é a cidade: fazendo antropologia na metrópole". Em: MAGNANI, J. G; TORRES, L. L. (orgs.). *Na Metrópole: textos de antropologia urbana*. São Paulo: Edusp/Fapesp, 1996.
_____. *Festa no pedaço: cultura popular e lazer na cidade*. São Paulo: Brasiliense, 1984; 3. ed., Ed. Hucitec, 1998.
_____. "Lazer, um campo interdisciplinar de pesquisa". Em: BRUHN, Heloísa; GUTIERREZ, Gustavo (orgs.). *O corpo e o lúdico – Ciclo de debates lazer e motricidade*. Campinas: Editora Autores Associados, 2000.
_____. De perto e de dentro: notas para uma etnografia urbana, *Revista Brasileira de Ciências Sociais*, jun. 2002, v. 17, n. 49.
_____. O Circuito: proposta de delimitação da categoria, *Ponto Urbe*, n. 15, 2014.
_____. O circuito dos jovens urbanos, *Tempo Social, Revista de Sociologia da USP*, São Paulo, nov. 2005, v. 17, n. 2, pp. 173-205.
_____. "Introdução – Circuito de jovens". Em: MAGNANI, J. G.; SOUZA, B. M (orgs.). *Jovens na metrópole: etnografias de circuitos de lazer*. São Paulo: Terceiro Nome, 2007.
_____. *Da periferia ao centro: trajetórias de pesquisa em antropologia urbana*. São Paulo: Terceiro Nome, 2012.
_____. "Bronislaw Malinowski". Em: ROCHA, E.; FRID, M. *Os antropólogos. De Edward Tylor a Pierre Clastres*. Petrópolis: Vozes, 2015.
_____. Antropologia urbana: desafios e perspectivas, *Revista de Antropologia*, 2016, v. 59, n. 3. Disponível em:‹http://www.revistas.usp.br/ra›. Acesso em: 7 mar. 2018.
MAGNANI, José Guilherme; MORGADO, Naira. Futebol de várzea também é patrimônio, *Revista do Patrimônio Histórico e Artístico Nacional*, Brasília, 1996, n. 24, pp. 175-84.
MAGNANI, J. G. C.; SOUZA, Bruna Mantese de (orgs.). *Jovens na metrópole: etnografias de circuitos de lazer, encontro e sociabilidade*. São Paulo: Ed. Terceiro Nome, 2007.
MALINOWSKI, Bronislaw. *A Scientific Theory of Culture and Other Essays*. Chapel Hill: The University North Carolina Press, 1944.
MARCELLINO, Nelson C. *Estudos do lazer: uma introdução*. Campinas: Autores Associados, 2000[1996].

_____. "O lazer e os espaços na cidade". Em: ISAYAMA, Helder F.; LINHARES, Meily A. *Sobre lazer e política – maneiras de ver, maneiras de fazer*. Belo Horizonte: Editora UFMG, 2006.

MARGULIS, Mario; URRESTI, Marcelo. "La juventud es más que una palabra". Em: Margulis, M. (org.). *La juventud es más que una palabra*. Buenos Aires: Biblos, 1996.

MARTINS, André Almeida. *O trabalho intermitente como instrumento de flexibilização da relação laboral: o regime do Código de Trabalho*. Comunicação apresentada no I Congresso Internacional de Ciências Jurídico-Empresariais, 2009. Leiria: Instituto Politécnico de Leiria – Escola Superior de Tecnologia e Gestão, 2012. Disponível em: ‹https://iconline.ipleiria.pt/handle/10400.8/772›. Acesso em: 7 mar. 2018.

MARTINS, José Clerton de Oliveira. Lazeres e tempos livres, entre os ócios desejados e os negócios necessários, *Revista do Centro e Pesquisa e Formação*, São Paulo, maio / 2016, n. 02, pp. 51-8. Disponível em: ‹http://centrodepesquisaeformacao.sescsp.org.br/revista/edicao2.php?cor=azul›. Acesso em: 7 mar. 2018.

MASCARENHAS, Fernando. "Lazerania" também é conquista: tendências e desafios na era do mercado, *Movimento*, Porto Alegre, 2004, v. 10, n. 2, pp.73-90.

_____. "Em busca do ócio perdido: idealismo, panaceia e predição histórica à sombra do lazer". Em: PADILHA, Walquíria (org.) *Dialética do lazer*. São Paulo: Cortez Editora, 2006.

MASSCHELEIN, Jan; SIMONS, Maarten. *Em defesa da escola: uma questão pública*. Belo Horizonte: Autêntica Editora, 2015.

MAURO, Ana Luísa Sertã Almada. *Seguindo sementes: circuitos e trajetos do artesanato sateré-mawé entre cidade e aldeia*. Dissertação de mestrado (Programa de Pós-Graduação em Antropologia Social). São Paulo, Faculdade de Filosofia, Letras e Ciências Humanas da Universidade de São Paulo, 2015.

MAUSS, Marcel. *Sociología y antropología*. Madrid: Editorial Tecnos, 1971.

_____. *Ensaio sobre a dádiva*. Lisboa: Edições 70, 1988 [1925].

MEHRTENS, Cristina Peixoto. *Urban Space and National Identity in Early Twentieth Century – São Paulo, Brazil: crafting modernity*. Basingstoke: Palgrave Macmillan, 2010.

MELO, Victor Andrade de. "Arte e Lazer: Desafios para romper o abismo". Em: MARCELINNO, Nelson Carvalho (org.). *Lazer e cultura*. Campinas: Alínea Editora, 2007.

MELO, Victor Andrade de; ALVES JUNIOR, Edmundo de Andrade. "Lazer: conceitos básicos". Em: MELO, Victor Andrade de; ALVES JUNIOR, Edmundo de Andrade. *Introdução ao lazer*. Barueri: Editora Manole, 2003.

MENESES, Guilherme Pinho. *Videogame é droga? Controvérsias em torno da dependência de jogos eletrônicos*. Dissertação de mestrado em

Antropologia Social. São Paulo: Faculdade de Filosofia, Letras e Ciências Humanas, USP, 2015.

MESSIAS, M. J. M. *O lúdico e a aprendizagem no museu: as perspectivas das crianças sobre as visitas escolares às instituições*. Dissertação de Mestrado. Lisboa: Universidade Lusófona de Humanidades e Tecnologias, 2004.

MILLER, Daniel. Consumo como cultura material, *Horizontes Antropológicos*. Porto Alegre, jul./dez., 2007, ano 13, n. 28, pp. 33-63.

_____. *Trecos, troços e coisas: estudos antropológicos sobre a cultura material*. Rio de Janeiro: Zahar, 2013.

MORAES, Lucas Lopes de. *"Hordas do Metal Negro": guerra e aliança na cena black metal paulista*. Dissertação de mestrado em Antropologia Social. São Paulo: Faculdade de Filosofia, Letras e Ciências Humanas, Universidade de São Paulo, 2014.

MORIN, Edgar. *Cultura de massas no século XX: o espírito do tempo II, necrose*. Rio de Janeiro: Forense Universitária, 1977.

MOTA, Sonia Rodrigues (coord.). *RPG & arte*. Rio de Janeiro: Banco do Brasil, Superintendência Rio – CCBB, 1996.

_____. *Role-Playing Game: a ficção enquanto jogo* (tese de doutorado em Letras). Rio de Janeiro: Pontifícia Universidade Católica do Rio de Janeiro, 1997.

_____. *Role-Playing Game e a pedagogia da imaginação no Brasil*. Rio de Janeiro: Bertrand Brasil, 2004.

MOUGEOT, Luc. J. A. *Urban Agriculture: definition, presence, potential and risks, main policy challenges*. Canadá: IDRC, 2000.

MOUTINHO, Andréia Maciel Santos. *Espaços de lazer e cultura popular: uma abordagem sobre os museus do Centro Histórico de São Luís*. Dissertação de mestrado (Programa de Pós-Graduação em Cultura e Sociedade). São Luís: UFMA, 2017.

MUNNÉ, Frederic. *Psicossociologia del tiempo libre: um enfoque crítico*. México: Trillas, 1980.

NEGREIROS, Plínio José Labriola de Campos. *A nação entra em campo: futebol nos anos 30 e 40*. Tese de doutorado. São Paulo: Pontifícia Universidade Católica de São Paulo, 1998.

NOGUEIRA, Paulo Henrique. *Identidade juvenil e identidade discente: processos de escolarização no terceiro ciclo da escola plural*. Tese de doutorado. Belo Horizonte: Faculdade de Educação/UFMG, 2006.

NOLAN, Nicholas. The ins and outs of Skateboarding and transgression in public space in Newcastle, *Australian Geographers*, 2003, v. 34, n. 3, pp. 311-27.

NORA, Pierre. *Les Lieux de Mémoire*. Paris: Éditions Gallimard, v. I, 1984.

OVERING, Joanna. A estética da produção: o senso de comunidade entre os Cubeo e os Piaroa, São Paulo, USP, 1991, *Revista de Antropologia*, n. 34, pp.7-33.

PAIS, José Machado. *Culturas Juvenis*. Lisboa: Imprensa Nacional – Casa da Moeda, 2003.

PALMA, Daniela. *A praça dos sentidos: comunicação, imaginário social e espaço público*. Tese de doutorado em Ciências da Comunicação. São Paulo: Escola de Comunicações e Artes da Universidade de São Paulo, 2010.
PARKER, Stanley Robert. *The Future of Work and Leisure*. London: MacGibbon & Kee, 1971.
_____. *The Sociology of Leisure*. Londres: Allen & Unwin, 1979.
PAVÃO, Andréa. *A aventura da leitura e da escrita entre mestres de roleplayinggame (RPG)*. 2. ed. São Paulo: Devir, 2000.
PENNAC, Daniel. *Diário de escola*. Rio de Janeiro: Rocco, 2008.
PEREIRA, Alexandre Barbosa. *De rolê pela cidade: os pixadores em São Paulo*. Dissertação de mestrado em Antropologia Social. São Paulo: Faculdade de Filosofia, Letras e Ciências Humanas da Universidade de São Paulo, 2005.
_____. "Pichando a cidade: apropriações 'impróprias' do espaço urbano". Em: MAGNANI, J. G. C.; SOUZA, Bruna Mantese de (orgs.). *Jovens na metrópole*. São Paulo: Terceiro Nome, 2007.
_____. Cidade de riscos: notas etnográficas sobre pixação, adrenalina, morte e memória em São Paulo, *Revista de Antropologia*, 2013, n. 56, v. 1, pp. 81-110.
_____. Rolezinho no shopping: aproximação etnográfica e política, *Revista Pensata*, 2014, v. 3, n. 2, pp. 8-16.
_____. *"A maior zoeira" na escola: experiências juvenis na periferia de São Paulo*. São Paulo: Editora Unifesp, 2016.
PEREIRA, Carlos Alberto Messeder. *O que é contracultura*. São Paulo: Nova Cultural/Brasiliense, 1986.
PEREIRA, Carlos Eduardo Kliminck. *Construção de personagens & aquisição de linguagem – o desafio do RPG no INES*. Dissertação de mestrado. Rio de Janeiro: PUC, 2003.
PEREIRA, Juliano da Silva. *Uma máquina do tempo movida a imaginação: RPG e empatia histórica no ensino de história*. Dissertação de mestrado. Londrina: UEL, 2014.
PEREIRA, Priscilla Emmanuelle Formiga. *RPG e história: o descobrimento do Brasil*. Dissertação de mestrado. João Pessoa: UFPB, 2010.
PEREIRA, Vanessa Andrade. *Na Lan House, "Porque jogar sozinho não tem graça": estudo das redes sociais juvenis on e offline*. Tese de doutorado. Rio de Janeiro: Museu Nacional/UFRJ, 2008.
PERES, Fábio de Faria. "Contribuições das Ciências Sociais ao Estudo do Lazer". Em: MELO, Victor Andrade de (org). *Lazer: olhares interdisciplinares*. Campinas: Alínea Editora, 2010.
PERO, Valéria; MIHESSEN, Vitor. Mobilidade urbana e pobreza no Rio de Janeiro, *Revista Econômica*, Rio de Janeiro, 2013, v. 15, n. 2.
POLANYI, Karl. *The Origins of Our Time: The great Transformation*. New York: Farrar & Rinehart, 1944 [Ed. bras.: *A grande transformação: as origens de nossa época*. Rio de Janeiro: Editora Campus, 1980].

POSTMAN, Neil. *Technopoly: The Surrender of Culture to Technology.* New York: Knopf, 1992.

PULEO, A. Del ecofeminismo clásico al deconstrutivo: principales corrientes de un pensamiento poco conocido. In: AMORÓS, Celia; DE MIGUEL, Ana (eds.). *Teoría feminista: de la ilustración a la globalización. De los debates sobre el género al multiculturalismo.* Madri: Minerva, 2005, t. 3; pp. 121-52.

RAFFA, Luciane Orlando. *Avaliação do Role-Playing Game como programa de lazer.* Campinas: PUC-Campinas, 1997.

RANDI, Marco Antonio Ferreira. *Uso de RPG (Role-Playing Games) no ensino de Biologia Celular.* Tese de doutorado. Campinas: Unicamp, 2011.

REBELO, Francine Pereira. *As Batonetes: uma etnografia de mulheres caminhoneiras no Brasil.* Trabalho de Conclusão de Curso (Graduação em Ciências Sociais). Florianópolis: Universidade Federal de Santa Catarina, 2011.

REQUIXA, Renato. *O lazer no Brasil.* São Paulo: Brasiliense, 1977.

REYNOLDS, Richard. *On Guerrilla Gardening: A Handbook for Gardening Without Boundaries.* Reino Unido: Bloomsbury, 2009.

RIAL, Carmen. Rodar: a circulação dos jogadores de futebol brasileiros no exterior, *Horizontes Antropológicos*, 2008, v.14, n. 30, pp.21-65.

RIBEIRO, Berta G. *O Índio na História do Brasil.* Coord. Jaime Pinsky. São Paulo: Global, 1983 (Col. História Popular).

RIESMAN, David. *The Lonely Crowd.* New York: Doubleday, 1950.

_____. *The Sociology of Leisure.* London: George Allen & Unwin, 1979.

RODRIGUES, Joycimara de Morais. *Narração e imaginação: a construção do saber histórico sobre a história e cultura africana e afro-brasileira através do role playing game.* Dissertação de mestrado. Fortaleza: UFCE, 2014.

ROJEK, Chris. *Leisure and culture.* Basingstoke: Palgrave Macmillian, 2000.

ROJEK Chris; SHAW, Susan; VEAL, A. J. *A Handbook of Leisure Studies.* New York: Macmillan Publishers, 2006.

RUSSEL B.; RUSSEL, D. *In Praise of Idleness and Other Essays.* London: Allen & Unwin, 1935.

SACRISTÁN, José Gimeno. *O aluno como invenção.* Porto Alegre: Artmed, 2005.

SAHLINS, Marshall. "A primeira sociedade da afluência". Em: CARVALHO, Edgar Assis (org.). *Antropologia econômica.* São Paulo: Livraria Editora Ciências Humanas, 1978 [1972], pp. 6-43.

_____. O "pessimismo sentimental" e a experiência etnográfica: por que a cultura não é um "objeto" em via de extinção, *Mana*, 1997, n. 3 (partes 1 e 2).

_____. *Cultura e razão prática.* Trad. Sérgio Tadeu de Niemayer Lamarão. Rio de Janeiro: Jorge Zahar: 2003 [1976].

SAMAGAIA, Rafaela Rejane. *Física moderna no ensino fundamental: uma experiência com o Projeto Manhattan.* Dissertação de mestrado. Florianópolis: UFSC, 2003.

SANTOS, Luciene dos. *Moro no mundo e passeio em casa. Vida e trabalho de mulheres e homens caminhoneiros*. Tese de doutorado em Sociologia. Araraquara: Faculdade de Ciências e Letras de Araraquara, Universidade Estadual Paulista, 2002.

SANTOS, Luiz Otávio Silva. *O jogo de RPG como ferramenta auxiliar de aprendizagem na disciplina de ciências*. Dissertação de mestrado. Natal: UFRN, 2003.

SCARAMELLA, Maria Luísa. *Nessa longa estrada da vida: um estudo sobre as experiências dos caminhoneiros*. Dissertação de mestrado em Antropologia. Campinas: Instituto de Filosofia e Ciências Humanas, Universidade Estadual de Campinas, 2004.

SCHECHNER, Richard. "Points of Contact between Anthropological and Theatrical Thought". Em: SCHECHNER, Richard. *Between Theater and Anthropology*. Philadelphia: University of Pennsylvania, 1985.

_____. "Ritual". Em: LIGIÉRO, Z. (org.). *Performance e antropologias de Richard Schechner*. Rio de Janeiro: Mauad X, 2012.

SCHPUN, Mônica Raisa. *Beleza em jogo – Cultura física e comportamento em São Paulo nos anos 20*. São Paulo: Editora Senac, 1999.

SCIFONI, Simone. Parque do Povo: um patrimônio do futebol de várzea em São Paulo, *Anais do Museu Paulista*, São Paulo, jul/dez, 2013, v. 21, n. 2, pp. 125-51.

SEABRA, Odete Carvalho de Lima. *Urbanização e fragmentação: cotidiano e vida de bairro na metamorfose da cidade em metrópole, a partir das transformações do Bairro do Limão*. Tese de livre-docência em Geografia. São Paulo: Faculdade de Filosofia, Letras e Ciências Humanas, Universidade de São Paulo, 2003.

SENNETT, Richard. *O declínio do homem público*. São Paulo: Cia das Letras, 1999 [1977].

SERRES, Michel. *Polegarzinha*. Rio de Janeiro: Bertrand Brasil, 2013.

SILIPRANDI, E. *Mulheres e agroecologia: transformando o campo, as florestas e as pessoas*. Rio de Janeiro: Editora UFRJ, 2015. Disponível em: ‹http://www.mda.gov.br/sitemda/sites/sitemda/files/ceazinepdf/MULHERES_E_AGROECOLOGIA_TRANSFORMANDO_O_CAMPO_AS_FLORESTAS_E_AS_PESSOAS_0.pdf›. Acesso em: 8 mar. 2017.

SILVA, Diana Mendes Machado da. *A Associação Atlética Anhanguera e o futebol de várzea na cidade de São Paulo (1928-1950)*. 2013. 210 f. Dissertação de mestrado. São Paulo: Universidade de São Paulo, 2013.

SILVA, Paulo Henrique de Sousa. *O Role-Playing Game (RPG) como ferramenta para o ensino de Física*. Dissertação de mestrado. Rio de Janeiro: UFRJ, 2016.

SILVA, Ramon Araújo. *Vida de caminhoneiro: sofrimento e paixão*. Dissertação de mestrado em Psicologia. Campinas: Centro de Ciências da Vida, Pontifícia Universidade Católica de Campinas, 2015.

SIMMEL, Georg. "Sociability". Em: SIMMEL, Georg. *On Individuality and Social Forms. Selected Writings*. Chicago: The University of Chicago Press, 1971 [1910].

_____. "A sociabilidade (exemplo de sociologia pura o formal)". Em: *Questões fundamentais da sociologia*. Rio de Janeiro: Jorge Zahar, 2006 [1917], pp. 69-82.

SIMMEL, Georg. *Questões fundamentais da sociologia: indivíduo e sociedade*. Rio de Janeiro: Jorge Zahar, 2006b.

SIMÕES, Júlio; FRANÇA, Isadora; MACEDO, Márcio. Jeitos de corpo: cor/raça, gênero, sexualidade e sociabilidade juvenil no centro de São Paulo, *Cadernos Pagu*, Campinas, Unicamp, 2010, v.3 5, pp. 37-78.

SIMONIAN, Lígia ; XAVIER, Mário Brasil. "A violência das gangues e os guetos sociais em Belém do Pará: sociabilidades conflituosas." Em: SIMONIAN, L. T. L. (org.). *Belém do Pará: história, cultura e sociedade*. Belém: Ed. NAEA-UFPA, 2010.

SOARES, Amanda Nathale. *Role-Playing Game (RPG): elaboração e avaliação de estratégia pedagógica para formação crítica e autônoma do enfermeiro*. Dissertação de mestrado. Belo Horizonte: UFMG: 2013.

SOARES, João Roberto. *Levantamentos e análise do processo projetual de artefatos multimídia populares – Aparelhagens*. Dissertação de mestrado (Programa de Pós-Graduação em Design). São Luís: Universidade Federal do Maranhão, 2015.

SPAGGIARI, Enrico. *Família joga bola: jovens futebolistas na várzea paulistana*. São Paulo: Intermeios/FAPESP, 2016.

STAROSKY, Priscila. *O Role-Playing Game como proposta pedagógica de co-construção de histórias no contexto da surdez*. Tese de doutorado. Rio de Janeiro: PUC-RJ, 2011.

STEBBINS, Robert A. *Between Work and Leisure: The Common Ground of Two Separate Worlds*. New Brunswick, NJ: Transaction Publishers, 2004.

_____. Serious Leisure. Em: ROJEK, Chris; SHAW, Susan; VEAL, A. J. *A Handbook of Leisure Studies*. New York: Palgrave Macmillan, 2006.

_____. *Serious Leisure: A Perspective For Our Time*. New Jersey: Transaction, 2008.

STRATHERN, Marilyn. *O efeito etnográfico e outros ensaios*. São Paulo: Cosac Naify, 2014.

_____. *O efeito etnográfico e outros ensaios*. São Paulo: Ubu, 2017.

STRAW, Will. Scenes and Sensibilities, *Cities/Scenes*, 2001.

SZTUTMAN, Renato. A potência da recusa – algumas lições ameríndias, *Sala Preta*, Brasil, v. 13, n. 1, pp. 163-82, june 2013. Disponível em: ‹http://www.revistas.usp.br/salapreta/article/view/57539›. Acesso em: 8 mar. 2018.

TAMBUCCI, Yuri Bassichetto. *Rio a fora, cidade a dentro - transporte fluvial e modos de viver no Amazonas*. Dissertação de mestrado em Antropologia. São Paulo: Faculdade de Filosofia, Letras e Ciências Humanas, Universidade de São Paulo, 2014.

TAUSSIG, Michel. *Xamanismo, colonialismo e o homem selvagem*. Rio de Janeiro: Paz e Terra, 1993 [1987].

TEIXEIRA, Pery; MAINBOURG, Evelyne; BRASIL, Marília. Migração do povo indígena Sateré-Mawé em dois contextos distintos na Amazônia, *Caderno CRH*, Salvador, 2009, v. 22, n. 57.

TOLEDO, Luiz Henrique de. Quase lá: a Copa do Mundo no Itaquerão e os impactos de um megaevento na socialidade torcedora, *Horizontes Antropológicos*, 2013, ano 19, n. 40, pp. 149-84.

TRINDADE Jr., Saint-Clair. *Produção do espaço e uso do solo urbano em Belém*. Belém: NAEA/PLADES, 1997.

TURNER, Victor W. Liminal to liminoid, in play, flow, and ritual: an essay in comparative symbology, *Rice University Studies*, 1974, n. 60, v. 3, 1974.

_____. *From Ritual to Theatre*. New York: PAJ Publications, 1982.

_____. *Anthropology of Performance*. New York: PAJ Publications, 1988.

_____. *Dramas, campos e metáforas – ação simbólica na sociedade humana*. Tradução de Fabiano de Morais. Niterói: Editora da Universidade Federal Fluminense, 2008 [1973].

TURNER, Victor W; BRUNER, Edward M (orgs.). *The Anthropology of Experience*. Chicago: University of Illinois Press, 1986.

VASCONCELLOS, Camilo de Mello. Museus, turismo e lazer: uma realidade possível, *Revista eletrônica patrimônio: lazer & turismo*. Disponível em: ‹http://www.unisantos.br/pos/revistapatrimonio/artigosb252.html?cod=8&bibliografia=1&#bibliografia_ancora›. Acesso em: 8 mar. 2018.

VASQUES, Rafael Carneiro. *As potencialidades do RPG (Role-Playing Game) na Educação Escolar*. Dissertação de mestrado. Araraquara: Unesp, 2008.

VEBLEN, Therstein. *The Theory of the Leisure Class*. London: Allen & Unwin, 1889.

VIANNA, Guilherme Szczerbacki Besserman; YUNG, Carlos Eduardo Frickmann. Em busca do tempo perdido: uma estimativa do produto perdido em trânsito no Brasil, *Revista de Economia Contemporânea*, Rio de Janeiro, 2015, v. 19. n. 3, pp. 403-16.

VIANNA, Hermano. *O baile funk carioca: festas e estilos de vida metropolitanos*. Dissertação de mestrado (Programa de Pós-Graduação em Antropologia Social). Rio de Janeiro: Museu Nacional, Universidade Federal do Rio de Janeiro, 1987.

_____ (org.). *Galeras cariocas: territórios de conflitos e encontros culturais*. Rio de Janeiro: Editora UFRJ, 1997.

VILHENA, Ana Paula. *Eles são os considerados do setor: uma etnografia sobre sociabilidade e consumo entre jovens de equipes nas festas de aparelhagem em Belém do Pará*. Dissertação de mestrado (Programa de Pós-Graduação em Ciências Sociais). Belém: Universidade Federal do Pará, 2012.

VIVEIROS DE CASTRO, Eduardo B. *A inconstância da alma selvagem e outros ensaios de antropologia*. São Paulo: Cosac & Naify, 2002.

VIVONI, Francisco. Waxing ledges: built environments, alternative sustainability, and the Chicago skateboarding scene, *Local Environment*, 2013, v. 18, n. 3, pp. 340-53.
WRIGHT MILLS, Charles. *White Collar, The American Middle Classes*. Londres: Oxford University Press, 1953 [1951].
WENZEL, Marianne; MUNHOZ, Mauro. *Museu do Futebol – arquitetura e requalificação no Estádio do Pacaembu*. São Paulo: Romano Guerra Editora, 2012.
WISNIK, José Miguel. *O som e o sentido: uma outra história das músicas*. São Paulo: Companhia das Letras, 1989.
WOLFF, Silvia Ferreira Santos. *Jardim América: o primeiro Bairro Jardim de São Paulo*. São Paulo: Edusp, 2000.
XAVIER, Mário Brasil. *Nem anjos, nem demônios! Etnografia das formas de sociabilidade de uma galera de Belém*. Dissertação de mestrado em Antropologia (Programa de Pós-Graduação em Antropologia Social – UFPA). Belém: UFPA, 2000.
ZANINI, Maria do Carmo (org.). *Anais do I Simpósio RPG e Educação*. São Paulo: Devir. 2004.
ZUKIN, Sharon. "Paisagens urbanas pós-modernas: mapeando cultura e poder". Em: ARANTES, Antonio A. (org.). *O espaço da diferença*. Campinas: Papirus, 2000, pp. 80-103.
ZUZANEK, Jiri. Leisure and Time. Em: ROJEK, Chris; SHAW, Susan; VEAL, A. J. *A Handbook of Leisure Studies*. New York: Palgrave Macmillan, 2006.

DOCUMENTOS CONSULTADOS

BRASIL. Lei n. 12.619, de 30 de abril de 2012 (2012). Dispõe sobre o exercício da profissão do motorista, altera a Consolidação das Leis Trabalhistas – CLT, aprovada pelo Decreto-Lei 5.452, de 1º de maio de 1943. Disponível em: ‹http://www.planalto.gov.br/ccivil_03/_ato2011-2014/2012/lei/l12619.htm›. Acesso em: 8 mar. 2018.
BRASIL. Lei n. 13.103 de 2 de março de 2015 (2015). Dispõe sobre o exercício da profissão de motorista; altera a Consolidação das Leis do Trabalho – CLT, aprovada pelo Decreto-Lei n. 5.452, de 1º de maio de 1943, e as Leis n. 9.503, de 23 de setembro de 1997 – Código de Trânsito Brasileiro, e 11.442, de 5 de janeiro de 2007 (empresas e transportadores autônomos de carga), para disciplinar a jornada de trabalho e o tempo de direção do motorista profissional; altera a Lei n. 7.408, de 25 de novembro de 1985; revoga dispositivos da Lei n. 12.619, de 30 de abril de 2012, e dá outras providências. Disponível em: ‹http://www.planalto.gov.br/ccivil_03/_ato2015-2018/2015/lei/l13103.htm›. Acesso em: 8 mar. 2018.

Catálogo-Programa dos festejos inaugurais do Estádio Municipal de São Paulo, São Paulo, 27 abr. 1940. Mimeo.

Estádio do Pacaembu – Museu do Futebol – Pesquisa Histórica. São Paulo: Methow Consultoria, 2006. Mimeo.

Entrevistas do projeto Memórias do Pacaembu.

FOOD AND AGRICULTURE ORGANIZATION OF THE UNITED NATIONS (FAO). *Growing greener cities in Latin America and the Caribbean*, Roma, 2014. Disponível em: ‹http://www.fao.org/ag/agp/greenercities/›. Acesso em: 08 mar. 2018.

IBRAM – MUSEU E TURISMO: ESTRATÉGIAS DE COOPERAÇÃO. Brasilia – DF, 2014. Disponível em: ‹http://www.museus.gov.br/wp-content/uploads/2013/12/Museus_e_Turismo.pdf›. Acesso em: 8 mar. 2018.

ICOM – MUSEOS, PATRIMONIO Y TURISMO CULTURAL. Trujillo, La Paz, Mayo de 2000.

LabNAU. *Relatório da 1ª etapa da pesquisa "Cultura e lazer: as práticas físico-esportivas dos frequentadores do Sesc São Paulo"*, São Paulo, 2015.

LabNAU. *Relatório da 2ª etapa da pesquisa "Cultura e lazer: as práticas físico-esportivas dos frequentadores do Sesc São Paulo"*, São Paulo, 2017.

MAPS, Google. Mapeamento colaborativo de hortas comunitárias e outras iniciativas agrícolas em São Paulo. Disponível em: ‹https://www.google.com.br/maps/d/viewer?mid=1Jv4a5V6_DJq7c9OJSCLyF182LzU&ll=-23.6789644677716%2C-46.66768704866928&z=10›. Acesso em: 8 mar. 2018.

Pesquisa Confederação Nacional do Transporte. Perfil dos caminhoneiros 2016. Brasília: CNT, 2016.

RESOURCE CENTRES ON URBAN AGRICULTURE & FOOD SECURITY FOUNDATION (RUAF). *Urban agriculture: what and why?* Paises Baixos, 2015. Disponível em: ‹http://www.ruaf.org›. Acesso em: 01 mai. 2017.

MATÉRIAS DE IMPRENSA

BALOGH, Giovanna. "Praça Roosevelt sofre com vandalismo 1 ano e meio após reforma em SP". *Folha de São Paulo*, 11 fev. 2014. Disponível em: ‹http://www1.folha.uol.com.br/cotidiano/2014/02/1410365-praca-roosevelt-sofre-com-vandalismo-1-ano-e-meio-apos-reforma-em-sp.shtml›. Acesso em: 8 mar. 2018.

BLACK MEDIA. "Black tapes: Léo Fagundes". Disponível em: ‹http://www.blackmediaskate.com/site/?p=7346›. Acesso em: 8 mar. 2018.

MOTTA, Leonardo. "Praça Roosevelt sofre com depredações após reforma". *Revista Veja São Paulo*, 21 fev. 2014. Disponível em: ‹http://vejasp.abril.com.br/materia/praca-roosevelt-depredacoes›. Acesso em: 04 ago. 2016.

SOBRE OS AUTORES

Aira Bonfim é bacharel em Artes Visuais pela Unicamp e mestranda no curso de História, Política e Bens Culturais pela FGV-RJ. Desde 2011 atua como pesquisadora do Centro de Referência do Futebol Brasileiro no Museu do Futebol, localizado no Estádio do Pacaembu, em São Paulo.

Alexandre Barbosa Pereira é mestre e doutor em Antropologia Social pela Universidade de São Paulo (USP). É professor do Departamento de Ciências Sociais da Universidade Federal de São Paulo.

Ana Letícia de Fiori é mestre e doutoranda em Antropologia Social pela Universidade de São Paulo (USP). Participa do Núcleo de Antropologia da Performance e Drama (Napedra), do Núcleo de Antropologia e Direito (Nadir), do Grupo de Etnologia Urbana do Laboratório do Núcleo de Antropologia Urbana (LabNAU), da comissão editorial da *Revista Ponto Urbe*, todos da Universidade de São Paulo (USP).

Ana Luísa Sertã é bacharel em Ciências Sociais e mestre em Antropologia Social pela Universidade de São Paulo (USP). É pesquisadora do Grupo de Etnologia Urbana do Laboratório do Núcleo de Antropologia Urbana (LabNAU), com pesquisas sobre a presença indígena na cidade de Manaus.

Ane Rocha é graduada em Ciências Sociais e mestre em Antropologia Social pela Universidade de São Paulo (USP). Atualmente, é técnica de Programação no Centro de Pesquisa e Formação – Sesc São Paulo.

Arthur Fontgaland é graduado em Ciências Sociais pela Universidade Federal de Viçosa (UFV) e mestre em Antropologia Social pela Universidade de São Paulo (USP). É pesquisador do Laboratório do Núcleo de Antropologia Urbana (LabNAU).

Daniela Alfonsi, mestre e doutoranda em Antropologia Social pela Universidade de São Paulo (USP), é diretora do Museu do Futebol, equipamento da Secretaria de Cultura localizado no Estádio do Pacaembu em São Paulo.

Enrico Spaggiari é mestre e doutor em Antropologia Social pela Universidade de São Paulo (USP). Membro do Grupo de Estudos de Antropologia da Cidade (Geac/USP), é um dos editores do site Ludopédio (www.ludopedio.com.br) e um dos coordenadores da coleção EntreJogos (Editora Intermeios).

Giancarlo Marques Carraro Machado é doutor e mestre em Antropologia Social pela Universidade de São Paulo (USP). Pesquisador do Laboratório do Núcleo de Antropologia Urbana (LabNAU) e do Núcleo Interdisciplinar de Pesquisas sobre Futebol e outras Modalidades Lúdicas (Ludens/USP), é professor do Departamento de Ciências Sociais da Universidade Estadual de Montes Claros (Unimontes/MG).

José Guilherme Cantor Magnani é professor titular da Universidade da São Paulo (USP), coordenador do LabNAU – Laboratório do Núcleo de Antropologia Urbana (http://nau.fflch.usp.br/) e do periódico eletrônico Ponto.Urbe (http://www.pontourbe.revues.org). É autor e organizador de diversos livros, entre eles *Festa no Pedaço: cultura popular e lazer na cidade* (Unesp/Hucitec, 2003) e *Da periferia ao centro: trajetórias de pesquisa em Antropologia Urbana* (Terceiro Nome, 2012).

Julio Cesar Talhari é mestre e doutorando em Antropologia Social pela Universidade de São Paulo (USP). Membro do Grupo de Estudos de Antropologia da Cidade (Geac/USP), participou da segunda etapa da pesquisa "Cultura e lazer: as práticas culturais dos frequentadores do *Sesc* em São Paulo", realizada pelo Laboratório do Núcleo de Antropologia Urbana (LabNAU).

Leslie Sandes é graduada em Ciências Sociais pela Universidade de São Paulo (USP). Participou da segunda etapa da pesquisa "Cultura e lazer: as práticas culturais dos frequentadores do *Sesc* em São Paulo", realizada pelo Laboratório do Núcleo de Antropologia Urbana (LabNAU).

Lucas Lopes de Moraes é cientista social pela Unesp e mestre em Antropologia Social pela Universidade de São Paulo (USP). Membro do Lab-NAU (Laboratório do Núcleo de Antropologia Urbana da USP), realiza trabalho de pesquisa na área da Antropologia Urbana sobre os temas das juventudes, práticas de lazer e mobilidade na metrópole.

Mariana Hangai é cientista social formada pela Universidade de São Paulo (USP), com interesse em temas como juventude, lazer, periferias e desigualdade. Participou das duas etapas da pesquisa "Cultura e lazer: as práticas culturais dos frequentadores do *Sesc* em São Paulo", realizada pelo Laboratório do Núcleo de Antropologia Urbana (LabNAU).

Mariana Machini é mestre em Antropologia Social pela Universidade de São Paulo (USP) e pesquisadora do Laboratório do Núcleo de Antropologia Urbana (LabNAU) e do Grupo de Estudos de Agricultura Urbana (Geau), ambos na mesma universidade. É membro da comissão editorial da Revista *Ponto Urbe* e participou da segunda etapa da pesquisa "Cultura e lazer: as práticas culturais dos frequentadores do *Sesc* em São Paulo", realizada pelo Laboratório do Núcleo de Antropologia Urbana (LabNAU).

Maurício Costa é doutor em Antropologia Social pela Universidade de São Paulo (USP). Atualmente, é professor do Programa de Pós-Graduação em Antropologia e Sociologia da Universidade Federal do Pará (UFPA).

Raphael Piva, graduado em Ciências Sociais pela PUC-SP e mestrando em Antropologia Social pela Universidade de São Paulo (USP), é pesquisador do Laboratório do Núcleo de Antropologia Urbana (LabNAU).

Ricardo Ricci Uvinha é mestre pela FEF/Unicamp, doutor pela ECA/USP (2003) e pós-doutor pela Griffith University/Australia (2004). Professor livre-docente da Escola de Artes, Ciências e Humanidades da Universidade de São Paulo (USP) e dos programas de pós-graduação em Turismo (EACH-USP) e Ciências da Atividade Física (EACH/USP), é também líder do Grupo Interdisciplinar de Estudos do Lazer da Universidade de São Paulo (GIEL/USP/CNPq).

Rodrigo Valentim Chiquetto, cientista social e mestre em Antropologia Social pela Universidade de São Paulo (USP), é pesquisador associado do Núcleo de Antropologia Urbana (LabNAU/USP) e membro fundador do Grupo de Etnologia Urbana (Geu). Atualmente é professor de Sociologia da rede municipal de ensino de São Paulo.

Samara Konno é graduada em Ciências Sociais pela Universidade Júlio de Mesquita Filho (Unesp/FFC-Marília) e mestra pelo Programa de Estudos Culturais da Universidade de São Paulo. Participou da segunda etapa da pesquisa "Cultura e lazer: as práticas culturais dos frequentadores do *Sesc* em São Paulo", realizada pelo Laboratório do Núcleo de Antropologia Urbana (LabNAU-USP).

Thiago Pereira dos Santos é graduado em Ciências Sociais pela Universidade de São Paulo (USP). Participou, entre 2015 e 2017, das duas etapas da pesquisa "Cultura e lazer: as práticas culturais dos frequentadores do *Sesc* em São Paulo", realizada pelo Laboratório do Núcleo de Antropologia Urbana (LabNAU-USP).

Yuri Bassichetto Tambucci é cientista social e mestre em Antropologia Social pela Universidade de São Paulo (USP). Pesquisador associado do Laboratório do Núcleo de Antropologia Urbana (LabNAU-USP). Atualmente trabalha na interface entre antropologia e arquitetura.

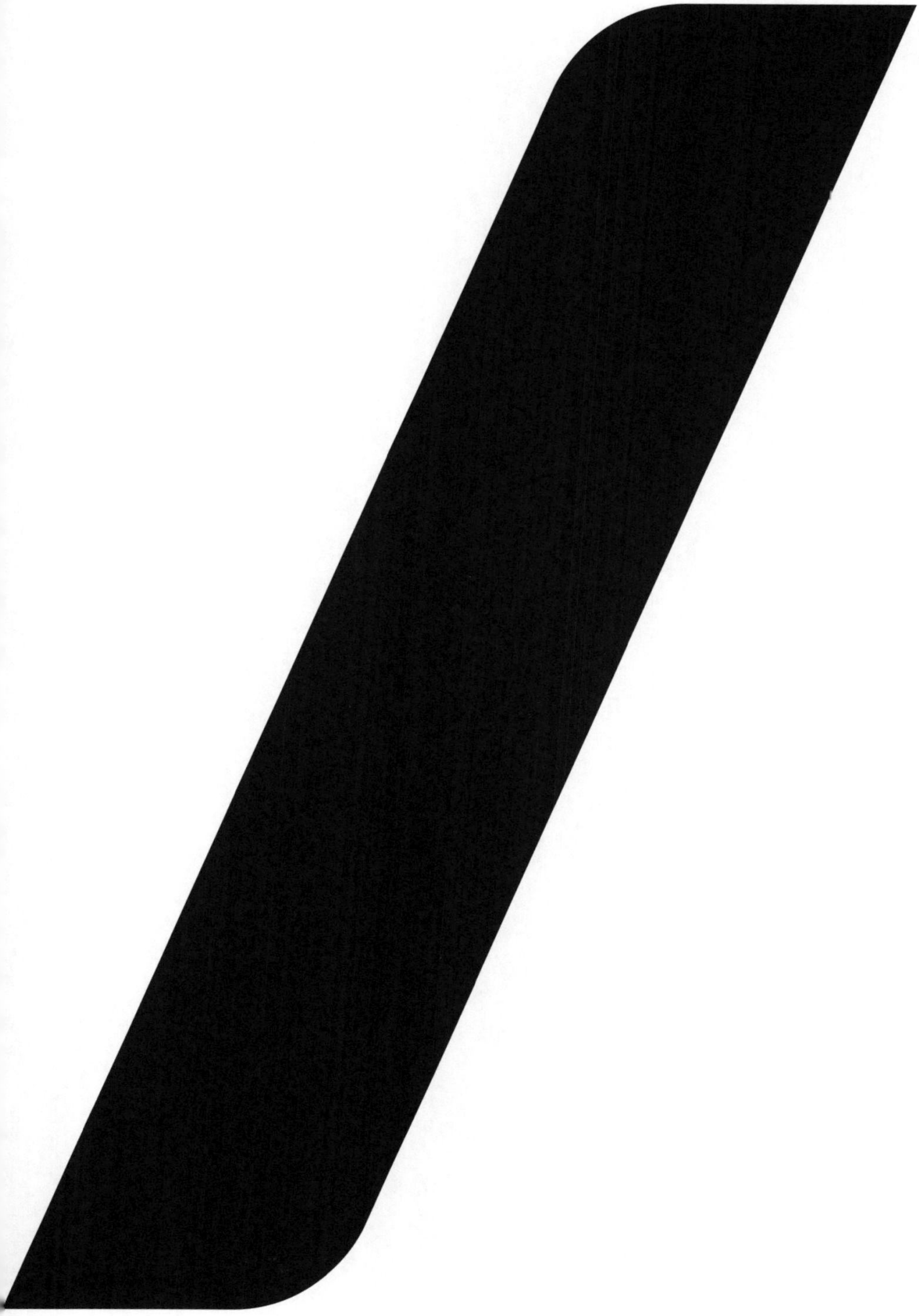

Fonte: Regular
Papel: Alta Alvura 75 g/m²
Impressão: Eskenazi Indústria Gráfica
Data: agosto 2018

MISTO
Papel produzido a partir
de fontes responsáveis
FSC® C004416